KB236779

언어와 진실

언어와 진실

김상대 교수 정년퇴임
기념 논총 간행위원회

국학자료원

賀序

나의 벗 金교수 相大군이 停年으로 퇴직을 했다. 국어사전에 의하면 停年이란 공무원이나 기타 직원이 일정한 연령에 달하면 퇴직하도록 정해진 제도라고 되어있다. 이렇게 보면 停年은 철저히 자의가 아니라 타의에 의한 퇴직인 셈이다. 옛날 사람들은 나이가 많아서 벼슬을 사양하고 물러난다는 뜻으로 致仕라는 말을 썼다. 致仕라는 말은 다분히 자발적이고 능동적인 뜻이 있어서 퇴직하는 당사자는 자못 흔쾌한 기분으로 퇴직의 한가로움을 만끽하였을 것이라고 상상할 수 있다. 그러나 오늘날의 사람들은 대개가 停年이 되면 퇴직을 당했다고 생각하여 아쉬워하고 억울해하는 듯해서 안쓰럽다.

그러나 나의 벗 金교수 相大군은 그의 停年을 아쉬워하고 억울해 할 사람이 아니다. 벌써 몇 년 전에 그대는 대학의 평생교육원에 등록하여 사진 강좌를 이수했다. 새로 태어난 외손자의 육아일기를 기록하기 위해서라는 것이 그대의 핑계였으나 정년후의 한가로움을 위해서라는 것을 나는 안다. 듣자하니 근래에는 최신 디지털카메라도 새로 구입했다 한다. 카메라 백을 메고 명산대천을 누비는 눈썹 하얗게 센 늙은이는 아무래도 致仕閑客이 아니겠는가. 그렇구나! 그대는 이미 눈썹 하얗게 센 노인인데다 젊어서부터 동양의 경전들에 경도되고 늙어가면서는 특히 老子에 심취했으니, 이야말로 틀림없는 도사의 모습이리라. 그러니 잠시 지난날을 헤매어 보는 것 또한 즐거운 일이 아닐 수 없으리라.

우리는 1956년에 서울대학교 사범대학 국어과에 입학하면서 처음 만났다. 낡은 사진첩을 보니 대학 때 우리는 도처에서 함께 있었다. 덕수궁 야유회에서도 그대는 거기 함께 있었고, 자하문 밖 앵두 밭에서도 거기 함께 있었고, 동구릉 잔디밭에서도 거기 함께 있었고, 금곡릉 잔디밭에서도 거기 함께 있었고, 교외선 열차 칸에서도 거기 함께 있었고, 진관사 골짜기에서도 거기 함께 있었고, 경주 토함산 해돋이 구경할 때에도 거기 함께 있었다. 어떻든 우리는 처음 만난 이후 46년 동안을 무거운 일이든 가벼운 일이든 가리지 않고 의논하면서 줄곧 내왕이 있었으니, 누가 무어라 해도 우리는 知己之友 간이라 아니할 수 없다.

金교수 相大군은 知己之間으로서 말하건대 참으로 조리 있고 차근차근한 사람이다. 그대는 아무리 성이 난다 해도 큰 소리 지르거나 욕을 할 줄 모른다. 쟁점이 있어도 자신의 의견을 먼저 얘기하지 않는다. 사려가 깊다 못해 의뭉스러워 보이기도 해서 우리는 그대에게 '마오' (모택동을 의미함)라는 별명을 붙인 적이 있었다. 어쩌다 그대와 논쟁이 벌어지면 하도 요모조모로 조근조근 따져서 모두들 제풀에 진력이 나 두 손을 들게 마련이었다. 결국 좌중의 성급한 격론보다 그대의 차분한 논리가 더 진실했기 때문이다. 그래서 그대는 국어의 논리와 언어의 진실을 캐는 것으로 평생의 전공을 삼았던 것일까. 마침 그대의 동료와 후배들이 그대의 정년을 기념하여 아름답고 조촐한 논집을 꾸몄다. 이름하여 『언어와 진실』이라 했으니 결코 우연한 일은 아니다. 그대여, 이 책의 출간을 진심으로 축하해 마지않는다.

金교수 相大군은 참으로 마음이 깨끗한 사람이다. 너무나 介潔하여 결벽성의 소유자가 아닌가도 싶다. 그대에게는 사귐에 있어 비록 좋은 목적의 일시적 權道로서라고 하더라도 결코 거짓을 말할 수가 없다. 그러나 어찌 평생을 사귀면서 애교 있는 선의의 거짓말이나 약간은 老獪하기까지 한 거짓말을 한 번도 하지 않았다고 장담할 수 있겠는가. 그런데 지금 나는 그대에게 행했던 지난날의 몇몇 거짓을 고백하여 밝힐 수가 없다. 아아, 그대에게 행했던 나의 거짓을 알면 그대는 얼마나 실망할 것이겠는가. 그러니 그냥 눙칠 수밖에. "아서라 세상사 쓸곳 없다. 君不見 東園桃李 片時春"인 것을. 우리는 이미 停年의 나이인 것이다.

金교수 相大군이 그의 정년퇴임 기념 논문집에 賀序를 쓰라기에 비로소 나는 그의 雅號를 물었다. 젊은 시절에 서로 장난 삼아 부르던 아호들이 있었으나 이제는 감감하여 기억이 나지 않았던 것이다. 한편 우리 인생의 이 중요한 전환기에 새로 태어난 이름으로 스스로를 부르고 싶을 것이라 생각하기도 했던 것이다. 아닌게 아니라 그대는 새로이 自號하여 가로되 '海天'이라 한다. 바다는 때로 잔잔하고, 때로 파도치고, 때로 폭풍을 만든다. 하늘은 때로 조각구름을 띄우고, 때로 먹구름을 띄우고, 때로 폭우를 만든다. 그러나 평명한 날이면 바다는 바다이고 하늘은 하늘이어서 그 본성으로 돌아간다. 생각하면 우리는 바다 위에 이는 파도에 자나지 않을 듯하다. 어느 날에는 나타났다가 어느 날에는 사라지는 물결, 하지만 바다는 계속 존재한다. 그대여 그간의 크고 작은 삶의 파도를 뒤로하고 평온한 바다처럼 혹은 그 위의 맑은 하늘처럼 여생을 살아가기 원하는 그대에게 길이 축복이 있으라. 그리고 비노니 우리의 우정은 海天의 저편까지 영원할 것을.

2003년 3월 일

金炳國 (서울대 교수)

賀 序

김상대 교수님과 같은 직장에 몸담아 지낸 지가 어언 만 19년에 이른다. 강산이 두 번 바뀌는 시간을 같은 대학의 바로 옆 연구실에서 보낸 셈이니, 그야말로 흔치 않은 인연이다. 학문과 교육의 현장에서 보람과 고달픔을 함께 나누었음은 물론이오, 같은 길을 걷는 동학(同學)의 큰 선배요 직장의 좌장(座長)으로서 맏형에 해당하는 역할을 든든히 해 주시어 우리 같은 후학(後學)의 모범이 되고 울타리가 되어 주셨으니, 생각하면 나는 참으로 많은 빚을 졌다. 김상대 교수님은 전공분야가 국어학, 그 중에서도 문법론 분야이고 나는 현대문학 시전공이지만, 같은 학과의 몇 안 되는 교수들 가운데서 늘 의논의 상대가 되고 신중하고 바른 충고와 판단으로 선임자의 역할을 분명히 감당하셨다. 아주대학에 국어국문학 담당 교수로 처음 부임하여 국문과를 창설하고 유능한 교수진과 우수한 학생들을 이끌어 오늘의 모습을 갖추기까지의 숨은 노력은 곁에서 지켜본 사람만이 실감할 수 있을 것이다.

그러나, 이러한 의례적인 인사말은 김 교수님의 성품과 행적을 이해하는데 오히려 번거로운 수식어에 불과할 뿐이다. 국어 구결문 연구에 관심을 가진 국어학자로서, 혹은 아주대학의 국문과 선임 교수로서만 바라볼 때는, 김 교수님은 항상 자기 분야와 자기 분수를 넘지 않는 금도(襟度)를 지닌 분이었다. 때로는 거의 소심하다 싶을 정도로 명분과 원칙을 지켜내면서 부족하지도 넘치지도 않는 중용의 덕과 흐르는 물과 같은 자연스러움과 부드러움을 지닌 모습이었다. 말하자면, 전형적인 샌님이오 책상물림의 선비기질이 배어있는 분이었다. 그러한 분이, 학교가 어려움에 처하여 교수의 권위와 자존(自尊)이 송두리째 흔들리는 시기에, 아무도 맡으려 하지 않던 교수협의회 의장직을 흔쾌히 수락하고 나서서 교수의 명예를 지키고 대학의 정의를 구현하기 위하여 분연히 앞장선 것이었다. 이로 인하여 오만한 대학 책임자로부터 징계의 대상자로 처분되기도 하였고, 예기치 않은 송사(訟事)에 휘말리기도 하였으나 꿋꿋이 그 뜻을 펴나가는 데는 오히려 더욱 힘이 강해지는 것 같았다. 많은 교직원들이 이 일로 인하여 김 교수님을 다시 바라보게 되었고, 새삼 그의 부드러운 성격 속에 감추어진 강인한 힘을 실감하게 되었다.

원칙과 소신에 입각한 바른 판단과 곧은 실천으로 어려움에 처한 교권을 지키는데 앞장서고, 이를 통하여 지성인의 처신에 대한 귀감(龜鑑)이 된 점은 지금도 많은 동료, 후임 교수들의 이야기 거리가 되고있다. 지난 해 말, 학과의 주임교수로서 퇴임하는 분의 공적조서를 쓸 기회가 있었는데, 이 일을 생각하면서 참으로 만감이 교차하였던 생각이 난다. 어려운 시기를 겪어야 사람의 진가를 알 수 있다는 생각과, 말과 행동이 일치하는 처신이 얼마나 힘든 것인지에 대하여 많은 생각을 하면서, 현대를 살아가는 선비적 정신에 대하여 반추할 기회를 가졌던 것이다.

김 교수님에게 있어, 성실성이란 말은 준비성이란 말과 같은 의미인 것처럼 보인다. 나는 여러 자리에서 그가 인사말이나 축사를 하는 것을 본 적이 있는데, 그때마다 정성껏 준비한 원고를 읽는 것을 보았다. 간단히 메모하거나 머릿속에서 생각을 정리해서 말해도 될 것을 굳이 원고로 써오는 것은 그만큼 신중히 생각하여 준비하였다는 뜻이고, 할말에 대하여 곰곰 반성하고 반추하였다는 뜻이기도 하다. 감상적이거나 과격한 표현은 억제하는 한편, 정신의 깊이와 삶의 철학을 담아내면서 강한 소신과 원칙을 피력하는 것을 보았다. 말이란, 한번 입밖에 나가면 다시는 주워담을 수 없는 것이 아니던가. 나는 행사 전날 밤, 원고를 준비하면서 그의 가슴속에 오갔을 수많은 감회에 대하여 어렴풋이 짐작해 본 적이 많았다. 그것은 맡은 일이나 상대자에 대한 말하는 이의 경외감까지를 포함하는 것이었다.

단정하고 깔끔한 것은 김 교수님의 등록상표라 할 수 있다. 나는 그의 연구실에 다녀오면 거의 불안할 정도의 자극을 받곤 하였다. 먼지 한 톨 없이 깨끗한 책상, 가지런히 정돈된 책장, 높지 않은 목소리, 꼿꼿한 자세…. 그것은 나같이 천성이 감성적이고 기분과 흥미에 좌우되는 사람에게는 옷깃을 여미게 하는 이지적인 모습이기 때문이었다. 그런 점에서 김 교수님은 나와는 여러모로 대조가 되었다. 즉흥적이기보다는 치밀하고 계획적인 점, 흥분하는 법 없이 냉정한 점, 매사에 무리하지 않고 적당한 선에서 멈출 줄 아는 점등이 그러하였다. 예컨대, 청탁 받은 원고는 반드시 마감 기일 전에 끝내어 넘긴다는 이야기를 들은 적이 있는데, 마감 기일이 코앞에 닥쳐서야 밤을 새우고 법석을 떠는 우리 같은 사람은 도저히 족탈불급(足脫不及)이라는 느낌을 지울 수 없었다. 심지어는 소식(小食)하는 버릇까지 나와는 대조적이어서, 풍성하고 기름진 음식을 즐기는 나는 내심 그의 식성을 부러워하고 있었다. 그러나, 너무 그렇게 자로 금 그은 듯이 세상을 사는 것은 인간적인 멋이나 자연스러운 흥그러움이 부족할 수 있으니, 이제 정년을 맞으신 후에는 부디 옷깃을 풀어헤치고 시원한 그늘을 찾아 세상의 긴장을 잊으면서 지내시기를 바랄 뿐이다.

사람이란 같이 생활할 때보다 헤어졌을 때 그 진가를 알게 되는 경우가 많다. 일어난 자리가 깨끗하고 떠나는 뒷모습이 아름답기란 생각만큼 쉬운 일이 아니다. 주어진 자리에서 맡은 일에 최선을 다하되, 맺고 끊음이 분명하여 타인에게 그의 있었던 흔적을 부담으로 남기지 않아야 한다. 이는 흔한 아집과 미련을 용서 없이 버리는 일이오, 그만큼 자신에게 엄격하다는 뜻이다. 그가 리드하던 교협의 투쟁을 스스로 마무리 짓고자 할 때에도 그러했고, 이번의 정년 퇴임에 즈음한 처신에서도 그러했다. 혹여 후임자들에게 짐스러운 신경 쓰이는 일 있을까 저어하여 학과의 중요한 결정사항이 있을 때에는 자진하여 뒷전으로 물러나는 것을 보면서 모름지기 선비의 처신이란 저러해야 한다는 것을 느꼈다.

정년을 축하하면서 같은 과 교수들이 모여 식사를 하는 자리에서 김 교수님은 퇴임 후의 계획에 대하여 토로한 바가 있다. 그 계획이란, 성당의 연령회에 들어가 죽은 이의 시신을 염하고 연도를 바치는 봉사활동을 하고 싶다는 것이었다. 다소 뜻밖이기도 하고, 과감하기도 한 이 계획에 대하여 나는 깊은 감동을 받았다. 평소에 보지 못한 그의 숨겨진 일면을 엿보는 것 같았다. 성숙한 삶이란 이처럼 철저한 의미의 추구를 동반한다는 것을 생각하였다. 부디 의미 있는 삶을 찾아 김 교수님의 퇴임 후의 나날이 더욱 충실해지실 것을 기원해 본다.

2003년 3월 일

조창환 (아주대 교수)

賀序

아주대 국어국문학과가 문을 연 지도 어언 20여 성상. 그동안 선생님은 한결같이 그 중심에 서계시며, 학문과 삶에 관한 의문을 품고 찾아드는 학생들을, 명쾌한 해답과 바른 조언으로 이끌어주셨던 엄하면서도 다정하신 스승이자 아버지셨습니다. 이제 학교를 떠나시는 선생님의 모습을 먼 발로 뵈면서 예상하지 못한 바는 아니지만, 그 빈 자리가 너무도 크고 허전한데 새삼 놀라게 됩니다. 그 자리를 다소나마 메워보기라도 하듯 선생님의 궤적을 담아보려 하지만 그것이 또한 얼마나 위안이 될지 모르겠습니다.

학자로서 선생님은 끊임없이 질문하고 새로운 길을 탐구하시는 만년 청년이셨습니다. 매주 월요일은 학교 연구실에서 밤을 지새시며, 학자의 길이 어떤 것인지를 몸소 보여주시기도 하셨습니다. 특히, 외국 이론에만 의존하던 어쩌면 사대주의적이라고 할 수 있는 지금까지의 국어 연구 방법에 대해 깊이 고뇌하시며, 우리말은 우리말답게 분석해야한다는 당연하면서도 너무 오래 잊고 있던 사실을 외로이 일깨워주시는 분이기도 하셨습니다. 선생님은 국어 문법을 첨가어적 관점에서 접근하여, 서양 이론으로는 풀리지 않았던 여러 문법 현상들을 명쾌히 분석하시는 개가를 올리기도 하셨습니다. 선생님은 다른 면에서와 마찬가지로 학문에서도 유행에 휩쓸리기보다 중심을 굳게 지키려 노력하신 것입니다.

　스승으로서 선생님은 제자들의 자상한 그러면서 거절할 수 없는 마력으로 이끌어가는 안내자이시기도 하셨습니다. 고등학교 때 듣기만 하는 수업에 익숙해 있다가 대학에 들어온 저희들에게, 화두 하나 던져 놓으시고 문답식으로 설명을 해 가시는 선생님의 수업방식은 학문에 대한 새로움과 흥미를 일깨워 주는 계기가 되기에 충분하였습니다. 기존의 수많은 고정관념들을 깨뜨리며 새로운 논리를 전개하시는 선생님의 강의를 따라가기 위해, 저희들은 스스로 많은 시간을 책과 싸워가며 도서관에 머물러 있어야 했습니다. 대부분의 학생들이 국어학이나 문법을 두려워하고 기피하는 경향이 있었지만, 선생님의 강의는 우리말 구조에 대한 새로운 관심과 자부심을 심어주었고, 일상생활 속에서 국어의 문제점을 분석함으로써 자연스럽게 문법에 다가갈 수 있는 길을 열어 주셨습니다. 선생님은 단 한번도 휴강이나 결강 없이 강의에 철저하셨지만, 강의를 진행하시는 동안은 내내 잔잔한 웃음이 감돌도록 유머를 곁들이시면서 학생들과 같이 생각하고 학생들의 의견을 경청하시며 한 단계 한 단계 진실에 접근해 가는 탐험 정신을 꽃피게 하였습니다. 선생님 강의의 한 특징은 딱딱한 문법 이론을 자연스럽게 인생의 문제와 관련 혹은 비유하면서 이해의 깊이를 더해가는 것이라 할 수 있습니다. 이는 선생님께서 주전공인 국어학 못지않게 평생 심취하신 동양 고전 특히 노자의 사상과 무관하지 않을 것으로 이해됩니다.

　그리고 무엇보다 잊을 수 없는 일 가운데 하나는 근년 선생님께서 당시 상황에서 아무도 감히 맡지 않으려는 교수협의회 의장직을 맡으시고, 무너져가는 대학의 정의와 교수의 권위를 다시 일으켜 세우는 데 앞장서신 것입니다. 평소 원칙과 명분을 중시하신 것은 알고 있었지만, 온화하신 성품으로 보아 선생님께서 그런 용기와 강인함을 가지고 계시리라고는 어느 누구도 생각하지 못했습니다. 선생님의 연세는 이미 정년을 바라보는 노경에 접어드셨으나, 진리와 대학을 사랑하는 정신에서는 어느 젊은 교수나 학생들도 따를 수 없는 열정을 불사르셨던 것입니다. 이 일로 인해 한때 직위해제가 되기도 하시고 징계위원회에 회부되기도 하여 많은 학생들과 교수들이 그 부당함에 분노하여 항거하였을 때도, 선생님께서는 시종 동요하지 않으시고 오히려 의연하시던 모습은 참으로 감동적이었습니다. 이야말로 정의에 대한 신념을 가지고 소신대로 살아오신 삶의 면모를 보여주신 한 극적인 대목이 아닐 수 없습니다. 선생님께서는 학생들에게 가르치셨던 대로 삶에서 몸소 실천하신 분이십니다. 비록 이제 학내 분규는 끝났다 하지만 그에 대한 정리가 미흡하자, 이를 묵과하지 않으시고 정년 퇴임식장에서 개인의 사사로운 감회를 접고 이에 대한 평가와 정리에 관해 논리정연하게 말씀하심으로써 좌중을 숙연하게 만드시기도 하셨습니다.

선생님은 일상 말씀이 많지 않은 가운데 공사간에 크고 작은 모든 약속을 중히 여기셨고, 지나친 편안함과 화려함을 경계하셨으며, 텅 비어 있을 때의 진정한 아름다움과 자유로움을 음미하려고 노력한 분이셨습니다. 정년을 맞으신 지금도 텅 비워짐으로 새로운 것을 채우실 준비를 하시는 선생님의 지혜를 저희는 진정 배우고 싶습니다.

저희들은 늘 감사드립니다. 선생님과 사제의 연을 맺게 해준 하늘에 감사하고, 선생님께서 베풀어주신 학문과 삶의 가르침에 감사드립니다. 선생님의 가르치심을 저희 삶의 정신적 뿌리로 삼아 좋은 열매를 맺는 것이 선생님의 은혜에 보답하는 길이라 생각하며, 이후에도 계속 저희 미욱한 제자들을 이끌어 주시기를 기원합니다. 저희는 늘 건강하신 그대로 도에 정진하시는 선생님의 모습을 상상하며 언제까지고 잊지 않고 그리워할 것입니다.

2003년 3월 일

배공주 (아주대 강사)

차 례

Ⅰ부

고시조에 나타난 언어의 풍경

류수열
(전주대 교수)

1. 메타언어로서의 시조

언어는 문학의 중핵적인 매체이다. 그런데 문학이 언어를 설명하는 경우가 종종 있다. 문학이 자신의 몸에 대해 스스로 말을 하고 있는 것이다. 언어에 대해 무엇인가를 설명하기 위해서는 언어가 필요하다. 이때, 설명되는 언어를 가리켜 對象言語(object language)라 하고, 설명하는 언어를 가리켜 超言語 혹은 메타언어(meta-language)라 한다. 따라서 언어를 설명하는 문학은 모두 메타언어로 귀속시킬 수 있다.

시조는 메타언어적 양태를 가장 흔하게 보여주는 장르이다. 그것은 물론 일차적으로 시조가 여타 장르에 비해 양적으로 풍부한 데 이유가 있을 것이다. 모든 문학이 그런 양태를 보일 수 있다면, 편수가 많을수록 그런 모습을 발견할 가능성은 더 높아지기 때문이다.

그러나 또 한편 시조의 연행적 조건에서 말미암은 결과로 볼 수도 있을 것이다. 주지하듯 시조는 상호간에 주고받는 집단적 소통이라는 조건

속에서 창작·연행되었다. 이런 조건이 '말에 대해 말하는' 의사소통 양식을 강화해 간 것으로 보인다. 말에 대해 말하는 시조의 관심이 대체로 대상 언어의 진실성에 집중되고 있는 점이 이러한 추정을 뒷받침해 준다. 이러저러한 말이 옳은가 그른가를 판단하며, 그 판단의 타당성을 높이기 위해 다양한 근거를 동원하는 수사를 구사하고 있는 것이 그 구체적인 양상인 바, 이는 선행 발화에 대한 자신의 판단과 입장을 밝히고자 하는 의도의 발현이라 할 것이다. 물론 이 과정에서 시차에 대한 고려는 의도적으로 생략된다.

말에 대해서 말하는 시조는 당연히 시적 화자 자신의 말이 진실임을 표나게 내세운다. 그것은 뒤집어 보면 화자는 자신의 말이 거짓으로 오해되고 있는 상황에 처해 있거나, 상식으로 보편화된 진리가 거짓임을 깨달은 상태에 놓여 있다는 뜻이 된다. 이런 류의 작품들을 일별해 보면, 전자의 경우 대체로 청자를 염두에 둔 대화적 어법으로 실현되고, 후자는 혼자만의 독백적 어법으로 드러나고 있음을 알 수 있다. 이러한 유형적 차이에도 불구하고 시적 발화의 의도가 진실을 밝히는 데 있음은 공통적이다. 그러니까 메타언어적 양상을 함축하고 있는 시조는 진실을 드러내는 두 가지 말하기 방식을 전형적으로 드러내 준다고 보아도 무방하다.

그런가 하면 시비(是非)와 곡직(曲直)을 따지는 데 드는 품을 줄이기 위해 강호자연으로 관심의 초점을 옮기는 경향도 보여준다. 이때 강호자연의 미덕은 침묵에 있다. '말없음'으로 세상의 이치를 말해주는 것이 강호자연이다. 거기에는 필시 세속의 언어가 오해와 모함의 언어라는 판단이 전제되어 있었을 것으로 보인다.

2. 세속의 언어, 거짓말 혹은 소문

말에 대해 말하는 시조의 가장 전형적인 양상은 상식으로 보편화되어 있는 관념이 거짓됨을 밝히는 것이다. 이들 작품들은 기존의 상식이 지닌 허구를 지적하고 이를 근거로 현재 자신의 판단이 정당함을 말하는 절차를 밟고 있다. 다음의 시조는 이들 작품군을 대표할 만하다.

> 달이 님ㅈ 업다터니 判然훈 거진말이라
> 中天에 써 즐기다가 쪠이거다 一片雲의
> 빗취되 못 비치믄 임재 새와 ㅎ노매라.

자연물로서의 달에게 주인이 따로 있을 리 없다. 실제로 강호 자연을 노래한 대부분의 시조가 달을 가까이 할 수 있었던 이유로 주인이 없어 다툴 일이 없다는 조건을 내세운다. 그러나 이 시조에서는 이러한 관습적인 인식을 정면으로 뒤집어 이를 '거짓말'이라 못박는다. 하늘에 떠 있다가 한 조각 구름에 끼어들 때 그 빛이 없어지는 것이 주인의 시기 때문이라 하였다. 달에게 주인이 없다면 달빛은 시종여일하게 세상을 비춰야 마땅하다. 그러나 그 빛을 아끼는 주인의 시샘이 빛을 차단한다고 본 것이다.

그런데 이러한 판단을 내리는 과정은 시조의 3장 형식이 지닌 논리적 성격과는 다소 거리를 두고 있다. 시조의 3장 형식의 논리적 성격이란, 그 구성 원리가 초·중장이 병렬되고 이것이 종장에서 '접속-종결'되는 구조임을 말한다.[1] 그러나 이들 유형의 작품은 초장에서 대상에 대한

---

1) 김대행, 『시조유형론』, 이대출판부, 1986, pp.159-168. 이 형식적 원리는 후에 초·중·종장이 각각 대상(object)-관계(relation)-의미(meaning)에 해당되는 진술이라 하여, ORM 구조로 명명된다.

판단을 제시하고, 중장과 종장에서 그 근거를 덧붙이고 있는 것이다. 적어도 논리적 과정만은 시조의 보편적 형식과 반대로 되어 있는 형국이다. 이는 이런 유형에 속하는 작품들이 보편적으로 지니고 있는 논리적 형식이기도 하다.

> 冬至ㅅ둘 밤 기닷 말이 나는 니론 거즌말이
> 님 오신 날이면 하늘조차 무이 너겨
> 자는 둙 일씌와 울려 님 가시게 ᄒᆞᄂᆞᆫ고.

　동짓달의 밤이 긴 것은 자연의 이치이다. 물론 그 길이는 객관적 사실로 굳어져 있다. 그러나 시간이 인간사의 영역으로 귀속되는 순간 그 길이는 항상 상대적으로만 인식될 뿐이다. 특히 정분을 공유하고 있는 님을 변인으로 하고 있는 경우에는, 그 시간의 장단은 오직 주관적 인식에 의해 판정될 뿐이다. 님을 기다리는 시간과 님과 함께 어울리는 시간이 만일 물리적으로 같은 분량이라 하더라도, 그 주관적 길이는 물리적 기준을 초월하는 것이다.
　이 노래는 시간의 장단이 주관적 인식에 의해 좌우됨을 매우 노골적으로 보여준다. 작품에서 노래하고 있는 것처럼, 님과 함께 하는 시간은 아무리 길어도 짧을 수밖에 없다. 더욱이 그 님이 일상적으로 같은 공간 내에 어울려 지내는 사람이 아니라, 간혹 방문하는 손과 같은 존재라면, 그 길이는 더 짧게 느껴질 수밖에 없다. 당연히 님 오신 날의 밤만 짧은 것이다.
　이처럼 이 노래에는 객관적 실재와 주관적 인식의 괴리를 보여주고 있는 바, 그 괴리에 대해 '거짓말'이라는 시어로써 화자 자신을 설득한다. 동짓달 밤이 길다는 것은 객관화되어 굳어져 있는 사실이고, 그것이 결코

길지 않다는 것은 자신의 경험이 뒷받침하는 판단이다. 이때 화자에게
먼저 다가서는 것은 경험적 판단이다. 그러니 아무리 객관화된 사실이라
도 화자로서는 수긍할 수 없고, 결국 그것이 거짓말이라는 판정으로 이어
질 수밖에 없다.[2]

> 구룸이 無心툰 말이 아ᄆ도 虛浪ᄒ다
> 中天에 떠 이셔 任意로 ᄃ니면서
> 구티야 光明흔 날빗츨 ᄯ라가며 덥ᄂ니. - 李存吾

 구름은 자연물의 하나로서 무심함이 제격이다. 그러나 시인의 눈에는
구름이 스스로의 '뜻[任意]'에 따라 운동하고 있는 것으로 보인다. 스스
로의 의도가 아니고서는 굳이 밝은 빛을 덮는 현상을 이해할 수 없었던
것이다. 따라서 구름이 무심하다는 말은 허랑(虛浪)하다고 판단할 수밖에
없었다.
 주지하듯 이 시조는 우의적 표현을 통해 당대의 정치를 풍자한 작품이
다. 역사적 맥락을 존중하는 독법이라면, 햇빛은 공민왕을, 구름은 신돈
을 가리키는 것으로 이해된다. 우의가 일반적으로 인위적 상황 설정을
통해 비판의 의도를 실현한다. 인간사의 이치를 자연물의 섭리를 통해
밝히기 위해서는 이러한 가공 과정이 필연적이다. 이 작품에서는 간신이
임금의 귀를 어지럽히는 간행(奸行)을 비판하기 위해, 구름이 의식적으로
햇빛을 가린다는 상황을 설정하였다. 그러다 보니 불가피하게 구름이
무심하다는 당대의 일반적인 인식을 전복하게 된다.[3] 그 인식의 진실성

---

2) 이는 세계의 자아화라는 장르적 원리를 따르고 있는 서정시 고유의 시적 발상이기
도 하다.
3) 몇몇 가집의 기록대로 이 시조의 작가를 송강 정철로 보더라도 이러한 의미 맥락은

을 믿지 못한다는 선언이자, 자신은 그 이면을 보고 있다는 자신감의 표명이다. 혹 정치적 맥락을 벗어난 독법이라 하더라도 이러한 논리적 과정이 부정되지는 않는다.

이 작품에서는 '거짓말'이라는 시어가 '허랑하다'는 시어로 변주되고 있지만, 전체적인 논리적 과정은 앞에 제시한 두 작품과 동일하다. 보편화된 상식, 관념, 가치를 뒤집는 발화가 설득력을 가지기 위해서는 강력한 근거가 될 수 있는 사례를 요구할 것이고, 이들 작품은 초장의 선언에 이어 중·종장의 사례 제시로 논리적 완결성을 확보한다. 이 사례는 자신의 경험이기에 구체성을 확보할 수 있다. 논리학의 공리로 말하자면 귀납적 추론의 과정을 밟고 있으며, 그만큼 경험적 진실의 이점을 활용할 수 있었던 것이다.

여기에서 판단의 근거로 제시된 이들 사례들은 개인의 주관적 경험이다. 그들은 모두 공존하고 있어야 할 대상들과 분리되어 있고, 세속의 중심부에서 밀려나 있는 사람들로서 정서적 결핍을 겪고 있다. 이들 경험은 널리 인정받는 상식 너머에 자리하고 있다. 그런 점에서 세상사의 이면(裏面)이라 할 만하다. 이면은 잘 드러나지 않는다. 대신 이면은 사회적 소수자나 소외자 혹은 고난에 처한 자들의 시선을 기다려서 그 정체를 드러내는 경우가 많다. 이처럼 주관적 경험에 기대어 중심부를 향해 시비를 걸고, 중심부의 논리가 허위에 불과하다고 선언하는 것이 그들이 진실을 말하는 방식의 하나임을 확인할 수 있다.

그런데 이 경험이 어디까지나 개별적이고, 그나마 주관적 인식의 틀

달라지지 않는다. 조동일은 이 작품과 관련하여, "자연과 경치를 함께 노래하는 이중적 의미를 갖게 하려다가 얼마쯤 어긋난 결과를 얻었다고 보는 편이 타당할 듯하다."고 했다. 그러나 우의적 표현의 의도만은 성공적으로 드러내고 있는 것으로 보인다. 조동일, 『한국문학통사 2』(제3판), 지식산업사, 1994, pp.205-206.

내에서만 의미화되고 있다는 점에 주목해 볼 필요가 있다. 이 사실은 이들 노래의 어조가 다분히 독백적이라는 점과 양면을 이룬다. 독백이란 외부의 청자를 상정하지 않는다. 내면으로 침잠해 들어갔을 때 취하는 어법이다. 이러한 어조의 선택에는 필시 개인적 경험의 보편성에 대한 대사회적 자신감의 결여가 영향을 미쳤을 것으로 추정된다.

그러나 여기에서 거짓말로 규정하고 있는 상식은 언젠가는 정당하게 자리를 잡아야 할 상식이들이다. 구름은 무심해야 하며, 동짓달 밤은 길어야 하고, 달에는 임자가 없어야 하는 것이다. 이것이 시적 화자가 궁극적으로 소망하는 이상적이고 바람직한 세상사의 이치이다. 달리 말하면 '거짓말'이라는 기술(description)의 이면에는 그것이 '진실'이어야 한다는 규정(prescription)이 나란히 자리하고 있는 것이다.

이제 자신의 진실을 입증하려는 의지를 다소 적극적으로 표명하는 태도를 담고 있는 작품군을 살펴보기로 한다. 이 작품군에 속해 있는 노래들은 대체로 '님'이라는 표면적인 청자를 설정해 두고 있어, 대화체적 양식을 그대로 드러내주고 있는 점이 특징적이다. 이때 '님'은 대체로 자신보다 더 존귀하고 더 우월한 지위를 가진 존재로 드러난다. 즉 '님'은 화자의 입장에서 보아 하소연의 대상인 것이다.

> 됴고만 실비암이 龍의 초리 듬북이 물고
> 高峯 峻嶺을 넘단 말이 잇셔이다
> 왼놈이 왼말을 하여도 님이 짐작 ᄒ시소.

이 작품은 종장 "왼놈이 왼말을 하여도 님이 짐작하소서"라는 구절이 일종의 공식구(公式句)로 굳어 있을 정도로 유형화를 이루고 있다. 뿐만 아니라 이 노래가 실려 있는 『槿花樂府』에 명기되어 있는 바, 노래의

유래를 알 수 있는 『高麗史』 樂志의 기록[4]은 이런 유형의 노래가 통시적
으로도 매우 보편화되어 있었음을 확인해 준다.

　이 작품에서 '왼놈'이 하는 '왼말'이란 출처가 불분명한 소문이라 하겠
으며, 정치적인 의미가 부가되면 참소(讒訴)라 할 것이다. 시적 화자의
관심은 자신과 관련된 온갖 소문 혹은 모함이 허황된 날조에 불과하다는
것을 밝히고, 이를 통해 님과의 관계를 회복하는 데 있다.

　이를 위해 동원된 수사는 이야기의 병치이다. 그 이야기는 자신과 관련
된 추문과 직접적인 관련이 없다. 다만 그 추문과 동격을 이룰 만한 이야
기를 제시함으로써 해명을 위한 노력은 완성된다. 조그만 실뱀이 용의
꼬리를 담뿍 물고 고봉 준령을 넘어가는 일이 불가능한 일인 것처럼,
자신이 저질렀다는 언행도 있을 수 없는 일이라는 논리가 성립되는 것이
다.[5] 이러한 과장에도 불구하고 시적 화자가 처한 형편의 심각성 때문인
지, 이 작품에서는 장시조 특유의 해학이 분명하게 드러나지 않고 잠복되
어 있을 뿐이다.

　이러한 의도를 관철하기 위해 화자가 자신의 억울함에 대한 직접적인
호소를 생략하고 있는 점도 주목된다. 즉 다른 사람들이 자신을 모함한

---

4) 有蛇含龍尾 聞過泰山岑 萬人各一語 斟酌在兩心(뱀이 용의 꼬리를 물고 / 태산 봉우리
　를 지나갔다는 말이 있다오. / 만 사람이 한 마디씩 하여도 / 짐작하는 것은 두 마음
　에 달렸다오.). 이들 작품군의 통시적 계보와 성격에 대한 고찰은 조규익에 의해 이
　루어졌는데, 그는 이들 작품군을 '님아 님아'라는 부름말에 근거를 두고 '呼主歌'라
　명명하였다. 조규익, 『蔓橫淸類』, 박이정, 1996 참조.

5) 아래 글에서는 이 작품의 초·중장에서 기술된 사건을 시적 화자도 인정한다고 보
　고, 시적 화자 자신이 실은 '용'의 능력을 지닌 존재임을 드러낸 작품으로 보았다.
　그러나 그러한 해석에 동의하기가 쉽지 않고, '관습'을 존중하여 유사 작품군과 같
　은 맥락으로 읽어야 한다고 본다. 임주탁, 「慣習과 意味 - 長時調 <개아미 불개야
　미…>에 대하여」, 백영 정병욱 선생 10주기 추모논문집 간행위원회, 『한국고전시
　가작품론(2)』, 집문당, 1992.

말이 구체적으로 어떤 내용인지, 그리고 그 말이 왜 사실과 어긋나는지에
대한 언급이 아예 없다. 만일 그렇게 했다면 화자의 말은 적극적인 해명
으로 흘렀을 터이고, 이는 경우에 따라서 반성 없는 변명으로 곡해될
우려도 있다. 시적 화자는 자신의 이야기를 최대한 감추고 대신 다른
이야기를 병치시킴으로써 발화 의도를 완수하고자 하는 것이다.[6]

흥미로운 것은 '왼놈'과 '왼말'이 중의적으로 구사되고 있다는 점이다.
'왼놈'은 '온갖[萬/全] 사람'으로도 '그른[誤/惡] 사람'으로도 동시에 해
석 가능하며, '왼말' 또한 이에 준해서 '온갖 사설'과 '그른 사설'이라는
이중의 의미를 갖는다. 이는 단순히 하나의 시어가 중의적이라는 사실에
머무르지 않는다. 각각의 의미가 별개의 통사론적 맥락을 따라 독립적으
로 형성되지 않고, '온갖 사람'은 '그른 사람'이요, '온갖 사설'은 '그른
사설'이라는 의미론적 등식을 성립시킨다. 이와 같은 중의적 시어 구사는
'자아 : 타자 = 진실 : 거짓'이라는 이항 대립으로 확장된다. 그리하여
시적 화자는 거짓의 거짓됨만을 말함으로써 진실의 진실됨을 우회적으
로 드러내려는 궁극적인 의도를 완성하고 있는 것이다.

이상에서 살핀 두 유형의 작품군은 그 어조도 다르고 의도를 드러내는
방식도 판이하게 다르다. 전자가 독백체의 어조 속에 자신의 경험을 논리적
근거로 내세우고 있는 반면, 후자는 대화체의 어조로 시적 청자에게 우회적
으로 자신의 억울함을 호소하고 있다. 그리하여 전자가 논리적 설득력을
높여 진실의 논리적 확정을 도모하고 있다면, 후자는 우화를 제시함으로써
최종적인 판단을 상대방에게 이양하고 있다. 전자가 논리적 완결성을 추구한
다면, 후자는 논리적 공백을 최대화하려고 하는 것이다.

이런 차이에도 불구하고 두 작품군은 자신을 둘러싼 세계의 언어에

---

6) 이 점은 유사한 동기를 지닌 전대(前代)의 문학 <원가>나 <정과정>과도 구별되는
특징이다. 이들 작품에는 억울함에 대한 호소가 명시적으로 드러나고 있다.

대해 강한 부정을 표명하고 있다는 점에서는 동질적이라 할 수 있다. 이 동질성은 의도의 측면에서만이 아니라 자아와 세계를 파악하는 시선의 측면에서도 나타난다. 이들 작품의 화자에게 자아와 세계, 즉 나의 말과 남의 말은 각각 진실과 허위라는 이항 대립적 가치로 의미화되고 있는 것이다. 여기에서 남의 말, 세계의 언어는 환원하면 세속의 언어이다. 시비와 곡직, 진위를 따져야 하는 이유가 무엇보다 대사회적 인간관계의 산물이기 때문이다. 그렇다면 이러한 세속의 언어에 대한 부정은 그 반대편에 있는 다른 가치에 대한 긍정으로 이어지는 것이 자연스럽다. 그것은 곧 자연과 침묵이다.

3. 자연의 언어, 침묵

시조에서 자연의 의미는 매우 각별하다. 작품의 편수 자체가 의미의 질량을 보증해 주는 것은 아니지만, 자연은 적어도 시조의 소재로서 매우 중차대한 위상을 지니고 있다. 그러나 그 각별한 의미가 모든 작품에서 한결같지는 않다. 시조에서 자연은 세상사의 지배 원리이기도 하고, 미적 존재이기도 하며, 현실의 반대항에 위치해 있는 피안이기도 하다. 그런가 하면 극복 대상이 되기도 한다.[7] 이처럼 자연의 가치가 지닌 스펙트럼은 넓다.

메타언어로서의 시조 또한 자연에 대한 관심을 이 스펙트럼의 폭 안에서 드러내고 있을 것이다. 그러나 세속의 언어에 대한 거부감을 전제로 한 강호 취미는 적어도 자연을 극복의 대상으로 바라보지는 않을 것으로 보인다. 그리고 결국 인간사에 대한 관심의 연장선상에 위치하기 때문에

---

7) 김대행, 앞의 책, pp.242-258 참조.

순수한 경물로서 받아들일 가능성도 희박해 보인다. 그렇다면 결국 침묵을 미덕으로 지닌 자연은 세상사의 지배 원리로서, 그리고 현실의 반대항으로서 자리하고 있는 셈이라 할 수 있겠다.

> 말 업슨 靑山이오 態 업슨 流水]로다
> 갑 업슨 淸風이오 님ᄌ 업슨 明月이로다
> 이 중에 病 업슨 이 몸이 分別 업시 늘그리라. ― 成 渾

이 노래에서 청산의 미덕은 말 없음, 즉 침묵이다. 유수가 고정된 태가 없고, 청풍은 너무 흔해서 값이 없고, 명월은 임자가 없다. 여기에서 청산과 유수, 청풍, 명월은 의미론적으로 등가를 이룬다. 따라서 형식적으로 자연의 세부 항목들이 각각의 고유한 자질을 지니고 있는 것처럼 '분별'하고 있지만, 태 없음과 값 없음, 임자 없음은 상호 간에 얼마든지 교환될 수 있는 자질들이다. 필연적인 선택의 과정을 거친 작시가 아니라, 자의적으로 결합된 시어의 조합인 것이다. 그러니까 말 없음은 태 없음과 값 없음, 임자 없음과 등가를 이루는 셈이다.

이 점은 이와 유사한 발상에 근거하여 작시된 노래들이 순서가 뒤바뀐 채 유통되고 있었던 사정이 뒷받침한다.

> 갑 업슨 江山이요 말 업슨 綠水로다
> 일 업슨 淸風이요 실룸 업슨 明月이라
> 아마도 病 업는 이 몸이 놀고 갈가 ᄒ노라.

위의 노래에서 쉽게 확인할 수 있듯이, 값, 일, 시름, 병은 말과 더불어 '이 몸'의 인생에서 만나지 말아야 할 장애 혹은 부담이다. 그리고 강산과 녹수, 청풍과 명월은 '이 몸'을 온전히 맡길 수 있는 공간으로 설정되어 있다. 이렇게 보면 침묵은 청산만의 미덕이 아니고 유수와 청풍, 그리고 명월의 미덕이기도 하며, 넓게는 자연 자체의 미덕이기도 하다.

침묵이 자연의 미덕이라면, 그리고 여기에서 자연이 인간사의 모범을 보여주는 삶의 원리로 그려지고 있다면, 이러한 자연 예찬에는 역설적으로 인간사에 대한 비판이 잠재되어 있다고 볼 수 있다. 다시 말해 이 침묵이 세속에 거하는 인간들에게도 바람직한 삶의 태도 혹은 미덕이 되기를 바라는 화자의 소망이 배경으로 깔려 있는 것이다.

그런데 작품의 실상은 침묵이 진실을 내포하고 있다는 전제를 용인하지는 않는 것으로 보인다. 왜냐 하면 자연의 미덕으로서의 침묵이란, 오직 세속에서 일어나는 시비를 초월하는 데서 의의가 있다고 볼 뿐이기 때문이다. 이 같은 판단은 다음과 같은 작품들에서 더욱 강력히 뒷받침된다.

> 功名과 富貴과란 世上 스룸 맛겨 두고
> 말 업슨 江山애 일 업시 누어시니
> 갑 업슨 淸風明月이 닉 벗인가 ᄒ노라.
>
> 功名도 富貴도 말고 이 몸이 閑暇ᄒ야
> 萬水 千山에 슬커시 노니다가
> 말 업슨 物外乾坤과 함끠 늙쟈 ᄒ노라.

위의 두 작품에서는 공명과 부귀에 대한 거부감이 드러나고, 동시에 말없음이라는 자연의 미덕이 칭송되고 있다. 이는 말이 항상 공명과 부귀의 추구와 관련되어 있음을 전제로 한 것이고, 침묵을 미덕으로 지니는 자연을 현실의 반대항으로 바라보는 시각의 필연적인 소산이라 할 것이다. 이때 말의 구체적 실상은 결국 거짓말로 귀결된다. 여기에도 여전히 세속의 언어는 거짓이라는 등식이 전제되어 있는 것이다.

요컨대 자연의 말없음을 미덕으로 예찬하는 것은 세속의 언어가 지니는 허위성에 대한 반대 급부이다. 이는 세속과 언어를 동시에 부정함으로써 도달하게 되는 필연적인 귀결인 것이다. 세속은 인간의 이해 관계가 상충하는 삶의 공간으로서, 이런 곳에서 시비와 곡직을 따지는 것을 필연적이다. 이런 점에서 적어도 메타언어로서의 시조에서는 자연이 삶의 원리로서가 아니라 현실의 반대항으로 자리하고 있다고 보는 편이 타당할 것이다.

4. 역설로서의 침묵

앞에서 살핀 대로 침묵하는 자연의 미덕은 세속과 언어를 동시에 부정할 때 필연적으로 관심을 갖게 되는 자연의 자질이다. 그러나 한편 이러한 관심사의 이동은 비약적이라 할 만하다. 다시 말해 세속과 언어 둘 중의 어느 하나만을 부정함으로써 이에 대한 거부감을 해소할 수도 있기 때문이다. 이는 세속의 언어를 피해 곧장 자연으로 삶의 공간을 옮기는 것보다 쉬운 일이기도 하다. 우리는 과연 그런 지향을 보이고 있는 몇몇 작품들을 만나 볼 수 있다.

> 말 ᄒ기 죠타 ᄒ고 눔의 말을 마롤 거시
> 눔의 말 내 ᄒ면 눔도 내 말 ᄒᄂ 거시
> 말로셔 말이 만흐니 말 마롬이 죠해라.

> 드른 말 卽時 닛고 본 일도 못 본 드시
> 내 人事 이러홈애 남의 是非 모롤노다
> 다만지 손이 셩ᄒ니 盞 잡기만 ᄒ노라. - 宋　寅

이들 작품은 세속에서의 침묵을 선택함으로써 시비를 초월하고자 하는 심리적 지향을 보이고 있다. 들은 말과 본 일을 모두 무시하면 세상사의 시비에 휘말릴 이유가 없다는 논리이다. 물론 표면적으로는 침묵 혹은 말없음을 표방하지는 않았지만, 세상사에 대해 아무런 말도 하지 않겠다는 의지가 숨어 있다고 보아야 한다. 그러나 그것은 의지의 문제가 아님을 두 번째 작품의 화자가 스스로 고백하고 있다. 세속에서의 침묵이란 결국 인위적인 전략에 의해 가능한 처세가 아니라, 술의 힘을 빌어야만 가능한 경지였던 것이다.

이제 앞에서 논의한 몇 부류의 작품군을 간단하게 정리해 보기로 한다. 이를 위해 의미론에서 의미자질을 분석하는 방법을 취하면 다음과 같이 항목화된다.

> ① +세속/+언어 = 세속의 거짓
> ② +세속/-언어 = 세속의 침묵
> ③ * -세속/+언어 = 자연의 거짓
> ④ -세속/-언어 = 자연의 침묵

①은 소문이나 참소, 거짓으로 가득한 세속의 언어로서, 시적 화자가 부정하는 대상이다. ②는 세속에 거하면서도 세상사의 시비를 초월하고자 하는 의지의 산물이다. ④는 세속도 언어도 부정한 결과로 도달하는 이상적인 경지이다. 따라서 ①과 ④는 명제적 대우(對偶)라 할 수 있다. 다만 ③은 추상적 논리로서는 성립될 수 있지만, 자연이 거짓이라는 명제는 선험적으로 부정되기 때문에 실제 작품으로 실현될 수 없다.

이와 같이 세속에서의 침묵을 삶의 자세로 표방하는 작품을 염두에 두면, 자연의 침묵이 애초부터 선험적으로 찬양의 대상으로 자리를 잡고 있었던 것이 아님을 알 수 있다. 시비와 곡직을 따지는 세속의 언어 너머를 탐색하다, 세속도 부정하고 언어도 부정한 뒤에 발견된 가치가 자연의 침묵이었다. 그러한 탐색의 여정에서 세속에서의 침묵이라는 가치를 발견하지만, 그것은 외부적인 힘을 빌어야 비로소 도달할 수 있었던 만큼 불완전하기 짝이 없었다. 자연은 자연대로, 침묵은 침묵대로 미덕을 지니고 있었으나, 공교롭게도 별도로 존립해 있던 두 미덕이 결합된 것이다. 따라서 자연의 침묵은 본래부터 하나의 의미장을 이루고 있는 단일 개념이 아니라, 속세와 언어라는 두 개의 의미 자질이 제각각 반대 방향으로 기호화된 복합 개념인 셈이다.

그렇다면 자연의 침묵에 대한 거의 자동적인 반응은 세속의 진실에 대한 갈구의 소산이라 할 것이다. 그것이 적극적인 태도에 의해 뒷받침되지는 않는다 하더라도, 의도적인 모함도 없고 오해도 없으며, 진리가 진리로 통용되는 세상에 대한 소망이 전제되어 있다 할 것이다. 이들 시적 화자들은 세속이 진실을 회복하면 언제든지 회귀할 준비를 갖춘 사람들이다. 이는 '사(士)'와 '대부(大夫)'라는 이중적 가면을 지니고 '수기(修己)'와 '치인(治人)'의 이중적 역할을 수행하며 살아가야 하는 사람들의 필연적인 숙명이다.

따라서 이들이 주목하는 자연의 침묵이라는 미덕은 '불립문자(不立文字)'라는 불가적 커뮤이케이션의 한 경지와도 거리가 멀고, '도가도비상도(道可道非常道)'라는 도가적 진리 추구 방식과도 먼 거리를 두고 있다. 사대부들에게 자연의 침묵이란 세속의 진실과 대우 명제를 이루며, 참/거짓의 판정을 공유한다. 그런 점에서 자연의 침묵은 세속의 진실에 대한 소망이 역설적으로 투사된 한 경지라 함이 옳을 것이다.

속담과 전통 인문학적 사유*

민현식
(서울대 교수)

1. 속담의 개념과 특성

1.1. 언어와 사고

현대의 언어학은 20세기 초 사피어-워프 가설(Sapir-Whorf Hypothesis)에 근거한 인류언어학의 전통을 이어 언어의 개별성과 언어의 경험적 습득론을 주장하는 불룸필드(L. Bloomfield)류의 구조주의, 경험주의, 행동주의 언어학이 큰 줄기를 이루는 한편, 언어의 보편성과 언어 습득의 선험적 습득론을 주장하는 참스키(N. Chomsky)의 생성 언어학이 또다른 큰 줄기를 이루어 왔다.

이러한 흐름은 언어와 세계관의 상관성에 대한 견해에도 나타나 사피

---

* 본 논문을 言語와 思惟 체계에 평소 관심이 많으시고 言語哲學的 研究에 남다른 관심을 보여 오신 金相大 교수님의 정년을 기리며 頌功의 뜻을 담아 올린다. 특별히 부족한 후배를 지극히 아껴 주신 선생님과 사모님이신 숙명여대 成樂熹 선생님 내외분께서 내내 만수무강하시기를 더욱 기원한다.

어-워프 가설은 민족마다 고유 언어에 따라 사고도 고유하다고 하여 언어 상대성 원리라고도 부르는데 이는 독일의 훔볼트(W. Humboldt) 이래로 언어 인류학을 거쳐 구조주의, 경험주의, 행동주의와 통한다. 반면에 생성 언어학은 언어 보편성을 주장하므로 사고의 보편성을 인정하는 것으로 볼 수 있다. 이러한 언어와 사고와의 상관성을 연구하는 언어 심리학에서는 사고와 언어의 영향 관계를 다음과 같이 몇 가지 관점으로 본다.[1]

1.1.1. 同一說

말과 사고는 동일하며 사고란 마음 속의 말이라 어떤 생각이건 자신에게 하는 말로 볼 수 있다는 것인데 왓슨(J. B. Watson)과 같은 행동주의 심리학자들의 주장이 그러하다. 그러나 말 없는 생각, 말 없이 진행되는 운동이나 예술 행위가 있다고 주장하는 사람은 이런 주장을 반대할 수도 있다. 물론 동일설에서는 말없는 생각이란 있을 수 없고, 말없이 진행되는 운동이나 예술 행위도 의식 속으로는 끊임없이 독백이 진행 중이라고 반박할 수 있다.

1.1.2. 相異說

말과 사고는 상이하다는 것으로 상호 독립적이라고 보는데 이는 다시 다음과 같이 나눌 수 있다.

① 사고 우위설: 사고가 말보다 선행적이라서 말은 사고에 의존한다는 것으로 말 없이도 사고는 가능하다는 것인데 피아제(J. Piajet), 스타

---

1) 언어와 사고의 관계에 대해 졸저(2000: 42-44) 참고.

인버그(D. D. Steinberg) 등이 주장한다. 가령, 아동이 말을 배우기 전에도 사고는 존재한다거나 농아가 말은 못해도 이해 능력은 있다는 점, 거짓말하면서 상대방 눈치보듯 말을 하면서 다른 생각을 동시에 할 수 있다는 점을 이유로 내세운다. 또한 동일한 언어 사용자라도 여러 사고 방식이 존재할 수 있고 다른 언어 사용자라도 동일 사고 방식을 가질 수 있는 것이라 말과 사고는 상이하다고 본다.

② 언어 우위설: 사고보다 언어가 앞선다는 것으로 언어는 우리의 행동과 사고 방식을 결정하고 주도한다는 사피어-워프의 언어 상대성 이론이 이에 속한다. 이것은 훔볼트의 언어 세계관설이 발전한 것으로 언어를 통해서 객관 세계를 보기 때문에 우리가 보고 느끼는 세계는 있는 그대로의 객관 세계라기보다는 언어에 반영된 주관 세계라는 것이다. 따라서 언어는 사고의 기본으로 사고를 지배하며 자연 현상의 이해는 사용 어휘에 영향 받는다고 한다. 에스키모족에게는 눈에 관한 어휘가 20여 가지가 있다는 것도 그런 변별 어휘가 있음으로 인해 그런 어휘가 없는 종족의 경우보다 눈에 관한 한 어휘 수효만큼 사고가 분화, 발달된다고 볼 수 있다.

③ 상호 의존설: 이는 위 ①과 ②의 절충설로 언어와 사고가 상호 의존적이라는 견해이며 러시아의 비고츠키(L. S. Vygotsky)가 대표적이다. 그에 따르면 언어와 사고 능력은 유아기에 평행적으로 발달하다가 점차 사고와 언어 능력이 합쳐져 사고는 언어로 표현되고 언어는 사고에 의해 논리적이 된다고 한다. 대체로 사고 없는 언어를 생각할 수 없고 언어 없는 사고는 불완전하다는 점에서 인간은 언어를 통해 사고를 확장하고 사고의 확장을 통해 언어의 세계를 확대 변화시키는 것으로 볼 수 있다.

이상의 견해를 종합할 때 언어와 사고는 상호 영향 관계에 있어 사고와 언어는 서로 반영하며 서로 창조 관계에 있다고 할 수 있다. 즉, 사고는 언어에 반영되고, 언어는 사고에 변화를 일으킨다. 이러한 관점에서 한국어 속에 투영된 한국인의 사유 구조에 대한 탐구를 하려면 훔볼트의 언어 세계관설에서처럼 한국어에 나타난 한국인의 세계관(국민성, 가치관, 사유 방식 등)의 정체가 무엇인지를 한국어 자료 내부에서 분석하고 추출할 필요가 있다.[2]

한국인의 언어관은 언어를 沈默, 謹愼, 警戒의 대상으로 보면서 자기 표현을 억제하는 修養의 도구로 보아 비개성적, 소극적, 윤리적 언어관이 특징이며 이는 곧 동양적 언어관이라 할 수 있다. 반면에 토론과 웅변 문화 및 변증법, 변론술 등의 수사법이 발달했던 고대 희랍 및 로마와 중세, 그리고 의회 민주주의가 발전하고 자연 과학과 철학의 언어를 발달시킨 근대 유럽의 역사에서 보듯이 서양인의 언어관은 자기 표현을 중시하는 개성적, 적극적, 과학적 언어관을 특징으로 한다.

이러한 대비 속에서 한국인의 사고 체계의 하나를 형성하는 언어관은 통시적으로 다음과 같이 조망할 수 있다.

① 고대의 呪術的 사고 : 고대는 언어나 문자의 주술성을 믿던 시기로 '常祈于神雄 願化爲人…'이란 표현을 보여 주는 단군 신화나 김수로왕 관련 龜旨歌 등의 신화, 수로부인 관련의 獻花歌 및 海歌詞, 그 밖에 薯童謠, 處容歌 등의 향가에서 토속 및 불교적 주술성을 통해 고대인의 언어관을 살필 수 있다.

---

2) 여기서 '思考'와 '思惟'는 엄밀히 구별하기 어렵다. 단지 '사고'는 단순, 보편, 일반적 개념으로 넓게 사용한 것이고 본 주제가 지향하는 '인문학적 사유'의 '사유'는 철학적, 세계관적 개념으로 전문화하여 쓴 개념으로 보도록 한다.

② 중세의 자주적 사고 : 균여대사가 설파한 불교의 진리를 번역하여 중국에도 알려야 한다고 균여전 서문에서 밝힌 崔行歸의 언어관이라든가, 漢文 借字法의 한계를 밝히고 지역 풍토마다 언어 문자가 다를 수밖에 없다면서 정음 창제의 당위성을 밝힌 해례본 정인지 서문의 風土說이 중세의 자주적 사유를 보여 준다. 정음 창제에 영향을 끼친 중국의 性理學的, 韻學的 언어관을 능동적으로 수용한 사실도 자주적 사유의 결과라 하겠다.

③ 개화기의 계몽적 사고 : 개화기의 자주 독립 계몽 의식의 고조로 『독립신문』 사설, 周時經의 『국어문법』 서문 등에 나타나는 계몽적 사고는 우리 국민의 자각을 일으켰다.

④ 일제하의 저항적 사고 : 한말 무장 항일 운동을 출발로 저항 의식이 고조된 이래 인문학 분야에서는 단재 신채호의 역사 연구, 진단학회의 역사 연구, 조선어학회의 맞춤법 통일안 완성과 우리말 큰사전 편찬, 조선어학회 사건(1942. 10. 1)의 저항 정신이 인문학적 저항 정신을 보여 준다.

⑤ 현대의 복합적 사고 : 현대에 우리 사회에는 '새마을 운동, 잘 살아 보세, 할 수 있다'의 정신으로 고도의 경제 성장과 민주화를 이루어서 긍정적 자화상이 있는가 하면, '동족 상잔과 남북 긴장, 군사 독재, 부정부패, 외환 위기, 지방색, 빈부차, 집단 이기주의' 등으로 부정적 자화상도 가지고 있어 복합적 사고 의식을 가지고 있고, 이러한 사고는 개인이나 집단에게 모순 행동을 유발하게 된다. 언어적으로도 국어 순화 운동과 같은 긍정적 언어관의 흐름이 있는가 하면 상품명 등에서 외래어 선호와 같은 사대적, 부정적 언어관의 흐름도 확산되고 있어 이런 복합적 사고가 갈등을 벌이고 있다.

이제 구체적으로 우리말 표현과 한국인 사유 구조의 상관성을 연구하려면 기본적으로 다음 사항을 전제하여야 한다. 즉, 어떤 언어 표현과 국민의 사유 구조를 관련지어 논할 때 국민성을 절대적으로 단정하는 태도는 삼가야 한다. 그런 논의는 자칫 국민성을 고정화시키고 편견을 심어주기 때문이다. 가령, 개화기 때 외국인의 견문록에서는 한국인이 게으르다는 점을 보고한 경우가 많았으나 오늘날 한국인은 세계에서 가장 부지런한 민족으로 알려져 있으니, 국민성은 한 가지로 고정되기보다는 가변적임을 알 수 있다. 또한 부지런하다는 것도 늘 좋은 결과만을 낳는 것은 아니니 우리의 언어 생활에서 '빨리빨리'라는 말의 사용이 빈번함은 지나친 근면성이 조급성과 부실성을 초래하는 예로도 볼 수 있다.

우리는 본 연구에서 한국인의 전통 인문학적 사유 구조를 언어 자료에서 추출하기 위하여 관용 표현의 대표적인 자료인 속담 자료를 대상 자료로 분석하고자 한다.

1.2. 관용 표현과 전래 속담의 개념

관용 표현에 대해서는 용어와 분류에 대한 개념 정의가 다양하여 이렇다 할 정설이 없다.[3] 우리는 관용 표현을 민현식(2000: 55-59)에 따라 다음과

---

3) 속담을 포함한 관용 표현에 대한 연구사는 일제시대로 거슬러 올라가는데 문금현(1999)은 1910년대-1960년대, 1970년대-, 1980년대 전반, 1980년대 후반, 1990년대 초반, 1990년대 중후반으로 총 6 시기로 나눈 바 있다.

연구자들의 용어 사용도 관용구, 관용어, 관용어구, 관용 표현, 숙어, 익힘말, 익은말 등이 통용되고 있다. 이처럼 혼란스러운 것은 관용 표현이 구별하기 어려운 단어와 구의 경계를 넘나들면서 문장 단위에까지 넓게 생성, 통용되고 있기 때문이다.

같이 분류하고 이들 분류항들 중에서 속담만을 분석 대상으로 삼는다.

〈관용 표현의 개념과 분류〉

(1) 고사성어 : 4자로 된 한자 고사성어가 대표적이며, '紅一點, 出師表'
와 같은 3자어나 '不遇, 白書'와 같은 2자어로 된 것도 있다.

(2) 관용어구(＝숙어) : '애 쓰다, 기가 막히다, 시집가다/오다, 눈밖에
나다, 황천 가다' 등과 같이 관용적으로 쓰이는 표현들이다. 역사적
으로는 다음과 같은 분류가 가능하다.

① 전통 관용어 : 우리나라에서 역사적으로 형성된 관용어구들이
다. '뒤를 보다, 낯을 붉히다(싸우다), 한잔하다, 시치미떼다, 바
지저고리, 파리 날리다, 비행기 태우다' 등.

② 서구 관용어 : '판도라의 상자, 뜨거운 감자, 황금알 낳는 거위'
등 서구 관용 어법의 번역 차용 속에 수용된 것들이다.

③ 욕설 : 관용어의 부정적 현상으로 나타난 것들이다.

(3) 수수께끼 : 질문-응답 구조를 통해 지혜를 겨루는 전래담이다.

(4) 인사말 : 일상적 인사말들을 말한다.

(5) 속담

① 교훈담 : '콩 심은데 콩 나고 팥 심은데 팥 난다, 낮말은 새가
듣고 밤말은 쥐가 듣는다'와 같이 교훈적 속담류이다. 이들 중
에는 한국에서 유래된 전통 교훈담도 있지만 '하늘은 스스로
돕는 자를 돕는다, 구르는 돌에는 이끼가 끼지 않는다'처럼 서
구나 중국, 일본과 같은 외국에서 유래된 외래 교훈담도 있다.
따라서 '격언, 금언, 잠언'이라는 용어는 교훈담을 달리 이르는
말로 보아야 할 것이다.

② 비유담 : 이는 교훈적 요소보다도 비유적, 풍자적 성격을 위주로 하는 속담이다. '수박 겉핥기, 중의 빗, 꿀먹은 벙어리, 개팔자, 청산유수다' 등이 그러하다.

③ 길흉담(예언담, 속신담) : 금기, 권유, 징표, 해몽 관련 속담으로 주로 길흉을 예언하는 속담이다. 이들은 조상들의 오랜 경험적 사고를 바탕으로 이루어진 것으로 그것이 현대의 과학으로 타당한 것만 있는 것은 아니며 때로는 비과학적인 미신도 있다.

ㄱ. 금기담 : '밤에 손톱 깎지 말라, 쌀 먹으면 에미 죽는다'처럼 금기적 행동을 요구하는 속담이다. 따라서 금기를 어기면 좋지 않은 일이 생길 것이란 예언을 간접적으로 암시한다.

ㄴ. 권유담 : 이는 금기담의 반대 유형으로 '아이 많이 울려야 목청 좋아진다, 아침에 일찍 일어나면 부자된다'처럼 권유적 행동을 담은 속담이다.

ㄷ. 징표담 : '가마가 둘이면 두번 장가간다, 아침에 까치 울면 재수 있다'처럼 어떤 징표를 통해 예언을 담고 있는 속담류이다.

ㄹ. 해몽담 : '꿈에 흰옷 입으면 안 좋다. 꿈에 똥만지면 운이 트인다.'처럼 꿈의 내용을 가지고 현실 세계에 대해 예언을 하여 행동을 근신, 권유케 하거나 좋은 예감을 고취케 하는 속담류이다.

1.3. 속담의 특성

속담의 특성은 민중성, 향토성, 구비성, 시대성, 간결성, 가변성(창조성,

변용성), 교훈성 등을 특징으로 한다(이두현 외 1991, 최창렬·심재기·성광수 외 1986,최래옥 1993, 김종택 1992 참고). 이들의 개념은 이미 잘 알려진 개념이라 논의는 생략하는데, 가변성은 속담이 고정적인 것이 아니라 유사형(파생형) 속담 즉 同意 俗談群이 대단히 많으며 그런 것이 새로운 변용의 토대가 된다는 점을 말한다. 가령 다음과 같이 속담들에는 동의 속담군이 많다.

남의 작은 허물을 흉봄을 비유하는 동의 속담군

▪ 가랑잎이 솔잎더러 바스락거린다고 한다.=겨울 바람이 봄바람보고 춥다 한다.
=똥 묻은 개가 겨 묻은 개를 나무란다.=똥 묻은 접시가 재 묻은 접시를 흉본다.

일을 이루려면 선행 조건이 필요함을 비유하는 동의 속담군

▪ 거미도 줄을 쳐야 벌레를 잡는다.=눈을 떠야 별을 보지.=바다에 가야 고기를 잡는다.
=범굴에 가야 범을 잡지.=산에 가야 꿩을 잡는다.=서울에 가야 과거에 급제하지.
=잠을 자야 꿈을 꾸지.=죽어 보아야 저승을 알지.=호랑이굴에 가야 호랑이새끼를 잡는다.

국립 국어 연구원(1995)에 따르면 북한 속담은 조선말대사전(1992)에 16,451개 속담이 실려 있는데 이 중에 48%는 남한 국어사전에도 없을 만큼 다양하다고 한다. 또한 '쌀은 공산주의다, 90이 환갑이다, 총 쏠 줄 모르는

놈 총타발만 한다, 한 삽의 흙이 백발의 총탄 막는다'와 같은 공산주의 사회 특유의 이념적 속담도 많은데 이 역시 속담의 사회적 의존성과 끊임없는 생산성을 보여 준다.

속담은 생활 속에서 새로 재적용 및 창조가 일어나기도 한다. 가령, 그런 예로 주식 격언 20가지와 같은 것이 있다.

〈주식 격언 20 가지〉

- 낮은 가격에 사서 오르면 팔라.
- 신규상담은 증권회사를 찾아가라.
- 미래의 수익을 목적으로 하라.
- 배우자 고르듯 장래성을 보라.
- 밀짚모자는 겨울에 사라.
- 소문은 1명이 만들고 99명은 좇는다.
- 달걀을 한 바구니에 담지 말라.
- 장미꽃 따려다 벼랑에서 떨어진다.
- 여름철 투자자는 쉬어도 주가는 움직인다.
- 자손은 크는 재미, 주식은 느는 재미.
- 술꾼은 비틀려도 자기집을 찾는다.
- 가장 오래 오른 주가 가장 빨리 떨어진다.
- 남이 살수 없는 주식을 사라.
- 내일이라는 날도 있다.
- 독수리는 참새를 잡아먹는다.
- 대중에게 명백한 것은 명백한 잘못이다.
- 산이 높으면 골도 깊다.

- 주식을 사지 말고 때를 사라.
- 첫 반락에 사라.
- 주식을 사고 싶으면 3일 후에 사라.

다음으로 속담이라고 다 교훈적이거나 진리를 담고 있는 것은 아니며 미신적이거나 부정적 심리를 조장하는 것도 많다.

- 아는 것이 병이요 모르는 것이 약이다 : '아는 것이 힘'인 시대에 역행한다.
- 돌다리도 두드려 보고 건너라 : 도전 정신이 부족하여 지나친 소심함을 보여 준다.
- 암탉이 울면 집안이 망한다 : 남녀 평등에 위배되며 여성의 참정권 강화가 요구된다.
- 구관이 명관이다 : 변화와 혁신을 거부하는 태도다.
- 모로 가도 서울만 가면 된다 : 과정보다 결과만 중시하여 부도덕한 수단을 정당화한다.
- 모난 돌이 정 맞는다 : 개성과 창의력과 도전 정신을 저하시킨다.
- 윗물이 맑아야 아랫물도 맑다 : 윗사람에게만 책임 전가할 수 있다.
- 산 입에 거미줄 치랴 : 게으름을 조장한다.
- 가만히 있으면 중간은 간다 : 자기 주장이 없고 기회주의를 조장한다.
- 오르지 못할 나무는 쳐다보지도 말라 : 도전 정신을 위축시킨다.

속담 중에는 건강의 교훈을 담은 경우도 있다. '재물을 잃는 것은 조금 잃는 것이요, 친구를 잃는 것은 많이 잃는 것이며, 건강을 잃는 것은 다 잃는 것이다'라는 서양 속담처럼 우리 속담에도 '복 중에는 건강 복이 제일'

이라는 속담이 있다. 또한 현대적으로 속담을 재해석하는 시도도 있다.[4]

- 동가식(東家食) 서가숙(西家宿) 한다 : 동쪽에서 밥먹고 서쪽에서 잠 자는 등 떠돌이 생활을 의미하는 말인데 현대의학적으로 해석하면 식사는 채식 위주의 동양(東洋)식으로 하고, 잠은 침대 등을 이용한 서양(西洋)식으로 하라는 권고로 받아들일 수 있다.

- 간(肝)에 기별도 안 간다 : 먹은 음식이 양에 차지 않을 때 흔히 하는 이 말은 상당한 과학적 근거를 갖고 있다. 우리 몸에 들어온 음식물은 일단 소화되면 위장과 소장의 정맥을 타고 맨 처음 간으로 들어간다. 간은 이렇게 들어온 탄수화물 · 단백질 · 지방 등 각종 영양소의 최종 산물을 저장했다가 필요할 때마다 온 몸의 장기에 보내는 일을 한다.

- 술에는 장사가 없다 : 과음으로 인한 폐해를 경고하는 속담이다. 과음은 간질환은 물론 소화기관과 성 기능, 암 발생에도 영향을 미친다.

- 냉수 먹고 속차려라 : 철없는 행동을 하거나 과욕을 부리는 사람에게 쓰는 말이다. 마신 물은 위로 들어가 위벽을 통해 일부 흡수되고 나머지 는 소장에서 음식물이 흡수될 동안 액체 상태를 유지케 하여 소화를 도와준다. 공복시 찬물은 위장을 자극해 대장의 연동 반사를 일으킨다.

- 감기는 밥상머리에 내려앉는다 : 감기가 들면 잘 먹어야 낫는다는 말이다. 음식을 잘 먹으면 감기 바이러스를 죽이는 면역세포가 늘어 나는 것으로 나타났다고 한다.

- 문둥이 콧구멍에 박힌 마늘 씨도 빼먹는다 : 지나치게 인색한 사람을 질타하는 속담이지만, 옛 조상들이 마늘을 범상히 보지 않았다고 풀어 볼 수 있다. 마늘은 미국 암센터가 권장하는 항암식품 1위에 올라있다.

---

4) 조선일보 2002년 2월 21일자. '옛 말속에 건강비결 담겨있다' 참고.

- 산에 가서 벌에게 잘만 쏘이면 10년 지기 병이 낫는다 : 최근 인기를 끌고 있는 봉독약침의 유래를 추정해볼 수 있는 속담이다. 꿀벌의 독(봉독)에는 멜리틴·아파민·포스포리파제A2·아돌라핀 등 인체에 염증 반응을 낮추는 데 유효한 성분들이 많아 소염, 진통, 면역 기능 조절 등의 효과를 낸다.

- 세살 버릇 여든까지 간다 : 영양학 교과서에는 세살 이전에 먹어 보지 못한 음식은 평생 잘 먹지 않는다고 명시돼 있다. 이는 세살 이전에 골고루 음식을 섭취해야 성인이 돼서 편식하는 것을 예방할 수 있다는 것을 말한다.

- 재수가 없으면 뒤로 넘어져도 코가 깨진다 : 머리 뒤쪽에 가해진 충격이더라도 그 세기가 크다면 뇌를 받치고 있는 두개골의 바닥(두개기저부)이 골절될 수 있다. 그러면 뇌척수액이 코로 흘러 내려 위험한 상황이 된다.

- 사촌이 땅을 사면 배가 아프다 : 스트레스와 복통이 연관된 것으로 해석된다.

- 어질병이 지랄병 된다 : 작은 병이 점점 더 도져서 큰 병이 된다는 뜻이다. 모든 병은 초기에 치료해야 말끔히 치료할 수 있고 비용도 적게 든다. 잔병 앓는 사람이 오래 산다는 말도 가벼운 질환으로 병원에 자주 다닌 사람이 중병도 조기에 발견, 바로바로 치료받기 때문으로 해석된다.

2. 속담의 의미망 구축 방법론

속담에 담긴 전통 인문학적 사유 구조를 분석하려면 속담을 수집하여 관련 핵심어들에 따라 수집하는 일이 선행되고 그 다음에 수집된 속담들을 하나하나 뜻을 찾아 의미 유형을 분석하는 일이다. 우리는 이 의미 분석 작업을 '속담 의미망' 구축 작업으로 부르도록 한다. 이러한 절차로 3단계의 방법론을 제시한다.

2.1. 1단계: 속담 자료 수집

속담 자료를 수집하려면 속담사전들을 이용해야 한다. 현재 1만여 속담을 수록한 이기문((1962, 1989)의 '속담사전'을 비롯하여, 한국민속학회 편(1973)의 '한국속담집' 등이 있으나 대부분 가나다 자모순이나 주제 순서이다. 전통적 사유와 같은 주제 의식을 검색하려면 주제별 사전이 유용한데 김도환(1993)의 '한국속담활용사전'은 그런 점에서 한 단계 진일보한 사전이다. 주제별 분류, 핵심 소재어별 색인, 가나다순 색인이 모두 나와 검색에 편리한데 주제 분류가 다양하여 주제별 찾기에는 시디롬보다 힘들다.

그런데 평생을 속담 수집에 헌신한 속담 수집가 송재선 옹의 여러 사전들이야말로 다양한 주제별 속담을 단행본 사전으로 발행하여 속담학을 한 단계 더 도약시켰다. 그의 '우리말 속담 큰사전'(1983)을 비롯하여 주제별로 내고 있는 사전들인 '상말 속담사전', '여성 속담사전', '동물 속담사전', '주색잡기 속담사전', '돈 속담사전', '음식 속담사전' 등이 그런 사례이다. 그러나 이들 주제 사전은 모든 주제를 모두 사전화할 수도 없어 일정한 한계가 있다. 다행히 송재선 옹의 속담사전 CD판인 '한국속담대사전'(2001. 시디롬판, 고려대 민족문화연구원, 서원시스템)이 나와 방대한 자료나 용례, 단어, 주제별 검색에 최적이다.

우리는 송재선 시디롬 사전과 김도환의 활용 사전, 이기문의 속담사전을 주로 활용한다.

2.2. 2단계: 직접 핵심어와 간접 핵심어 검색

찾고자 하는 주제나 소재로 검색한다. 가령 '효도'와 관한 전통적 사유를 알려면 '효도, 효자, 효녀, 효'와 같은 1차 핵심어(직접 핵심어)를 검색하면 상당수의 속담이 검색된다.

송재선의 속담 시디에서는 다음 수효의 속담이 검색된다.

효도: 총 82건 검색

1건... 01. 사람편	2건... 05. 인체편
61건... 09. 가족편	3건... 11. 장애인편
1건... 17. 결혼편	5건... 23. 금융편
1건... 28. 길짐승편	4건... 29. 날짐승편
2건... 33. 식물편	2건... 35. 신조 속담편

효자: 총 120건 검색

6건... 05. 인체편	2건... 06. 의료편
89건... 09. 가족	3건... 15. 집편
3건... 17. 결혼편	5건... 19. 빈부편
3건... 22. 국가편	2건... 23. 금융편
1건... 34. 성(性)	6건... 39. 기타

효녀: 총 7건 검색

효: 총 1건 검색

다음으로 '부모, 자식'과 같은 부차적 관련어를 검색하여 본다. 이들 속에도 관련 속담이 숨어 있어 결코 소홀할 수 없는 실정이다. '부모'의 경우는 '효자, 효녀' 검색보다 더 많은 661건이나 검색되며 이 중에 1차 검색어에 안 나온 것을 찾는 일도 쉬운 일이 아니다. 그러나 이들 중에도 '효도' 관련 사항이 나오는 경우가 있다. 다음은 금융 관련 항에 나오는 것으로 불효 관련 사항이다.

- 돈에는 부모도 속인다.(금전문제에 있어서는 부모에게도 바른 말을 않고 속이는 경우가 있다는 뜻. 부모보다도 돈을 더 소중히 여긴다는 뜻)
- 돈에 눈이 어두면 부모형제도 보이지 않는다.(=돈 앞에는 부모도 안 보인다; 돈에 인색한 사람은 가족도 돌보지 않는다는 뜻)

2.3. 3단계: 의미 분석과 의미망 구축 단계

추출된 속담들을 의미 유형에 따라 분류한다. 가령, 우리는 가장 전통적 문화 특성이자 전통적 사유 구조의 하나인 삼강오륜의 '충, 효, 열' 관련 속담과 숭문 의식에 관련한 속담들에서 다양한 의미 유형을 추출할 수 있다. 이는 다음 절에 상론한다.

3. 속담에 나타난 전통 인문학적 사유구조

본고의 주제가 되는 '인문학적 사유'를 우리는 인문학의 대표 학문인 '文(어문학), 史(역사 의식), 哲(철학 윤리 의식)'에 바탕을 둔 사유를 가리키는 것으로 보도록 한다. 따라서 속담들 중에 '어문, 역사, 철학·윤리'의 의식을 담은 것을 주로 살피면 될 것이다. 우리는 이들 영역에서 다음과 같은 주제 의식들을 속담에 담긴 전통 인문학적 사유 구조로 보고자 한다.

[인문학적 사유의 개념 영역과 사유의 특징]
　文 : 어문 의식 ▷ 崇文主義, 愼言主義
　史 : 역사 의식 ▷ 運命主義, 因果應報主義
　哲 : 철학 윤리 의식 ▷ 三綱五倫의 道德主義

전술한 의미망 분석 방법에 따라 우리는 속담 자료를 분석할 수 있다. 그런데 모든 속담을 분석하여 전통 인문학적 사유를 추출하는 것은 연구 기간 상 불가능하며 장기간의 연구를 소요하므로, 우리는 전통 사유의 대표적인 것의 하나인 文, 史, 哲의 영역에 따라 숭문주의, 신언주의…의 순서로 이들 사상이 속담에 투영된 모습을 살피도록 한다.

3.1. 인문학적 사유(1): 崇文主義 意識

우리의 속담 속에 나타나는 전통 사유는 '숭문의식'을 들 수 있다. 교육 열이 높다는 것도 과밀한 인구밀도, 치열한 생존경쟁의 불가피성에도 있지만 근본적으로 글을 숭상하고 文士를 예우하는 데에서 유래한다. 이처럼 글을 숭상한 것이 무를 폄시하여 무인들의 반란을 초래함으로써 고려 시대의 무인정치 시대가 있고 조선 시대에는 무의 약화를 초래해 임진왜란까지 자초한 면이 있으며 급기야 지나친 숭문이 권력 투쟁으로 이어져 당쟁, 서원의 폐단을 낳고 조선 국권 쇠약의 원인이 되었다. 그럼에도 불구하고 문화 민족의 자부심을 가지고 우리가 오늘날 살게 되는 바탕에는 수많은 문인들의 문집과 왕조의 실록 등 기록물이 전해져 우리의 문자 문화를 빛내고 있다. 훈민정음의 창제 역시 이런 숭문 의식의 전통 위에서 통치 차원에서 독자적 문자 문화의 필요성이 대두된 것으로 볼 수 있다. 물론 글을 숭상하다 보니 글로 인한 앙화를 우려하기도 하였으나 전반적으로 글 문화를 존중하려는 태도가 우리의 고급 문화 형성에 크게 기여한 것을 부인할 수는 없을 것이다. 그리하여 이러한 숭문의 전통은 다양한 하위 문화를 낳게 된다. 이러한 내용을 조사하기 위해 시디롬을 검색한 결과 '선비' 관련 속담은 31건, '글' 관련은 72건, '양반'은 435건으로 최다였다. 따라서 숭문 의식은 '양반 문화'와 밀접함을 알 수 있다.

3.1.1. 숭문 의식의 유형

속담 속에 글을 숭상하는 표현은 다음 예들처럼 다양하다.

돈 모아 줄 생각 말고 자식 글 가르쳐라(자식을 위하는 가장 좋은 유산은 교육을 잘 시키는 일임을 강조하는 말). 글 모르는 귀신 없다(귀신도 글을 알고 있은즉, 사람이라면 마땅히 글을 배워서 자신의 앞길을 닦아야 한다는 말). 밥 한 술에 힘 되는 줄은 몰라도 글 한 자에 힘이 된다(밥을 한두 끼 잘 먹었다고 크게 몸이 좋아지지는 않으나 글을 한두 자 더 배우면 그만큼 정신적인 양식이 늘어난다는 뜻으로, 배우는 것이 힘임을 비유적으로 이르는 말). 아무리 재주가 좋아도 남의 뱃속의 글을 옮겨 넣지 못한다(재능이나 지식은 다른 사람의 것을 옮겨 놓을 수 없음을 이르는 말).

3.1.2. 尊師 의식

스승을 존경하는 풍토는 중요한 우리 사회의 미덕이었다. 현대 교육의 위기가 존사 의식의 상실일진대 현대에 회복할 가치가 아닐 수 없다.

부모의 은덕은 낳아서 기른 은덕이요 스승의 은덕은 가르쳐 사람 만든 은덕이라(훌륭한 사람이 되라고 가르쳐 준 스승의 은덕도 친부모의 은덕에 못지 아니하게 귀중하다는 말). 자식을 보기엔 아비만한 눈이 없고 제자를 보기엔 스승만한 눈이 없다(자식에 대해서는 부모가 가장 잘 알고 제자에 대해서는 스승이 가장 잘 알고 있다는 말). 스승의 그림자는 밟지 않는다. 훈장의 똥은 개도 안 먹는다(스승은 아이들을 가르치면서 속을 많이 썩여 매우 고생을 한다는 비유). 뛰어난 사람 뒤에는 훌륭한 스승이 있다. 좋은 책은 훌륭한 스승이다. 君師父一體라.

3.1.3. 崇文 實利主義 의식

숭문의 결과는 입신출세를 통한 실리적 유익이 있다. 따라서 과거 시험에 합격하여 등용을 목표로 학업에 정진하게 된다.

양반은 글 덕을 본다. 상놈은 발 덕을 본다. 되 글을 가지고 말 글로 써먹는다(글을 조금 배워 가지고 가장 효과적으로 써먹는다는 말). 서울 양반은 글 힘으로 살고 시골 농군은 일 힘으로 산다(서울 사람과 시골 사람은 살아가는 수단과 방법이 다르다는 뜻으로, 모든 사람은 자기의 격식대로 살아 나간다는 것을 비유적으로 이르는 말. ≒ 서울 사람의 옷은 다듬이 힘으로 입고 시골 사람의 옷은 풀 힘으로 입는다).

3.1.4. 체면 의식

체면 문화의 바탕도 따지고 보면 숭문, 존사 의식의 결과 고도의 충성 정신이 노블리스 오블리제를 통해 근검절약, 안빈낙도, 가문존중의 문화를 낳고 체면 문화를 낳게 되었다.

양반은 대추 세대로 점심을 채운다. 양반은 배가 고파도 말을 안 한다. 양반은 배가 고파도 밥 먹자고 하지 않고 장맛 보자 한다. 양반은 추워도 떨린다고 하지 않고 흔들린다고 한다. 양반은 헌 갓 쓰고도 똥 누지 않는다.

3.1.5. 가문 존중 의식

숭문 의식은 입신출세를 목표로 하면서 자연히 인재가 나오는 집안을 낳게 되고 집안 가문의 영광으로도 비치게 된다. 따라서 가문의 명예와 영광을 숭문의 전통에서 찾으려고 한다.

가문 덕에 대접받는다(변변치 못한 사람이 좋은 가문에 태어난 덕분에 좋은 대우를 받는다는 말). 사대부집 자식 잘못되면 송충이 된다. 양반의 자식이 열여섯이면 호패를 찬다.

3.1.6. 안빈낙도 의식

조상들은 숭문을 개인의 사욕을 추구하는 데 쓰지 않고 안빈낙도하며 근검절약을 실천하는 선비 정신으로 승화시키려고 한 경우 그 이름이 오래 기억된다.

소 같이 벌어서 쥐 같이 먹어라. 강물도 쓰면 준다. 혼인 치레 말고 팔자 치레 하랬다. 빗물도 모이면 못이 된다. 티끌 모아 태산. 사람에 버릴 사람 없고 물건에 버릴 물건 없다. 흐르는 물도 아껴 쓰면 용왕이 복 준다.

3.1.7. 숭문 경계 의식

숭문 의식이 있지만 역설적으로 글로 인한 앙화를 경계하여 지나친 숭문을 경계하여 바른 숭문을 권장하기도 하며 아예 문자 문화를 조롱하기도 한다.

글 속에도 글 있고 말 속에도 말 있다(말과 글에 담겨 있는 뜻은 무궁무진함을 비유적으로 이르는 말. 글이라고 하여 다 글이 아니며 말이라고 하여 다 말이 아니라는 뜻으로, 쓸 만한 글과 말은 따로 있음을 비유적으로 이르는 말). 글 잘하는 자식 낳지 말고 말 잘하는 자식 낳으랬다(학문에 능한 사람보다는 구변 좋은 사람이 처세에 유리함을 비유적으로 이르는 말). 글은 기성명이면 족하다(글이란 제 성과 이름이나 쓸 줄 알면 족하다는 뜻으로, 글공부를 많이 할 필요가 없다는 말. ≒ 글은 제 이름 석 자나 알면 족하다). 사람이 되고라야 글이 소용 있다(사상이 바로 서고 교양 있는 참된 사람이 된 다음에라야 지식이 소용 있는 법이란 뜻으로, 아무리 지식이 많아도 행동이 사람답지 못하면 그 지식이 쓸모 없음을 비유적으로 이르는 말).

이 밖에 문자 문화를 조롱하는 속담도 많다.

양반은 문자 쓰다가 저녁 굶는다. 양반은 죽어도 문자 쓴다. 양반은 이무기다. 게으른 선비 설날에 다락에 올라가서 글 읽는다(게으른 자가 분주한 지경에 이르러 부지런한 체한다는 말). 글에 미친 송 생원(집안일을 돌보지 아니하고 오로지 글공부만 하고 있는 사람을 놀림조로 이르는 말. 어떤 한 가지 일에만 열중하여 다른 일은 다 잊고 있는 사람을 비유적으로 이르는 말. 글공부를 하다가 미쳐서 중얼대는 송 생원처럼, 무엇인지 입 속으로 중얼거리는 사람을 비유적으로 이르는 말). 서울 놈의 글 꼭질 모른다고 말 꼭지야 모르랴(글을 모른다고 말 꼭지조차 모를 줄 아느냐는 뜻으로, 글을 모른다고 너무 무시하지 말 것을 비유적으로 이르는 말). 장 마당에 쌀자루는 있어도 글 자루는 없다(장사와 공부는 서로 관계가 없으므로 공부를 하려면 장 같은 곳은 드나들지 말아야 한다는 말. ≒장에 쌀자루 나지 글 자루 나나?). 당장 먹고살 수 있는 벌이를 하는 것이 공부를 하는 것보다 낫다는 말. ≒장에 쌀자루 나지 글 자루 나나?).

이상의 글 문화 존중이라는 숭문 의식의 전통은 오늘날 다문화 존중 시대에 창조적으로 발전시켜야 한다.

3.2. 인문학적 사유(2): 愼言主義 意識

말에 대해서는 어느 언어마다 근신과 경계를 교훈하게 마련이다. 이 점에서 우리 속담에서도 언어에 대한 것은 당연히 신중한 언어 생활을 강조하고 있다. 속담 CD에서 '말'의 검색 건수가 9163건인데 실상 이 중에서 언어 생활 관련 속담을 주제별로 분류한 것을 한두 가지씩만 들면 다음과 같다. 이들을 크게 대주제로 묶으면 禁言主義(하지 말아야 할 말), 言行一致主義(해야 할 말)를 대립적으로 강조하면서 궁극적으로는 愼言主義(신중히 판단해야 할 말)를 최고의 덕목으로 여기고 있다.

3.2.1. 禁言主義: 하지 말아야 할 말

- 남의 말 : 귀신도 제 말하면 온다. 남의 말하기는 식은 죽 먹기다.
- 장담 : 관 속에 들어가기 전에는 막말은 하지 말랬다. 빈 수레가 요란하다.

- 악담 : 말 속에 가시가 있다. 악담(惡談) 끝은 없어도 덕담(德談) 끝은 있다.
- 욕 : 남을 욕하면 죽어서 뱀이 된다. 부자 욕하는 건 가난한 놈이다.
- 단말 : 단 말은 꿀과 같이 달고 나쁜 말은 칼로 찌르듯이 아프다.
- 빈말 : 말만 앞세운다. 군말이 많으면 쓸 말이 적다.
- 여러 말 : 가루는 칠수록 떡이 고와지고 말은 할수록 말이 거칠어진다.
- 잔소리 : 늘그막에 느는 건 잔소리 뿐이다. 바가지를 긁는다.
- 실없는 말 : 귀신 씻나락 까먹는 소리를 한다. 씨도 안 먹는 소리는 하지도 말랬다.
- 농담 : 농담도 사람 봐서 하랬다. 농담이 사람 죽인다.
- 헛약속 : 돌이 달걀되어 병아리를 까거든. 죽은 고목에서 싹이 나거든.
- 거짓말 : 거짓말 사흘 안 간다. 입 하나에 혀가 두 개다.
- 억지말 : 억지말하면 맑은 날 벼락을 맞는다. 한 마디 했다가 본전도 못 찾는다.
- 우김질 : 남대문 본 놈과 안 본 놈이 우기면 안 본 놈이 이긴다. 우기는 놈 못 당한다.
- 허풍 : 빈 수레가 더 요란하다. 입으로 떡을 하면 온 세상 사람이 다 먹고도 남는다.
- 핑계 : 과부가 아이를 낳아도 할 말이 있다. 핑계 없는 무덤 없다.
- 자랑 : 곡식 자랑, 고향 자랑, 병 자랑은 하랬다. 계집 자랑은 삼불출(三不出)의 하나고 자식 자랑은 팔불출(八不出)의 하나다.
- 흉 : 까마귀가 까치 보고 검다고 한다. 남의 흉 하나 보는 놈이 제 흉 열은 모른다.
- 중얼거림 : 조잘거리기는 아침 까치다. 봉사 씻나락 까먹듯 한다.
- 변명 : 쓸데없는 변명은 미움만 산다. 남의 밭 콩을 따도 할 말은

있다.

- 실언 : 한번 입 밖에 나온 말은 엎지른 물과 같다. 살은 쏘고 주워도 말은 하고 못 줍는다.
- 말재난 : 말로 찌르는 것이 칼로 찌르는 것보다 더 아프다. 세 치의 혀가 다섯 자의 몸을 죽인다.
- 목청 : 식사 중에 큰 소리로 말하면 가난하다. 목소리 큰 놈이 이긴다.

3.2.2. 言行一致主義: 해야 할 말

- 착한 말 : 말만 잘하면 천 냥 빚도 가린다. 옳은 말은 귀에 거슬린다.
- 바른 말 : 산에 가서 범 잡기는 쉬워도 남에게 바른 말을 하기는 어렵다.
- 덕담 : 말이 부드러우면 화도 가라앉는다. 덕담도 여러 번 하면 악담 으로 된다.
- 쓴 말 : 듣기 싫은 말이 부드러운 말이다. 쓴 말은 약이요 단 말은 병이다.
- 남자의 말 : 사나이 말은 천 냥 보다도 무겁다. 男兒一言重千金.

3.2.3. 愼言主義: 신중히 판단할 말

- 승낙 : 승낙을 가볍게 하는 사람은 믿음성이 적다. 승낙은 열 번 생각 하고 하랬다.
- 약속 : 남과 약속한 일은 반드시 지켜야 한다. 꿈에 한 약속도 지킨다.
- 말조심 : 같은 말이라도 '아' 다르고 '어' 다르다. 낮말은 새가 듣고 밤말은 쥐가 듣는다.
- 대답 : 말이 아니면 대답을 말고 길이 아니면 가지를 말라.
- 들은 말 : 들으면 병이고 안 들으면 약이다. 한 말은 사흘 가고 들은

말은 삼 년 간다.

- 대화 : 말은 해야 맛이고 고기는 씹어야 맛이다.
- 듣기 싫은 말 : 듣기 싫은 말은 약이고 듣기 좋은 말은 병이다.
- 언행 : 말로는 쉽고 행동은 어렵다. 겉 다르고 속 다르다.
- 누설 : 집 안 말이 밖으로 나가서는 안 되고 바깥 말이 집 안으로 들어와서도 안 된다.
- 말시비 : 가는 말이 고와야 오는 말도 곱다. 변명하는 사람은 착하지 않다.
- 소문 : 나쁜 소문에는 날개가 달렸다. 뜬소문이 사람 잡는다.
- 여론 : 군중의 입은 쇠도 녹인다. 민심(民心)은 천심(天心)이다.
- 내말 : 내가 할 말 네가 하고 네가 할 말 내가 한다. 처녀가 아이를 배도 할 말은 있다.
- 능변 : 말만 잘하면 해장술도 얻어먹는다. 글 잘하는 자식 낳지 말고 말 잘하는 자식 낳으랬다.
- 함구 : 귀는 커야 하고 입은 작아야 한다. 남의 잘못과 나의 잘한 것은 말하지 말랬다.
- 근청 : 세 살 먹은 아이 말도 귀담아 들으랬다. 길이 아니면 가지를 말고 말이 아니면 듣지를 말라.

이상의 언어윤리의 세 가지 범주는 오늘날도 언어생활에 교훈이 될 것들이며 실천할 만한 사항들이다.

3.3. 인문학적 사유(3): 運命主義 意識

우리의 개인이나 국가에 대한 역사의식을 보면 운명론적 사유가 많이 나타난다. '四柱八字, 팔자 소관, 팔자 고치다'라는 말들이 그런 사고를 보여 준다. 이는 유교적 신분사회의 성격 때문에 신분 고착적인 運命主義的 사고에 강하게 지배받아 온 것이 큰 원인이고 현세를 떠나 내세 피안의 세계를 동경해 온 불교적 세계관 탓으로도 볼 수 있다. 그렇다 보니 주체적, 개척적 사고 방식이 자리잡기 어렵게 되었고 체념적 사유를 조장하게 되었다. 다음은 운명주의를 보이는 속담들이다.

3.3.1. 운명주의

부모가 半 팔자다(자식 운명은 부모에게 반은 달렸다). 귀신은 속여도 팔자는 못 속인다. 가난은 타고난 팔자다. 사람은 나면서부터 근심과 고통을 타고난다(사람의 근심과 고통은 타고난 팔자이기 때문에 참고 견뎌야 한다는 뜻). 올라가지 못할 나무는 쳐다보지 말라. 각관5) 기생이 열녀 될까(＝까마귀 학이 될까. 닭 새끼 봉이 되랴. 사슴이 기린 되랴. 돌은 갈아도 옥이 되지 않는다. 개 이가 상아 될까 : 본 바탕이 좋지 않은 사람은 훌륭하게 변할 수 없다. 이들 속담은 한편으로 운명론적 신분 불변의 의식을 담은 속담이 될 수 있다). 앉은 양반보다 빌어먹는 거지가 낫다(굶고 앉아 있는 양반보다는 굶지 않고 빌어먹는 거지 팔자가 낫다는 뜻). 무식하면 팔자는 편하다(아무것도 모르면 걱정이 없기 때문에 오히려 팔자가 편하다는 뜻). 사람 팔자는 관 뚜껑을 덮고 나서야 안다. 무덤에 가서야 팔자를 피한다. 귀신은 속여도 팔자는 못 속인다. 상놈 눈은 양반 발가락의 티눈만도 못하다. 서울 양반은 글 덕으로 살고 시골 상놈은 일 덕으로 산다. 양반은 먹는 것으로 세월을 보내고 상놈은 일하는 것으로 세월을 보낸다.

---

5) 각관: 각 관아(官衙)

위와 같은 運命主義는 여러 모양으로 파생하여 여성의 운명적 사고, 노인의 늦팔자 추구, 신체 외모와 팔자 연관의 미신 형성, 인생 허무주의 등을 초래하였으며 정치적으로는 권세주의, 사대주의를 지향하게 되었다. 특히 운명주의가 체념주의로 흐르고 극단에 이르면 恨 의식, 극단의식, 부정적 사고에 이르게 된다.

3.3.2. 여자와 노인의 운명주의

남자 팔자는 여자에게 달렸다. 여자 팔자는 남자에게 달렸다. 여자가 말띠면 팔자가 세다. 사람은 늦팔자가 좋아야 한다. 사람 팔자는 늘그막에 봐야 안다. 상 팔십이 내 팔자다. 육십이 지나 남편이 죽으면 여자는 팔자가 핀다.

3.3.3. 신체 외모와 운명주의 편견

광대뼈가 나오면 팔자가 세다. 얼굴에 주근깨 많고 팔자 안 센 사람 없다. 눈 밑에 점이 있으면 팔자가 세다. 눈이 치찢어지면 팔자가 세다. 귀가 칼귀면 팔자가 세다. 뻐드렁니는 팔자가 세다. 자면서 이를 갈면 팔자가 세다. 한숨을 자주 쉬면 팔자가 세다.

3.3.4. 허무주의

인생은 草露. 일장춘몽. 물거품 같은 인생이다. 인생은 무상(無常)하다. 대문 밖이 저승이다. 저승길이 대문 밖에 있다. 어제의 부귀가 한바탕의 봄 꿈이다.

3.3.5. 권세주의

사람은 권세를 따라다니며 개는 구린내를 따라다닌다. 깊은 물도 얕아지면 오던 고기도 아니 온다(젊어서 찾아오던 사람도 늙으면 찾아오지 않는다는 뜻/권세가 있을 적에 찾아오던 사람도 권세가 없어지면 안 찾아온다는 뜻). 대감집 말 죽은 데는 먹던 밥도 밀쳐 놓고 가도 대감이 죽었다면 먹던 밥도 다 먹고 간다(권세가 있을 때는 사람들이 따라 붙지만 권세가 없어지면 사람들이 멀리 한다는 뜻). 나는 새도 떨어뜨리고 닫는 짐승도 못 가게 한다. 태산으로 달걀을 누른다. 큰고기는 그물을 찢는다. 팔자는 줄을 잘 서야 한다.

3.3.6. 恨 의식[6]

양반 욕하는 건 상놈이고 지주 욕하는 건 소작인(小作人)이다(상놈을 억압하던 양반은 상놈의 욕 대상이 되고 소작인을 착취하던 지주는 소작인의 원한의 대상이 된다는 뜻). 계집의 독한 마음은 오뉴월에 서리 친다. 살아서 원한을 못 풀고 죽으면 죽어서 눈을 못 감는다. 은혜는 얼음에 새기고 원한은 뼈에 새긴다. 남에게 원한을 맺어 놓는 것은 곧 재앙의 씨로 된다. 이익만 취하는 행동을 하면 원한을 많이 받게 된다.

이러한 운명주의 속에서 개척주의적 사고나 주체적 사고 방식이 발전하기는 어려웠다. 우리는 민족으로서 집단적 주체 의식은 강하나 개체적

---

6) 근대 및 개화기 문헌들의 고빈도 관용구는 '익를 쓰다, 애돌다, 애틋다, 간쟝을 티오다, 간쟝을 녹이다, 오장이 떨리다, 간담을 티오다'라고 하며 판소리계 소설의 고빈도 관용구도 '기가 막히다, 간장을 녹이다, 간장이 썩다'라고 하는데(문금현 1996) 이런 표현이 우리 국민의 운명주의에 따른 피지배층의 恨 의식에서 기인하는 것으로 볼 수 있다.

주체 의식은 미약한 편이다. 전자는 '우리 동네, 우리 집, 우리 아버지'의 예와 같은 '우리'라는 표현이 대표적 예이며, 후자는 국어가 대표적 주어 생략형 언어이듯이 주어 생략, 주어 불명시로 인한 무소신, 책임 소재 불명의식을 들 수 있다.

후자는 인도유럽어족어들이 주어 명시형 언어로서 늘 주체가 명시되어 책임성이 분명한 것과 대조적인데, 우리에게서 '나'를 당당히 밝히는 민주적 토론 문화가 자리 잡지 못하고 있는 원인도 순종을 미덕시하는 유교적, 가부장적 지배의 중앙 집권 문화뿐만 아니라 이런 주어 생략형 언어 구조에서 기인하는 것으로도 볼 수 있다. 운명주의에 反하여 개척성과 주체성(줏대)의 중요성을 보이는 속담은 다음과 같다.

① 개척성

부지런한 부자는 하늘도 못 막는다. 소리 없는 벌레가 구멍을 뚫는다. 길을 알면 앞서 가라(자신 있으면 개척하라는 것). 우물을 파도 한 우물을 파라.

② 주체성

집안에는 호랑이가 하나 있어야 잘 산다(집안에는 줏대가 센 가장이 있어야 집안이 흔들리지 않고 발전하게 된다는 뜻). 칠팔월 수숫잎 흔들리듯 한다(칠팔월 수숫잎이 바람부는 대로 흔들리듯이 줏대가 없이 이랬다저랬다 한다는 뜻). 짱뚱어가 뛴다고 개도 뛰다가 복판 깬다(줏대 없는 사람이 남 하는 일을 덩달아 하다가 낭패를 당한다는 뜻). 낮에는 큰소리 치고, 밤에는 굽신거린다.

3.4. 인문학적 사유(4): 因果應報主義 意識

역사의식에서 운명주의가 지배해 온 것이 역사에의 실망과 분노를 보여 준다면 한편으로는 역사의 인과응보성, 필연성과 같은 역사의 진실을 믿는 백성들도 있어 그런 속담들도 남아 있다. 이러한 인과응보주의는 事必歸正의 역사의식을 담고 있어 백성들에게 誠實과 眞實의 삶을 교훈하게 되는 것이다.

3.4.1. 인과성

콩 심은 데 콩 나고 팥 심은 데 팥 난다. 아니 땐 굴뚝에 연기 나랴. 불 없는 곳에 연기 없다. 뿌리 없는 나무 없다. 죽은 놈이 탈 없으랴(재앙의 이면에는 어떤 원인이 있다). 소나무는 깨끗한 땅에서 자란다(환경이 좋아야 한다). 큰 북에서 큰소리 난다(크고 훌륭해야 좋은 것이 생긴다).

3.4.2. 응보성

덕은 닦은 데로 가고, 죄는 지은 데로 간다. 남을 문 놈은 저도 물린다. 물은 제 곬으로 흐르고, 죄는 지은 대로 간다.

3.4.3. 성실, 진실성

누워서 저절로 입에 들어오는 떡은 없다. 돌도 십년을 보고 있으면 구멍이 뚫린다. 정성이 지극하면 돌 위에 풀이 난다. 티끌 모아 태산이다. 부지런한 물방아는 얼 새도 없다. 여름에 하루 놀면 겨울에 열흘 굶는다. 천리길도 한 걸음부터.

3.5. 인문학적 사유(5): 三綱五倫의 道德主義 意識

동양 사회에서 국가의 기강은 전통적으로 삼강오륜에 두었다. 충효열의 삼강은 국가, 부모, 남편의 권위를 절대시 한 것이다. '부자유친, 군신유의, 부부유별, 장유유서, 붕우유신'의 오륜 중에 삼강 관련 요소를 빼면 '장유유서, 붕우유신'의 요소가 각각 '敬, 信'의 덕목을 보인다. '충'은 종묘 사직과 관청의 윤리이며, '효'와 '열'은 가정의 윤리이고, 장유유서와 붕우유신의 '敬'과 '信'은 사회의 대인 윤리이다.

이처럼 '삼강오륜, 충신, 효자, 열녀' 등의 윤리는 오랫동안 한국인의 의식과 행동을 지배해 온 것이고 윤리 파괴의 현대 사회에서 가장 강력한 문화 상품이며 현양할 가치가 있는 창조적으로 발전시켜야 할 문화 유산이다. 儒學의 經書 구절들이 사회적으로 암송되면서 교훈적 기능을 발휘하고 있었으므로 속담의 교훈적 기능은 일정한 한계를 가지고 발달했을 것이지만 전반적으로 충효열의 삼강오륜을 보조하는 기능을 수행했다고 보겠다. 따라서 유교 경서들이 직접적 교훈의 기제로 존재했다면 속담은 간접적 교훈의 기제로 존재했다고 볼 수 있고, 달리는 한학적 소양을 요구하는 경서의 지식은 평민들에게는 부담스러웠기에 경서가 사대부의 이념 기제로 기능했다면 속담은 평민들의 이념 기제로 소통되었다고 볼 수도 있다.

3.5.1. 忠 관련 속담

속담 시디에서 '충신' 항에 28건, '역적' 항에 33건, '나라' 항에 336건, '충성' 항에 11건의 속담이 검색되었다. 이 중에서 충성, 충의에 관한 속담들을 모아 의미망에 따라 분류하니 다음과 같았다.

① 공직의 윤리

충성의 대상은 임금, 나라, 백성이라 하겠다. 따라서 속담들도 임금과 나라에 대한 충성과 백성에 대한 봉사가 한 방향이고, 다른 방향은 청렴결백한 청백리의 정신을 담고 있다.

이도(吏道)가 바로 서야 나라도 바로 선다(관리들이 올바르게 일을 해야 나라가 발전된다는 뜻). 내 몸이 높아지면 아래를 살펴야 한다(지위가 높아질수록 하부의 인심을 잘 살피라는 뜻). 먹고 살기 위하여 벼슬하는 것은 아니다(벼슬은 녹을 받기 위하여 하는 것이 아니라 나라를 위하여 한다는 뜻). 벼슬아치가 게으르면 죄가 된다(국가 공무원이 자기 사업에 태만한 것은 죄로 된다는 뜻).

벼슬은 높이고 뜻은 낮추랬다(벼슬은 높아질수록 겸손하게 처세를 하라는 뜻). 벼슬아치는 심부름꾼이다(벼슬자리는 권세를 부리는 자리가 아니라 국민의 일을 돌보아 주는 자리라는 뜻). 관리가 청백하면 백성들은 절로 편안하게 된다(관리들이 청백하게 일을 하면 백성들은 안정된 생활을 한다는 뜻). 관청 일을 제 집 일처럼 하라(공무를 자기 집 일과 같이 성실하게 해야 한다는 말). 목자(牧者)는 백성을 위하여 존재한다(일선 관리들은 민중을 위하여 존재하는 것이기 때문에 민중을 위하여 봉사(奉仕)해야 한다는 뜻). 청백리(淸白吏) 똥구멍은 송곳부리 같다(청렴결백한 관리는 군색한 생활을 하기 때문에 엉덩이가 살은 없고 뼈만 있다는 뜻). 다른 사람보다 먼저 걱정하고 다른 사람보다 나중에 즐겨야 한다(정치가는 국민들보다 걱정되는 일은 먼저 걱정하고 즐거운 일은 나중에 즐겨야 산다는 뜻).

② 충효 일체 의식

충과 효는 한 뿌리의 덕목임을 보여 주는 속담들이 많이 있다.

부모 명 잘 받드는 사람이 나라도 잘 받든다. 효로 임금을 섬기면 충(忠)이 되고 효로 아들을 대하면 자(慈)가 된다. 효자문에서 충신 난다. 충신을 구하려면 반드시 효자 문중에서 골라야 한다. 충효의 도는 한 집안에 모인다

③ 충신 출현 조건

충신은 난세에 나온다는 것과 효자 가문에서 나온다는 것을 보여 주는 속담이 있다.

집이 가난하면 효자가 나고, 나라가 어지러우면 충신이 난다. 임금이 착해야 충신도 난다. 난리통에 충신 난다. 나라가 망하면 충신이 욕을 본다(국가가 혼란하게 되면 애국자들이 노고를 한다는 뜻). 나라가 어지러우면 어진 재상(宰相)이 생각나고 집안이 가난하면 어진 아내가 그립다(국가가 망하려고 하면 어진 정치가가 생각나고 집안이 가난하면 어진 아내가 생각난다는 뜻/곤경에 빠졌을 때는 구해낼 사람이 생각난다는 뜻). 효자문에서 충신 난다.

④ 과잉 충성의 경계

충성이 과잉되는 것도 잘못임을 경계하는 속담들도 있다.

윗사람이 작은 나무를 구하면 아랫사람들은 큰 나무를 바친다(윗사람이 지시하면 아랫사람들은 이에 과잉 충성을 하게 된다는 뜻).

양주(楊州) 현감(縣監) 죽은 말 지키듯 한다(효종(孝宗)의 애마 벌대총이 양주를 지나다가 죽게 되자, 양주 현감이 왕에게 보고를 하고 어명을 기다리느라 3일을 몸소 죽은 말을 지킨데서 유래된 말로서, 아무 소용없

는 일에 지나치게 충성한다는 뜻). 정승이 죽으면 문상을 안 가도 정승집 개가 죽으면 문상 간다(세상 인심은 자신의 이해에 따라서 수시로 변한다는 뜻/권세를 잃게 되면 남들이 깔본다는 뜻).

⑤ 충신과 간신의 처신
충신과 간신은 혁명의 시기나 난세의 시기에 운명적으로 갈린다는 것을 말한다.

승(勝)하면 충신이요 패(敗)하면 역적이다. 잘 되면 충신이요 못 되면 역적이다(정권 싸움에서는 승리하면 충신이 되고 패하면 역적 누명을 쓴다는 뜻). 충신(忠臣)도 천명(天命)이요 역적(逆賊)도 천명이다.

⑥ 간신과 부패의 경계
충신과 대비되는 간신의 특성을 말하는 속담들을 말한다.

간신(姦臣)이 겉으로는 충신(忠臣)인 체한다. 충신탈 쓴 것이 간신이다. 크게 간사한 사람은 충성스러운 것 같다. 윗사람이 재물을 탐내면 나라는 망한다(정치적 권력을 이용하여 축재를 하게 되면 국가는 망하게 된다는 뜻). 나라 치고 현명한 정치가 없는 나라 없고 나라 치고 무능한 정치가 없는 나라 없다(어느 나라에나 많고 적은 차이는 있지만 현명한 정치가와 무능한 정치가는 항상 존재한다는 말). 간신이 많으면 나라가 망한다(간신이 많으면 나라가 혼란하게 되므로 망한다는 뜻). 관리는 많고 국민은 적다(관리가 적고 국민이 많아야 할 것이 이와 반대 현상으로 되었다는 것은 관리들의 횡포와 가렴주구로 국민들은 견딜 수 없게 되고 나라는 망하게 된다는 뜻). 귀족이 많아지면 나라는 가난해진다(소비층인 귀족들이 많아지면 민중들은 점점 가난하게 되므로 국가적으로는 빈곤하게 된다는 뜻). 경칠판서(庚七判書)다(나라를 팔아먹은 역적이라는 뜻). 간신(奸臣)이 많으면 임금은 뒷문으로 나간다(간신이 많으면 임금이 편하게 정치를 하지 못한다는 뜻)

충성 관련 속담은 공직자의 청렴결백과 부패에 대한 경계를 담고 있다. 그래서 충성을 강조하는 속담보다는 국가 불충의 행동인 관리 부패를 경고하는 것이 대부분이다. 다음도 불충한 관리를 묘사한 것들이다.

큰고기는 그물을 찢는다(권력 있는 사람은 나쁜 짓 하면서 법망을 피한다). 사모 쓴 도둑놈(관리는 남의 재물을 탐낸다). 작은 놈은 쥐나 개가 도둑질하듯 하고, 큰 놈은 고래가 삼키듯 범이 채가듯 한다. 농민은 땅을 밭으로 삼고 관리는 농민을 밭으로 삼는다. 관청 뜰에 좁쌀을 펴놓고 군수가 새를 쫓는다(관리가 관청에서 한가하게 지낸다). 나라 고금(雇庫)도 잘라먹는다.(=나라님 만든 관지(款識) 판돈도 자른다 : 나랏돈도 횡령하듯 이기적이고 부패한 관리 비유).

⑦ 충신의 지조와 자연 징조의 비유

충신이 죽으면 대나무가 난다. 소나무의 절개는 겨울이라야 안다. 나무 중에서 오직 소나무와 잣나무만이 사철 푸르다(다른 나무들은 모두 서리와 추위에 굴복하여 낙엽이지는데 소나무와 잣나무만은 굴하지 않고 푸른색을 지니듯이 절개를 지키는 사람은 고난에 굴하지 않고 자기의 본색을 드러내고 있다는 뜻).

이상과 같이 忠 관련 속담의 의미망은 7가지로 분석된다. 대체로 충신은 나라와 임금, 백성을 위해 목숨을 바치는 자세가 필요하며, 난세에 효자 가문에서 출현한다는 점을 특징으로 한다.

3.5.2. 孝 관련 속담

우리가 '효도' 사상을 한국의 대표 문화로 들고 국민의 의식 구조에도 중요한 행동과 사유 결정 구조로 자리잡았다고 하지만 구체적으로 효도 사상의 구체적 특징이 무엇인지는 분명하지 않다. 단순히 '事親, 敬老, 長子의 부모 奉養' 등의 피상적 인식들만 하고 있을 뿐이다.

그러나 앞에서 밝힌 방법에 따라 속담들을 분석하면 대체로 어떤 구체적 양상으로 효도 사상이 전개되어 민중 의식 속에 자리잡았는지 알 수 있다. 이에 따라 '효도' 관련 속담들을 전술한 방법으로 수집하고 분석한 결과 다음과 같은 유형의 의미망이 구축되어 이들 의미망을 우리 조상들의 효도 관련 의식의 다양한 사유 구조로 해석할 수 있다고 하겠다.

① 孝道의 天倫 意識

효도를 천륜, 천명 즉 절대적 가치로 보아 하늘과 연계한 속담들이다.

효성이 지극하면 돌 위에 풀이 난다. 하늘이 낸 효자다. 하늘이 아는 효자다. 효성이 지극하면 하늘도 감동한다. 효성이 지극하면 하늘도 살펴본다.

② 효도와 가문의 상관성

효도를 이루려면 부모나 윗사람의 본보기, 가문의 전통이 중요하다는 것으로 하루 아침에 이룩되는 것이 아님을 보여 주는 속담이다.

부모가 온 효자 되어야 자식이 반효자 된다. 엄부 밑에 효자 나고, 엄모 밑에 효녀 난다. 되는 집에는 아들을 낳으면 효자요, 딸을 낳으면 열녀라. 부모가 있어야 효자도 난다. 부모가 착해야 효자도 난다. 효자가 효자 낳는다. 부모 치고 자식이 효도하기를 바라지 않는 사람은 없다. 효도는 자식에게 물려준다(자신이 부모에게 효도를 하면 자식들도 본을 보고 자기에게 효도를 하게 된다는 뜻).

③ 충효 일체 의식
효도와 충성은 동일한 덕목의 양면성임을 가르치는 속담이다.

효자문에서 충신 난다. 잘 되는 집에는 딸을 낳으면 열녀요, 아들을 낳으면 효자다. 충신을 구하려면 반드시 효자 문중에서 골라야 한다. 충신을 찾으려면 효자문으로 가랬다. 충효의 도는 한집안에 모인다. 효로 임금을 섬기면 충(忠)이 되고 효로 아들을 대하면 자(慈)가 된다(효도하는 마음으로 임금을 섬기면 충신이 되고 효도하는 마음으로 자식을 키우면 자부(慈父)가 된다는 뜻). 부모 명 잘 받드는 사람이 나라도 잘 받든다.

④ 효도는 국가 윤리, 사회 윤리, 대인 윤리의 기초
자기 부모 위하려면 남의 부모도 위할 줄 알아야 한다(부모에게 효도하는 사람은 남의 부모도 존경한다는 뜻). 제 집 어른을 섬기면 남의 집 어른도 섬긴다(자기 부모를 섬기는 사람은 남의 부모에게도 잘한다는 뜻). 윗사람이 늙은이를 늙은이로 대우하면 백성들은 효도를 하게 된다. (위정자가 늙은이를 공경하게 되면 국민들은 부모에게 효도하게 된다는 말). 효도는 모든 덕의 근본이다. 효도는 백행의 근원이다.(모든 덕의 근원은 효에서 출발한다는 뜻, 모든 덕 중에서 효도가 으뜸이라는 뜻)

⑤ 부잣집보다는 가난한 집에서 효자가 남

가난한 집에서 효자 난다. 집이 가난하면 효자가 나고, 나라가 어지러우면 충신이 난다. 하늘이 무너져도 효자 나올 구멍은 있다(효자는 아무리 어려운 환경에서도 난다는 뜻)

⑥ 엄하게 키워야 효자가 됨

귀엽게 키운 자식에 효자 없다. 얼러 키운 효자 없다. 매 끝에 효자 난다. 매로 키운 자식이 효자 된다.

⑦ 부모 사랑 우선 의식

아무리 효자라도 부모의 내리 사랑만 못하다는 의식이 깔려 있는 속담이다.

부모 마음 열에 하나만 알아줘도 효자다. 어미 마음 반만 알아도 효자다. 자식이 부모 사랑 절반만 되면 효자 된다. 어버이가 생각하듯 어버이를 생각하는 자식 없다. 한 어미는 열 자식은 길러도 열 자식이 한 어미는 못 모신다. 팔십 먹은 아버지가 육십 먹은 아들 걱정한다(자기 몸 관리도 잘못하는 팔십 늙은이가 아들 건강을 걱정하듯이 부모는 죽을 때까지 자식 걱정을 한다는 뜻). 부모의 정은 밥이고 부부의 정은 꿀이다(부모의 정은 변하지 않는 따뜻한 정이고 부부의 정은 불같이 뜨거운 정이라는 뜻). 열 손가락에 어느 손가락 깨물어 아프지 않을까. 자식은 먹고 남아야 부모에게 주고 부모는 먹지 않고 자식에게 준다. 고슴도치도 제 새끼는 함함하다고[7] 한다(자식이 못났더라도 어버이 눈에는 잘나 보인다)[8]. 가

---

7) 함함(솜솜)하다 : 털이 부드럽고 반지르르하다.

지 많은 나무 바람 잘 날 없다. 자식 많은 어미 허리 펼 날 없다. 부모는 문서 없는 종이다(부모는 자식을 위해 일생 희생한다). 어버이는 내리사랑, 자식은 치사랑.

그러나 효도가 부모 사랑만은 못하지만 부모 사랑보다 현실적으로 부부 사랑을 우선하는 경우의 속담도 다음과 같이 있다.

정든 임 이별은 하늘이 왼쪽으로 빙글빙글 돌고, 부모님 이별은 눈물만 세 방울 뚝 떨어진다(정든 임 이별은 어질병이 날 정도로 괴롭지만, 부모님 이별은 약간 슬플 정도로서, 부모님 이별보다 정든 임 이별이 훨씬 더 슬프다는 뜻).

⑧ 부부 사랑 우선 의식

아무리 효자라도 아내 있는 것만 못하다는 것으로 부부 관계 우선 의식을 보여 준다.

열 자식이 한 아내만 못하다. 착한 자식보다도 못난 아내가 더 좋다. 못된 아내도 효자보다 낫다. 아무리 악처(惡妻)라도 효자보다 낫다. 악처 하나가 효자 열둘보다도 낫다.

⑨ 실제적 효의 요령(건강, 부모 마음 헤아리기 등)

ㄱ. 부모 권위 인정: 아버지의 그림자는 밟지도 않는다.

ㄴ. 부모 건강이 최고:

---

8) 유사 속담으로 '까마귀도 제 자식은 예쁘다고 한다, 곡식은 남의 곡식이 좋고 자식은 내 자식이 좋다'도 있다.

자식은 오복에 안 들어도 이[齒牙]는 오복에 든다. 돈이 효자다(돈이 요긴함을 비유. 재물 공급 없는 효도는 헛것이다). 이 효자 저 효자 해도 늙은 홀아비 중신하는 자식이 효자다. 이가 열 효자보다 낫다(이가 있기 때문에 맛있는 음식을 먹을 수 있다. 특히 노인들에게는 이가 안 빠지는 것이 효자보다 낫다는 뜻). 발이 효자보다 낫다(발로 걸어다니며 먹을 것도 먹고 구경도 할 수 있기 때문에 효자보다 낫다는 뜻). 긴 병에 효자 없다.

ㄷ. 부모 마음 헤아리기: 어미 마음 반만 알아도 효자다(자식이 어미의 마음 절반만 알아도 저절로 효도를 하게 된다는 뜻)

⑩ 효를 기대 말라

제 발이 효자보다 낫다(제 발로 직접 벌어먹는 것이 자식 덕을 보는 것보다 낫다는 뜻). 효자 끝에 불효 나고 불효 끝에 효자 난다(어느 집안이나 효자도 나고, 불효도 나게 된다는 뜻). 자식은 어려서 자식이다(자식은 어려서 부모 마음대로 할 때가 자식이지, 큰 뒤에는 자식이라도 마음대로 할 수 없다는 뜻). 품안에 있어야 자식이다.

⑪ 불효자식의 종류에 대한 편견

양자에 효자 없다. 의붓자식놈 부모 뺨 안 치면 효자다.

그러나 이에 반대되는 속담으로 '의붓자식에도 효자 난다'도 있다.

⑫ 효도하는 자식의 유형

의붓자식에도 효자 난다. 눈 먼 자식이 효도한다(제 몸 치다꺼리도 못 하는 자식 중에도 효자가 있다). 버리려던 자식이 효자노릇 한다. 속 많이 썩인 자식이 효자노릇 한다.

⑬ 지나친 효도의 문제

효자 효녀 나면 집안이 망한다(예전에는 부모상을 당하게 되면 3년간 거상(居喪)을 했는데, 효자 효녀일 경우는 꼬박 지키게 되므로 집안일이 안 되어 살림이 망하게 된다는 뜻).

⑭ 효도의 시기

불효하면 부모가 죽은 뒤에 뉘우치게 된다. 부모가 안 계시면 효도도 못한다(부모를 잘 섬기는 것도 부모가 계셔야 할 수 있으므로, 부모를 모신 사람은 부모가 돌아가시기 전에 효도를 하라는 뜻). 효도하고 싶어도 어버이는 기다려 주지 않는다(자식을 키워 보고 부모의 은덕을 알게 되어 효도를 하려고 하였을 때는 부모가 늙어서 죽었거나 여생이 얼마 남지 않았다는 뜻).

⑮ 미신

앞머리 숱이 많으면 효자노릇 한다. 칠석날 부부가 동침하면 효자를 낳는다.

⑯ 비유

이것은 단순한 비유 표현들이거나 효도와 관련한 동물 비유 표현이다.

입에 효자노릇 하기도 바쁘다(가난한 사람은 굶지 않고 먹고 살기도 힘들다는 뜻).

까마귀도 반포(反哺)의 효도가 있고 비둘기도 삼지(三枝)의 예절이 있다(날짐승들도 효도를 하고 예절이 있는데 하물며 인간이 효도하지 않고 예절이 없으면 인간 노릇을 못 한다는 뜻).

효경(梟獍)이 같은 놈이다(어미를 잡아먹는 올빼미[梟:효] 새끼와 같고, 아비를 잡아먹는 경(獍:경. 범의 일종)과 같은 불효막심한 패륜아라는 뜻).

효도도 손이 맞아야 한다(자식이 부모에게 효도를 하면 부모도 받아주어야 효도를 할 수 있듯이, 두 사람 이상이 하는 일은 서로 화합돼야 이루어진다는 뜻).

이상과 같이 효도 관련 속담의 의미망은 16가지로 분석된다. 분류자에 따라 다소 늘거나 줄 수 있지만 위 16가지 의미망은 우리 조상들이 효도에 관해 가지고 있던 대표적 사유 구조를 보여 준다.

3.5.3. 烈 관련 속담

삼강은 낡은 구시대 의식으로 비치고 있는 것이 현실이다. 특히 여성에 대한 열녀 사상의 실천 강요는 남성 지배 사회에서 남성 차별적 행통의 결과였기에 더욱 그러하다. 그러나 부정적 현상보다는 지조의 강조와 건전한 가정 문화 조성에 보편적인 기여를 한 가치라 할 수 있다. 속담 시디에서 '열녀'는 21건 검색했으며, '순결' 관련 5건, '정숙' 관련 8건 등으로 매우 적어 의미망 분석 자체가 단순한 실정이다.

① 열녀의 윤리

열녀는 두 남편을 섬기지 않는다(열녀는 한 남자를 위하여 일생을 희생하지, 두 남자는 절대로 섬기지 않는다는 뜻). 달걀에 모난 데 없고, 화냥녀에 순결 없다(달걀에는 모진 데가 없어서 둥글둥글하게 생겼고, 음란한 여자에게는 순정이 있을 수 없다는 뜻). 여자는 시집을 가면 온순한 부인이 되고, 정숙한 아내가 돼야 한다(여자는 시집가면 온순한 가정주부로서 어진 아내가 되어야 한다는 뜻). 죽어도 시집 울타리 밑에서 죽어라(출가하면 그곳에서 끝내라). 도둑의 때는 벗어도 화냥의 때는 못 벗는다(＝하룻밤을 자도 헌 각시 : 정조를 지켜야 한다는 뜻). 남의 옷 얻어 입으면 걸레감만 남고, 남의 서방 얻어 가면 송장치레만 한다(개가하여 살면 얼마 안 가서 그 남자와 사별하게 되는 것이니 개가하지 말도록 해야 한다는 뜻). 시집살이 못하면 동네 개가 짖는다(시집살이 못하면 동네사람들로부터 업신여김 당하니 잘하라는 뜻).

② 열녀의 출생 조건

천한 아내에서 열녀 난다(본처가 아닌 첩에서도 열녀가 나듯이 열녀는 처첩(妻妾)을 가리지 않고 난다는 뜻).

딸을 낳으면 열녀요 아들을 낳으면 효자다(딸과 아들을 잘 둔 명문가의 집안이라는 뜻).

③ 순결 상실의 중대성

정부(貞婦)도 말년에 정조를 잃으면 반생의 깨끗한 절개도 사라진다(열녀도 말년에 와서 한번 정조를 잃게 되면 반평생 지켜온 절개는 허사로 된다는 뜻).

④ 열녀의 행실

열녀적 가치관으로 여성에게 행동으로 요구한 것이 '남편 섬기기, 가사 전념, 노동 강요, 성적 봉사, 침묵적, 복종적 언어생활의 강요'이다. 가령 다음 예들이 그런 예이다.

여자는 첫째가 인물이고 둘째가 심덕이고 셋째가 밤일이고 넷째가 장수다. 곯아도 젓국이 좋고 늙어도 영감이 좋다(아무리 늙어도 남편만 섬겨라). 들 적 며느리는 날 적 며느리(출가한 여자는 시집살이로 고된 생활을 한다). 암탉이 울면 집안이 망한다. 여자 셋이 모이면 사발도 말한다. 여자 열이 모이면 쇠도 녹인다. 여자에겐 긴 혀가 있다. 북어와 여자는 두들겨야 한다. 잘 웃고 잘 우는 여자는 정숙한 여자가 아니다(걸핏하면 웃기도 하고 울기도 하는 여자는 정상적인 여자가 아니라는 뜻). 계집아이는 낳거든 웅천(熊川)으로 보내라(경상남도 웅천 지방의 여자들은 옛날부터 부덕이 있고 정숙하다는 데서 유래된 말). 현숙한 딸은 현숙한 어머니가 된다(①어려서 착한 사람은 커도 착하다는 뜻 ②집안이 좋으면 착한 사람이 난다는 뜻). 아들 못난 것은 제 집만 망치고, 딸 못난 것은 양사돈 망친다(여자는 품행 단정히 하라는 뜻). 남편은 두레박, 아내는 항아리(부부가 알뜰한 저축 생활을 한다). 여자는 제 고을 장날을 몰라야 팔자가 좋다.

⑤ 남존여비, 남성 종속 운명론

여편네 팔자는 뒤웅박 팔자(여자 운명은 남자에 달렸다). 여자는 시집만 잘 가면 된다. 여자는 남편 만나기에 달렸다. 여자로 태어나느니 소로 태어난 팔자가 낫다.

⑥ 비유

열녀전(烈女傳) 끼고 서방질한다(겉으로는 깨끗한 척하면서도 속으로는 추잡스러운 짓을 한다는 뜻).

까마귀가 학이 되고, 각관 기생이 열녀 될까?(자기의 본성은 고치려고 해도 고칠 수가 없다는 뜻).

처녀면 다 확실한가(처녀라고 다 순결한 처녀는 아니라는 뜻).

춘향이가 인도환생(人道還生)했다(열녀 춘향이가 죽어서 다시 열녀로 태어났다는 뜻).

이상과 같이 열녀 관련 속담의 의미망은 6가지 정도만 분류될 뿐인데 이는 속담 자체의 수효가 절대적으로 열세이기 때문이다. 이러한 여성 지배적 열녀 요구는 긍정적으로는 지조의 윤리이지만 부정적으로는 남성 지배 의식과 여성 차별 의식을 담고 있는 것이라 현대적으로 수용하기는 어렵다.

한편, 위 삼강의 가치관은 파생적 사유를 낳는다. 우선 충효는 敬老 의식, 신분 서열 의식, 명분 의식, 수직적 사고 방식을 낳으므로 경로, 서열, 명분 관련 속담이 자연스레 형성될 수밖에 없다.

① 경로 의식
늙은 말은 길을 잃지 않는다(늙은이는 경험이 많아 실수가 적다).
높은 사람과 어른은 존경해야 한다.
어른과 갈 때는 어깨를 나란히 하지 않는다.
어른과 같이 갈 때는 뒤에 따라가야 한다.
어른 구경을 못 하고 자란 놈이다.
어른 그림자는 밟지 않는다.
어른 말에 그른 말 없고 아이 말에 거짓말 없다.
어른에게는 바른 말도 말대꾸다.
어른에게는 입이 있어도 말을 못 한다.
제 집 어른을 섬기면 남의 집 어른도 섬긴다.

② 신분 서열 의식

삼정승 사귀지 말고 내 한 몸 튼튼히 가져라.

뛰어야 벼룩이지.

게는 제 몸 크기대로 굴을 판다(사람은 제 신분에 맞는 일을 해야 한다).

뱁새가 황새걸음을 걸으면 가랑이가 찢어진다.

팔자에 없는 감투를 쓰면 이마가 쪼개진다.

이러한 신분 서열 의식이 후술할 운명론적 사고를 조장하게 된 면은 부정적 효과라 할 수 있다.

또한 열녀 의식은 부정적으로 남성 지배의 축첩제도와 여성 차별 사회를 낳는 비극의 원인이 되었다. 따라서 다음과 같은 여성 차별의 관용 표현들을 생성해 나갔다(졸저 2000: 293-308 참고).

· 가사 책임 강조(여자는 집에서 밥하고 애나 봐)
· 외부 활동 제한(여자가 무슨 바깥일이야)
· 결혼 지상주의화(여자는 공부 안 해도 돼 시집만 잘 가면 돼)
· 남성 지배 정당화(여자와 북어는 사흘에 한 번 패야 한다)
· 여성 무용화(여자는 키워 봐야 소용없어)
· 여성 무능화(남자도 아닌 게 뭘 한다고)
· 여성 속성(여자는 원래 그래)
· 여성 품행(여자 앉은 자세가 그게 뭐니)
· 여성 용모 시비(저것도 얼굴이라고)
· 여성 시중 강요(여자가 따라야 술맛이 좋다)

여성 차별보다는 종류나 양적으로 적은 남성 차별 표현은 대장부 요구

(남자가 쩨쩨하게), 능력 요구(남자가 그것도 못하냐), 남성 역할 고정화
(남자가 부엌에 들어가면 큰일 못해), 남성 속성(남자란 것들은 다 저래),
남성 언행(남자가 왜 이리 입이 가벼워), 남성 혐오 용모(배나온 남자는
싫어) 관련의 남성 차별 표현 정도가 발달해 있다.

이제 이상의 방법과 같이 속담 시디를 이용하면 앞으로 속담 연구가
그동안의 개괄적 연구에서 심층적 연구로 나아가는 방법론으로 활용할
수 있다고 본다. 그동안 김도환(1993)의 속담 활용 사전처럼 수동적 작업
으로 주제별 분류를 한 속담사전도 그 나름대로 이러한 의미망을 개괄적
으로 구축한 것이지만, 이들 연구는 우리가 위에 제시한 바와 같이 속담
한 주제를 가지고 심층 분석을 시도하는 연구가 아니고 대분류에 머물
수밖에 없었다. 이는 그만큼 속담이 방대하므로 전산언어학적 검색과
분류 작업이 아니면 어려운 일이기 때문이다. 이제 송재선의 속담 시디가
나오고 검색과 분류가 가능해졌기에 속담 연구는 한 단계 심층적 의미망
분석과 구축이 가능하게 되었다.

4. 속담 문화의 인문학적 사유에 따른 문화 자원 개발 방안

앞에서 우리는 속담 자료 중에서 인문학적 사유를 보여 주는 자료를
추출하였다. 여기서는 이들 인문학적 사유를 통해 문화 자원 개발 방안을
모색하여 본다. 먼저 속담 문화 일반을 통해 개발할 수 있는 방안을 모색
해 보고 나서 인문학적 사유 중에 숭문주의를 통한 개발 방안을 제시하여
본다.

4.1. 속담 문화 일반의 문화 자원 개발 방안

속담 문화의 전통적 사유와 속담 언어 문화를 오늘의 문화 산업에 창조적으로 계승 발전하기 위한 방안을 찾기 위해서 우리는 젊은 학생들의 문화 감각을 활용하고자 시험 문제로 풀어보도록 하였다(2002. 10. 17 실시). 본 답안은 서울대 사범대 어문교육계열 1학년 학생들의 응답으로 매우 다양하고 신선한 제안들을 하고 있다.

4.1.1. 속담 맞추기 온라인 게임 사이트 개발

초, 중, 고, 성인에게 수준에 맞는 속담 게임을 개발할 필요가 있다. 언어감각이 생기고 호기심이 왕성한 나이인 초등학생, 혹은 우리말에 어느 정도 익숙해져서 언어의 느낌을 살려 배우려는 중·고, 대학, 성인, 외국인들에게 인기 있는 사이트가 될 것이다. 속담을 알아야 게임을 할수 있는 게 아니라 속담을 배워나가는 게임이다. 속담에 대한 무지가 게임의 장애가 아니라 시작하는 동기가 될 수 있게 하며, 이러한 속담을 알아가는 일조차 귀찮게 여기는 사람들은 그 만큼 영상이나 음악 등 우리나라의 배경을 알게 하는 지식 등에서 사로잡는다. 다음은 현재 시중에 나와 있는 '바람의 나라'라고 하는 게임이다. 게임의 주된 이야기는 고구려시대를 배경으로 벌어지는 전쟁이다.

이 게임은 각각의 유저가 게임 서버에 접속하여 스크린 상의 한 캐릭터를 조종하는 롤플레잉 게임이다. 유저는 이 가상공간의 사회를 통해서 많은 사람들을 만나고, 대화하며, 게임을 즐긴다. 게임 중에 자신이 처한 상황에서 알맞은 속담을 대는 파트가 있다. 위의 게임 screen shot이 그 예이다. 비록 이 게임에서 속담 부분이 주요한 위치를 차지하고 있는 것은 아니지만, 이를 더욱 응용하여 속담을 게임에 적극적으로 활용할 수

있다. 위의 예보다 더욱 발전하여 내용과 형식에 있어서 더욱 정교한 시스템
을 갖추고 속담에 관한 데이터베이스를 갖추는 것이 관건이 되겠다.

4.1.2. 속담 퀴즈왕 프로그램 개발

방송에서는 속담왕 선발 대회를 개발할 수 있다. 속담의 단어 몇 개를
괄호로 만들고, 그 내용에 해당하는 힌트를 광고, 영화, 만화 등의 동영상
을 통해 보여주어 괄호를 채우게 한다.

4.1.3. 속담 주제 시트콤 일명 '속담극' 제작

현대에는 단막극 형식의 시트콤이 유행하고 있으므로 이야기마다 속

담으로 제목을 붙인다. 또한 새로운 영화 형식 중에도 연극처럼 막과 장을 나누는 경우가 종종 보이는데 그럴 때 각 이야기의 표제를 재치있는 속담으로 표현해 보는 것도 좋다. 예를 들어서 '하룻 강아지 범 무서운 줄 모른다'와 같은 속담을 제목으로 내세운 다음에, 이 속담을 내포할 수 있는 이야기로 그 날의 시트콤을 꾸며나가는 것이다. 그렇다면 그것을 본 사람들은 그 속담이 처음에 무슨 뜻인지 몰랐다 하더라도 그 시트콤을 웃으면서 보는 사이에 그 속담에 대해서 배울 시간이 있는 것이다. 그냥 한 번의 웃음으로 넘겨버리는 시트콤이 아니라 웃음과 함께 지식까지 얻을 수 있는 그러한 시간을 사람들에게 제공해 주는 것이다. TV나 극장용 속담 만화를 만들거나, 아침저녁 어린이 교육프로그램에 속담 소개 코너를 만들 수도 있다.

4.1.4. 속담 활용 만화영화 시리즈 제작

'은비 까비의 옛날 옛적에'라는 만화가 KBS에서 방영된 적이 있었는데, 그 주된 내용은 우리의 구전 동화나 전설, 민담에 관한 것이었다. 이와 비슷한 방식으로 속담을 애니메이션(만화영화)에 자연스럽게 녹여 넣는 것이다. 이야기 전개는 우리의 구전 동화, 민담, 전설들을 큰 축으로 하는 것이 좋겠다. 그 이유는 그러한 것들을 통해서 속담을 자연스럽게 이야기해 나갈 수 있기 때문이다. 그리고 창조적이고 매력적인 캐릭터를 만들어내는 것도 필요한데(피카츄의 예처럼) 전통 의상을 입은 꼬마보다는 좀 더 사람들에게 친근한 것이 좋지 않을까 한다.

4.1.5. 속담을 외국인용 한국어 교재화하는 방안

세계 사람들에게까지 우리의 속담과 그 의미를 통하여 한국의 사상과 민족성과 문화, 그리고 우리말도 가르치는 언어 교육 산업을 통하여 세계적으로 우리 문화를 알리는데 기여 할 수 있다.

· 속담을 통해 본 한국의 세시풍속
· 속담을 통해 본 한국인의 세계관
· 속담을 통해 본 한국인의 효
· 속담을 통해 본 한국인의 생활모습
· 속담을 통해 본 한국인의 금기
· 속담을 통해 본 한국의 남녀 문제
· 속담을 일상 회화에 적용해 보기

4.1.6. 속담 거리, 속담 박물관를 조성한다.

거기에 있는 가게의 이름을 속담을 따서 짓는다. 예를 들면, 혼내는 시어머니와 말리는 시누이와 성질 난 며느리의 공간을 줄여서 '시누리'(시어머니, 시누이, 며느리)로 가게 이름을 짓고, 실제로 시어머니와 며느리, 시누이와 며느리가 가게를 방문한 경우에는 그들을 위해 와인 한 잔 씩을 무료로 준다거나, 주방 기구(간단한 뒤집개 정도)를 선물로 줘서 특성화된 공간을 만든다. 물론 가게에서 파는 상품들의 이름도 이와 관련해서 짓도록 한다. 시어머니 차, 며느리 차, 혹은 시어머니와의 관계에서 스트레스를 받은 며느리를 위한 시어머니를 씹는 파전 등을 준비한다. 그리고 그 가게 안에는 그와 관련된 속담을 진열해 놓고 이제 우리가 추구해야 하는 바는 무엇인지에 대한 글도 적절히 진열해 놓는다. 속담을 이용한 가게 이름이 가득한 거리는 인사동처럼 갤러리를 만들고, 토속적이면서도 고풍스러운 맛이 나게 만든다. 여기를 찾는 외국인들을 위해 한문이나 영어를 병기하고 가게 주인을 대상으로 교육을 실시한다. 나아가 이 거리에는 속담 박물관을 세워 살아 있는 한국인의 모습을 전시하도록 한다.

4.1.7. 속담 박물관을 세우기

속담 박물관의 제1관에는, 속담의 뜻과 분류를 많은 예와 함께 설명한다. 제2관에는 전시실의 중앙에 큰 우리나라 지도가 놓여져 있고, 각각의 시도별 특성을 나타내는 속담을 연결한다. 예를 들면, 서울에는 '서울 까투리, 서울이 무섭다니까 과천서부터 긴다' 등이 연결될 수 있다. 제3관에서는 한국 속담이 가지는 수많은 주제들을 연구하여 주제별로 속담을 대비시킨다. 속담의 일화나 비화 같은 것들도 소개한다. 제4관에서는 우리나라 속담 중에 외국에서 유래된 것들을 소개하고, 그 속담을 각각 비교하며, 그것에 대한 연구를 해놓는다. 제5관에서는 속담관을 구경한 학생들이 컴퓨터로 속담에 대한 지식을 확인할 수 있는 곳이다. 또한 기념품 판매장을 마련하여, 속담이 적혀 있고 그와 관련한 예쁜 그림을 그려진 엽서를 판매하는 것도 외국인에게는 좋은 문화 선물이 될 수 있다.

4.1.8. 광고에서 속담 이용하기

속담 중에서 광고 문구를 찾아 유행시키는 전략이다.속담을 이용해서 CF를 찍는다. 속담을 이용해서 편지지나 공책을 만든다. 속담을 주 메뉴로 한 홈페이지를 만든다. 옷에 그림이나 영어 문구 대신에 속담을 이용한 프린팅을 한다. 속담 내용에 맞는 그림을 같이 그릴 수 있다.

4.1.9. 속담 이용 소품 기념품 제작

수험생 선물, 혹은 자동차 꾸미는 소품, 열쇠고리, 십자수 도안 등에 속담을 새겨 넣는 방법인데 팬시용품 등에 다양하게 사용할 수 있다.

4.1.10. 한국어 교육을 위한 '속담 이용한 교육용 게임 CD' 제작

이 CD는 속담에 관련된 일화라든지 실제 생활에서의 적용 모습을 만화(이때 만화작가나 유머작가를 CD제작에 참여시켜 유머러스한 내용을 담게 한다)로 담고 있다. 예를 들면 가상의 어린이를 상정한 후, 그 아이가 일상생활을 하면서 겪게 되는 일에 맞는 속담을 아버지나 친구로부터 배워 가는 과정을 그린다. 또는 똑똑한 남자가 자기가 좋아하지만 머리가 빈(?) 여자를 사귀어가면서 속담으로 교양 있는 여자를 만드는 과정을 그리는 것도 좋을 듯하다. 그러는 와중에 그 속담의 배경과 그 속담과 유사한 한국, 외국의 관용구도 전달해준다. 그리고 각 단계마다 연습, 응용문제를 두어 예시 상황을 전해주고 그 상황에 맞는 속담을 쓰게 한다. 점수에 따라 왕, 영의정, 참판 등으로 성취도에 맞는 명칭을 부여한다.

4.1.11. 속담을 응용한 간판 제작

속담 및 관용구를 그대로 또는 변용하여 재치 있는 간판을 제작한다. 일반적인 간판보다는 사람의 이목을 더 끌게 되고 사람들의 머릿속에 더 잘 각인 될 것이다. 예를 들어 책 대여점의 이름으로 '돈은 빌려 주지 않아도 되지만 책은 빌려준다', 술집 이름으로 '친구 따라 술집 간다', 목욕탕 이름으로 '남녀 칠세 부동탕(湯)' 등이 있을 것이다.

4.1.12. 사이트의 배너 이용하기

사람들이 접속 빈도가 가장 높은 포탈 사이트를 조사하여 그 사이트를 접속할 때마다 그날 이슈가 되는 뉴스와 연관성이 높은 속담을 배너로 제작하여 페이지에 띄운다. 예를 들어, 요즘같이 정치인의 거취 이동 문제가 이슈가 되면 '뒷간에 갈 때 마음 다르고, 올 때 마음 다르다.'라는 속담을 배너로 제작하는 방식이다. 이 방식을 이용할 때, 오늘의 속담이라는 제목의 하이퍼링크를 지정해 놓는 것은 아무런 도움이 안 된다. 반드시 배너로 제작하여 사람들이 클릭하는 수고 없이도 눈에 쏙 들어올 수 있도록 해야 한다.

4.1.13.   이 달의 속담 정하기

우리나라는 문화관광부에서 이 달의 인물을 정하고 있다. 마찬가지로 이 달의 속담을 정하여 알린다.

4.1.14.   상품 광고지, 포장지 구석에 속담 구절을 삽입한다

교육적 속담들을 삽입하여 속담 교육과 상품 광고(껌 종이, 과자 봉지, 상품 바탕 포장지 등)에 기여하도록 한다. 한자 연습 공책을 보면 아래 여백 한 쪽에 한 가지씩 사자 성어가 쓰여진 것이 있다. 유심히 살펴보면 공책 표지에 영어 속담이 쓰인 것을 자주 볼 수 있다. 그것을 우리 속담으로 바꿔 속담에 친숙해지게 할 수 있다.

4.1.15. 어린이용 속담 이야기집, 테이프 제작

속담을 제목과 주제로 하는 어린이 동화 이야기를 '속담 이야기집'으로 엮는다. 이때 '가는 말이 고와야 오는 말이 곱다.'와 '말 한마디로 천 냥 빚을 갚는다.'와 같이 주제가 비슷한 이야기들은 묶어서 한 권의 책에 싣거나 전자를 책제목과 이야기의 주제로 하고, 후자는 딸린 이야기 없이 비슷한 다른 속담들과 함께 "비슷한 내용의 속담"이라는 부록으로 책 뒤에 싣거나 하면 좋을 것이다.

4.1.16. 속담 주제 책 쓰기

가칭 '한국 속담으로 찾는 한국에서 맛있는 음식점'과 같은 책을 쓴다. 다음은 그런 예이다.

· 속담 : 싼 게 비지떡 - (외국인으로써는 비지떡이 뭔지 알 턱이 없다. 따라서 우선 속담의 속뜻을 설명해준다.)

This rather obscure saying implies that when you buy something at a very low cost, there is a good chance that it will be worthless. For example, you may be considering buying a new computer which only costs 500,000 won. Your friend may warn you against buying it on the assumption that it is no good, and use this saying to let you know his opinion.

즉, 외국인들로 하여금 싼 게 비지떡이다 라는 말은 '싼 것은 그 가치가 떨어지는 것일 가능성이 많구나'라는 것을 알 수 있게 해주는 것이다.

여기에 이어서 '싼 게 비지떡이다'라는 속담과 연관지을 수 있는 외국 속담을 제시하여 이해를 돕는다. A cheap purchase is money lost(해석해보면 '싼 물건은 돈 잃는 것이다' 쯤 된다).

이제 외국인들이 이 속담을 어느 정도 이해했다 싶으면 '비지떡'이라는 우리나라 문화 요소에 대하여 설명을 해주어야 한다. 여기서 속담이 문화

산업에 물질적으로 가장 큰 이바지를 할 수 있다. 분명 외국인은 '비지떡이 무얼까?'하고 곰곰이 생각 중일 것이다. 우선 사전적 정의인 '비지에 쌀가루나 밀가루를 넣어 빈대떡처럼 부친 떡'이란 것을 인식시킨다. 그러나 백문이 불여일견이란 말이 있듯이 외국인에게 직접 비지떡을 먹을 수 있는 곳을 가르쳐 준다.

사실 비지떡 음식점은 없다. 따라서 이와 비슷한 유명한 빈대떡 집이라든가 파전집을 책에 그 위치와 전화번호, 주소 등을 기재함으로써 외국인들이 스스로 찾아가 맛을 보고 한국 문화를 느낄 수 있도록 한다.

'싼 게 비지떡'이라는 속담을 대표로 예를 들었지만 이외에도 한국 전통음식과 관련된 속담을 이용하여 외국인에게 속담의 뜻을 교육시키고 더 나아가 한국 전통음식도 맛볼 수 있게 하는 문화 교육적으로 일석이조의 효과를 얻을 수 있으며 한국 전통음식 산업에 이바지를 할 수 있을 것이다.

4.1.17. 속담 스무고개 만들기

속담을 활용한 스무고개를 만든다. 한국의 고유 놀이 문화도 익히면서 재미있게 하는 방법이 될 것이다. 속담에 사용된 소재, 속담이 쓰이는 상황, 속담의 의미 등을 물으면서 게임을 진행할 수 있다. 처음에는 잘 알려지고 자주 쓰이는 것부터 시작하여 학생들의 흥미를 갖도록 하는 것이 중요하다.

4.1.18. 상품화 응용

내국인은 외국인에 비하여 상당히 많은 속담을 알고 있기 때문에 속담에 친숙하고 속담 의미의 이해가 빠르다. 따라서 '아침에 까치 울면 재수 있다'라는 속담을 이용하여 한국인들에게는 까치가 길조라는 이미지가 정형화된 상태이므로 긍정적인 이미지의 까치를 캐릭터화하는 방법이 있다. 사람들이 잠자리에 들기 전 시계 알람을 맞춰 놓고 잔다고 할 때 다음날 아침에 시계에서 까치 울음으로 알람 소리가 난다면, 잠에서 깬 사람들이 아침에 까치 울음소리를 듣게 되므로 재수가 있을 것이라는 생각을 하게 될 것이고, 까치 울음 알람 시계에 대한 사람들의 반응은 좋을 것이며, 그 시계의 판매량도 증가할 가능성이 크다.

4.1.19. 속담으로 알리는 날씨

우리나라는 과거 농경사회였기 때문에 날씨에 관한 속담들이 많이 존재한다. 따라서 기상캐스터가 오늘의 날씨와 관련된 속담을 하루에 한 가지씩만 알려주면 수용자들은 무의식중에 많은 속담들을 접하게 될 것이다.

- 봄비는 일 비고, 여름비는 잠 비고, 가을비는 떡 비고, 겨울비는 술 비다 → 봄에는 비가 와도 들일을 해야 하고, 여름에는 비교적 농한기이므로 비가 오면 낮잠을 자게 되고 가을비는 햅쌀로 떡을 해먹으며 쉬고, 겨울에는 술을 먹고 즐긴다는 뜻이다.
- 여름비는 소잔등을 가른다 → 여름 소나기는 매우 국지성이 강하므로 소잔등도 비 맞는 부분과 맞지 않는 부분이 있을 정도라는 뜻이다.
- 처서가 지나면 모기도 입이 비뚤어진다 → 처서는 더위가 멈춘다는 뜻이다. 처서 이후엔 더위가 꺾여 파리모기의 성화도 사라지게 마련이다. 그렇기에 처서가 지나면 모기도 입이 비뚤어질 정도로 아침, 저녁의 찬 공기가 느껴지고, 모기, 파리도 서서히 자취를 감춘다는 뜻이다.
- 가을비엔 장인 구레나룻 밑에서도 피한다 → 가을비는 여름비에 비하면 매우 적은 양이다. 하지만 비가 차갑기 때문에 여름비와는 느낌이 사뭇 다르다. 냉기를 느끼게 되는 것이다. 이런 가을비가 빗방울 하나하

나는 굵은 듯하지만 비의 양도 적고, 빗줄기가 촘촘하지 못다는 것을
나타내는 뜻이다.

4.1.20.   속담 사이트 개발

‘타로카드’라는 점괘가 있는데 이것은 매우 추상적인 말로 이루어져 있다.
그러나 사람들은 흥미로 점을 보게 되고 힘들더라도 이 내용을 이해하려고
노력한다. 우리도 이런 ‘속담점’을 개발하는 것이다. 물론 점괘는 교훈적
속담으로 나오도록 해야 한다.

4.1.21.   속담 캐릭터 만들기

대표적인 속담들을 몇 개 골라 그 속담들을 표현할 캐릭터들을 만든다.
속담마다 다른 캐릭터일 필요는 없다. ‘호랑이에게 물려가도 정신만 차리면
산다.’와 ‘호랑이 굴에 가야 호랑이를 잡지.’ 에 나오는 호랑이는 같은 캐릭터
를 쓸 수 있다. 충분히 정감을 줄 수 있는 특정한 캐릭터를 5,6가지 정도
만들고, 이들을 조합한 이미지로 속담을 표현한다. ‘호랑이도 제 말 하면 온다.’
의 경우 소년 소녀 등의 캐릭터가 뒤를 돌아보며 황당한 표정을 짓고 있고,
뒤에서 호랑이 캐릭터가 걸어오며 영문 모를 표정을 짓는 정도로 한다. 문자
디자인이 예쁘게 된 문장을 이미지 한 켠에 집어 넣어야 한다. 순 한국 디자인의
캐릭터로 필통, 가방을 비롯한 학용품에서 게임에 이르기까지 상당한 영향력을
행사했으므로 속담 캐릭터들도 이 정도의 대중성을 확보할 수 있다.

4.1.22.   속담 문화 영화, 비디오 제작

극장에서 영화 시작 전에 속담 퐁트를 보여주는 것을 의무화 한다. 비디오

도 가능하다. 속담에 맞는 상황을 꽁트식으로 꾸며서 사람들에게 보여주면, 속담 하나 던져 주는 것보다 몇 배 높은 전달력을 획득할 수 있고, 영화 시작 전의 긴장된 상태가 지속되므로, 집중을 유도할 수도 있다.

요새는 지하철 안에서도 TV를 보여주는데, 지하철 안에서 마땅히 할 일을 찾지 못한 사람들은 대부분 TV를 본다. 이 때에 꽁트식 속담 광고를 보여준다면, 사람들의 주목을 끌 것이고, 하루에 하나씩 속담에 친숙해질 수 있다.

4.1.23. 속담 인터넷 배달 산업

문자 메시지, 뉴스 속보를 보내듯이 하루에 한 가지씩 속담을 휴대폰이나 인터넷으로 보내 준다. 가령, 인터넷에서 노래나 영화를 내려받을 때나 정보 처리 중일 때, 짬짬이 속담 하나를 음성 또는 문자로 알려주면, 기다리는 동안에 속담을 하나 배우게 된다. 인터넷 왕국인 우리나라 인터넷 사용자가 하루에 속담 하나씩을 알게 된다고 상상해 보라. 그 파급력은 실로 놀라우리라.

4.1.24. 속담 달력

달력에 속담을 실어, 속담 달력을 만들어 볼 수 있다. 각종 보험 회사 및 은행 등에서 매년 말에 달력을 만드는데, 달력에 속담을 실어 보자. 이제까지는 명언이나, 예쁜 사진과 글귀들을 주로 실었는데, 속담도 싣게 되면, 국어 문화적 교양이 듬뿍 쌓이게 될 것이다.

4.1.25. 노래로 배우는 속담

한국을 빛낸 100명의 위인들이란 노래가 있듯이 속담도 고빈도순으로 엮어서 ‘한국에서 유명한 100가지 속담’이란 노래도 만들어 보자.

4.1.26. ‘내가 주인공이 되는 속담집 만들기’

우리나라 속담 중에는 이야기로 설명 가능한 것들이 상당수 있다. 대체로 교훈담에서 그러한 경향을 많이 보이는데, 예를 들면 ‘고생 끝에 낙이 온다’와 같은 속담은 파브르의 일대기를 통하여 설명할 수 있다.

파브르는 집이 몹시 가난하여 학교도 제대로 다닐 수가 없었다. 그러나 파브르는 가난을 탓하지 않고 가슴 속에 언제나 "나는 반드시 공부하여 큰 인물이 될 것이다!"라는 생각을 가지고 살았고, 시련을 겪으면서도 결국 유명한 곤충학자가 되었다. ⇒ 고생 끝에 낙이 온다.

이와 같이 속담을 설명할 수 있는 이야기들을 위인전이나 일화 속에서 찾아서 속담집을 만드는 것도 좋은 방법일 것 같고, 이보다 상업적으로 이용가치를 높이려면 그러한 이야기의 주인공란에 이름을 비워놓고, 소비자가 원하는 이름을 써넣을 수 있게 하는 속담집을 만드는 것이 좋을 것 같다. 전래동화에 자신이 원하는 이름을 넣어서 판매하는 책은 이미 상품화되어있는데, 이를 속담에도 활용하는 것이다.

4.1.27. 속담 속의 지방 특색 활용하기

속담이 조상들의 생활 문화를 고스란히 반영하고 있어서, 지역마다의 특색도 알아볼 수가 있다. 예를 들면, ‘강원도 포수’라는 속담은 산악지대인 강원도를 배경으로 생겨난 것이다. 따라서 강원도를 소개하는 지도나 책에 이와 같은 속담을 적고, 속담이 생긴 배경을 설명하면 강원도에 대한 이해를 넓히는데 도움을 줄 것이다.

4.1.28. 예언담 활용하기

현대인들도 심심풀이로, 혹은 믿음을 가지고 '사주'라는 것을 본다. 이것은 부정적인 효과가 크므로 좋은 속담만을 배치하여 좋은 의미의 긍정적 속담점을 만들어 놓는 것도 가능하다.

4.1.29. 속담 과학 놀이

'속담은 얼마만큼 과학적일까'에 대하여 생각하도록 만드는 것은 속담에 상업적 가치를 부여하기에 좋다. 한 예로 속담을 제시하고, 그 속담이 왜 과학적으로 잘못되었는지를 '네/아니오 추론'으로 찾게 만드는 소프트웨어를 제작하는 방법이 있을 것이다.

<예> '치질 앓는 고양이 모양'이란 속담은 몹시 괴로운 표정을 짓고 있다는 뜻.

1. 치질은 왜 생기는가?

—인간이 대부분의 시간을 서서 보내기 때문이다.

2. 치질 환자는 어떠한가?

—통증이 엄청나서 제대로 걷지 못하고 앉을 때도 엉거주춤하게 앉게 된다.

3. 고양이도 치질이 생기는가?

—아니다. 치질은 직립을 하는 인간에게만 있다.

3. 그러면 왜 '치질 앓는 고양이'라고 했을까?

—구석진 자리만 찾아 쭈그리고 앉아 있는 고양이의 자세가 흡사

치질을 않는 환자처럼 처량하고 불쌍해 보인다고 생각했기 때문일 것이다.

위와 같이 속담을 통해 하나의 놀이를 유도하는 소프트웨어를 제작한다면, 워크래프트나 리니지와 같은 전쟁과 폭력을 게임으로 즐기는 세대들에게 교육적으로도 의미 있고, 속담에 대한 일반 상식도 늘릴 수 있는 계기 제공의 효과를 가져다줄 것이며, 속담을 상업적으로 활용할 수 있는 방안도 될 것이다.

4.1.30. 한국의 역사 설명서에 활용하기

속담에는 과거의 생활 모습이 잘 드러나 있다. 따라서 한국의 역사 중 민중의 삶에 대해 설명할 때에도 속담을 활용하면 좋을 것이다. '속담으로 알아보는 한국사'와 같은 주제로 책을 발간하여 각 시기별로 민중사가 어떠했는지 알아보는 방법이 있을 수 있겠는데, 예를 들어 조선시대를 설명하려면 '목구멍이 포도청'과 같은 속담으로 포도청이 무엇인지에 대해 설명할 수 있다. 또한 포도청은 조선시대의 경찰관서 쯤으로 설명할 수 있는데, 먹고 살기 위해 범죄도 불가피하다는 속담의 뜻을 통해 민중의 삶이 어려웠음을 추론할 수도 있다. 이외에도 '나막신을 신고 대동배를 쫓아갈 수는 없는 것이다.'와 같은 속담에서 대동배가 무엇인가에 대한 설명을 할 수 있다. 대동배는 대동미를 운반하는 배인데, 이를 통해 대동법이 무엇인지, 조선시대의 조세제도에는 어떠한 것들이 있었는지 포괄적으로 설명이 가능하다. 이제까지의 역사서가 모두 사건과 시간 중심으로 서술된 재미없는 역사서였다는 점에 주목하여 속담을 중심으로 하는 어휘 중심의 역사서를 발간하면 보다 높은 상업적 가치를 기대할 수 있을 것이다.

4.2. 崇文主義 의식의 인문학적 진흥 방안

4.2.1. 문장사, 문장 상담사 양성

숭문 의식의 전통을 살리는 방안으로 글을 잘 쓰고 생활 속에서 대필을 하는 사람들을 양성할 필요가 있다. 글을 잘 쓰는 사람들을 양성하는 일이 주로 문학 작가군에 한정되어 있고 최근에 <문장 상담사>의 양성이 일부에서 진행되고 있는데 이를 더 확산하는 방안이 필요하다.

가령, 글을 쓸 때 자신 없어 하는 대중을 위해 상담을 하거나, 작문을 돕거나, 대필을 전문으로 하는 사람들을 직업적으로 양성할 필요가 있다. 물론, 대필이라는 개념에는 부정적 이미지가 있지만 윤리적으로 문제되지 않는 범위에서 대필을 하여 주는 직업도 필요하다.

흔히 과거에 행정, 법무 관련 업무에 대서소라는 것이 있어 행정서사, 사법서사라는 직업이 있다가 요즘은 법무사로 남아 있는데 이런 행정 속의 단순한 대서 기능이 아니라 문화적 요구에 따라 각종의 글을 쓰고 말을 해야 하는 경우가 많이 있다. 따라서 앞으로 사이버 시대에, 특히 문자 사용 능력인 문식성이 현저히 떨어질 영상 세대들에게는 그 수요를 충족시켜 줄 전문 생활 작가군이 필요하다. 가령, 인터넷 사이버(온라인)상으로 또는 대면 상담(오프 라인)상으로 문장 글 쓰기 상담을 할 수 있다. 다음은 그런 상호를 가정하여 본 것이다.

문장 112, 문장 114, Yes 문장 24, 문장 상담소, 한석봉 글짓기...

기존의 작가 양성 프로그램이 문학에 치중한 것도 그대로 육성할 일이지만 오용 문장 교정 능력을 통한 <바른 글쓰기 능력 함양 교육 프로그램>, 감동적 수사법 연구를 바탕으로 수사법 함양을 위한 <수사 표현

능력 개발 프로그램> 등을 깊이 있게 개발하여 문장 상담사 훈련 과정을 다채롭게 꾸밀 필요가 있다. 가령 문장 상담자들이 속담 표현들만 전문적으로 익혀 활용한다든지 하는 <속담 활용 글짓기 프로그램>과 같은 것을 운영할 수도 있을 것이다. 특히 교사 양성 과정의 작문 교육 프로그램이나 교사 연수 과정에서는 이런 속담 학습을 통한 수사법 함양법을 개발, 활용하면 좋을 것이다.

미국의 대학에는 대학마다 Writing Center가 있어 내외국인 학생들의 작문 지도 상담소 역할을 하고 있는데, 우리나라는 몇 년 전에 이런 제도가 제안되었지만 아직 시행되고 있지는 않다.

일본에서는 '호-무'(Home)라 하여 재택 근무로 출판 원고들을의 교정 업무를 보는 직업도 생겨나 있다.

4.2.2. 작명사, 작명 상담사 양성

인명, 상호명, 상품명, 기업명, 로고 제작, 상품 광고문, 표어 제작, 캐치 프레이즈 제작 등을 위해서는 속담의 표현법, 비유법에 대한 깊이 있는 연구, 이해가 유용하다. 따라서 문장사와 마찬가지로 작명사를 양성하는 방안을 모색할 수 있다. 현재 기업 분야에서는 브랜드 작명가들이 고액 연봉을 받고 있다. 따라서 이 분야는 언어 훈련을 바탕으로 속담 수사법 훈련 등을 통해 육성할 유망 분야이다. 가령, 중국 관광지에서 사람 인명을 보고 즉시 좋은 축복의 漢詩를 지어 주는 것을 보면 하찮은 일이라 할지 모르지만 관광의 문화적 깊이를 보여 주는 일이라 할 수 있다. 우리나라 관광지에서도 이름에 한시나 시조를 지어 주고 족자를 만들어 주는 일이 가능할 것이다. 티셔츠에 사진을 박는 일보다 훨씬 의미 있는 일일 것이며 그런 능력을 가진 사람을 우리의 문화가 자연발생적으로든 민간

학원 차원에서든 육성할 수 있어야 할 것이다.

4.2.3. 인생 상담사 양성

속담 속에는 교훈과 지혜가 들어 있다. 그러나 이 속담을 제대로 교훈으로 활용하는 개인이나 가정이나 기업이나 공공 조직은 많지 않다. 이를 활용할 방법으로 인생 상담에 적극 활용할 수 있을 것이다. 적어도 속담 지식에 밝고 경험 풍부한 사람이 속담 표현을 활용하여 인생 고민을 해결하는 방안이 가능할 것이다. 이를 위해서는 상담 심리학 분야에 속담을 통한 인생 상담 방안과 그 프로그램이 적극 개발되어야 할 것이다.

이것이 되려면 인생 고민 상담 유형별로 속담 내용들이 모두 DB화되어 상담자가 손쉽게 활용할 수 있어야 할 것이다. 가령, 운명 결정론적 인생관을 고취하여 문제점을 내포한 사주풀이 인생 상담의 점쟁이 상호들보다는 <속담 풀이 인생 상담소>, <속담으로 푸는 내 운명, 내 고민 - 인생 상담소>와 같은 상호들이 더 긍정적 기여를 할 것이다.

이상과 같이 崇文主義 전통을 살려 여러 직업의 창출을 제안하였는데, 나머지 愼言主義, 運命主義, 因果應報主義, 三綱五倫 道德主義 등에서도 열린 사고로 접근하면 우리 문화 고유의 문화 산업 자원과 인적 개발 방안을 창출할 수 있을 것이다.

5. 맺음말

우리는 지금까지 전통 인문학적 사유를 추출하기 위해 속담 CD를 이용하여 3단계 분석법으로 속담 의미망 구축 방법을 제안하였다. 또한 인문학적 사유의 개념을 전형적인 文, 史, 哲의 개념 위에 추출하고자 하였다. 그리하여 전통 속담들에서 다음의 인문학적 사유를 추출하여 제시하였다.

(1) 文: 어문 의식
① 崇文主義 : 尊師, 崇文 實利主義, 체면 의식, 가문 존중 의식, 안빈낙도 의식, 숭문 경계 의식
② 愼言主義 : 禁言主義 + 言行一致主義 ⇒ 愼言主義

(2) 史: 역사 의식
① 運命主義:
　ㄱ. 부정적 의식 → 여자와 노인의 운명주의, 신체 외모와 운명주의 편견, 허무주의, 권세주의, 恨 의식
　ㄴ. 긍정적 의식 → 개척성, 주체성
② 因果應報主義 : 인과성, 응보성, 성실·진실성

(3) 哲: 철학 윤리 의식
三綱五倫의 道德主義 : ①忠, ②孝, ③烈. 그 밖에 ④敬, ⑤信 등.

아울러 문화 자원 개발 방안으로 다음을 제시하였다.

(1) 속담의 문화 산업 개발 방안 : 학생들의 응답 자료를 반영하여 30여 가지를 제안하였다.
(2) 숭문주의의 전통 활용 방안 : 문장사, 문장상담사, 작명사, 작명상담사, 인생상담사 등의 직업 개발을 제안하였다.

참고문헌

강등학(1997), 속담의 유형과 기능. 구비문학연구 6집.

강재륜(1996), 윤리와 언어분석, 철학과 현실사.

김기종(1989), 조선말 속담 연구, 동북조선민족교육출판사.

김기종 편(1981), 조선말 속담사전, 연변대 조선어문학부.

김기종·송기순(1981), 조선말 한자어 성구사전, 요녕인민출판사.

김도환(1993), 한국속담활용사전, 한울아카데미.

김문창(1990), 숙어 개념론, 강신항 교수 회갑기념논문집, 태학사.

김사엽(1953), 속담론, 대건출판사.

김상대(1996), 도덕경 강의, 국학자료원.

김상대(2001), 국어 문법의 대안적 접근, 국학자료원.

김상대·성낙희 공저(2002), 우리시대의 한문 무엇을 어떻게 배울 것인가?,
    관동출판사.

김선풍(1972), 속담에 나타난 민족성, 한국 민속학 5, 한국 민속학회.

김성배(1973,1988), 한국 수수께끼 사전, 집문당.

김성배(1975), 한국의 금기어·길조어, 정음사.

김재문(1995), 속담과 한국인의 법문화1-기본법편, 교육과학사.

김종택(1967), 속담의 의미기능에 관한 연구, 국어국문학 34·35 합병호.

김종택(1992), 국어어휘론, 탑출판사.

김종택(1994), 속담의 기능과 의미 구조, 새국어생활 4권2호, 국립국어연구원.

문금현(1996), 국어의 관용 표현 연구, 서울대 박사논문.

문금현(1999), 관용표현에 대한 국어교육학적 고찰, 남천 박갑수 교수 정년퇴
    임기념논문집, 도서출판 월인.

문금현(1999), 국어의 관용 표현 연구, 국어학회·태학사.

민현식(2000), 국어교육을 위한 응용국어학 연구, 서울대 출판부.

방종현(1947), 조선의 속담, 조선문화총설, 동성사.

서정수·노대규(1985), 말과 생각, 한양문고 12, 한양대 출판원.

서정수·정달영 편(1998), 세계속담 대사전, 한양대 출판부.

성낙희·김상대 공저(1997), 동양고전 강의, 국학자료원.

송영빈(2002), 일본의 국어정보화, 한국어와 정보화, 태학사.

송재선(2001), 한국 속담 대사전 시디롬, 고려대 민족문화연구원·서울시스템.

신현정(1985), 사고와 언어, 성원사.

신익성(1985), 훔볼트, 서울대 출판부.

안경화(2001), 속담을 통한 한국 문화의 교육 방안, 한국어교육 12-1, 국제한국
    어교육학회.

엄병섭·박용순·김종선·류영걸(1992), 조선 속담집, 사회과학출판사.

에릭 요아킴 융크(1993), 한·독 속담의 비교 연구, 국어연구 115. 서울대 국어
    연구회.

윤재천·이주행(1983-1984), 욕설에 관한 고찰(1)(2), 논문집 27-28, 중앙대.

이기문 편(1962. 개정 1989), 속담사전, 민중서관.

이기문 편(1976), 한국의 속담, 삼성문화재단.

이기문 편(1997), 국어의 현실과 이상, 문학과지성사.

이두현·장주근·이광규(1991, 2001), 신고판 한국민속학개설, 일조각

이상억(1996), 속담의 인식, 이기문 교수 정년퇴임기념논총, 신구문화사.

이용주(1957), 속담의 감화성, 사대학보 4호, 서울대 사범대.

이종철(1998), 국어의 형태적 양상과 지도방법, 이회문화사.

이종철(1999), 사전에 설정된 속담의 뜻풀이에 대한 연구, 국어교육학연구. 국
    어교육학회.

전혜영(2001), 한국어 관용표현의 교육 방안, 한국어교육 12-2, 국제한국어교
    육학회.

정시호(1987), 언어 상대성 이론 연구, 성곡논총 18, 성곡학술재단.

정종화(1996), 한국 전통 사회의 정신 문화 구조 양상 : 속담을 통해 본 가치관
    의 비교문화적 접근, 고려대 출판부.

조명한 역(1973), 언어와 사고, 현대 심리학 전서, 익문사.

조명한(1981), 언어심리학 : 언어와 인지, 정음사.

조명한(1985), 언어심리학, 대우학술총서 인문사회과학 17, 민음사

조재윤(1988), 국어 속담의 문법구조연구, 고려대 박사논문.

주경희(1998), 텍스트에서의 속담 사용 양상, 한국어교육 9-1, 국제한국어교육
　　　학회.

진성기(1959), 제주도 속담 1·2집, 제주민속연구소.

최래옥(1993), 구비문학론, 와이제이 물산.

최래옥(1994), 민간 속신어 사전, 집문당.

최상진 · 유승엽(1994), 속담 분석을 통해 본 한국인의 심리 표상, 새국어생활
　　　4권 2호, 국립국어연구원.

최준식(1997), 한국인에게 문화가 있는가, 사계절.

최창렬 · 심재기·성광수(1986). 국어의미론, 개문사.

한국민속학회 편(1973), 한국속담집, 서문문고.

한상복(1982), 한국인의 생활양식과 사고방식, 한국인과 한국문화, 심설당.

한영우(1988), 한국의 문화전통, 을유문화사.

허　발 역(레오바이스게르버 저)(1993), 모국어와 정신 형성, 문예출판사.

홍윤표 외(2002), 한국어와 정보화, 태학사

황희영(1981), 한국관용어연구, 국어학자료집 2집, 대제각.

Adams, Edward B.(1991), Korea's Golden Age, Seoul International Pub.

Crystal, David(1987), The Cambridge Encyclopedia of Language, Cambridge
　　　University Press.

Fraser, B.(1970), Idioms within a transformational grammar. Foundations of
　　　Language 6.

Hofstede, G.(1995), Cultures and Organizations. 차재호·나은영 역. 1997. 세계의
　　　문화와 조직. 학지사.

Norrick, N. R.(1985), How Proverbs Means: Semantic Studies in English Proverbs.

Berlin. New York. Amsterdam: Mouton.

Saccone, Richard(1994), The Business of Korean Culture, Seoul:Hollym(한림출판
　　사).

Saville-Troike, Muriel(1982,1989), The Ethnography of Communication, Basil
　　Blackwell.

Scollon, Ron and Suzanne Wong Scollon(1995), Intercultural Communication,
　　Blackwell Publishers Ltd.

Whorf, B.(1956), Language, Thought and Reality : Selected Writings of Benjamin
　　Lee Whorf, (ed.) John B. Caroll, MIT Press.

Yang, S. M.(1990,1995), Korean Customs and Etiquette, Seoul:Moon Yang Gak(문
　　양각).

君子의 話法

박경현
(경찰대 교수)

1. 머리말

동양 사회에서 추구하는 가장 이상적인 인간상은 '군자(君子)'[1]였다.

---

[1] '군자'의 '君'은 '尹'[다스리다]과 '口'[사람]의 회의자(會意字)이다. 따라서 '군자'의 기본 의미는 '다스리는 사람'이라 할 수 있다. 이 의미가 확장되어 '임금', '부모', '남편', '아내', '그대, 자네', '어진 사람', '벼슬 이름', '조상의 높여 부르는 말' 등의 뜻으로 쓰여 왔다.

'군자'라는 말은 중국 주(周)나라 때부터 사용해 온 말로, 권력이나 지위가 높아 뭇 사람들의 윗자리에 앉은 사람을 가리켜 왔다. 그러나 뒤에는 뭇 사람의 윗자리에 있되, 권력이나 지위가 아니라 덕(德)과 인(仁) 그리고 넓은 학식을 두루 갖춘 사람을 말했다. 그것은 덕이 많은 사람이 세상을 다스려야 한다는 유가(儒家)의 덕치주의(德治主義) 사상에 연유한 것으로 보인다.

'군자'는 여러 문헌에서 '학식과 덕망이 높은 사람, 자기 자신을 수양하면서 지(知)와 행(行)이 일치하는 사람, 높은 관직에 있는 사람, 권력이나 직책으로 다스리지 않는 사람, 임금을 가까이 하여 은총을 받는 사람, 두루 여러 사람을 다스릴 수 있는 사람' 곧 '仁者, 知者, 勇者, 賢者, 有德者, 有位者, 爲政者, 政者, 治者, 牧者' 등과 동의어 또는 상위어로도 사용되어 왔다. 군자의 상대적 개념으로는 '小人', '野人', '百

그래서 사람들은 군자로서 갖추어야 할 여러 가지 덕목을 내세워 그것을 지켜나가려고 노력했다. 최근 정치·경제·사회·문화 등 여러 분야에서 '리더(Leader)'에 대한 관심이 높아 가고 있다. 군자는 동양 사회의 리더를 이른다고 볼 수 있다. 지금까지 리더로서 갖추어야 할 화법에 대하여는 대체로 서구 문화를 바탕으로 여러 가지 이론이 소개되어 왔다. 그러나 그 이론은 동양 사회에 그대로 실행하기에는 무리가 없지 않다.

여기에서는 군자가 갖추어야 할 여러 가지 덕목 가운데 화법과 관련 있는 내용을 살펴, 전통 윤리와 우리 문화 풍토에 어울리는 언어생활 교육 프로그램을 개발하는 계기를 마련해 보고자 한다.

이 연구에 쓰인 자료는 '논어', '중용', '대학', '맹자', '채근담', '명심보감', '순자', '열자', '한비자', '장자', '춘추 좌씨전' 등에서, '군자'라는 어휘가 문면에 확연히 드러나 있는 구절을 대상으로 하였다.

2. 군자의 말하기 • 듣기

2.1. 신중하게 말하기

대부분의 문헌에서 군자는 언행을 신중히 해야 한다는 점을 강조하고 있다.

2.1.1. 신중하게 말해야 하는 이유

① 말 한 마디로 개인의 지혜로움을 판단할 수 있고, 나라의 흥망을 좌우할 수 있고, 더 나아가 자연의 조화를 깨뜨릴 수 있다.

姓' 등이 쓰여 왔다.

"군자는 말 한 마디로 지혜로워지기도 하고 지혜롭지 않게도 되니, 말은 조심하지 않을 수 없다."2)

"말 한 마디로 나라를 흥하게 할 수도 있고 나라를 잃을 수도 있다."3)

"말 한 마디로 천지의 조화를 해칠 수 있다. 그러므로 마땅히 간절하게 경계해야 한다."4)

② 말은 화(禍)를 불러오기 쉽다.

"말에는 화를 부르는 수가 있으니, 군자는 그의 입장에 대하여 신중히 한다."5)

"입과 혀는 화와 근심의 근본이며 몸을 망치는 도끼와 같은 것이다."6)

"말은 잘못하면 그 결과가 그대로 되돌아온다."7)

③ 말에는 내면의 감정이 그대로 표출된다.

"기뻐하고 노여워함은 마음속에 있고, 말은 입 밖으로 나가는 것이니 어찌 삼가지 않을 수 있겠는가."8)

④ 평생 동안 쌓아온 덕을 무너뜨리기 쉽다.

---

2) 君子一言以爲知 一言以爲不知 言不可不愼也 <論語 子張>
3) 一言而興邦 …… 一言而喪邦 <論語 子路>
4) 一言而傷天地之和 …… 最宜切戒 <菜根譚>
5) 言有禍也…… 君子愼其所立乎 <荀子>
6) 口舌者 禍患之門 滅身之斧也 <明心寶鑑>
7) 言悖而出者 亦悖而入 <大學>
8) 喜怒在心 言出於口 不可不愼 <明心寶鑑>

　　“깜박이는 한 점의 불티가 능히 넓고 넓은 숲을 태우고 반 마디
　그릇된 말이 잘못 평생의 덕을 허물어뜨린다.”9)

2.1.2. 신중한 말을 하는 요령

말을 신중히 하려면 어떻게 하여야 하는가에 대해서는 다음과 같이
밝히고 있다.

　① 함부로 말하지 않고 유익하지 않은 말을 하지 않는다.

　　“입을 지키기는 병과 같이 한다.”10)

한번 입 밖으로 나간 말은 마치 엎질러진 물처럼 수습할 수 없다. 입을
함부로 놀리지 말고 조심하여야 한다. 한번 탐욕이 동하면 그것은 마치
공격해 오는 적군처럼 맹렬히 가세해 가기 쉽다. 탐욕으로부터 막기를
성벽처럼 확고히 하여야 한다.

　② 상황에 맞는 말을 한다.

　　“나라의 질서가 잡혀 있으면 말도 행동도 마음 내키는 대로 대담
　하게 할 수 있어도, 나라에 질서가 잡혀 있지 않으면 행동은 고고하
　게 할지언정 말은 조심해야 한다.”11)

---

9) 一星之火　能燒萬頃之薪　半句非言　誤損平生之德　<明心寶鑑>
10) 守口如瓶　<明心寶鑑>
11) 邦有道　危言危行　邦無道　危行言孫　<論語　憲問>

나라가 평화로울 때는 대담하게 올바른 길을 밝히는 말[危言]과 행동 [危行]을 할 수 있다. 그러나 나라가 어지러울 때는 행동은 절조를 지켜 고답적이고 깔끔하게 해야 되지만 말은 부드럽게 하는 것이 좋다. 부드러운 표현을 함으로써 어지러운 세상에 자극을 주지 않기 위해서이다.

③ 말을 아껴 필요한 말만 하고 많은 말을 하지 않는다.

> "쓸데없는 말과 급하지 않은 일은 물리치어 다스리지 말라."[12)
> "유익하지 않는 말을 함부로 늘어놓지 말라."[13)

당장 하지 않아도 좋은 쓸데없는 말, 그리고 유익하지 않은 말은 삼간다.

> "한 마디의 말이 맞지 않으면 천 가지 말이 쓸데없다."[14)

열에 하나쯤 또는 백에 하나쯤은 옳은 말이 있겠지 하며, 많은 말을 하려고 하지말고 한 마디 말이라도 신중히 생각해서 남이 승복할 수 있는 말을 해야 한다.

말은 많이 할수록 가벼워진다. 말 많은 사람의 속은 빤히 들여다보이기 때문이다. 반면에 말이 적은 사람은 앞으로 어떤 식으로 화를 낼지 모르기 때문에 두렵다. 아랫사람을 많이 거느리는 사람일수록 말을 아껴야만 그들을 통솔할 수 있다.

---

12) 無用之辯　不急之察　棄而勿治　<明心寶鑑>

13) 無益之言　莫妄說　<明心寶鑑>

14) 一言不中　千語無用　<明心寶鑑>

    "군자는 말을 아낀다. 소인은 말을 먼저 앞세운다."[15]

  우리 속담에 "말이 많으면 쓸 말이 적다.", "말 잘하는 사람치고 거짓말 못 하는 사람 없다.", "말 많은 집 장맛이 쓰다.", "말 많은 놈 쓸모없다." 라고 해서 말 많은 것을 경계하였다. 말을 많이 해서 입을 수 있는 폐단은 크다.

    "열 마디 말 가운데 아홉 마디가 맞을지라도 신기하다고 칭찬하지 않으면서도, 한 마디의 말만 맞지 않으면 원망의 소리가 사방에서 모여들고, 열 가지 일 가운데 아홉 가지를 이루어도 功은 그에게로 돌리지 않고 한 가지 도모했던 일을 이루지 못하면 곧 헐뜯는 소리 가 사방에서 일어난다. 그러므로 군자는 차라리 입을 다물지언정 떠들지 않고, 차라리 서툰 척할지언정 재주 있는 체하지 않는 까닭 이 여기에 있다."[16]

  세상 인심이란 열 마디 말 중에서 아홉 마디가 적중하여도 칭찬하지 않으면서도 한 마디만 어긋나도 사방에서 비난이 빗발치듯한다. 마찬가 지로 열 가지 계략 중에서 아홉 가지가 이루어져도 그에게 공을 돌리지 않다가 한 가지만 실패하여도 사방에서 험구(險口)가 일어나는 것이다. 그러므로 군자는 차라리 침묵을 지킬지언정 사람들 앞에서 떠들지 않고, 서툰 척하며 자신의 재능을 자랑하지 않는다.

  謀不成 則訾議叢興 君子所以寧默毋躁 寧拙毋巧 ＜菜根譚＞

---

15) ＜禮記＞
16) 十語九中 未必稱奇 一語不中 則愆尤騈集 十謀九成 未心歸功 一

　　"강직하고 의연하고 질박하고 어눌하면 인에 가깝다."[17]

　강직하여 불의에 굽힘이 없고, 의연하여 고난을 잘 참아내며, 성품이 질박하고, 말이 무거우면 진실로 '인(仁)'에 가깝다. 곧 말을 뜨게 하거나 신중을 기하는 것이 인에 가깝다.

　막힘이 없이 유창하게 흘러가는 달변이 자꾸만 더듬거리는 눌변보다는 나은 것이 사실이다. 그러니 그 유창함만으로는 좋은 화법이 되는 것은 결코 아니다. 또 좋은 화법을 하기 위해서 반드시 유창하여야 하는 것도 아니다. 바꾸어 말하면, 유창함은 좋은 스피치의 충분조건도 필요조건도 아니다. 달변은 자신의 능력을 돋보이게 하는 효과를 낳는다. 그래서 자신의 업무 능력을 빛낼 필요가 있을 때는 유창한 화법을 구사하는 것이 좋다. 그러나 달변가는 말재주가 많기 때문에 사람을 속일 수도 있다고 생각하는 것이 우리나라 사람들이다. 그래서 상대방의 신뢰를 얻어야 할 때는 좀 어눌하게 행동할 필요가 있다.

　침묵이란 말할 것이 없어서가 아니라 부질없는 말을 삼가기 위함이다. 그러므로 말을 하면 꼭 이치에 맞게 마련이다. 말하자면 필요할 때 조리 있는 말을 무게 있게 하기 위하여 보통 때는 침묵을 지키는 것이다. 그래서 침묵을 해보아야 침묵의 중요함을 깨닫게 된다.

　　"침묵을 키워 보아야만 말 많음이 시끄러운 것임을 알게 된다."[18]

　④ 실천 여부를 생각하고 말한다.

---

17) 剛毅木訥近仁 ＜論語 子路＞
18) 養默而後 知多言之爲躁 ＜菜根譚＞

"일은 신속하고 민첩하게 처리하고, 말은 신중하게 해야 한다."[19]

민첩하다는 것은 실천이 빠르다는 것이다. 세상에 실천이 없이 이루어지는 일은 없고 실천이 빠를수록 좋은 법이다. 값진 일일수록 더욱 그러하다. 말이란 실천을 전제로 하기 때문에 항상 신중히 해야 한다. 한번 입에서 나간 말은 지켜야 하고 실천을 해야 되기 때문이다.

⑤ 말을 수시로 바꾸지 않는다.

"말을 쉽게 바꾸는 것은 책임감이 없기 때문이다."[20]

수시로 말을 바꾸는 사람이 적지 않다. 이는 말에 대한 책임감이 없기 때문이다.

⑥ 취중에 말을 늘어놓지 않는다.

"술이 취한 가운데도 말을 늘어놓지 않음은 참다운 군자요, 재물 거래에 분명함은 대장부다운 일이다."[21]

⑦ 식사할 때 또는 취침할 때 말을 삼간다.

"식사할 때 말을 하지 말고 잠잘 때도 말을 하지 말라."[22]

---

19) 敏於事而愼於言 <論語 學而>

20) 人之易其言也 無責耳矣 <孟子>

21) 酒中不言 眞君子 財上分明 大丈夫 <明心寶鑑>

22) 食不語 寢不語 <論語 鄕黨>

2.1.3. 신중한 말의 효용

말을 신중히 하면 어떤 효용이 있는가에 대해서는 다음과 같이 말하고
있다.

① 편안한 마음으로 지낼 수 있다.

"입은 사람을 상하게 하는 도끼이며 말은 혀를 베는 칼이다. 입을
막고 혀를 깊이 감추면 어느 곳에 있으나 편안할 것이다."[23]

② 명예나 이익을 얻을 수 있다.

언행을 삼가는 것은 인격 수양뿐 아니라, 물질적 소득을 구하는 데도
필수 요소로 되어 왔다. 말하자면 언행을 삼가는 것은 인간 행동의 이념
적인 면이나 현실적인 면에서 다 큰 구실을 하는 것이다.

"많이 들어서 의문을 없애고 그러고도 남음이 있으면 삼가 말하면
허물이 적고. 많이 들어서 위태함을 적게 하고 그러고도 남음이 있으면
행동에 삼가면 후회가 적다. 그러니 말을 삼가 허물을 적게 하고 행동
을 조심해서 후회를 적게 한다면 그 속에 녹(祿)이 있다."[24]

견문을 넓혀 불안함과 의심됨이 없게 하고 그밖에 언행을 삼가면 말에
그르침이나 행동에 뉘우침이 없을 것이다. 그러니 그르치고 뉘우칠 언행
을 하지 않으면 그 가운데 물질적 보상을 기대할 수 있다.

---

23) 口是傷人斧 言是割舌刀 閉口深藏舌 安身處處牢 <明心寶鑑>

24) 多聞闕疑 愼言其餘則寡尤 多見闕殆 愼行其餘則寡悔 祿在其中矣 <論語 爲政>

③ 호학(好學)의 조건 중의 하나를 갖출 수 있다.

"군자는 배부르게 먹는 것을 바라지 않고, 편안하게 기거하는 것을 구하지 않고, 모든 일에 민첩하여 또 말을 삼가고, 도(道)를 취하여 바르게 나아가야만 학문을 좋아한다 할 수 있다."[25]

④ 자신의 위치를 훌륭하게 만들 수 있다.

환경이라는 것은 주어지는 것이 아니라, 그 사람의 마음가짐에 따라서 자연히 형성되는 것이다. 풀과 나무가 같은 종류끼리 모여 살듯, 같은 사람들이 모이게 되는 것은 당연하다. 따라서 군자는 말과 행동을 조심하여 자기 환경을 훌륭하게 조성한다.

이는 마치 다음과 같이 비유할 수 있는 것이다.

"여러 가지 사물의 발생은 반드시 시초가 있을 것이며, 영예나 욕됨이 오는 것은 반드시 그의 덕을 따르는 것이다. 고기가 썩으면 벌레가 생겨나고 생선이 마르면 좀벌레가 이는 것이니 태만함으로써 자신을 잊는다면 재앙이 곧 닥칠 것이다. 굳센 것은 스스로 떠받치고 서지만 부드러운 것은 스스로 묶이여만 하게 되는 것이다. 악함과 더러움을 몸에 지니고 있으면 원한이 맺어지는 까닭이 된다. 땔나무를 펼쳐 놓으면 불은 한결같이 마른 것을 태울 것이고, 땅을 평평히 하면 물은 한결같이 축축한 곳으로부터 적실 것이다. 풀과 나무는 무리를 이루어 자라나고, 새와 짐승은 떼를 지어 사는데, 모든 물건은 제각기 그 종류를 따르기 마련이다. 그렇기 때문에 과녁을 펼쳐놓으면 화살이 날아오게 되고, 나무숲이 무성하면 도끼가 쓰여지게 되고, 나무가 그늘을 이루면 새떼가 와서 쉬게 되고, 식초가 시어지면 바구미가 모여들게 된다."[26]

---

25) 君子食無求飽 居無求安 敏於事而愼於言 就有道而正焉 可謂好學也已 <論語 學而>
26) <荀子>

⑤ 남을 다스릴 수 있는 자격을 갖출 수 있다.

"하나도 버릴 말이 없이 하는 사람, 하는 말 전부가 이치에 맞고
신중하고 슬기로운 사람은 천지와 더불어 만민을 번성케 하는 정치
에 반드시 참여시켜야 한다."27)

그래서 범익겸(范益謙) 같은 이는 다음과 같은 좌우명을 정해 놓고 자
기 언행을 삼가고 항상 수양에 힘썼다.

"첫째 조정에서의 이해와 변방 관직의 임명에 관하여 말하지 않는
다. 둘째 지방[郡縣] 관원의 장단과 득실에 관하여 말하지 않는다.
셋째 여러 사람이 저지른 나쁜 일에 관하여 말하지 않는다. 넷째
관직에 나아가고 기회를 좇아 세도에 부니는 일에 관하여 말하지
않는다. 다섯째 재리(財利)의 많고 적음이나 가난을 싫어하고 부자
를 바란다는 것 따위를 말하지 않는다. 여섯째 외설스러운 농지거리
며 여색에 대한 평을 말하지 않는다. 일곱째 남의 물건의 구하여
찾으며 술과 음식의 토색(討索)을 위하여 말하지 않는다."28)

2.2. 바르게 듣기

말만 꺼내면 책 한 권 분량도 넘을 정도의 이야깃거리를 끄집어내는
사람은 그것으로 끝인 경우가 많다. 자기 말만 하고 남의 말을 듣지 않으
면 그들에게서 아무런 정보도 얻을 수 없다. 정보가 빈약하니 당연히

---

27) 有無棄之言者　必參於天地也 <列子>

28) 一不言朝廷利害邊報差除　二不言州縣官員長短得失　三不言衆人所作過惡之事　四不言
　　仕進官職趨時附勢　五不言財利多少厭貧求富　六不言淫媒戲慢評論女色　七不言求覓人物
　　干索酒食 <明心寶鑑>

성공할 수 없다. 하지만 남의 이야기를 많이 듣는 사람은 공짜로 많은 정보를 얻을 수 있다.

2.2.1. 정확하게 듣는다.

"남의 말을 들을 때는 정확하고 확실하게 들어야 한다."[29]

귀가 밝으면[聰] 사물에 대한 인식이 분명할 것이고 판단이 확실할 것이다.

2.2.2. 들은 것을 실행한다.

"군자의 배움은 귀로 들어와 마음에 붙어서 온 몸으로 퍼져 행동으로 나타난다. 소근소근 말하고 점잖이 움직이어 모두가 법도(法度)가 될 만하다. 소인의 배움은 귀로 들어와 입으로 나온다. 입과 귀 사이는 네 치밖에 안 되니, 어찌 일곱 자나 되는 몸을 아름답게 할 수 있을 것인가?"[30]

2.2.3. 여론을 정확히 파악한다.

"차라리 밑 빠진 항아리를 막을지언정 코 아래 가로질린 것은 막기 어렵다."[31]

코 아래 가로질린 것이란 입을 말한다. 곧 말을 막기 어렵다는 뜻이다.

---

29) 聽思聰 <論語 季氏>
30) 君子之學也 入乎耳 著乎心 布乎四體 形乎動靜 端而言 蝡而動 一可以爲法則 小人之學也 入乎耳 出乎口 口耳之間 則四寸耳 曷足以美七尺之軀哉 <荀子>
31) 寧塞無底缸 難塞鼻下橫 <明心寶鑑>

여론은 차단하기가 어려운 것이다. 따라서 여론을 적극적으로 청취하는 것이 순리일 것이다.

> "많은 사람들이 의심한다 하여 자신의 견해를 굽히지 말고, 자기의 의견에만 맡겨 남들의 말을 물리치지 말라. 작은 은혜에 이끌려 대국을 손상시키지 말고 여론을 이용해서 사사로운 감정을 풀지 말라."[32]

자신의 의견은 없고 세상의 여론에 끌려 다닌다거나 너무 자신의 의견만을 고집하여 다른 사람의 의견을 무시한다는 것은 곤란하다. 물론 세상을 살아가는데 확고한 신념이 있다면 세상의 여론에 흔들리지 말아야 하며, 남의 의견에 귀를 기울여 자신을 더욱 올바르게 가져야 한다. 또한 사사로운 감정에 얽매여 대업을 망쳐서도 안 되며, 여론을 이용하여 자신의 이익을 지키기 위하여 남을 공격해서도 안 된다. 공사를 분별할 줄 알고, 신념과 감정을 분별할 줄 알아야만 비로소 나라의 큰일을 맡을 수 있다.

> "거리에 떠도는 풍문을 들음은 나무꾼과 목동의 노래를 들음만 못하고, 오늘날 사람의 부덕함과 잘못된 행실을 말함은 옛사람의 착한 말씀, 아름다운 행실을 이야기함만 못하다."[33]

거리에 나도는 풍문에 귀를 기울여 헛된 근심 걱정을 하는 것보다는 차라리 목동의 피리 소리를 듣고 평온한 마음을 가지는 것이 좋은 것이

---

32) 毋因群疑而阻獨見 毋任己意而廢人言 毋私小惠而傷大體 毋借公論以快私情 <菜根譚>
33) 交市人 不如友山翁 謁朱門 不如親白屋 聽街談巷語 不如聞樵歌牧詠 談今人失德過擧 不如述古人嘉言懿行 <菜根譚>

다. 그리고 요즘 사람의 부덕함과 과실을 들추어낸다는 것은 어리석은 것이다. 자신이 물들까 두려울 것이다. 오히려 옛사람들의 좋은 말씀과 행동을 생각하며 자신을 가다듬는 것이 좋은 것이다.

2.2.4. 냉철한 태도로 경청한다.

> "냉정한 눈으로 사람을 보고, 냉정한 귀로 말을 들으며, 냉정한
> 감정으로 일을 대하고, 냉정한 마음으로 도리를 생각했다."[34]

사물을 대하는 데 선입관에 빠진다거나 욕심을 일으키거나 흥분하게 된다면 올바르게 판단할 수 없다. 그러므로 사물을 대할 때는 항상 냉정 해야만 올바르게 진리와 거짓을 가려내고 선과 악을 구별할 수 있다.

2.2.5. 들은 것에 대하여 성급하게 반응하지 않는다.

> "악함을 듣더라도 곧 미워하지 말라. 고자질하는 자의 분풀이가
> 될까 두렵다. 착함을 듣더라도 급하게 사귀지 말라. 간사한 사나이
> 의 출세를 이끌어줄까 두렵다."[35]

남이 나를 속이는 것을 알면서도 묵묵히 있음은 이미 속임을 당하는 것이 아니며, 남이 나를 모독하는 것을 알면서도 상대하지 않음은 이미 상대방을 자기보다 낮게 여기고 있는 것이다. 모욕을 받아도 성내지 않고 얼굴빛을 평안히 가진다. 물론 이것은 어려운 일이지만 마음의 여유를 가지고 이렇게 한다면 무한한 능력을 갖춘 사람이라 하겠다.

---

34) 冷眼觀人 冷耳聽語 冷情當感 冷心思理 <菜根譚>

35) 聞惡不可就惡 恐爲讒夫洩怒 聞善不可急親 恐引奸人進身 <菜根譚>

"남의 속임을 깨닫고도 말로 나타내지 않고, 사람의 모욕을 받으면서도 표정에 나타내지 않는다면, 그 가운데 무궁무진한 뜻이 있으며 또한 무궁무진한 작용이 있다."[36]

2.2.6. 선택적으로 경청하지 않는다.

"착한 것을 보거든 목마를 때 물 본 듯이 주저하지 말고 악한 것을 듣거든 귀머거리같이 하라."[37]
"만약 한 편의 말만 들으면 자칫 친한 사이가 멀어지리라."[38]
"일일이 신하들의 말을 들어보지 않으면 어리석은 자와 지혜 있는 자가 분별되지 않는다. 그의 말대로 하는가 신하들을 추궁하면 곧 신하들은 능력 있는 자와 없는 자가 뒤섞이지 않는다."[39]

2.2.7. 들은 사실을 검토한다.

"눈으로 직접 본 일도 오히려 다 진실이 아닐 수도 있거늘 하물며 등 뒤에서 하는 말을 어찌 깊이 믿겠는가."[40]
"보고 들은 사실들을 잘 검토하지 않으면 곧 신하들의 진심을 알 수 없다. 신하들의 말을 듣는 데 門처럼 거쳐야 할 사람이 낀다면 신하들의 진심은 막혀 버리고 말 것이다."[41]

2.2.8. 선인관을 지니지 않고 듣는다.

"남이 나를 속이지 않을까 미리 경계하지 않고, 남이 나의 말을

---

36) 覺人之詐 不形於言 受人之侮 不動於色 此中 有無窮意味 亦有無窮受用 ＜菜根譚＞

37) 見善如渴 聞惡如聾 ＜明心寶鑑＞

38) 若聽一面說 便見相離別 ＜明心寶鑑＞

39) ＜韓非子＞

40) 經目之事 恐未皆眞 背後之言 豈足深信 ＜明心寶鑑＞

41) ＜韓非子＞

믿어주지 않을까 미리 의심하지 않으며, 그러면서도 어떤 일이 발생하면 곧 그 잘못된 점을 먼저 깨닫는 사람이 진실로 현명한 사람이다."[42]

아무리 믿지 못할 세상이라 할지라도 처음부터 남을 경계하거나 의심하고 대한다면, 그것은 대인 관계에 있어서 좋지 못한 결과를 가져온다. 상대방에게 그런 낌새가 보일 때 상대방에게도 같은 태도로 나올 것은 물론 나 자신의 마음도 부자연스럽기 때문에 항상 부담감을 가지게 된다.

2.3. 상황에 어울리게 말하기

가장 효과적인 화법은 때와 곳에 잘 적응하는 말이다. 시간과 장소에 적응한다는 것은 상대방의 속성이나 상대방이 보내는 반응, 그리고 주어진 상황의 속성에 따라 말의 내용과 발표의 양식을 변화시키는 것을 의미한다. 상대방의 지식이나 태도 및 감정은 화법의 효과에 지대한 영향을 미치므로 사전에 이를 잘 분석하여 스피치의 내용과 표현 그리고 발표의 방식을 잘 적응시킬 때 화법의 효과는 배가(倍加)되는 것이다. 말은 말할 때와 듣는 쪽의 반응을 보아가면서 해야 한다. 그렇지 않으면 말의 효과를 올릴 수 없으므로 잘못된다.

"군자는 소리가 울리듯, 일에 따라 적절히 말하고 행동한다."[43]

옛말에는 자기 자신을 위하여 배웠고 오늘에는 남에게 보이기 위하여

---

42) 不逆詐 不億不信 抑亦先覺者是賢乎 <論語 憲問>
43) 君子如嚮矣 <荀子>

배운다. 군자는 그 자신을 아름답게 하기 위해서 배우고 소인은 남에게 내놓아 이용하기 위해서 배운다. 그러므로 묻지도 않았는데 이야기하는 것은 '시끄러움'[傲]라 하고, 하나를 물었는데 둘을 이야기하는 것은 '뽐냄'[噴]이라 한다. 시끄러움도 글렀고 재는 것도 그르니, 군자는 일에 따라 울림처럼 행동하는 것이다.

> "술은 아는 친구를 만나면 천 잔이나 되는 술도 적고, 말은 그
> 기회를 맞추지 못하면 한 마디의 말도 많은 법이다."44)

지기지우(知己之友)를 만나 의기투합하여 나누는 술잔은 그야말로 천 잔도 적다할 것이나, 말이란 때와 곳을 가려 도리에 맞는 말을 해야 되는 것이니, 그렇지 못한다면 한 마디 말도 많다는 것이다. 함부로 지껄여대는 요설과 다변은 우리가 경계해야 할 것이다.

상황에 어울리게 말하기 위해서는 다음과 같은 점에 유의하여야 한다.

① 자신이 말하여야 할 때가 아닌데 조급하게 먼저 말하지 않는다.
② 자신이 말하여야 할 차례일 경우 말하지 않아서는 안 된다.
③ 상대방의 표정을 보면서 말한다.
④ 상대방이 묻지도 않았는데 말해서는 안 된다.
⑤ 묻지도 않은 내용을 말해서는 안 된다.

> "군자를 모시는 데 세 가지 잘못이 있다. 아직 말할 때가 아닌데
> 말을 먼저 꺼내는 것은 '조급함'이라 하고, 말을 해야 할 차례인데도

---

44) 酒逢知己千鍾少 話不投機一句多 <明心寶鑑>

하지 않으면 '숨김'이라 하고, 상대방의 표정을 보지 않으면서 일방
적으로 말하는 것은 '눈치가 없는 것'이라 한다."[45)

  "선비가 말하지 않아야 할 때 말하는 것은 말을 가지고 욕망을
충족시키려는 것이고, 말을 해야 할 때 말하지 않는 것은 말을 하지
않음으로써 욕망을 달성시키려는 것이다. 이는 다 담구멍을 뚫거나
담을 넘어가는 도둑의 무리와 같다."[46)

2.4. 청자를 파악하고 말하기

  말을 잘한다는 것은 듣는 사람의 반응에 상관없이 혼자 떠드는 것이
아니다. 그것은 수다에 불과하다. 진정으로 효과적인 화법은 듣는 사람을
즐겁게 하는 것은 물론 상대방을 설득하고 행동에 옮기도록 힘을 발휘하
는 기술을 안다.

2.4.1. 상대방이 이야기를 나눌 만한 대상인가를 파악한다.

  "함께 말할 만한 사람인데도 그와 말을 하지 않으면 '사람'을 잃는
것이요, 함께 말할 만한 사람이 안 되는데도 그와 말을 하게 되면
'말'을 잃는 것이다. 그러므로 지혜로운 사람은 사람도 잃지 않고
또 말도 잃지 않는다."[47)

  우리는 대화를 하면서 서로의 마음을 주고받는다. 그러나 대화할 만한
가치가 있는 사람이 있고 그렇지 못한 사람이 있다. 가치 있는 사람은

---

45) 待於君子有三愆 言未及之而言 謂之躁 言及之而不言 謂之隱 未見顏色而言 謂之瞽 <論
   語 季氏>

46) 士未可以言而言 是以言餂 可以言而不言 是以不言餂之也 是皆穿窬之類也 <孟子>

47) 可與言而不與之言 失人 不可與言而與之言 失言 知者不失人 亦不失言 <論語 衛靈公>

자신의 말을 알아듣고 받아들일 수 있는 사람이고, 그렇지 못한 사람은 말을 알아듣지 못하고 거부감을 지니고 있는 사람이다.

　우리는 대화할 수 있는 사람과는 가슴을 열어놓고 이야기를 나누어야 한다. 그러면 내 말보다 상대방의 이야기에서 식견이 트이기도 하고 새로운 정보를 얻을 수도 있다. 그러나 남의 말에 아예 귀를 막고 있는 사람에게는 천 마디 만 마디 이야기를 해봤자 말만 잃어버리는 결과를 낳기 쉽다. 이런 사람과의 대화는 아무런 도움도 얻을 수가 없고 시간과 정력만 낭비하게 된다.

　　"증자(曾子)는 어깨를 추이면서 마음에도 없는 웃음을 억지로 웃는 것은 한여름 밭두둑에서 일하는 것보다 더 힘이 든다 하였고, 자로(子路)는 뜻이 맞지 않는 사람과 억지로 이야기하는 사람은 그 표정이 붉게 상기되는데, 그런 상황은 자기로서는 참으로 곤란하게 여기는 바이다."48)

2.4.2. 상대방의 수준을 고려해 말한다.

　　"중인(中人) 이상은 가히 높은 도를 말해 주어도 괜찮으나, 그 이하에게는 가히 높은 도를 말할 것이 못 된다."49)

　여기서 상·중·하는 단순히 지적인 구분만이 아니라, 도덕 수행에 필요한 모든 요소를 기준으로 한 것이다. '중급 이상의 사람에게는 나의 도를 말해 줄 수 있으나, 그 이하의 사람에게는 도를 전하려고 해도 전할 수 없다.' 물론 이 말에는 지적, 심적 그리고 그 밖의 원인이 함께 결부된

---

48) 曾子曰 脅肩諂笑 病于夏畦　子路曰未同而言　觀其色赧赧然　非由之所知也 <孟子>

49) 中人以上 可以語上也 中人以下 不可以語上也 <論語 公冶長>

것이라 보아야 옳겠다. 공자 자신은 누구에게나 도를 전해 주고 싶지만 질이 낮은 사람에게는 도를 전해 주어도 알아듣지 못하니 효과가 없다고 한 말이다.

> "공자는 조정에 나가 하대부와 말할 때는 화락(和樂)한 듯하였고, 상대부와 말할 때는 존경하는 의미에서 온순한 태도를 취하였으나, 정리(正理)를 따질 때는 조금도 양보 없이 명백하고 거침없이 말했다."[50]

2.4.3. 상대방의 성격이나 기호 등을 파악한 다음에 말을 한다.

음흉한 태도로 말을 하지 않고 있는 자에게 허심탄회하게 이야기한다거나, 자신의 약점을 털어놓지 말아야 한다. 또 잘난 체 떠드는 자들 앞에서 입을 다무는 것이 좋다.

> "음흉하여서 말을 하지 않는 사람을 만나거든 결코 마음을 털어놓지 말고, 마음이 간사하여 잘난 체하는 사람을 보거든 마땅히 입을 막아야 한다."[51]

<한비자>에서는 윗사람(임금)을 설득하기 어려운 것은 자기가 아는 것이 없다든가 말을 잘 못하기 때문이 아니라 윗사람의 성격이나 기호가 가지각색이기 때문이라고 하였다.

> "무릇 유세가 어렵다는 것은, 내가 갖고 있는 지혜로써 임금을 설득하는 것이 어려운 게 아니며, 내 변설로써 나의 뜻을 밝히는

---

50) 朝 與下大夫言 侃侃如也 與上大夫言 誾誾如也 <論語 鄕黨>
51) 遇沈沈不語之士 且莫輸心見悻悻自好之人 應須防口 <菜根譚>

것이 어려운 게 아니며, 또 내 말이 감히 빗나가 뜻을 다하기 어려운 것도 아니다. 유세의 어려움은 설득시키려는 임금의 마음을 알아가지고 나의 설을 그에게 부합시키는 데 있다. 설득시키려는 상대가 명예를 높이 여기는 사람인데도 두터운 이익으로써 그를 설득시키면 곧 너절한 자라고 보며 비천한 자를 만났다고 여겨져 반드시 멀리 버림을 당할 것이다. 설득시키려는 상대가 이익을 두터이 여기는 사람인데도 높은 명예로써 그를 설득시키면 곧 마음이 없는 사정에 어두운 자로 여겨져 반드시 받아들여지지 않을 것이다. 설득시키려면 상대가 속으로는 이익을 두터이 여기면서도 겉으로는 명예를 높이는 사람인데도 높은 명예로써 그를 설득하면 곧 겉으로는 그의 몸을 받아들이는 체하면서도 사실은 그를 멀리 할 것이다. 두터운 이익으로써 그를 설득하면 곧 속으로는 그의 말을 따르면서 겉으로는 그의 몸을 버릴 것이다. 이것은 잘 살피지 않으면 안 되는 것이다."

2.4.4. 상대방의 태도에 따라 적절히 응대한다.

"악한 것을 묻는 자에게는 대답하지 말 것이며, 악한 말을 하는 자에게는 묻지 말 것이며, 악한 이야기를 하는 자의 말은 듣지 말 것이며, 다투는 기가 있는 자와는 말씨름을 하지 말 것이다. 그러므로 반드시 올바른 길을 좇아서 오면 그 뒤에야 그와 접촉하며, 올바른 길로 오지 않으면 곧 그를 피하는 것이다. 이런 까닭으로 예가 공손한 다음에야 함께 올바른 길의 방향을 이야기할 수 있는 것이며, 말이 순리(順理)한 다음에야 함께 올바른 길의 원리를 이야기할 수 있는 것이며, 얼굴빛이 從順한 다음에야 함께 올바른 길의 극치를 이야기할 수 있는 것이다. 그래서 함께 이야기해서는 안 될 때 이야기하는 것을 '시끄러움'[傲]이라 하고, 함께 이야기할 만할 때 이야기하지 않는 것을 '숨김'[隱]이라 하고, 기색을 살펴보지도 않고 이야기하는 것을 '장님'[瞽(고)]이라 한다. 그러므로 군자는 시끄럽지 않고 숨기지 않고 눈멀지 않고, 삼가 상대방을 좇아 순리로 행동하는 것이다."[52]

<한비자>에서는 상대방 특히 윗사람(임금)을 설득하기 어려운 이유를 다음과 같이 들고 있다.

"말이 순조롭고 번지르르하며 멋지고 조리가 있으면 곧 겉만 그럴듯하고 실속은 없다고 받아들이기 쉽다. 착실하고 공경스러우며 딱딱하고 신중하면 곧 졸렬하고 이치에 맞지 않는다고 받아들이기 쉽다. 말이 많고 이야기가 거듭되며 예를 들고 다른 사물에 비유를 하면 곧 헛되고 쓸 데가 없다고 받아들이기 쉽다. 미세한 것을 아울러 간략하게 이야기하며 곧이곧대로 표현하여 꾸밈이 없다면 곧 더듬고 말할 줄 모른다고 받아들이기 쉽다. 서두르며 친근히 이야기하고 사람들의 감정을 탐지하려는 듯이 하면 곧 외람되고 사양함이 없다고 받아들이기 쉽다. 거대하고 넓으며 아득히 멀어 헤아릴 수도 없는 말을 하면 곧 과장되어 쓸 곳이 없다고 받아들이기 쉽다. 집안 이야기나 자질구레한 이야기를 여러 가지로 자주 말하면 곧 비루하다고 받아들이기 쉽다. 말하는 것이 요즘 세상 이야기이고 말이 세상을 거스르지 않으면 곧 삶을 탐하여 임금에게 아첨한다고 받아들이기 쉽다. 말하는 것이 먼 곳의 습속이며 사회를 말로 현혹시키면 곧 허황된다고 받아들이기 쉽다. 잽싸게 말 잘 하며 형식적인 수식이 번거로우면 사관(史官)처럼 말이 많은 자라고 받아들이기 쉽다. 학문을 버리고 질박한 본성만 가지고 이야기하면 곧 천하다고 받아들이기 쉽다. 때로는 시경과 서경을 들먹이고 옛날의 법도를 본떠서 이야기하면 곧 옛일을 외고만 있다고 받아들이기 쉽다."

상부로부터 명령을 받을 때도 하명자(下命者)를 의식하라고 하였다. 명령을 따르면서 윗사람을 이롭게 하는 것을 '순종'이라 하였고, 명령을

---

52) 君子不傲 不隱 不瞽 謹順其身 <荀子>

따르면서 윗사람을 불리하게 하는 것을 '아첨'이라 하였고, 명령을 어기면서 윗사람을 이롭게 하는 것을 '충성'이라 하였다. 그리고 명령을 어기면서 윗사람을 불리하게 하는 것을 '찬탈(簒奪)'이라고 하였다. 명령을 수행하면서 윗사람이나 조직의 영욕을 염두에 두지 않고, 그저 영합하여 무사안일한 자세로 봉급만 타 먹는 자는 '나라의 도둑'이라고 하였다.[53]

2.5. 진실하게 말하기

유교의 가르침을 중시해 온 우리나라 사람들은 예부터 겉으로만 번지르르한 말을 싫어하고 진실한 말을 높이 평가하는 경향이 있었다. 이런 경향은 단순히 윤리 도덕적인 이상주의적 발상에서 나온 것이 아니며, 진실한 말만이 효과적인 화법이라는 실용주의에 입각한 것이다.

2.5.1. 진실한 말과 그렇지 못한 말

① 성실함이 담긴 말 곧 진심에서 우러나온 말이 진실한 말이다.

"말은 성실성[忠]이 담겨 있고 신용이 있어야 한다."[54]

'충(忠)'은 마음을 다한 성실, 마음에서 우러나온 성실을 말하는 것이다. 말은 성실함이 담겨 있어야 남에게 신용을 얻을 수 있다.

사람을 대할 때는 진심에서 우러난 거짓 없는 말을 해야 하고, 거짓말

---

53) 從命而利君 謂之順 從命而不利君 謂之諂 逆命而利君 謂之忠 逆命而不利君 謂之簒 不
  卹君之榮辱 不卹國之臧否 偸合苟容 以持祿養交而已耳 謂之國賊 <荀子>
54) 言思忠 <論語 季氏>

이나 그릇된 말은 세상 사람을 미혹하게 하는 폐단이 크니 두려워해야 한다고 하였다.

> "사람을 만나서 또한 가끔 말을 하되, 가히 온전히 자기가 지니고 있는 한 조각 마음을 버리지 말지니, 호랑이의 무서운 입을 두려워 말고 오직 인정의 두 마음을 두려워할 일이다."[55]

여기에서 자기가 지니고 있는 한 조각 마음이란 진심을 뜻하는 것이요, 인정의 두 마음이란 이중적이요 표리부동한 마음을 뜻한다.

② 지나치게 꾸미는 말은 진실성이 없다.

말이나 글은 원래 의사 표시의 수단으로 생겨난 것이다. 그러므로 아무리 아름답게 꾸민 말이라 할지라도 본래의 뜻을 제대로 나타내지 못하였다면 벌써 '사(辭)'로서의 의미를 상실하고 있는 것이라 하겠다. 의사를 표현할 때는 지나치게 수식을 덧붙여 미사여구를 구사하는 것보다는, 자신의 뜻을 명확하게 나타내는 것이 중요하다.

> "말은 뜻을 전달하는 것일 따름이다."[56]

말의 진실성이란 교묘하게 꾸며낸 말을 하지 않는 것이다. 아첨이나 아유는 언충신(言忠信)하지 못하고 행독경(行篤敬)하지 못한 언행이다. 아부나 아첨, 꾸며대는 말은 진실성이 없다.

---

55) 逢人且說三分話 未可全抛一片心 不怕虎生三個口 只恐人情兩樣心 <明心寶鑑>

56) 辭達而已矣 <論語 衛靈公>

"듣기 좋게 말을 잘하고 보기 좋게 얼굴빛을 꾸미고 지나치게 공
손한 것을 부끄럽게 여겼다."[57]

'교언영색(巧言令色)'이나 '족공(足恭)'은 다 같은 맥락에서의 아첨이
다. 지나치게 공손하다는 것은 비굴할 수도 있고 아양일 수도 있다. 때로
는 속에 오만을 숨긴 가식적인 행동일 수도 있다. 원한을 숨기고 그 사람
과 사귀는 행위는 왕왕 위선자가 감행하는 일이기도 하고, 속에는 칼을
품고 겉으로는 꾸미는 가식적인 행동이기도 하다. 자신을 돋보이게 하려
는 화려한 미사여구보다 한마디 진심이 담긴 말이 우리를 감동시킨다.
진짜 말을 잘하는 이는 이처럼 허세를 부리지 않고 자신을 솔직하게 드러
내 보임으로써 타인의 감동을 불러일으킨다.

복잡한 현대에는 근대 사회의 약장수처럼 번지르르하게 말을 잘하는
달변만으로는 상대방의 마음을 사로잡을 수 없다. 그 시대의 약장수들이
야 달변으로 약을 팔아 생계를 꾸렸으니 말의 프로라고 할 수 있지만
지금은 시대가 달라졌다.

내가 한 말로 상대방의 행동까지도 바꿀 수 있어야 말을 잘한다고 할
수 있으므로, 상대방의 반응에 맞추어 말의 양을 조절할 수 있어야 한다.
복잡한 현대인은 현란한 말보다는 오히려 소박하고 진심 어린 말에 감동
을 받는다.

③ 하찮은 잡담이나 재담같이 의(義)에 미치지 못하는 말도 진실한
말이 아니다.

"여러 사람이 종일토록 모여 지내면서 말이 의에 미치지 못하는

---

57) 巧言令色足恭 …… 恥之 <論語 公冶長>

것은 딱한 일이다."58)

하루 종일 잡담이나 재담을 즐기는 것은 바람직하지 못하다. 대의구현
(大義具現)을 위한 말을 주고받아야 한다.

> "사람의 사사로운 말도 하늘의 들으심은 우레와 같고, 어두운 방
> 에서 속이는 마음이라도 귀신의 눈은 번개와도 같다."59)

지나가면서 아무렇게나 하는 말들, 혹은 부담 없이 이야기하는 담화라
고 할지라도 우러러 하늘에 부끄러움이 없는 내용이어야 하겠다. 은밀히
속삭이는 밀어 가운데도 상대방을 속이는 내용은 보이지 않는 누군가가
그 속임수를 환히 들여다보고 있는 것이다.

2.5.2. 진실한 말의 효용

진실한 말을 하면 어떤 보람이 있는가에 대해서는 다음과 같이 말하고
있다.

① 군자의 도를 달성할 수 있다.

말을 충실하고 믿음성 있게 하면 군자가 지향하는 목표를 달성할 수
있다.

> "말을 충실하고 믿음성 있게 하며 행동이 돈독하여 공경스러우면,
> 비록 오랑캐의 나라에서일지라도 도를 행할 수 있다. 그렇지 못하면

---

58) 群居終日 言不及義 …… 難矣哉 ＜論語 衛靈公＞
59) 人間私語 天聽若雷 暗室欺神目如電 ＜明心寶鑑＞

주(州)나 리(里) 같은 아주 국한된 지역에서일지라도 도를 행할 수
없을 것이다."[60]

말을 성실하게 한다는 것은, 말과 행동이 일치해야 됨을 뜻한다. 그리
고 행동을 돈독하게 한다 함은 인정이 두텁게 행동해야 함을 뜻한다.
그러므로 '언충신 행독경(言忠信 行篤敬)은 언행일치와 인(仁)을 말한 것
이라 할 수 있겠다.

　　　"군자는 욕망을 솔직히 말하지 않고 언사를 꾸며대는 것을 미워한
　　다."[61]

남에게 잘 보이기 위해서 말을 마구 꾸며대며 얼굴빛을 수시로 바꾸는
행위는 그리 좋지 않다. 만약 윗사람에게 그런 행위를 하다가는 자칫하면
아첨이 될 것이 분명하다. 그리고 아랫사람에게도 그렇게 대한다면 그것
은 농간에 지나지 않을 것이다. 군자로서는 도저히 취해서는 안 될 언행
이다. 그래서 마음에도 없이 교언영색하는 사람을 가엾게 여겼다.
　상대방이 그냥 웃는 얼굴로 대해 주고 또 듣기 좋은 말로 추켜 주면,
우리는 흔히 무조건 상대방을 좋게 볼 때가 많다. 진심 아닌 거짓으로
말과 낯빛을 꾸미는 이는 아름다운 독버섯과 같은 존재로 그 독소는 사람
을 해치고, 양심 아닌 양심은 면종복배(面從腹背)나 배은망덕하고, 의리
를 저버리기를 헌신짝처럼 할 소지가 되는 것이니 두려워해야 될 것이며
부끄러워해야 할 것이다.

---

60) 言忠信 行篤敬 雖離蠻貊之邦行矣. 言不忠信 行不篤敬　雖州里 行乎哉 <論語 衛靈公>
61) 君者疾夫舍曰欲之　而必爲之辭 <論語 季氏>

② 교양을 갖춘 사람이 될 수 있다.

친구를 사귀는 경우에도 믿음이 가는 말을 하면, 배움이 다소 부족하더라도 교양을 갖춘 사람이라고 보았다.

> "벗을 사귀는 데 말에 믿음이 있으면, 상대방이 비록 못 배웠다
> 말할지라도 나는 그를 반드시 학문 있는 사람이라고 이르리라."[62]

친구를 선택할 때도 정직하고 진실한 사람을 사귀어야 이롭지 아첨을 하거나 진실되지 않은 말을 하는 사람은 해롭다고 하였다.

> "친구를 선택할 때는 정직한 사람, 진실한 사람, 견문이 넓고 도리
> 에 밝은 사람을 사귀면 이롭고, 사람을 대하는 것이 간사한 사람,
> 겉으로는 굽실거리며 속으로는 딴 마음을 먹고 있는 사람, 모든 것
> 을 말로만 처리하려는 사람을 사귀어서는 해롭다."[63]

사람의 말에 신용이 있어야 하고, 특히 윗사람은 아랫사람에게 신용이 있어야 한다.

<한비자>에서는 다음과 같은 이야기를 들어, 윗사람이 거짓말을 하면 아랫사람들은 따르지 않는다는 점을 강조하고 있다.

> "증자(曾子)의 아내가 시장을 가는데 그 아들이 따라오면서 울었
> 다. '돌아가거라. 갔다 와서 너를 위해 돼지를 잡아줄 터이니.' 그리
> 고 증자의 아내가 시장을 갔다 오니, 증자는 돼지를 붙들어다가 죽
> 이려 들었다. 증자의 아내가 이를 말렸다. '아이를 달래려고 거짓으

---

62) 與朋交友 言而有信 雖曰未學 吾必謂之學矣 <論語 學而>
63) 益者三友 友直 友諒 友多聞 益矣 損者三友 友便辟 友善柔 友便佞 損矣 <論語 季氏>

로 한 말입니다.' 증자가 말했다. '아이는 함께 거짓말 할 대상이
아니오. 아이는 아는 것이 없어, 부모들에게서 배우는 것이며, 부모
의 가르침을 따르는 것이오. 지금 당신이 아이를 속이는 것은 자식
에게 속임수를 가르치는 것이오. 어미가 자식을 속이어 자식이면서
도 그의 어미를 믿지 않게 된다는 것은 가르침을 이루는 행동이
되지 못하오.' 그리고는 마침내 돼지를 잡아 삶았다."

③ 상대방의 신뢰를 얻을 수 있다.

진실하지 못한 말을 하면 상대방의 신뢰를 얻지 못한다. 불확실한 사실
이나 허위로 날조된 사실을 바탕으로 이야기한다면 머지않아 그 진실이
드러나게 되고, 상대방의 비난을 면치 못할 것이다. '무슨 수를 써서라도
상대방을 반드시 설득하고야 말겠다.'는 마음으로 우선 상대를 설득해
놓고 보자는 생각에서 거짓 증거를 들이대거나 마음에도 없는 말을 하다
가는 언젠가 그 거짓됨이 탄로 나게 되고, 더 이상 상대방의 신뢰를 얻지
못한다.

2.5.3. 진실하지 못한 말의 폐해

진실성이 없는 말을 하게 되면 어떤 폐단이 있는가에 대해서는 다음과
같이 말하고 있다.

① 덕을 어지럽힌다.

"교묘하게 꾸며대는 말은 덕을 어지럽힌다."[64]

---

64) 巧言亂德 <論語 衛靈公>

교묘하게 꾸며대는 말은 자기 자신의 품성을 해칠 뿐만 아니라 듣는
사람의 시비판단도 흐트러뜨린다. 혼란을 주는 것이다. 결국은 덕성도
인격도 어지럽게 할 따름이다.

② 인을 이루기 어렵다.

　　"교묘하게 꾸며대 듣기 좋게 말하고, 보기 좋게 얼굴빛을 꾸미는
　　사람들 중에는 어진 이가 드물다."[65]

'교언(巧言)'이란 일부러 교묘하게 꾸며서 하는 말이거나 형식적으로
하는 외교적 언사나 공치사 같은 것들을 말한다. '영색(令色)'은 속은 그
렇지 않으면서 겉으로 좋게 꾸미는 표정을 말한다. 사람은 소박하고 실직
(實直)해야 한다. 거기에 진실이 있다. 남에게 교묘하게 꾸미는 말로 아첨
하거나, 보기 좋은 안색을 지어 아양을 떠는 것은 진실과는 거리가 멀다.
남의 비위나 맞추려는 가식적인 행위는 필경 위선이 될 수밖에 없다.
그런 언어행위를 하는 사람에게는 어진 마음이 깃들 수가 없다.

③ 아랫사람을 교화하기 어렵다.

위대한 덕은 깊고 그윽하여 눈으로 볼 수 없는 것으로, 명령 하나 금지
령 하나 내리지 않아도 백성들이 스스로 따라 교화되게 하는 것이 정치의
근본적인 방법이라고 하였다.

　　"소리와 낯빛은 백성들을 교화(敎化)시키는데 말단이다."[66]

---

65) 巧言令色 鮮矣仁　＜論語 陽貨＞
66) 聲色之於以化民　末也　＜中庸＞

　진실한 말은 당장의 목표 달성에는 효과가 적을지 모른다. 그러나 평소의 언행이 진실하면 상대방은 화자에게 높은 신뢰감을 느끼게 된다. 상대방이 화자에게 부여하는 신뢰감의 정도는 그 화법의 성패에 커다란 영향을 미친다. 상대방은 평소 신뢰하고 있는 화자가 하는 말은 증거가 없어도 믿게 되며, 평소에 신뢰하지 않는 화자가 하는 말은 아무리 강력한 증거를 들이대도 믿지 않는다. 따라서 장기적으로 볼 때는 진실한 말이 가장 효과적인 언어생활일 수밖에 없다.

　요즈음 사람들은 부지불식간에 가능하면 교묘하게 꾸며대며 상대방을 설득시키는 것을 잘하는 일이고, 될 수 있는 한 과장해서 실제보다 더 크고 우람하게 보여서 상대방을 압도하는 것이 유능하다고 착각하는 경향이 있다. 청산유수와 같은 말솜씨에 종횡무진으로 기지와 해학을 자아내는 사람들이 어디를 가나 대중의 관심을 끌고 인기를 독차지하고 항상 출세의 줄을 잡는 줄 아는 젊은이들도 적지 않다. 그러나 실천이 따르지 못하는 허언은 곧 남에게 싫증과 실망을 주게 되고 말하는 이 스스로도 실수를 저지르고 만다. 말은 마음속에서 우러나와야지 혀만 굴러서는 안 되는 것이기 때문이다. 마음속에서 우러나온 진실한 말은 남을 감동시키지만 혀로 나불거리는 빈말은 남의 귀를 간지럽게 하는 데 지나지 않는다. 마음속에서 우러나오는 말은 그 사람의 인격이 실려 있기 때문에 무게가 있고 진실이 있지만, 혀끝에서 새어나오는 말은 알맹이가 없어 가볍기가 바람과 같다. 옛말에 "말 잘하는 것은 피리와 같다."[巧舌如簧]고 하였다.[67]

---

67) 崔根德. 論語人間學　參照

2.6. 조리에 맞게 말하기

우리 사회에는 '구렁이 담 넘어가는' 식으로 말의 내용을 모호하게 해 놓고 은근슬쩍 넘어가는 경우가 적지 않다. 세상은 어쩌면 조리에 맞지 않는 말이 기승을 부리는 듯도 보인다. 그러나 옳지 않은 말은 언젠가는 그 말의 참·거짓이 드러나게 마련이다. 옳은 말도 못다 하는 세상에 불합리한 말을 지껄여서야 안 된다. 그래서 선인들은 다음과 같이 조리에 맞지 않는 말을 하려면 차라리 말을 안 하는 것이 더 낫다고 하였다.

"말이 조리에 맞지 않으면 말하지 아니함만 못하다."[68]

평소에는 말을 아끼거나 경솔하게 말하지 않으나, 일단 말을 하게 되면 이치에 맞아야 한다.

"자건(子騫), 저 사람은 좀처럼 말을 하지 않지만, 일단 말을 하게 되면 반드시 적중한다."[69]
"학덕이 닦인 사람은 대체로 경솔히 말하지 않으나, 말을 하면 반드시 이치에 맞는다."[70]

군자는 평범한 사람과 다른 세 가지가 있다.

"군자는 세 가지 변함이 있다. 멀리서 바라보면 근엄하고, 가까이 가면 온화하고, 그 말을 들으면 엄정하다."[71]

---

68) 言不中理 不如不言 <明心寶鑑>
69) 夫人不言 言必有中 <論語 先進>
70) <論語 先進>

군자는 멀리서 바라보면 근엄하고 가까이 다가가면 기색이 부드럽고
말을 들으면 그 뜻이 도리에 어긋남이 없고 명확하다.

2.7. 말보다 실천 우선하기

2.7.1. 언행일치

선인들은 말과 행동이 일치할 것을 강조하였다. 말이라는 것은 행동의
표현이고 행동은 말의 실상이다.[72)]

> "말이 행동보다 지나치면 말을 삼가 다하지 않고, 말이 행동에
> 지나침이 없는가를 돌아보고 행동이 말에 미치지 못하는가를 반성
> 하여야 한다."[73)]

일상생활에서 덕을 행하며 언어를 삼가 미흡한 점이 없도록 힘써야
한다. 그리하여 혹 불충분한 데가 있을까 늘 말과 행동을 서로 비추어
보아야 한다. 말하자면 말을 항상 삼가고 언행에 일치되도록 늘 조심
노력해야 한다.

이렇게 옛사람이 언과 행의 표리일체를 강조한 것은 언어에 대한 책임
감이 따라야 하기 때문이다. 이렇게 선인들은 언행일치를 부르짖으면서
말을 어이없이 해서는 안 될 것을 강조하면서도, 일단 덕이 닦이면 그에
게서 흘러나오는 말은 반드시 귀기울일 것이라고 하였다.

---

71) 君子有三變 望之儼然 卽之也溫 聽其言也厲 <論語 子張>

72) 言者 行之表 行者 言之實 <論語 集注>

73) 言顧行 行顧言 <中庸>

"무릇 말은 정성스럽고 참되게 하고 ..... 말을 입 밖에 낼 때에는
그 실행 여부를 살펴보라."74)
"들음이 있고 그것을 실행하지 못하였으면, 오직 새로이 말을
들을까 두려워하였다."75)

아무리 좋은 말과 훌륭한 생각을 가지고 있다 하더라도 그것을 실행에
옮기지 않으면 아무 소용이 없게 된다. 마찬가지로 남에게 좋은 말을
들었다 하더라도 그 뜻을 되새겨 보며 실행에 옮겨야 빛이 나는 것이다.

"군자는 말만 듣고 그 사람을 천거하지 않고 사람만 보고 그의
말을 버리지 않는다."76)

반드시 그 말과 행동이 일치하는가를 보아 사람을 천거하고 아무리
그 사람이 좋지 않다 하더라도 그가 한 말 가운데 귀 기울일 만한 것이
있으면 그것까지 버릴 필요가 없다는 것이다.
사람의 인격을 판단하는 데는 사람의 행동이 언어나 표현과 일치하는
가를 살펴야 한다.

"언론이 독실한 것을 좇기만 한다면 군자다운 사람이겠는가? 외
모로만 장엄한 사람인가?"77)

언론이라 함은 말이나 글로 자기의 생각을 발표하는 것을 말한다. 만약

---

74) 凡語 必忠信 ...... 出言 必顧行 <明心寶鑑>
75) 有聞 未知能行 唯恐有聞 <論語 公冶長>
76) 君子不以言擧人 不以人廢言 <論語 衛靈公>
77) 論篤是與 君子者乎 色莊者乎 <論語 先進>

이 언론만 두드러지게 나타내려고 하는 데에만 좇아서는 안 된다. 비록 말과 태도가 의젓하게 생각될지 몰라도 그것만으로 군자인지 위선자인지 잘 분간하기 힘들다 하겠다.

> "전에는 내가 사람을 볼 때 그 말만 듣고 그 사람의 행실을 믿었지만, 이제 나는 사람을 볼 때 그 말을 듣고 그 사람의 행실까지 살피게 되었다."[78]

사람을 판단하는 데는 그 사람의 말만 믿어서는 안 된다. 반드시 그 사람의 행실을 잘 살펴보아야 한다. 그리고 그가 정말 말과 행동을 함께 하고 있는가를 알아야 한다.

> "입으로는 잘 말할 수 있고 몸소 그것을 실행하는 사람은 '나라의 보배'이다. 입으로는 잘 말하지 못하지만 몸소 그것을 실행하는 사람은 '나라의 그릇'이다. 입으로는 잘 말할 수 있으나 몸소 그것을 실행하지 못하는 사람은 '나라의 쓰임'이다. 입으로는 선한 것을 말하고 자신은 악한 짓을 행하는 자는 '나라의 요물'이다. 나라를 다스리는 사람은 그 보배를 공경하고 그 그릇을 아끼며 그 쓰임을 등용하고 그 요물을 제거해 버려야 한다."[79]

이는 사람의 재능을 그의 말과 실천력으로 분류한 것이다. 그리고 실천력이 있는 사람, 말을 잘 하는 사람, 말도 잘 하고 실천도 잘 하는 사람은 적절히 나라에서 우대하고 등용해야 한다고 하였다. 말도 못하고 실천도

---

78) 始吾於人也 聽其言而信其行 今吾於人也 聽其言而觀其行 <論語 公冶長>

79) 口能言之 身能行之 國寶也 口不能言 身能行之 國器也 口能言之 身不能行 國用也 口言善 身行惡 國妖也 治國者 敬其寶 愛其器 任其用 除其妖 <荀子>

못하는 사람은 부리면 되지만, 가장 나쁜 것은 말로는 착한 체하고 행동
은 악한 짓을 하는 자이니 없애버려야 한다는 것이다.

　<한비자>에서는 윗사람이 아랫사람들의 말이 행동과 합치되는가를
살펴, 그의 말과 행동이 어긋나면 용서 없이 벌을 내려야 한다. 설사 그의
말보다 더 크고 훌륭한 일을 하였다 하더라도 그것은 말과 행동이 부합되
지 않는 것이므로 처벌해야 한다고 하기까지 했다.

2.7.2. 말보다 실천을 우선한다.

선인들은 말을 앞세울 것이 아니라 그 일을 먼저 실천하기를 강조하였다.

　　　"말에 앞서 실천할 것이요, 그 다음에 말로 할 것이다."[80]

이 구절은 먼저 실행하고 그 말은 뒤에 따라야 한다는 것을 강조한
것이다.

　　　"옛사람이 말을 함부로 하지 않은 것은 자기 스스로의 행동이 그
　　　말을 따르지 못할까 부끄러워했기 때문이다."[81]

말은 실천을 전제로 해야 한다. 말만 해 놓고 행동이 따르지 않는다면
빈말이 된다. 거짓말이다. 그렇기 때문에 지각 있는 사람은 말을 함부로
하지 않는다. 실천하지 못할 경우를 두려워하는 것이다. 바람직한 사람이
란 말을 앞세우지 않고 항상 언어와 행동이 일치하는 사람일 것이다.

---

80) 先行其言 而後從之 <論語 爲政>

81) 古者言之不出 恥躬之不逮也 <論語 里仁>

그렇기 때문에 말이란 조심해서 하지 않으면 안 되고, 또 말을 하기 전에는 모든 것을 잘 고려해 보아야 한다. 그만큼 옛 君子들의 말은 무게가 있었고 따라서 신빙성이 있었던 것이다.

행동이 따르지 못하는 말을 입 밖으로 내서는 안 된다.

"큰소리만 치고 부끄러워하지 않으면 그것을 실행하는 것이 어렵다."[82]

큰소리를 쳐 놓고, 그 말에 실천이 따르지 못해도 부끄러워할 줄 모르는 사람은 자기 말에 대한 실천이 따르기 어렵다는 뜻이다. 그러므로 말은 꼭 실천 가능할 때 하는 것이라고 강조하였다.

"군자는 자신의 말이 행함보다 지나치는 것을 부끄럽게 여긴다." [83]

이는 군자는 말로 충분히 표현하기를 부끄러이 여기고, 그 행동을 여유 있게 하려 한다는 뜻으로 말보다는 행동에 더욱 치중한다는 뜻이다.

2.7.3. 말은 삼가고 실천은 민첩하게 한다.

말보다 실천을 먼저 하려면 그 구체적인 방법으로 다음과 같은 것을 제시하고 있다.

"군자는 말은 더듬거리듯 신중하게 하지만 행동은 민첩하게 하고자 한다."[84]

---

82) 其言之不怍 則爲之也難 <論語 憲問>
83) 君子恥其言而過其行 <論語 憲問>

군자는 말에서 뜨고 행동에서는 민첩하여야 한다는 것이다. 이는 군자는 어떤 일을 하는 데 말이 무겁고 행동이 민첩하고 빈틈이 없다고 말한 것이다.

"모든 일에 민첩하며 또 말을 삼가야 한다."[85]

한편 맹자는 실천을 귀하게 여겼기 때문에 그 실천에 의해 빚어지는 소문을 값지게 생각하였다.

"어진 말은 어진 소문이 사람에게 스며들어가기를 깊이 하는 것보다 못하다."[86]

어진 말보다 어진 행동으로 빚어진 소문이 사람들에게 더 깊은 감명을 준다는 것이다.

"어진 사람은 그 말을 참는다."[87]

말이란 실천하기 어려운 것이므로 군자는 언동을 신중히 하였다.

2.7.4. 실천을 잘 하려면 말하기 전에 철저히 준비를 한다.

"말이 미리 정해져 있으면 실천되지 못할 리 없다."[88]

---

84) 君子欲訥於言 而敏於行 <論語 里仁>
85) 敏於事而愼於言 <論語 學而>
86) 仁言不如仁聲之入人深也 <孟子>
87) 仁者 其言也訒 <論語 顏淵>
88) 言前定則不跆 <中庸>

2.8. 선(善)한 말하기

칭찬, 충고, 질책, 간언(諫言) 등과 같이 사람을 이롭게 하는 말은 선(善)한 말이다. 그러나 비방, 비난, 폭로, 중상, 음해, 악담, 험담 등과 같이 사람을 해치는 말은 불선(不善)한 말이다.

> "사람을 이롭게 하는 말은 솜같이 따뜻하고 사람을 상하게 하는
> 말은 가시와 같다. 한 마디의 말이 무겁기는 천금과 같고, 한 마디의
> 말이 사람을 중상함은 칼로 베는 것과 같이 아프다."[89]

오늘날과 같이 나와 너의 관계가 소원하고 반목질시와 갈등 등으로 얽히고 섥켜 물고 뜯고 할퀴고 때리고 치고받는 현실 사회에서 이 말은 무게를 가진다. 사람을 이롭게 하는 말은 그야말로 일언반구가 천금보다 값진 것이다. 한 마디의 말로 병자를, 약한 이를, 가난한 자를, 고독한 이를, 슬픔에 잠긴 이를, 괴로움에 몸부림치는 이를 위로하고 격려한다면 따뜻하고 훈훈할 것이다. 마치 엄동설한 극심한 추위에 떨던 이가 두둑한 솜바지 저고리에 언 몸을 녹이는 것과도 같을 것이다. 그러나 가시같이 따갑고 칼로 베는 것같이 남을 아프게 하고 다치게 하는 사람을 상하는 말은 나를 내세우기 위해 남을 해치는 말은 삼가야 하겠다.

2.8.1. 선한 말의 효용

① 선한 말은 즐거움을 준다.

> "유익한 즐거움 세 가지 가운데 하나는 사람의 착한 점을 말하기

---

89) 利人之言 煖和綿絮 傷人之語 利如荊棘 一言半句 重値千金 一語傷人 痛如刀割 <明心
　　寶鑑>

를 즐기는 것이다."[90]

② 선한 말은 구체적이고 실천 가능하며 거시적이다.

"말의 내용은 비근하면서도 그 지향하는 바는 원대한 것이 선한 말이요, 지키는 것이 간약(簡約)한 데 그것을 시행하면 혜택이 널리 미치는 것은 좋은 방법이니, 군자의 말은 허리띠 아래로 내려가지 않을 정도로 비근한 데서 구체적으로 펼쳐지지만, 그 속에 원리원칙이 다 포함되어 있다."[91]

이는 선한 말의 이념적 지향점을 논한 것이다.

2.8.2. 칭찬할 때의 유의점

선인들은 선한 말을 할 때 다음과 같은 점을 유의하여야 한다고 하였다.

① 상대와 친해지기 전에 미리 칭찬하지 않는다.

"착한 사람과 빨리 친할 수 없거든 마땅히 미리 칭찬하지 말라. 간사한 사람의 참소(讒訴)가 올까 두렵다."[92]

착한 사람을 만났다 해도 아직 그 사람과 친해지기 전이라면 그의 칭찬을 남들 앞에서 하지 말아야 한다. 혹시 간사한 사람이 모함하여 두 사람 사이를 갈라놓을지 모르기 때문이다.

---

90) 益者三樂 樂道人善 ＜論語 季氏＞
91) 言近而指遠者 善言也 守約而施博者 善道也 君子之言也 不下帶 而道存焉 ＜孟子＞
92) 善人未能急親 不宜預揚 恐來讒譖之奸 ＜菜根譚＞

② 지나치게 칭찬하지 않는다.

"사람을 선(善)으로써 가르치되 너무 지나치지 말라. 마땅히 그로
하여금 능히 따를 수 있도록 해야 한다."[93]

③ 남의 헛된 칭찬에 만족하지 않는다.

"뜻을 굽혀 남을 기쁘게 함은 몸을 곧게 가져 남에게 미움을 받음
만 못하고, 착한 일을 한 것 없이 남들에게서 칭찬을 받음은 나쁜
일을 하지 않고 남들에게서 헐뜯음을 받음만 못하니라."[94]

남의 환심을 사려고 자신의 지조를 굽히는 것은 군자의 취할 태도가
아니다. 그러니, 오직 나를 곧게 지켜 남의 미움을 받는 것만 못하며,
선행을 한 것이 없음에도 남의 칭찬을 받는 것보다 차라리 아무런 악한
짓을 하지 않고 남에게 미움을 받는 것이 낫다.

2.8.3. 충고를 할 때의 유의점

남에게 충고를 해 주는 일은 일종의 공덕이다.

"선비와 군자로서 가난하여 물질로써 남을 구제하지 못하더라도
어리석은 사람이 곤란할 때 한 마디 말로써 그를 깨우쳐 주고, 위급
한 사람을 만났을 때 한 마디 말로써 그를 풀어 구해준다면 이 또한
끝없는 공덕인 것이다."[95]

---

93) 敎人以善毋過高 當使其可從 <菜根譚>
94) 曲意而使人者喜 不若直躬而使人忌 無善而致人者譽 不若無惡而致人毁 <菜根譚>
95) 士君子 貧不能濟物者 遇人痴迷處 出一提醒之 遇人急難處 出一言解救之 亦是無量功德

① 상대방이 충고를 잘 받아들이지 않으면 즉시 삼간다.

"충고해서 잘 인도해 주지만, 잘 안 되면 그만두어 스스로 욕을
보지는 말아야 한다."96)

친구라는 것은 서로 착한 일로 돕는 사이다. 그렇기 때문에 항상 좋은
말로 잘못된 점을 충고해 주고 성심으로 이끌어 주어야 한다. 상대방이
순순히 들어주면 그것은 진실한 친구지만, 그렇지 않고 듣지 않는다면
그것은 이미 친구의 의리가 없어진 것이다. 이쪽의 충고를 도리어 잔소리
로 알고 귀찮게 여기기 시작한다면 즉각 사귐을 끊는 것이 더 낫다. 추근
추근 길게 관계를 맺었다가 언젠가는 욕을 당하게 될 것이다.

부모나 형제간은 핏줄로 이어져 있어 그들의 잘못에 대해서는 내가
무한책임이 있기 때문에 끝까지 간언(諫言)을 드리고 충고를 해서 고쳐
주어야 하지만, 친구 사이는 그렇지 않다. 의리로 맺어져 있으므로 한두
번 충고를 했다가 듣지 않으면 즉각 끊어 버려야 한다. 그런 사람과 길게
사귀면 어떤 형태로든 욕이 돌아오게 될 것이다.

② 지나치게 잦은 충고는 삼간다.

"친구에게 지나치게 자주 충고하면 사이가 벌어진다."97)

남을 도와준다는 것은 물질적인 것만이 진정한 도움이 아니다. 다른
사람보다 많이 깨우치고 있는 선비로서 어리석은 사람이 곤란에 처해

<菜根譚>
96) 忠告而善導之 不可則止 無自辱焉 <論語 顔淵>
97) 朋友數 斯疏矣 <論語 里仁>

있을 때에 지혜로써 충고하여 그 사람을 어려움에서 구해준다면 이 또한 공덕이 되는 것이다.

2.8.4. 간언할 때의 유의점

간(諫)한다는 것은 바른 말로 증언하여 그릇된 언행을 바르게 하려는 것이다. 아랫사람이 윗사람에게 하는 직언·건의·충언 등을 간언이라 할 수 있다. 선인들은 웃사람에게 간하는 것에 관하여 대단한 관심을 가지고 있었다.

① 신임을 받은 뒤에 간한다.

"신임도 받기도 전에 간한다면 자기를 비방한다고 여긴다."[98]

평소에 신임을 얻은 후에 잘못을 간하면 충성에서 하는 간이라고 인정을 받겠으나, 그렇지 못하고 신임을 받기도 전에 간하기만 한다면 윗사람은 도리어 자기를 비방하는 것이라 생각하게 될 것이다.

② 사실을 사실대로 간한다.

"속이지 말고 직언으로 간하라."[99]

임금을 기만해서는 안 된다 함은 누구나 다 아는 말이다. 이렇게 평범한 말일수록 그 속에는 진리가 들어 있는 것이다. 그러나 그 진리는 말이

---

98) 信而後諫　未信則以爲謗己也　＜論語　子張＞
99) 勿欺也　而犯之　＜論語　憲問＞

나 글자의 뜻에 있는 것이 아니라 생활을 통해서 실천하는데 있는 것이다. 이 말은 간단한 것 같으면서도 보통 사람으로서는 실천하기가 어려운 것이다. 임금의 잘못을 지적한다면 임금이 좋아할 리가 없다. 도리어 그로 말미암아 미움을 받기가 쉬운 것이다. 그러므로 간혹 임금이 하는 일에 그릇됨이 있다는 것을 알지만 임금의 비위를 건드리는 것이 두려워서 말을 하지 못하는 예가 많다.

> "도끼를 맞이하고서도 바르게 간하며 가마에 삶기에 미쳐서도 할 말을 다 한다면 이가 바로 충신인 것이다."[100]

군왕의 뜻에 곡종(曲從)하는 것이 충신이 아니다. 임금의 비리를 바로잡기 위해서라면 설령 서슬이 푸른 도끼가 내려지더라도 간할 것은 간하고, 설령 끓는 가마에 삶기에 미쳐서도 할 말을 다 하는, 이런 이가 진실로 충신인 것이다. 도끼며 가마며 모두 극형의 형구(刑具)이다. 죽음을 무릅쓰고라도 바른 대로 간하는 것이 진정한 충신이란 말이다.

상부에 아첨이나 하고 비위를 맞추는 것은 나라를 망치는 일이다. 선비는 학문을 한 자로서 뚜렷한 주견이 있어야 하는 것이니, 이것을 가지고도 상관의 잘못을 간하지 않는다면 비겁한 짓이다. 이에 못지않게 상관된 자는 또한 부하의 바른 간언을 잘 판단해서 받아들일 줄 알아야 할 것이다.

③ 정당한 소신을 피력한다.

> "관직에 있는 사람이 그 직무를 소신껏 수행할 수 없으면, 그 자리를 그만 두어야 하고 언관(言官)으로서 그 말이 받아들여지지 않으

---

100) 迎斧鉞而正諫 據鼎鑊而盡言 此謂忠臣也 <明心寶鑑>

면 또한 그 자리를 그만 두어야 한다."[101)]

말하자면 정당한 소신이 받아들여지지 않을 때에는 깨끗이 그 자리를 떠나야 한다는 군자로서의 개결성(介潔性)을 강조하였다.

> "윗자리에 있어도 교만하지 아니하며 아랫사람에 있을 경우 윗사람을 배반하지 않는다. 덕이 있는 사람은 나라에 정도(正道)가 행해지면 위정자의 자리에 등용되어 그의 말이 넉넉히 받아들여 채택되고, 나라에 도가 없어 어지러운 때에는 침묵을 지키고 들어앉아 덕을 닦기에 힘쓰고 있어도 그에게 해를 끼치지 못하는 법이다. 시경에 밝고 지혜로워 능히 몸을 보전한다고 한 말은 바로 이런 것을 두고 이른 말이다."[102)]

이는 자칫 자기중심적인 행위를 취하라는 듯이 느껴지는 점이 없지도 않으나, 원래의 취지는 사세를 밝게 판단하여 언행을 삼가라는 뜻이라 보겠다.

④ 자주 간하지 않는다.

> "임금을 섬기는데 자주 간하면 욕을 본다."[103)]

아무리 좋은 이야기라도 상대방이 잘 받아들여야 효과를 기할 수 있는 것이다. 상대방이 역겹게 느낄 정도로 자주 간언이나 충고를 하면 소기의

---

101) 有官守者　不得其職則去　有言責者　不得其言則去　<孟子>

102) 居上不驕　爲下不倍　國有道　其言　足以興　國無道　其默　足以容　詩曰　旣明且哲　以保其身
　　　其此之謂興　<中庸>

103) 事君數　斯辱矣　<論語　里仁>

목적을 달성하기 어렵고 도리어 부작용이 날 우려가 있다. 임금을 섬길 제 충간(忠諫)을 해서 듣지 않으면 벼슬을 그만두고 떠나 버리면 그만이다. 그렇지 않고 벼슬을 붙잡고 있으면서 자꾸 간언을 하게 되면 말도 가벼워지고 듣는 사람도 싫증을 내게 되어 언젠가는 욕을 보게 될 것이다.

현대사회에서도 국가기관, 공공단체, 사기업 모두 마찬가지다. 윗사람이 옳은 도리를 듣지 않으면 다른 자리로 옮기거나 관계를 끊어 버리면 그만이다. 그대로 충고를 계속하면서 그 자리에 있다가는 도리어 인간관계가 악화되거나 화를 입게 될 것이다. 적당한 선에서 자제해야 한다. 친구를 사귀는 도리도 이와 같다.

⑤ 이미 끝난 일은 간하지 않는다.

"이미 이루어진 일은 말하는 것이 아니고, 끝을 맺은 일이라면 윗사람이나 남에게 간하는 것이 아니며, 이미 지나간 일은 그 허물을 탓하지 않는다."[104]

⑥ 부모나 형제의 잘못을 간할 경우에는 은근히 한다.

"부모를 섬기고 살면서 부모의 허물을 보더라도 직접적으로 말하지 말고 은근히 간하여야 한다."[105]

사람에게는 과실이 따르기 마련이다. 부모도 사람인만큼 과실을 범하지 않는다고 단언할 수 없다. 그러나 이러한 과실을 아랫사람이나 자식들이 발견했다 하여도 그것을 빙자해서 부모를 난처하게 만들어서는 안

---

104) 成事不說 遂事不諫 旣往不咎 <論語 八佾>
105) 事父母幾諫 <論語 里仁>

된다. 다만 부모의 마음이 상하지 않도록 부드러운 말로 은근히 이해시켜야 한다.

이런 자세는 비단 부모를 섬기는 데에만 필요한 말이 아니다. 현대 사회를 살아가는 우리들의 대인관계에도 적용된다고 보겠다. 나와 어떤 관계가 있는 상대방에게서 결점을 발견했다 하더라도 상대방을 무조건 탓하거나 나무랄 것이 아니라, 은근히 가르쳐 주고 일깨워주는 것이 좋을 것이다. 그렇게 되면 서로가 가르치고 배우는 것이 될 것이다.

2.8.5. 충고를 받을 때의 유의점

① 충고를 달게 받는다.

> "나를 착하다 추어주는 이는 나에게 해로운 사람이요, 나를 나쁘다 깨우쳐 주는 이는 나에게 스승이다."[106]

이 말은 참다운 충고의 의미를 말해 준다. 나의 좋은 점을 말하여 주는 사람은 고마운 것 같지만 사실은 나를 해치는 이다. 나의 나쁜 점을 지적해 주는 이는 나를 가르치는 스승이나 다름없다. 우리는 아첨하는 이를 가까이 하기 쉽고 충고하는 이를 멀리 하기 쉽다. 아첨의 말은 듣기 좋고 충고의 말은 귀에 거슬린다. 이것이 인간성의 약점이다. 우리는 이 약점의 노예가 되어서는 안 된다.

보통 사람들은 자기를 칭찬하면 즐거워하고 비판하면 싫어한다. 그러나 남이 자기의 잘못을 알려 주면 그것을 고칠 생각을 해야 하며, 그것을 고침으로써 올바른 사람이 되어야 한다. 참으로 거울삼을 만한 말이다.

---

106) 道吾善者 是吾賊 道吾惡者 是吾師 <明心寶鑑>

요즈음 세상에서는 자기를 추어주고 아첨하는 이를 더 좋아하고 잘못을
말하는 이를 미워하기 때문이다. 자기를 바르게 하는 길은, 진실하지 못
한 남의 말에 자기의 언행이 좌우되어서는 안 된다는 것이다.

　좋은 충고는 천금보다도 낫다고 하였다.

　　　"황금 천 냥이 소중할 것이 없고 사람에게서 좋은 말 한 마디
　　들음이 천금보다 낫다."107)

　충고의 말은 귀에 거슬리기 쉬우나 자신의 행실을 바르게 하는 데는
이롭다는 것이다.

　귀에 거슬리는 충고는 덕행을 닦는 데 도움이 된다고 하였다.

　　　"듣는 것은 항상 귀에 거슬리는 말을 듣고 마음속에는 항상 마음
　　에 어긋나는 일을 간직하면 이는 덕과 행실을 닦는 숫돌이 된다.
　　그러나 만일 날마다 기쁘게 해주고 일마다 마음을 기쁘게 해준다면
　　이는 자신의 몸을 짐새의 독에 묻는 것이다."108)

　주위 사람들이 귀에 거슬리는 충고를 해주고 일이 뜻대로 되지 않아
항상 마음을 쓴다면 그의 언행은 마치 칼을 숫돌에 가는 것과 같이 단련
된다. 그러나 주위의 아첨하는 말만 듣고 하는 일마다 만족스럽다면 아무
런 진보도 이루지 못하고 파멸의 구렁텅이에 빠지게 된다.

　② 충고의 참뜻를 파악하여 자신의 허물을 고친다.

---

107) 黃金千兩未爲貴 得人一語勝千金 ＜明心寶鑑＞

108) 耳中常聞逆耳之言 心中常有拂心之事 纔是進德修行的砥石 若言言悅耳事事決心 便把此
　　生 埋在鴆毒中矣 ＜菜根譚＞

충고의 참뜻을 바르게 이해하고, 그 말에 따라 자기의 허물을 고쳐야
한다고 하였다.

> "바르게 이야기하여 깨우치게 하는 법어(法語)의 말씀을 따르되
> 그 말씀에 따라 잘못을 고칠 줄 아는 것이 중요하다. 부드럽게 타이
> 르는 말을 좋아하되 그 말의 참뜻을 찾는 것이 중요하다. 기뻐하여
> 도 참뜻을 찾아내지 못하고 따르면서도 자기의 잘못을 고치지 않는
> 다면 무슨 소용이 있겠는가"109)

③ 충고를 받거나 좋은 말을 들었을 때는 감사할 줄 알아야 한다.
자신의 잘못을 알려주는 사람에게 고마움을 표시해야 한다고 하였다.

> "자로(子路)는 다른 사람이 자기 잘못을 알려 주면 기뻐했고, 우
> (禹)는 선한 말을 들으면 절을 했다."110)

2.8.6. 질책을 할 때의 유의점

① 남을 질책할 자격이 있는가를 생각해 본다.

> "다른 사람을 헤아리려거든 먼저 스스로를 헤아려 보라. 남을 해
> 치는 말은 도리어 스스로를 해침이니 피를 머금어 남에게 뿜자면
> 먼저 제 입이 더러워지는 법이다."111)

---

109) 法語之言 能無從乎 改之爲貴 巽與之言 能無說乎 繹之爲貴 說而不繹 從而不改 吾未如
   之何也已矣 <論語 子罕>
110) 子路人告之以有過則喜 禹聞善言則拜 <孟子>
111) 欲量他人 先須自量 傷人之語 還是自傷 含血噴人 先汚其口 <明心寶鑑>

어느 경우에 처하여 다른 사람 마음의 호오(好惡)를 헤아리려거든, 먼저 저 자신을 그 사람의 입장에 놓아두고 생각해 보라. 남을 헐뜯어 해치는 말은 도리어 저 자신을 해치는 것이니 가령 피를 머금어 남에게 뿜으려고 들면 남을 더럽히기 이전에 먼저 제 입부터가 더럽혀지는 법이 아닌가.

"어리석고 흐린 이가 남을 꾸짖어대고 성내는 것은 모두 사리에 통하지 못한 까닭이다. 마음 위에 불길을 붙이지 말고 단지 귓전을 스치는 바람결로 여겨라. 잘하고 잘못함은 집집마다 있는 법이요 덥고 서늘함은 곳곳이 일반이다. 옳으니 그르니 하는 것이란 본래 실상이 없어 결국에는 다 부질없는 것이 되고 만다."112)

남을 꾸짖는 마음으로 자신을 꾸짖는다. 사람은 누구나 남을 꾸짖기는 잘 하나 자신을 책망하기는 쉽지 않다. 남을 꾸짖는 마음으로 자기를 꾸짖고, 자기를 용서하는 마음으로 남을 용서하면 성현에 경지까지 이를 수 있다고 하였다.

"비록 지극히 어리석은 사람도 남을 책망하기에는 밝고, 비록 지혜를 지닌 이도 자기에 대한 용서에는 어두워지는구나. 너희들은 모름지기 남을 책망하는 마음으로 자기를 책망하고, 자기를 용서하는 마음으로 남을 용서하라. 그렇게만 한다면 성현의 경지에 이르지 못함을 걱정할 것 없을 것이다."113)

남을 꾸짖기는 가볍게 하고 자신을 꾸짖기는 엄하게 한다. 상대방을

---

112) 愚濁生嗔怒 皆困理不通 休添心上火 只作耳邊風 長短家家有 炎凉處處同 是非無相實 究竟摠成空 <明心寶鑑>

113) 人雖至愚 責人則明 雖有聰明 恕己則昏 爾曹 但當以責人之心 責己 恕己之心 恕人則不患不到聖賢地位也 <明心寶鑑>

꾸짖음은 가볍게 하되, 자신을 꾸짖기는 엄하게 하라고 하였다. 상대방을 지나치게 꾸짖으면 원한을 사기 쉽다는 것이다. 대개의 사람은 자기 자신에게는 너그러이 하고 남에게는 엄격하게 한다. 그러나 이것은 남에게 저항감을 일으키게 하는 근본이 된다. 스스로 모범이 되는 처신이 아니다. 어디까지나 자기 자신에게 엄격하고 남에게 너그러워야 한다. 그렇게 하면 많은 사람의 모범으로 존경을 받게 될 것이다.

　　　"자신을 꾸짖기는 엄하게 하고, 남의 잘못을 가볍게 책망하면 남
　　의 원망하는 소리를 멀리 할 수 있다."114)

사람을 사귈 때 자기 허물을 모르고 남의 허물만을 말하다가는 실패한다.

　　　"남을 책망하기만 하는 이는 사귐을 온전히 하지 못하고, 스스로
　　를 용서하기만 하는 이는 허물을 고치지 못한다."115)

② 남의 단점·결점·약점·비밀·과오 등만을 말하지 않는다.
　사람은 남의 잘못을 보고 말하고 듣기 좋아한다. 이것이 인간성의 결점이다. 이 결점을 이기는 이는 덕이 있는 사람이라고 할 수 있다. 남의 허물을 보고 듣고 말하기를 좋아해서는 안 된다는 것이다.

　　　"귀로는 남의 그릇됨을 듣지 아니하고 눈으로는 남의 단점을 보지
　　아니하고 입으로는 남의 허물을 말하지 않아야 거의 군자이리라."
　　116)

---

114) 躬自厚而薄責於人則遠怨矣　<論語 衛靈公>
115) 責人者不全交　自恕者不改過　<明心寶鑑>
116) 耳不聞人之非　目不視人之短　口不言人之過　庶幾君子　<明心寶鑑>

"눈을 경계하여 다른 사람의 그릇됨을 보지 말고, 입은 경계하여 다른 사람의 결점을 말하지 말라."[117]

"남의 조그만 허물을 책하지 말고, 남의 비밀을 들추어내지 말며, 남의 지난 날 잘못을 새겨 두지 말라. 이 세 가지는 능히 덕을 기르고 또한 가히 해를 멀리 해 줄 것이다."[118]

"남의 단점을 힘써 덮어 주라. 만약에 그것을 들추어 남들에게 알린다면, 이는 단점으로써 단점을 공격하는 것이다. 사람이 완고함이 있을 때는 잘 타일러 깨우쳐 주어야 한다. 만일 그것을 성내고 미워한다면, 이는 완고함으로 완고함을 구제하려는 것이다."[119]

결코 사람은 신일 수 없으니, 누구에게나 단점은 있기 마련이다. 그러므로 단점을 감싸줄 수 있는 아량이 있어야 한다. 만일 남의 단점을 들추어내어 세상에 알린다면, 자신의 단점을 가지고 남의 단점을 공격함과 같은 것이다. 또 완고하여 세상 물정에 어두운 사람이 있다면 좋은 말로 그를 깨우쳐 주어야지, 화를 내며 그 완고함을 미워한다면 이는 완고함으로 완고함을 물리치려는 것과 같다. 자신에게는 더 큰 허물이 있음에도 불구하고 남의 조그만 허물을 비난하고, 또 자신은 애써 숨기려 하는 비밀이 있음에도 불구하고 다른 사람의 사소한 비밀까지도 들추어내기 좋아하는 사람은 남에게서 존경받을 수 없다. 또 다른 사람의 좋은 점이 있어 사귐에도 불구하고 그 사람의 옛 잘못을 끄집어내어 비아냥거린다면 그 사귐이 오래 갈 수 없다. 이 세 가지를 멀리하면 스스로 덕을 심을 수 있으며 소인배들로부터의 해를 멀리 할 수 있을 것이다.

---

117) 戒眼莫看他非 戒口莫談他短 <明心寶鑑>

118) 不責人小過 不發人陰私 不念人舊惡 三者可以養德 亦可以遠害 <菜根譚>

119) 人之短處 要曲爲彌縫 如暴而揚之 是以短攻短 人有頑的 要善爲化誨 如忿而疾之 是以頑濟頑 <菜根譚>

③ 먼저 나서서 질책하지 않는다.

> "악한 사람을 쉽게 물리칠 수 없거든 마땅히 먼저 말하지 말라.
> 뜻밖의 재앙을 부를까 두렵다."[120]

악한 사람이라도 멀리 할 수 없다면 미리 남들에게 그 허물을 발설해서
는 아니 된다. 자신이 물러나야 될 것을 알게 된 악인은 중상모략하여
어떤 죄를 뒤집어씌워 올지 두려운 것이다.

> "스스로 찾아와서 시비(是非)를 이야기하는 이는 곧 시비를 하는
> 사람이다."[121]

옳거니 그르거니 말썽을 일으키는 사람이 따로 있지 않다. 내게 스스로
찾아와서 누가 옳다거니 누가 그르다거니 말하는 사람 이러한 사람이
곧 말썽을 일으키는 사람이다. 그러므로 자진해서 남의 시비를 왈가왈부
하지 말고, 또 나에게 자진해서 다른 사람의 시비를 알려주는 사람도
경계해야 할 것이다.

④ 잘못된 결과에 대하여만 꾸짖지 않는다. 과정을 파악한다.

> "남을 꾸짖을 때 허물 있는 가운데서 허물이 없음을 찾으면, 곧
> 감정이 평온할 것이요, 자기를 책할 때에는 허물이 없는 속에서 허
> 물이 있음을 찾으면 곧 덕이 자라나느니라."[122]

---

120) 惡人未能輕去 不宜先發 恐招媒孼之禍 <菜根譚>
121) 來說是非者 便是是非人 <明心寶鑑>
122) 責人者 原無過於有過之中 則情平 責己者 求有過於無過之內 則德進 <菜根譚>

사람이 모든 일에 완벽할 수는 없다. 그러므로 어찌 보면 실수란 당연한 것일지도 모른다. 그렇다면 남의 잘못을 다스림에 있어서 엄할 수 있겠는가. 오히려 그 사람의 잘못된 일 중에서 잘한 것을 찾아내고 관대하게 대해 준다면 필시 그 사람도 자신의 잘못을 스스로 깨닫게 될 것이다. 또한 자신의 잘못을 반성할 때에는 엄하게 한다면 덕이 커지는 것이다.

⑤ 남의 잘못을 다른 사람에게 전달하지 않는다.

"남의 허물을 듣거든 마치 부모의 이름을 듣는 것과 같이 하여
귀로는 들을지언정 입으로 말하지는 말라."[123]

⑥ 상대방이 감당할 수 있는 능력이 있는가를 생각하며 꾸짖는다.
사람의 나쁜 점을 지적하고 꾸짖을 때, 너무 엄하다면 오히려 반감을 사기 쉽다. 그러므로 그 사람이 들어서 자신의 잘못을 뉘우치고 행실을 고칠 수 있기를 고려해야 한다. 또 사람에게 좋은 일을 가르칠 때도 지나치게 강요하지 말고 그 사람이 배워서 이해하고 행할 수 있는 정도에 맞추어야만 한다. 꾸짖을 때나 가르칠 때 지나침은 약이 되지 못하고 오히려 해가 되는 것이다.

"남의 잘못을 꾸짖음은 너무 엄하게 하지 말라. 그가 받아서 견딜
만한가를 생각해야 한다."[124]

⑦ 가정에서의 질책은 적절하고 간접적으로 한다.

---

123) 聞人之過失 如聞父母之名 耳可得聞 口不可言也 <明心寶鑑>
124) 攻人之惡毋太嚴 要思其堪受 <菜根譚>

집안 사람이 어떤 잘못된 일을 저질렀다면 크게 성을 내어 야단친다거나 하지 말라고 하였다. 또한 직접 그 일을 나무라기가 어렵거든 다른 일을 비유로 들어 넌지시 그 잘못을 깨우치게 하라고 하였다. 그래도 잘못을 깨닫지 못하였다면 다급하게 굴지 말고 다음에 다시 기회를 만들어 주어야 한다고 하였다. 이와 같은 방법으로 잘못을 꾸짖는 것은 따뜻한 봄바람이 얼어붙은 세상을 녹이듯이 천천히 그리고 스스로 깨닫도록 해야 하는 것이라고 하였다.

"집안 사람이 잘못을 저지르면 사납게 성내지도 말아야 하고, 가볍게 버려두어서도 아니 된다. 이 일을 말하기가 어렵거든 딴 일을 빌려 넌지시 깨우치게 하고, 오늘 깨닫지 못하거든 내일을 기다려 다시 깨우쳐 주되, 봄바람이 언 것을 녹이는 것같이 하고, 온화한 기운이 얼음을 녹이는 듯하라. 이것이 곧 가정을 다스리는 규범인 것이다."[125]

2.8.7. 비방을 받을 때의 유의점

자신을 비난, 악담, 비방하는 말을 들을 때는 다음과 같은 점을 유의하여야 한다고 강조하였다.

① 비난에 대하여 의연하게 대처한다.

"시비가 종일토록 있더라도 듣지 않으면 저절로 없어진다."[126]

---

125) 家人有過 不宜暴怒 不宜輕棄 此事難言 借他事隱諷之 今日不悟 俟來日再警之 如春風解凍 如和氣消氷 纔是家庭的型範 <菜根譚>

126) 是非終日有 不聽自然無 <明心寶鑑>

손 하나만으로는 소리가 나지 않는 법이다. 설령, 옳거니 그르거니 종일 말썽을 부리더라도 어느 한 편이 듣지 않아 보라. 그 말썽은 저절로 사라지고 만다.

② 비방하는 소리를 두려워하지 않는다.

  "참소하고 헐뜯는 사람들은 마치 조각구름이 해를 가림과 같으니 오래지 않아 스스로 밝아지고, 아양을 떨고 아첨을 하는 사람은 마치 틈새 바람이 살갗에 숨어듦과 같으니, 그 해로움은 깨닫지 못하니라."127)

나에게 아무런 잘못이 없는데도 남들이 나를 비방하고 헐뜯는다 해서 두려워할 것이 있겠는가. 그것은 마치 한 조각의 구름이 밝은 해를 가림과 같아서 그 밝음은 곧 온 누리에 명백해지니라. 그러나 면전에서 아양 떨고 아첨하는 소인배는 극히 경계를 요하는 것이니, 그 해독은 마치 창틈에서 스며드는 찬바람 같아서 깨닫지 못하는 사이에 큰 해로움을 심어 놓는 것이다.

③ 비방하는 소리에 즉각적으로 반응하지 않는다.

  "남에게서의 비방을 듣더라도 곧 성내지 말며 남에게서의 칭찬을 듣더라도 곧 기뻐하지 말라. 다른 사람의 나쁨을 듣더라도 이에 부화뇌동하지 말라. 다른 사람의 착함을 듣거든 나아가 화응(和應)하고 또 따라 기뻐할 일이다. 시(詩)에 이렇게 말했다. '착한 사람 보기를 즐거하며, 착한 일 듣기를 즐겨하며, 착한 말 이르기를 즐겨하며,

---

127) 讒夫毁士 如寸雲蔽日 不久自明 媚子阿人 似隙風侵肌 不覺其損 <菜根譚>

착한 뜻 행하기를 즐겨하라. 남의 나쁨을 듣거든 가시덤불을 진 듯
이 하고 남의 착함을 듣거든 향초를 지니듯하라."128)

④ 공연한 비난에는 응대하지 않는다.

"악인이 선인을 꾸짖어대거든 선인은 도무지 응대하지 말 일이다.
응대하지 않으니까 마음이 맑고 조용한 데 비해 꾸짖는 이는 입이
끓어오르는구나. 이는 마치 하늘을 향해 침을 뱉으면 도로 제 몸에
떨어지는 것과 같다."129)
"내가 만약 남에게 욕설을 듣더라도 거짓 귀먹은 체하고 말대꾸를
하지 말 일이다. 비유하건대 불이 허공에서 타다가 끄지 않아도 저
절로 사라짐과 같다. 내 마음은 허공과 같으니 도무지 그의 입술과
혀만 뒤놀려질 뿐이다."130)
"귀는 마치 회오리바람이 골짜기에 소리를 던짐과 같아서, 다 지
나쳐 남겨두지 않으면 시비가 함께 사라진다."131)

골짜기에 회오리바람이 몰아치면 그 소리 매우 요란하겠지만 바람이
지나가고 나면 곧 고요해지는데, 사람의 귀도 이와 같아서 옳고 그름을
논하는 세상 사람들의 다툼과 아첨하는 말들을 모두 흘려버리면 곧 고요
해질 것이요, 밝은 달이 연못에 비추일 때는 그 달이 연못에 있는 것
같으나 말이 지나보면 아무 것도 없는 것과 마찬가지로, 사람도 세상만사
에 집착하지 않는다면 사물과 자아를 모두 잊게 되어 참된 경지에 이를

---

128) 聞人之謗 未嘗怒 聞人之譽 未嘗喜 聞人之惡 未嘗和 聞人之善 則就而和之 又從而喜之
　　 其詩曰 樂見善人 樂聞善事 樂道善言 樂行善意 聞人之惡 如負芒刺 聞人之善 如佩蘭蕙
　　 <明心寶鑑>
129) 惡人罵善人 摠不對 不對心淸閑 罵者口熱沸 正如人唾天 還從己身墜 <明心寶鑑>
130) 我若被人罵 佯聾不分說 譬如火燒空 不救自然滅 我心等虛空 摠爾翻脣舌 <明心寶鑑>
131) 耳根 似飆谷投響 過而不留 則是非俱謝 <菜根譚>

수 있을 것이다.

2.8.8. 불선(不善)한 말의 폐해

군자는 '남의 악함을 떠들어대는 것', '윗사람을 비방하는 것', '남의
비밀을 폭로하여 자신의 정직함을 가장하는 것'을 미워한다고 하였다.

> "군자도 미워하는 것이 있다. 남의 악함을 떠들어대는 것, 아랫자
> 리에 있으면서 윗사람을 비방하는 것, ... 남의 비밀을 폭로함으로
> 써 정직한 체하는 것 등이다."[132]

현대 사회에서는 "말하기 좋다 하고 남의 말을 말을 것이 남의 말 내
하면 남도 내 말하는 것이 말로써 말이 많으니 말 말음이 좋아라."하는
격언이 자주 입에 오르내리고 있다. 일찍이 셰익스피어는 "사람은 비수
를 손에 들지 않고도 가시 돋친 말 속에 그것을 숨겨 둘 수 있다."고
햄릿을 통해 갈파했다. 화살은 보이는 데까지밖에는 쏠 수 없지만 중상모
략은 멀리 떨어진 사람조차 파멸시킬 수 있다.

말은 보태어지고 떡은 떼어지는 법이다. 말은 전해갈수록 그 내용이 과장
되고 보태어지는 법이다. 정확하게 알지도 못하면서 남의 말을 하는 공직자
는 "미련한 자는 그 입으로 망하고 그 입술에 스스로 옭아매인다." [133]는
말과 같이 자신에게는 상처를 주고 조직에는 행정비용을 증가시킨다.

"씹는데 버틸 장사 없다."거나 "씹어야 산다."는 음해 행위는, 경쟁 상
대를 뿌리칠 필요나 시기심에서 비롯된다. 직장 동료들 간의 음해행위는
자신의 출세 길을 넓히려는 사악한 이기심에서 나오므로 조직의 힘을

---

132) 有惡 惡稱人之惡者 惡居下流而訕上者 ......惡訐以爲直者 <論語 陽貨>

133) <舊約聖書 箴言 18:7>

약화시키고 급기야는 붕괴시킨다. 일반적으로 음해 행위의 발설자는 암시적으로 이야기를 흘린다. 자신도 어디선가 들은 것이라고 말끝을 흘려버린다. 그러면 이 말이 몇 사람의 입을 거치면서 눈덩이처럼 불어나고 전염병처럼 악성이 되어 퍼지게 된다. 그렇게 조작된 풍문을 당사자가 접할 즈음에는 이미 해명할 시간을 놓치고 난 뒤이며, 설혹 해명이 되더라도 당사자는 치명타를 입고 난 후이다.

이러한 음해 행위의 극복은 다른 사람에 관한 악랄한 말들은 공개적으로 당사자에 의해서 확인되지 않는 한 전하고 다니는 것 자체를 부끄럽게 여기고 금기시하는 커뮤니케이션 풍토를 조성하는 데서만이 극복될 수 있다. 사돈이 땅을 사도 배가 아픈 것이 인지상정이기 때문에 인간의 음해본능이 국가의 운명이나 조직의 생산성을 해치지 않도록 안전막을 쳐 놓을 필요가 있다.

① 불선한 말을 하면 후환을 당할 수도 있다.

"남의 불선을 이야기하다 후환을 당하면 어찌할 것인가?"[134]

② 불선한 말을 잘 하는 자에게는 큰일을 맡기기 어렵다.
남을 헐뜯기 좋아하는 사람에게 큰일을 맡기지 않는다.

"헐뜯고 허튼 소리 잘 하는 자에게는 대임을 맡기지 말라."[135]

---

134) 言人之不善 當如後患何 <孟子>
135) 訾毁之人 勿與任大 <列子>

2.9. 예절에 맞게 말하기

선인들은 예절에 어긋나는 말은 듣지도 말고 하지도 말라며 언어 예절
을 강조하였다.

> "예절에 맞지 않는 말은 듣지도 말고 하지도 말라."[136]
> "말을 예에 맞게 바로 하면 억지와 야비함을 멀리 할 수 있다."[137]

2.9.1. 거친 말을 삼간다.

> "명분이 바르지 않으면 말이 순조롭지 못하며, 말이 거칠어지면
> 모든 일이 제대로 될 리 없고, 그 결과 사람들에게 마음의 여유가
> 생기지 않아 예악(禮樂)이 일어나지 못한다. 그런 까닭으로 형벌이
> 적중하지 못하는 일이 생기고, 형벌이 빗나갈 때 백성들은 손발을
> 어디에다 두어야 할지 모르게 된다."[138]

국가나 사회, 가정에서 그 구성원 사이에 말이 순조롭게 행해질 때,
화해명랑(和諧明朗)한 분위기 속에 모든 일이 무리 없이 질서정연하게
행해지는 것이다.

2.9.2. 목소리는 부드럽게 한다.

> "군자가 도를 실천하는 데 귀중히 여길 세 가지가 있다. 첫째는
> 용모는 거칠고 오만한 태도를 버리는 것이고, 둘째는 안색은 바르

---

136) 非禮勿視 非禮勿聽 非禮勿言 ＜論語 顔淵＞

137) 出辭氣 斯遠鄙倍矣 ＜論語 泰伯＞

138) 名不正則言不順 言不順則事不成 事不成則禮樂不興 禮樂不興則刑罰不中 刑罰不中則民
無所措手足 ＜論語 子路＞

게 하여 신실함에 가깝게 하며, 셋째 말소리를 냄에 야비하고 도리
에 어그러짐을 멀리 하여야 한다."139)
　"입은 다물고 소리는 조용히 낸다."140)

이는 "발은 무겁게, 손은 공손하게, 눈은 단정하게 지니며, 머리는 곧고,
기(氣)는 엄숙하며, 선 모습은 덕스럽고, 얼굴빛은 위엄 있게 지녀야 한
다."(足容重 手容恭 目容端 …… 頭容直 氣容肅 立容德 色容莊)는 이른바
'아홉 가지 몸가짐'(九容)에 속하는 것이다.

2.9.3. 예절에 맞게 응답한다.

어른들에게 응답하는 요령을 기술하고 있다.

　"아버지께서 부르시거든 즉시 대답하여 머뭇거리지 말고 음식이
　입안에 들었으면 뱉을 일이다."141)

이것은 형식적으로 취할 것이 아니다. 그러한 응답의 자세는 귀한 것으
로 생각하여야 할 것이다. 더 나아가서는 그것이 자식에게만 강요될 윤리
가 아니라, 온 가정이 그러한 응답의 자세를 지닐 수 있다면 그것이야말
로 가정의 이상이라고 하지 않을 수 없다. 우리의 상하 윤리가 좌우 윤리
를 포섭함으로써 심화되어야 하리라고 생각한다.

---

139) 君子所貴乎道者三動 容貌斯遠暴慢矣 正顔色斯近信矣 出辭氣斯遠鄙倍矣 ＜論語 泰伯＞
140) 口容止 聲容靜 ＜禮記＞
141) 父命召 唯而不諾 食在口則吐之 ＜明心寶鑑＞

2.9.4. 부자 사이의 언어 예절을 지킨다.

"아버지는 아들의 덕을 말하지 않고, 아들은 아버지의 허물을 말
하지 않는다."[142]

2.9.5. 부녀자는 말씨에 유의한다.

선인들은 부덕(婦德)을 갖춘 여성이 되려면 '말씨'에 유의해야 한다고
강조하고 있다. 여기에서의 '말씨'란 입담이 좋은 것이 아니라, 본받을
만한 사람을 가려서 말하며 예의에 어긋나는 말을 아니 하고 마땅히 말할
때에 말하고 사람들이 그 말을 싫어하지 아니하는 것을 뜻한다.

"여자에게는 기림을 받을 네 가지 덕이 있으니 그 가운데 하나가
부녀로서의 말씨다. 말씨란 반드시 口辯이 능란함을 뜻하는 것이
아니요, 말을 가려서 하되 그른 말을 하지 않으며 꼭 해야 할 때에
말을 하여 사람들이 그 말을 싫어하지 않도록 하는 것이다."[143]

또 여성의 말소리는 반드시 가늘어야 예절에 맞는다고 하였다. 여자가
큰 소리로 소란을 떠는 것처럼 흉한 것도 없다. 무릇 부녀는 그 말소리를
나직하고 가늘게 하라. 그것이 여자로서의 한 아름다움이요 또한 예절이다.

"부녀의 예절로서는 말소리가 반드시 가늘어야 한다."[144]

---

142) 父不言子之德 子不談父之過 ＜明心寶鑑＞
143) 女有四德之譽 ..... 三曰婦言...... 婦言者 不必辯口利詞..... 擇詞而說 不談非語 時然後言
　　　人不厭其言 此爲婦言也 ＜明心寶鑑＞
144) 婦人之禮 語必細 ＜明心寶鑑＞

일부 여성들은 말을 함부로 하여 사람과 사람 사이에 화(禍)와 복(福)을 자주 일으키는 경우가 있다. 그래서 말을 조심하라고 했고 상대를 골라 말을 하라고 권했다.

생각하기 전과 판단하기 전에 얼른 입에서 내뱉어 버리는 습성을 지닌 여성들의 말은 대개 남의 기분을 상하게 하는 말이거나 자기 자랑이거나 자기를 남보다 우월하게 보이기 위한 수단으로 튀어나오는 말들이다. 또 이런 말을 서슴없이 하는 사람은 비록 여성뿐 아니라 남성에게도 얼마든지 있어, 상대방을 불쾌하게 하고 자기 자신의 인격마저 저하시키고 말게 된다.

여성들은 가벼운 기분에서 말의 실수를 하여, 우정을 상하거나 혹은 평화로운 분위기를 깨트려 놓는 일이 종종 있어 이 '부언(婦言)'이 부덕(婦德)의 일부분이 되었다고 본다. 가장 쉬운 듯하면서도 가장 실행하기 어려운 덕목이다.

2.10. 덕을 바탕으로 말하기

군자는 덕을 바탕으로 언어생활을 해야 한다는 점이 여러 기록에 나타나 있다. 이런 점은 다음과 같은 말에서도 확인할 수 있다.

> "말재주가 무슨 쓸모가 있단 말인가? 남을 상대로 말로만 넘길 것 같으면 오히려 자주 남에게 미움을 산다. 그러니 그 어짊은 몰라도 말재주가 무슨 소용이 있겠는가?"[145]

---

145) 焉用佞 禦人以口給 屢憎於人 不知其仁 焉用佞 <論語 公冶長>

말로만 상대방을 설득하려는 사람보다는 말재주가 없더라도 어진 사람이 더 쓸모가 있다는 말이다. 그러나 어찌된 일인지 현대사회에서는 자신을 내세우는 말재주나 남에게 잘 보이기 위한 재치가 없다면 그 사람을 경시하는 경향이 있다.

덕(德)과 언(言)의 관계에 대하여 훌륭한 말은 자연히 남을 감동시킬 수 있는 인격의 뒷받침이 필요하다는 점을 강조하고 있다.

> "덕이 있는 이는 반드시 들을 만한 말을 하지만, 말이 들을 만하다
> 고 덕이 있는 사람은 아니다."[146]

덕이 있는 사람은 마음 속에 화순(和順)함이 가득 차 있기 때문에 저절로 그것이 말로 표현되며, 말 한 마디가 사람의 도(道)에 들어맞게 되어 향기로움이 퍼져 나가게 된다. 그러나 말 잘하는 사람은 교묘하게 꾸미거나 남의 비위를 맞추려 하기 때문에 알맹이가 없게 되어 빈 메아리가 되고 만다.

3. 맺음말

이상에서 고찰해 본 바와 같이, 군자의 언어생활은 기본적으로 '말'보다는 '사람'에 중심을 두고 있다. 이러한 까닭으로 동양사회에서의 화법은 정서적으로 서양사회의 것과는 다른 점이 있다. '불립문자(不立文字)'라는 말에서 보듯이 말은 그 자체가 허상이다. 말은 말일 따름이다. 중요한 것은 말이 아니라 '말하는 사람'이고 '말을 하는 태도'이다. 모든 말의

---

146) 有德者 必有言 有言者 必有德 <論語 憲問>)

목적은 말하는 방식에 의해서가 아니라 말하는 사람의 품성에 의하여 일차적으로 결정된다.

군자의 언어생활은 훌륭한 인격을 갖추어야 한다는 것을 대전제로 삼고 있다. 인격을 갖추지 못한 사람은 아무리 뛰어난 화법을 구사하더라도 선동가에 지나지 않으며, 선동의 효과는 결코 오래 지속되지 않는다. 인격을 갖춘 사람은 화법에 임하는 자세가 진실하다. 교언영색이나 감언이설로 상대방을 유혹하기보다는 진실로 상대방을 위하는 마음에서 그들의 행위를 인도하고 설득하려고 한다. 이러한 화법의 태도는 그 화자의 인격에 대한 상대방의 인식을 한층 더 높여주게 되며, 그만큼 설득력도 높아지게 되는 것이다. 따라서 훌륭한 화자가 되고자 하는 사람은 우선 말하는 사람의 인격부터 수양해야 한다.

참고문헌

김상대(1997), 동양 언어관의 특성, 국어교육 95. 한국국어교육연구회.

______ (1998), 언어의 진실성에 대하여, 국어교육연구 5. 한국국어교육연구회

______ (2001), 국어 문법의 대안적 접근, 국학자료원.

대양서적(1972), 순자·한비자, 세계사상대전집 5.

______(1972), 열자·관자, 세계사상대전집 21.

박경현(1999), 군자의 언어 생활에 대한 고찰, 경대 논문집 19집.

______ (2000), 리더의 화법, 삼영사.

박일봉 역저(1992), 대학·중용, 동양고전신서 3, 육문사.

안광제 역주(1983), 채근담, 동아문예.

이가원 감수(1977), 신석 논어, 홍신문화사.

이동환 역(1979), 명심보감, 현암심서 6, 현암사.

이응백(1975), 개화기 이전의 언어생활 교육에 관한 연구, 국어교육 23-25, 한
    국국어교육연구회.

이정숙(1998), 준비된 말이 성공을 부른다, (주)가야 미디어.

이주행(2002), 공자와 그의 제자들의 화법에 대한 연구, -'논어'를 중심으로-,
    제6회 한국화법학회 전국학술대회.

최근덕(1990), 논어 인간학, 열화당.

James Legge, The Four Books(Confucian Analects, The Great Learning, The
    Doctrine of the Mean, The Works of Mencius), 皇家圖書有限公司, 中華民
    國 72年.

〈복수는 나의 것〉에 나타난 언어의 문제

박찬욱
(영화 감독)

무성영화가 아닌 다음에야 어느 영화에나 대사가 있기 마련이지만 아주 가끔은 정말 말이 한 마디도 없는 영화도 만들어진다. 예를 들어 러셀 라우즈 감독의 1952년작 <도둑>이나 83년에 만들어진 뤽 베송의 데뷔작 <마지막 전투>에는 효과음도 있고 음악도 들리지만 유독 말은 없다. 등장인물들이 벙어리여서가 아니라 고립된 상황에서 별로 말을 할 필요를 느끼지 않기 때문이다. 이 감독들은 그 고립감을 부각시키기 위해 인물들이 지껄일 대사를 하나도 부여하지 않는다. 1927년 <재즈 싱어> 이래, 영화 속 언어에 익숙해진 - 음악은 무성 시대에도 있었다 - 관객들, 특히 말 많은 헐리우드 영화를 좋아하는 사람들에게 있어서 이는 고문이나 다름없지만 그 고통을 대가로 그들은 적어도 주인공의 심정만큼은 절감할 수 있었던 것이다.

그 정도는 아니어도 내가 2002년에 발표한 <복수는 나의 것> 역시 무척 말수가 적은 영화 중에 하나다. 여기에는 몇 가지 이유가 있었는데 우선 너무나 당연하게도 두 주인공 중 하나인 '류(신하균)'가 농아이기 때문이다. 따라서 그는 완전히 침묵이고 때때로 대사가 반드시 필요할 경우 간단한 수화로만 의사를 표현한다. 대개의 경우 그는 상대의 말을 듣기만 하는 태도를 취할 수밖에 없는데, 따라서 이 수동성은 캐릭터를 결정짓는 가장 큰 요소로 작용하게 된다. 아마츄어 미술가로서 류가 잠재적으로 지닌 표현에의 욕망은, 이 언어표현불능의 조건으로 말미암아 깊숙이 억눌린 끝에 육체적인 폭력의 양태로 분출하게 된다. 녹색으로 물들인 그의 머리카락 역시 그가 언어라는 표현의 도구를 상실한 데서 나타난 반작용의 증거라는 점까지 주의한다면, 영화에서 한 인물이 말을 못 하는 상황이라는 것은 단순히 대사에만 국한된 문제가 아님을 알 수 있으리라.

두 번째, 한국영화에 만연한 설명의 과잉 상태를 극복하기 위해 미니멀리스틱한 태도를 취해보려고 했던 데 연유한다. 사실은 그런 까닭으로 류가 벙어리로 설정되었다. 어쩌면 본말이 전도된 일이지만 당시 나는 그만큼 상업 영화들의 수다에 신물이 나있었던 셈이다. 현재 세계에 공개되고 있는 상업영화의 90 퍼센트는 대사량을 절반으로 줄여도 충분히 이야기를 전달할 수 있거니와 오히려 그렇게 했을 때 예술적으로 훨씬 우수해지리라고 나는 믿는다. 그러나 정확히 말해 그런 영화들에 내가 염증을 느꼈던 것은, 단순히 말이 많다는 사실보다는 그런 영화일수록 영화의 핵심적인 내용들을 꼭 말을 통해서 전달하려고 한다는 점에 있다. 극에서 남자가 여자를 사랑한다면 사랑에 빠진 사람 특유의 행동과 표정을 통해 그것을 보여주어야지, "당신을 사랑합니다"는 식의 대사로 해결하려 들어서는 곤란하지 않겠나.

영화라는 매체에는 대사 말고도 수없이 많은 고유의 언어가 존재한다. 먼저 배우가 있다. 그 또는 그녀는 각본가의 녹음재생기가 아니다. 몸과 얼굴을 가진 존재로서 배우는 때로는 그저 가만히 앉아 있기만 하는 방법을 통해서도 천 마디 말을 능가하는 감정을 표현할 수 있다. 동진이 집에서 강력반장(이대연)을 만나는 장면에서 둘은 한동안 아무 말도 하지 않는다. 단지 동진이 리모트 컨트롤러로 전동커튼을 작동시킨다든가 헛기침을 요란하게 한다든가 하는 작은 동작만이 있을 뿐이다. 그러나 앉은 자세를 포함하여 이 모든 행위는 동진으로 하여금 어쩔 수 없이 거만한 자본가의 본성을 노출하게 만든다.

동진이 테러리스트들에 의해 살해당하는 마지막 장면에서도 그런 예를 발견할 수 있다. 5분 가까운 시간 동안 관객은 말 한 마디 듣지 못한 채 처참한 살인 장면을 지켜보아야 하는데 이 상황과 심리상태를 대사로 표현하고자 했다면 정말 수십 줄이 필요했을 것이다. 특히 자기 가슴에 꽂힌 테러 조직의 판결문을 읽어보고자 애쓰는 동진의 표정은 주인공의 죽음을 묘사하는 여느 영화의 장면과는 달리 몹시 우스꽝스럽다. 송강호의 이런 비상식적인 연기에 의해 이 죽음은 처절함과 슬픔에 더해 인생의 부조리함까지 드러내는 순간으로 변모할 수 있었다.

다음으로 감독은 영상과 음향, 음악이라는 도구를 사용할 수 있다. <복수는 나의 것>에서 류와 동진(송강호)의 집치레를 보자. 좁은 면적에 온갖 싸구려 잡동사니들이 가득한 류의 방과 넓은 면적에 거의 텅 비다시피한 동진의 방을 비교해보면 두 사람의 내면 풍경까지 절로 드러난다. 물질적으로 훨씬 풍요로운 자본가의 마음속이 오히려 빈곤하더라는 이야기가 말 없이도 전달될 수 있는 것이다. 아니면 류가 공장에서 해고당하는 장면을 보자. 거기서 그와 간부직원은 펜을 주고받고 지문을 찍고 일어나 가고 하는 따위의 침묵의 연기만을 하고 있다. 모두들 점심 먹으러 가고 홀로 남겨진 해고 노동자 류의 심정은 텅 빈 사무실을 울리는 뻐꾸기 시계 소리가 대신 알려준다.

셋째, 앞서 예로 든 두 외국 영화의 경우와 마찬가지로 인물의 고립감,

내지는 소통불능성을 드러내기 위해서였다. 여기 나오는 사람들은 하나 같이 타인과의 건강한 관계 맺기에 실패하고 있다. 특히 두 남자 주인공이 그렇고, 두 남자 상호간의 관계는 더 그렇다. 동진이 류의 집에서 잠복하며 그를 기다리는 장면에서 송강호는 한참동안 정말 말 그대로 가만히 앉아 있기만 한다. 동진의 집 앞에서 잠복하는 류 역시 마찬가지다. 두 개의 공간은 세 번 교차 편집된다. 이때 관객에게는 둘의 증오와 분노가 고스란히 전해진다. 더구나 서로 상대의 집에 가 있으면서 동시에 목운동을 하는 순간에 이르면 상호간의 반목에도 불구하고 그 둘은 결국 닮아가고 있다는 사실마저도 상징적으로 표현이 되는 것이다. 이렇듯 영화는 편집이라는 수단을 가지고도 이야기를 한다.

그렇다면 <복수는 나의 것>에서 얼마 되지 않는 대사는 어떻게 사용되었던가. 역시 '최소의 표현으로 최대의 효과를'이라는 미니멀리즘의 원칙이 적용되었다. 그 가장 좋은 예를, 동진의 죽은 딸이 유령이 되어 아빠를 방문하는 장면에서 찾아볼 수 있다. 긴 씬 전체에서 대사는 딱 한 마디인데, "아빠, 나....수영 좀 일찍 배울 걸 그랬나봐...."이다. 몹시도 비현실적인 일종의 팬터지 장면에 사용되기에는 지나칠 정도로 동심의 리얼리티를 주장하고 있는 이 대사에는, 자신의 죽음을 오직 자기가 헤엄을 칠 줄 몰랐던 탓으로 돌리는 아이의 무구함이 나타나 있다. 이는 류와 동진이 각기 자신의 불행을 누군가 다른 이 때문이라고 규정하고 점점 더 악의 수렁에 빠져드는 모습과 선명히 대비되면서 영화의 주제를 전면에 부각시킨다.

또한 동진이 류를 살해한 직후 전화를 받는 장면이 있다. 난데없이 팽기사의 아들이 결국 숨을 거두었다는 병원측의 전언이다. 팽기사는 동진이 해고한 노동자이고, 그는 가족을 동반해서 자살했고, 동진은 우연히 목격한 그 참사 현장에서 유일하게 숨이 붙어있던 아들을 구해 입원시켜 놓았던 터이다. 동진은 그 현장에서 자신의 의도와는 상관없는 자본가로서의 정체성을 깨달았던 바 있다. 즉 전체 종업원들을 실업자로 만들지 않으려고 누군가를 눈물을 머금고 해고해야 했지만 그 행위가 한 가족의 몰살을 결과했다는 이야기. 자본주의 사회에서의 자기정체성을 자각하는 고통은 한 소년을 구함으로써 일단 구원받을 수 있을 것처럼 보였다. 그 아이의 구출은 동진으로서는 마지막 남은 희망이다. 류와 그 애인 영미(배두나)를 죽이고도 그 희망은 유효한 줄 알았다. 바로 그 순간 걸려온 전화, 아이가 죽었다는 소식은 그것을 무효화한다. 이때 그가 내뱉는 한 마디, "전화 잘못 거셨습니다." 마지막 희망의 존재 자체를 부인하는 그는 이제 정말 악마로서의 자본가로 새출발하려는 자세를 취하기 시작한다. 그 부정의 결심은 마침내 자기가 죽인 류의 시신을 토막내 암매장하는 데에서 절정에 이르게 된다. 그리하여 이것은 간단한 한 마디로 표현할 수 있는 가장 끔찍한 결말이 된다.

이 영화에서 유일하게 수다를 떠는 사람이 있으니 바로 영미다. 애인인 류에게 유괴라는 범죄의 정당성을 강변하는 장면에서 그녀는 혼자 영화 전체 대사의 절반을 읊조리고 있다. 게다가 또 이 대사의 절반은 거의 무의미하다. 방금 한 말을 되풀이하기 때문이다. 그런데 왜 그렇게 긴가. 그건 그녀 자신조차도 이 범죄의 정당성을 믿지 못하기 때문이다. 그러니까 자꾸, 강박적으로 한 얘기를 또 하고 또 하고 한다는 말이다. 이럴 때 대사는 어떤 내용을 '전달'한다기보다는 심정을 '표현'한다. '어떤' 말을 하느냐 보다는 '어떻게' 말하는지가 중요한 경우다. 말하는 '스타일'로 말하는 것이다.

비슷한 양상이 같은 영미에 의해 두 번 더 반복된다. 동진에게 붙잡혀 고문당하는 장면에서 가사상태의 그녀는 신음에 가까운 횡설수설을 늘어놓는다. 자기를 죽이면 처절한 보복이 기다리고 있다고 한다. 이 역시

대부분 무의미하다. 뿐만 아니라 신뢰조차 가지 않는다. 동진도, 형사들도, 심지어 관객도 이 말을 믿지 않는다. 실없는 소리, 허풍으로 받아넘길 뿐 업신여긴다. 그러나 한참 후, 동진을 죽이러온 테러리스트들의 얼굴을 잡은 화면에 이 말은 보이스 오버로 다시 들려온다. 이때만큼은 누구도 그 말에 담긴 진심을 의심할 수 없다. 후회가 된다. 진작 귀담아 들어둘 걸.... 그러나 이때의 대사마저도 그 내용이 중요한 것은 아니다. 벌써 한 번 들은 말, 중요할 게 뭐 있겠는가. 다만 여기서는 그녀의 복귀가 중요할 따름이다. 내용이 뭐가 됐든, 이미 죽은 여자의 '음성' 그 자체가 무서운 것이다. 이 장면에서의 영미의 말은 '다이얼로그'가 아니라 '사운드'의 일종이다. 언어를 그렇게 사용하는 가장 극단적인 예가 영화의 마지막에 나타난다. 칼을 맞고 죽어가는 동진이, 이미 자기가 토막내버린 류의 시신을 보며 무어라 웅얼거리기 시작한다. 어떤 항변 같기도 하고 절규로 들리는가 하면 질문이 아닌가 싶기도 한, 그러나 절대로 한 마디로 알아들을 수 없는, 결국은 조금 긴 단말마의 신음에 불과한 그 소리는 주제가의 배음 역할을 하면서 엔드 크레딧이 끝나고 나서까지 이어진다. 그 소리는 '효과음'이고 '음악'이다. 그러나 또다시, 전혀 알아들을 수 없음에도 불구하고 그것은 분명히 이 영화에서 가장 중요한 '대사'이기도 하다.

　<복수는 나의 것>은 전형적인 하드보일드 영화다. 하드보일드 영화에서는 무엇이든 행동에 의해 묘사되고 표현된다. 이 비정하고 냉혹한 세계에서는 심지어 대사조차도 '성대의 행동'일 뿐이다.

시와 진실

성낙희
(숙명여대 교수)

1. 서언

현대는 散文의 시대라고 한다. 이는 여러 가지 의미를 함축하고 있으나, 우리는 詩心을 잃고 메마른 삶을 살아가는 현대인의 상황에 주목한다. 문명이 고도로 발전한 오늘날 우리는 가지고 있어서 행복한 사물을 더 많이 갖고 사는지 모른다. 그러나 행복해질 수 있는 가슴을 잃어버렸다. 많은 사람들이 궁전과 같은 저택에서 살고 있는지도 모른다. 그러나 황제가 될 수 있는 인간은 거기 더 이상 없다. 오늘의 도시들은 공동화하는 농촌에 비하여 화려하고 풍요롭기 그지없다. 그러나 그것들은 마치 묘지와 같다. 거기 진실로 사람들이 살아가는 모습은 보이지 않고 비인간적인 일들만 기계적으로 돌아가고 있기 때문이다. 그곳에는 온갖 소음과 악취가 진동할 뿐 아무런 향기도 느낄 수 없다. 불과 몇십 년 전만 해도 우리의 모습은 완전히 달랐다. 그때는 훨씬 더 가난했지만 더 풍요로웠다. 이것은 역설적으로 들린다. 그러나 우리는 넉넉지 않은 가운데서도 뜨거운 가슴으로 삶과 부대끼면서 흥겹게 노래부르고 춤출 수 있는 마음의 여유를 가지고 있었고, 혹은 조용히 쉬면서 내면의 침묵 속에 침잠하는 슬기도 다소간 지녔던 것이 사실이다.

이러한 변화는 과학이 발달하고 도시가 비대해지면서 나타난 자연스러운 현상이지만, 현대 과학은 우리 뇌의 구조와 관련하여 설명한다. 우리 머리는 좌뇌와 우뇌로 나뉘는데, 좌뇌는 이 세상을 외형적으로 발전시키는 데 관계하며, 차, 돈, 집, 권력, 명예 같은 일들에 더 관심을 갖는다. 이에 대하여 우뇌는 순수를 지향하고, 내면의 존재나 내면의 평화와 지복에 더 관심이 있으며, 세상의 성공에는 관심이 적다. 우뇌는 순간에 더 관심이 있고 미래에는 관심이 덜하다. 우뇌는 삶의 시에 더 관심이 있고 수학에는 관심이 덜하다. 그리하여 좌뇌가 우리를 지배하면 우리는 현실적으로 퍽 성공적인 삶을 살 것이다. 그러나 거기에 드리우는 그림자를 간과해서는 안 된다. 우리는 충분히 부를 축적하는 대신 소중한 것을 잃을 것이다. 우리는 세계를 더욱더 정복해 나갈지 모르지만, 우리 내부의 영토는 버려진 채 죽어갈 것이다.

이런 변화는 우리의 성장 과정을 통해서 간파되기도 한다. 가령 아이들은 유령이나 요정 같은 것이 있다고 믿으며 동화를 읽는다. 그러나 점차 성장하면서 이런 것이 정말 있을까 의심하기 시작한다. 그리고 더욱 성장해서는 이를 믿지 않게 되는 때가 온다. 이에 대한 현명한 해법은 우뇌로 산다면 유령이나 요정은 있고, 좌뇌로 생각한다면 이들은 없다는 것이다. 아이들은 동화를 통해서만 유령이나 요정을 만나지 않고 도처에서 유령과 요정을 본다. 아이들은 우뇌로 산다. 어른들은 좌뇌로 살면서 아이들에게 끊임없이 정신을 차리라고 말한다. 마침내 우리는 아이를 설득시키고 힘이 없는 아이는 우뇌 지향에서 좌뇌 지향이 된다. 아이는 이 세상에서 살아야 하기 때문이다. 아이는 자기 꿈을 잊어야 하고 모든 신화와 모든 시를 잊어야 하고 수학을 배워야 한다. 그리하여 그는 수학적이고 효율적으로 될 것이다. 그리고 삶에 있어서는 불구가 되고 마비가 될 것이다. 존재로부터는 점점 더 멀어져 시장의 상품이 되고, 전 생애가 쓰레기에 불과하게 된다. 옛날 우리 선인들은 한결같이 상상을 통해 살고, 꿈을 통해 살고, 삶을 詩化하며 비전을 통해 살았다. 그들에게 나무들은 보다 푸르고, 새들은 보다 아름다우며, 만물은 눈부신 질을 가졌다. 평범한 돌도 더 이상 평범하지 않았다. 우뇌로 보면 모든 것이 성스럽고 신성하다. 한마디로 그들의 삶은 詩的이었다고 할 수 있다.

여기서 詩가 상징하는 의미는 무엇일까 새삼 생각해 본다. 물론 이때 詩는 문학의 한계를 넘어서는 존재의 보다 근원적인 개념일 것이다. 그러나 또한 시의 원초적 의미 혹은 궁극적 가치와 무관하지 않을 것으로 이해되기도 한다. 오늘같이 물건이 넘쳐나고 우리의 마음도 온갖 소음을 쏟아내기만 하는 시대에 단어 하나라도 아끼려 하는 시야말로 기도보다도 진실할 수 있으며, 이 시대의 허다한 표현 양식 가운데 진실의 표상일 수도 있다. 현실적으로 모든 시가 그렇다는 것이 아니다. 반대로 우리는 대부분의 시들이 이에 못 미칠 뿐 아니라 이에 역행하기도 하는 것을 보며, 진정한 시를 만나기가 얼마나 어려운가 절감하기도 한다.

본고는 이런 취지에서 문학 장르로서의 시 형식보다 시 정신의 참 모습 혹은 그 진실성 문제를 생각해 보고자 한다. 그래서 우리는 시의 본질에 보다 근원적으로 접근해 보기 위한 방안으로 시의 이론서나 시학 관련 논문을 참고하기보다는 경전 등 고차원적 정신 현상을 탐구한 논저들을 두루 섭렵할 것이며, 편의상 그 출전을 일일이 밝히지 않고 인용하기도 하고 참고하기도 할 것이다.

2. 현대에서의 시의 위상

산문의 시대에 시가 설자리를 잃어 가는 것은 어쩌면 당연한 사실 같기도 하다. 물질주의가 팽배한 사회에서 시가 감동을 줄 수 없을 뿐 아니라 산업화에 박차를 가해야 하는 절박한 상황에서 시는 오히려 장애가 될 수도 있을 듯하다. 이는 비유하자면 우리 몸의 배꼽과 같은 존재라 할 만하다. 몸을 건강하게 만들고 되도록 아름답게 꾸미려고 하는 마당에 배꼽은 하는 일 없이 몸 한가운데 자리잡고 있는 하나의 흉터일 뿐이다. 만약에 우리가 거기에서 아무런 의미도 발견하지 못한다면 배꼽은 아무 쓸모 없는 것처럼 보일 것이다. 그러나 아직까지 아무도 배꼽을 제거하는 성형수술을 받았다는 말은 들어보지 못했다. 이는 배꼽의 의미를 알지는 못해도 그 존재를 부정하지는 않는 것을 의미한다. 그럴 뿐 아니라 생각하면 생각할수록 배꼽의 의미는 심오하다고 할 수 있다. 그것은 자궁 속에 있는 태아에게 중요하다. 배꼽의 목적은 태아를 어머니와 연결 지어 주는 것이다. 그러나 이제 아이는 더 이상 자궁 속에 있지 않다. 그리고 그 어머니는 죽게 될 것이며 아이는 나이가 들게 된다. 이제 다시 묻자. 배꼽의 의미는 무엇인가? 거기에 심오한 의미가 있다. 그러나 그 의미는 배꼽, 그 자체에 있지 않다. 배꼽이 가리키는 것, 그것을 보아야 한다. 언젠가 사람은 태아였다는 사실, 언젠가 사람은 어머니의 자궁 속에 들어앉아 있었다는 것, 그리고 과거는 지나간다는 것, 배꼽은 그런 것을 가리키고 있다.

시도 이와 마찬가지로 현실적 안목으로 보면 삶에 아무런 보탬도 안 되며 도리어 이런 소녀적 취향이 강인한 삶의 투지를 나약하게 만들 위험마저 있을 듯하다. 그러나 우리는 삶을 좀더 넓고 깊게 볼 필요가 있다. 삶에는 여러 단계가 있다. 이 가운데 제일 낮은 것이 객관적인 세계, 사물의 세계이다. 이것은 여행의 시작일 뿐이다. 그러나 많은 사람들이 그곳에 멈추어서 끝까지 도착했다고 믿고 있다. 객관적인 세계의 너머에 주관의 세계가 있다. 우리는 완벽하게 객관적인 것을 볼 수 있도록 태어나므로 객관적인 세계란 지극히 분명한 것이다. 그러나 주관적인 세계는 개발되어야 하는 것이다. 아무도 주관적인 시각을 갖고 태어나지 않기 때문이다. 그것이 무엇인지 배워야 하며, 맛보아야 하며, 점차 그 속으로 들어가야 한다. 시와 음악과 예술의 세계가, 창조의 세계가 바로 주관적인 세계이다. 내면으로 향하는 사람은 더욱 시적이며 미학적으로 된다. 그의 주위에는 다른 향기가 감돌며 다른 오라(후광)가 감싸고 있다.

과학자는 사물과 함께 살고 있으며, 시인은 인간과 함께 살고 있다. 과학자는 자신이 누구인지 전혀 모르면서 단지 그를 둘러싸고 있는 것들을 지각할 뿐이다. 시인이나 화가는 집에 더 가까이 있다. 그들은 주관 속에서 살고 있으며 자기가 인간이라는 사실을 알고 있다. 자기가 인간이라는 사실을 깨달을 때 우리는 갑자기 타인을 들여다 볼 수 있게 된다. 시인에게는 나무나 동물조차 인간과 같게 된다. 과학자에게는 남자나 여자조차 대상물 이외에 아무 것도 아니다. 그러나 인간에게는 외부의 관찰이나 분석이나 해부가 닿을 수 없는 내면이 존재한다. 외과 의사의 해부대 위에 눕혀진 인간은 인간이 아니다. 시인이 우리를 건드리거나 우리 손을 잡아줄 때 비로소 우리는 인간이 된다.

현대인은 대부분이 자신의 육체에 집착하여 실리를 따라 살아가는 평범한 사람들이다. 그들은 물질과 성의 쾌락을 넘어서는 아무 것도 알지 못하며 그것만을 즐길 뿐이다. 이들의 삶은 원시적이며 야비하다. 이들은 자신의 궁전 안에는 한번도 들어가 보지 못했으며 오로지 궁전 문 앞에서 살아가면서 그것이 삶의 전부라고 생각한다. 이들의 삶은 지루하고 중압감만 있다. 이런 삶은 결코 무한한 축복이 될 수 없다. 이들은 끊임없이 먹고, 마시며, 늙고, 무덤을 향해 나아간다. 그러나 이것은 삶이 아니다. 이것은 점진적인 죽음일 뿐이다. 삶은 성장하는 것이어야 한다. 삶 속으로 깊이 들어갈수록 우리는 내면의 세계를 더 잘 이해하게 되며, 소위 죽음은 단지 옷을 갈아입거나 집을 바꾸거나 형태를 바꾸는 것일 뿐이라고 생각하는 경지에 다가가게 된다. 성장하는 것이 무엇인가는 나무를 보면 알 수 있다. 나무는 성장함에 따라 그 뿌리가 더 깊이 내려간다. 거기에는 균형이 있다. 나무가 더 높이 자랄수록 뿌리는 더 깊이 내려간다. 우리의 삶에서 성장은 자신 속으로 더 깊이 들어가는 것을 의미한다. 우리 삶은 객관적 차원을 넘어 주관적인 세계로 들어감으로써 기쁨에 찬 여행이 될 수 있으며, 시인이 창작하는 시는 우리의 여행에서 가장 값진 선물이 될 것이다. 그것은 에너지를 고차원적으로 승화시키는 것이기 때문이다.

3. 형식과 내용의 관계

시는 문학 장르 가운데에서 가장 절제된 형식을 취한다. 그리하여 항상 그 속에 있는 말 전부보다 그 이상의 것을 의미한다. 회화가 그 속에 있는 전체의 색깔 그 이상의 것인 것과 마찬가지다. 시는 당연히 그래야 한다. 그렇지 않으면 그것은 단지 빈약한 말밖에 안 될 것이며 따라서 다른 어떤 장르보다도 뒤질 것이다. 그러나 사실은 정반대로 시는 어느 문학 형식보다도 훨씬 진실하다. 여기서는 구성을 짜 맞추고 주제를 설정하는 등 인위적 작업이 생략될 수 있기 때문이다. 시는 형식을 의식하고 그 완성도를 높이려다가 도리어 내용의 자연스러움과 진실성을 훼손하게 될 수도 있다. 시도 그것이 문학에 속하는 한 형식미를 고려하지 않을 수 없으나, 적어도 그 진실성 측면에서는 형식미가 도리어 짐이 될 수도 있음을 간과해서는 안 될 것이다. 여기서 우리는 콜릿지의 진실성을 귀감으로 삼을 만하다.

그는 4만 편의 미완성 시를 남겨 놓고 죽었는데, 그가 완성한 시는 불과 일곱 편밖에 되지 않았다. 그는 위대한 시인이었다. 그는 살아있을 때 수없이 이런 질문을 받았다. "왜 당신은 시를 완성하지 않습니까? 왜 중간에 그만두십니까?" 그러면 그는 이렇게 대답했다. "나는 아무 것도 할 수 없다. 때때로 나에게는 몇 줄의 시구가 떠오른다. 그리고는 멈춘다. 그러니 내가 어떻게 그것들을 완성할 수 있겠는가? 나는 기다릴 것이다. 기다려야 한다. 그것이 다시 오면, 그 일별이 다시 내게 비춰지면 그때 나는 그것을 완성할 것이다. 하지만 나 스스로는 아무 것도 할 수 없다."

그는 매우 진실한 시인임에 틀림없다. 그처럼 진실한 시인을 찾는 것은 쉬운 일이 아니다. 마음의 경향이란 미완성을 견디지 못한다. 만약 세 줄의 시가 주어지면 그때는 마음이 네 번째 줄을 덧붙인다. 하지만 이 네 번째 줄이 처음 세 줄을 죽일 것이다. 그것은 마음의 낮은 차원에서 나온 것이기 때문이다. 우리가 도약했다가 땅에 떨어졌을 때처럼 말이다. 우리가 도약할 때 우리는 잠시 동안 중력으로부터 자유롭다. 우리는 존재의 다른 차원을 갖게 된다. 그래서 시인은 땅 위에서 움직이다가 종종 도약한다. 그 도약 속에서 그는 일별을 대한다. 그러나 신비주의자는 가슴속에서 살고 있다. 그는 땅으로 떨어지지 않는다. 가슴이 그의 거주지이다. 그래서 실제로 그는 시를 짓지 않는다. 그가 하는 것은 저절로 시적으로 된다. 그가 무슨 말을 하든지 그것은 시가 된다. 그래서 신비주의자는 따로 시적인 용어를 사용하지 않는다. 그의 입에서 나오는 말이 바로 시가 되기 때문이다. 그것은 가슴에서 나오는 것이다. 사랑을 통해 나오는 것이다. 노자는 대표적인 신비주의자이다. 그리고 도덕경은 이렇게 이루어진 것이다. 도덕경뿐 아니라 많은 경전이 시로 이루어진 것은 이상한 것이 아니다. 그만큼 시는 진리를 담는 그릇으로 안성맞춤이다. 그러나 이 그릇은 질박한 뚝배기와 같은 것이며, 결코 화려한 도자기 같은 사치품일 수는 없다.

이런 일은 우리 주변에서도 볼 수 있다. 연인들은 사랑하는 사람의 주검 앞에서 마지막 작별을 고할 때, 이미 만들어져 있는, 여러 번 불려지고 여러 번 사용되어 이미 낡고 쓰레기가 되어 버린 노래 대신에 그 자신의 신선하고 새로운 노래를 부르고 싶어한다. 그것은 손수 만들어졌다. 당연히 윤이 나지도 않는다. 그는 시인이 아니고, 따라서 그는 시를 짓는 법도 모르기 때문이다. 운이 맞지 않고, 문법이 틀렸는지도 모른다. 그러나 사랑은 문법을 개의치 않는다. 사랑은 운을 개의치 않고, 리듬도 개의치 않는다. 거기 사랑이 없을 때에만 그 모든 것이 고려되는 것이다. 우리는 사랑을 대체할 만한 고려를 취해야 하기 때문이다.

4. 개인적 진실

내가 그의 이름을 불러주기 전에는
그는 다만
하나의 몸짓에 지나지 않았다.

내가 그의 이름을 불러주었을 때
그는 나에게로 와서
꽃이 되었다.

내가 그의 이름을 불러준 것처럼
나의 이 빛깔과 향기에 알맞는
누가 나의 이름을 불러다오.
그에게로 가서 나도
그의 꽃이 되고 싶다.

우리들은 모두
무엇이 되고 싶다.
너는 나에게 나는 너에게
잊혀지지 않는 하나의 눈짓이 되고 싶다.

—김춘수 <꽃> 전문

이 시는 꽃에 대해서 개인적 진실로 아름답게 다가가는 데 성공한 좋은 예이다. 우리는 객체에 대해서 주관적인 반응을 통해서 다가가게 마련이다. 만약 아무도 이 지구상에 존재하지 않는다면 태양은 떠오르겠지만 빛을 만들 수는 없다. 이 말은 이치에 맞지 않는 것처럼 들린다. 우리는 항상 태양이 떠오르면 당연히 거기에 빛이 있는 것으로만 생각해 왔기 때문이다. 하지만 아무도 없다면 태양이 떠올라도 그것은 쓸모 없다. 빛은 허공 속으로 사라져 버릴 것이다. 그 빛에 반응해서 '이것은 빛이다'라고 말할 사람이 없다면 빛은 생겨나지 않는다. 빛은 에너지와 우리 시각의 접촉에서 일어나는 현상이기 때문이다. 장미꽃 혼자만으로는 어떤 향기도 만들 수 없다. 그것은 불가능하다. 우리의 코가 필요하다. 누군가 그 냄새를 맡고 그것이 장미꽃 냄새라고 말할 사람이 필요하다. 코가 없다면 장미꽃은 아무 것도 할 수 없다.

시적 표현은 보편적 사실보다 개인적 진실을 나타낸다. 그러나 이러한 사실은 간과되기 일쑤다. 기독교인들은 독생자라는 말을 잘못 해석해

오고 있다. 그들은 예수 그리스도만이 신의 독생자라고 말해 오고 있다. 이는 어느 면에서는 진실이다. 그러나 기독교인들이 말하는 그런 차원에서는 진실이 아니다. 부처 역시 신의 유일한 아들이다. 우리 또한 모두 신의 유일한 아들이다. 그렇다면 왜 유일하다고 했는가? 모두가 신의 아들이라면 어째서 그렇게 말하는가?

여기에는 어떤 의미가 있다. 이는 마치 이런 경우와 같다. 어떤 여인을 사랑할 때 우리는 이렇게 말한다. '당신만이 유일한 여성입니다. 당신은 이 세상에서 유일하게 아름다운 여성입니다.' 이것은 진실이 아니다. 그러나 사랑하는 어떤 순간에서는 그것이 진실이다. 이것은 일반적인 사실이 아니라 일종의 개인적인 진실인 것이다. 이는 우리가 세상의 모든 여인을 알고 있으며 이들과 비교하여 그 여인이 제일 아름답다는 것이 아니다. 이는 논리적인 사실이 아니다. 일종의 시적인 이해일 뿐이다. 사랑의 순간에 있어서 그것은 통계적인 문제로 취급될 성질의 것이 아니다. 우리는 다른 여자들에 대해서는 신경 쓰지 않는다. 우리는 비교하고 있는 것이 아니다. 단지 우리의 감정에 대해서 진실을 말하고 있는 것이다. 이는 바깥 세계에 대한 일이 아니다. 이 말은 단지 우리 속에 있는 감정을 진실하게 표현한 것일 뿐이다. 우리는 이렇게 느끼고 있다. 이 여인이 이 세상에서 가장 아름다운 여자라고. 그때 우리는 이 여인을 논평하고 있는 것이 아니며, 단지 우리의 느낌만을, 우리의 진정한 마음만을 말하고 있는 것이다.

이 세상에 있는 사람들은 모두가 다 독특하고 유일하다. 우리가 진정으로 하느님을 받아들인다면 우리 또한 모두 하느님의 독생자가 된다. 마치 존재 전체가 오직 우리만을 위해 존재하는 것처럼 된다. 나무가 우리를 위해서 꽃을 피우고 새들이 우리를 위해서 노래를 부르며 강물이 우리를 위해 흐르고 구름이 우리를 위해서 모인다. 우리는 모든 존재의 유일한 중심이 되는 것이다. 우리가 부처와 사랑에 빠져 있거나 또는 예수나 그 밖의 사람들과 사랑에 빠져 있다면 이러한 사랑의 주장을 어떤 사실을 말하는 것으로 받아들여서는 안 된다. 단지 시적인 이해만이 가능할 뿐이다. 전혀 논쟁의 대상이 될 것이 아니다. 그것은 마음의 어떤 느낌을 말하고 있는 것일 뿐이다.

  개인적 진실은 또한 사회적 관습이나 규칙에 기계적으로 따르지 않고 자신의 내면의 빛에 따라 살아갈 것을 요구한다. 모든 아이는 영리하다. 그러나 사회는 의식적 무의식적으로 이들을 무력하게 만들어 간다. 가정, 학교, 군대, 직장 등은 점차 이들을 백치로 만들어버린다. 모든 아이들은 원래 이지적이고 아름다웠다. 부처와 예수와 노자는 사회에서 벗어난 사람들이다. 그들은 사회가 그들을 우둔한 사람으로 만들지 못했다는 것을 보여 준다. 그들은 특별나게 보인다. 온 사회가 우둔하게 되어 있으므로. 그러나 그들은 표준이다. 영리하고 이지적인 자연이었다. 진실한 시를 쓰기 위해서는 작은 성인이 되어야 한다.
  보통 아이들은 모든 것을 훈련해야 한다. 어떤 자발성도 허락되지 않는다. 지성은 자발적으로 자란다. 그러므로 지성은 그런 훈련에 의해서 죽게 된다. 만일 우리가 아이에게 순종하도록 하는 데 성공했다면 우리는 그 아이의 지성을 죽이는 데 성공한 셈이다. 시적 진실은 우리의 건전한 지성을 통해 나온다고 할 수 있다. 그리고 지성은 우리로 하여금 어떤 경우에도 사회와 타협한 허튼 위로나 헛된 예찬도 용납하지 않는다. 가령 가까운 친지가 죽었을 때 사람들은 흔히들 이렇게 말한다. '그는 천국으로 갔다.' 輓詞나 弔詩에도 으레 이런 표현이 포함된다. 모두가 이렇게 말한다면 누가 지옥으로 갈 것인가? 아무도 지옥으로 갈 것 같아 보이지 않는다. 그 벗이 지옥으로 갔는지, 천국으로 갔는지 누가 아는가? 지옥과

천국이 존재하는지는 누가 아는가? 우리는 죽음에 대해 어떤 지식도 가지고 있지 않다. 우리가 이에 대하여 아무 것도 아는 것이 없을 때 우리는 더욱 지성적이어야 한다. 죽음은 아무도 모르면서 누구도 진지하게 맞지 않을 수 없는 것이다. 이런 것이 시적 관심의 대상이 될 때 특히 진실할 것이 요구된다. 그것은 신비이다. 누구도 신비를 더럽혀서는 안 된다. 거짓을 주장해서도 안 된다. 그것은 신성한 것이기 때문에 정확하게 알지 못하는 것을 함부로 말해서는 안 된다. 그러나 다음과 같이 말하는 것은 진실에서 크게 벗어나지 않을 듯하다.

> 벗이여, 어디로 갔는가?
> 그대는 진실로 있던 곳으로 갔고,
> 우리는 여기에 있다. 이 저주받을, 우리는 여기에 있다.

　사람은 죽어서 어디로 가는가? 이것은 하나의 비밀 법칙이다. 궁극은 단지 시초일 뿐이다. 그 원은 회전하고, 완성된다. 그것은 시작했던 곳과 똑 같은 곳에 이른다. 마지막은 시작 이외의 다른 무엇이 아니다. 마지막은 곧 그 원천이며, 그 근원이다. 사람은 無에서 태어나며, 무를 향해 움직여가고 있다. 우리가 태어날 때 배는 비어 있었고, 우리가 죽을 때 다시 그 배는 비어진다. 우리가 어느 곳으로부터 왔으며, 어디로 가는지를 아무도 모른다. 다만 우리는 이렇게 느낄 뿐이다. '벗이여, 그대는 그대가 온 곳으로 갔다. 오 제기랄, 우리는 아직도 여기에 있다.' 지성적인 이들은 죽은 벗에 대해 유감스러워하지 않는다. 그들은 그들 자신에 대해 유감스러워한다. 그들은 아직 자신이 중간에 머물러 있음에 대하여 슬퍼한다. 모든 죽음은 곧 우리가 죽을 것이라는 사실을 알려주기 때문이다. 우리는 아직도 중간에 있다. 우리의 여행은 아직 미완성이다. 그러나 그의 원은 완성되었다. 이것은 매우 깊이 이해되어야 할 그 무엇이다. 우리가 삶을 이해한다면, 그것은 끝이 아니다. 그때 죽음은 완성이며, 그것은 끝이 아니다. 그것은 완성이며, 절정이며, 물결이 본래의 원천으로 돌아가는 정점이다. 그들은 그들 자신을, 그들의 물결은 중간에 머물러 있음을 유감스러워했다. 그들은 그 완성에, 그 정점에 도달하지 못했다. 그리고 친구는 그가 전에 있던 곳에 이르렀다. 그는 집에 이르렀다.

5. 비과학적 세계

시적 진실에서 빼놓을 수 없는 것 중의 하나는 과학과의 관계이다. 우리는 우주라는 개념을 알고 있다. 그러나 경이로 가득 찬 우주는 결코 알지 못한다. 그 우주는 어린아이들만이 안다. 때때로 시인과 미친 사람도 안다. 그러나 우리는 모른다. 이 세계가 놀라움으로 가득 차 있음을 우리는 알지 못한다. 우리에게는 모든 것이 그저 무미건조할 뿐이다. 우리로 하여금 춤추고 노래 부르게 하는 것은 아무 것도 없다. 우리의 내면에는 어떤 시도 솟아나지 않는다. 우주 전체가 완전히 기계적으로 보일 뿐이다. 그러나 어린아이들의 눈에는 우주가 경이롭게 보인다.

우리가 사랑에 빠졌을 때 우리는 다시 한번 어린아이로 되돌아간다. 예수는 '오직 어린아이 같은 자만이 신의 나라에 들어갈 수 있다'고 말했다. 우주가 경이롭지 않다면 우리는 종교적으로 될 수가 없기 때문이다. 우주가 우리에게 설명되어질 수 있는 것이라면 우리의 기질은 과학적이다. 우주가 어떠하든 간에 그것을 안다고 생각하는 자에게는 아무런 경이나 신비가 없다. 그러나 우리의 눈이 경이로움으로 가득 찰 때 이 우주는 하나의 신비와 미지의 것으로 나타난다.

진정한 시인은 이런 경이의 세계, 미지의 세계에 대하여, 이들을 알 수 없음을, 이들을 말할 수 없음을 절실히 느낀다. 그러나 이는 과학자들이 논리와 체계를 갖춰 설명하는 것보다 훨씬 진솔하게 우리 가슴에 와 닿는다. 만일 어떤 시가 과학처럼 이들을 설명하려 한다면 그 시의 진실성은 적잖이 손상될 것이다.

다음의 시는 이런 사실을 성공적으로 보여 준다.

나는 사랑을 말하기 위해
내 입술을 거룩한 불로 깨끗이 하였다.
그러나 입술을 열었을 땐 말할 수 없음을 알았다.
사랑을 알기 전엔 사랑의 노래를 노래하고 싶었지만,
내가 사랑을 알게 되자 내 입 속의 말은 입김 외엔 아무 것도
나타내지 않았다.
그리고 내 가슴속의 가락은 깊은 침묵으로 빠졌다.
과거에 그대가 사랑의 비밀과 신비에 관해 내게 물었을 땐,
나도 자신 있게 말하며 대답하곤 했다.
그러나 이제 사랑이 나를 예복으로 장식하고 있으니,
이번에는 내가 그대에게 사랑의 모든 방법과 사랑의 모든 경이에
관하여 묻고자 한다.
그대들 중 누가 대답할 수 있겠는가?
나의 자아에 대하여 그리고 내 속에 있는 것에 대하여 그대에게
묻노라.
그대들 중 누가 나의 가슴을 나의 가슴으로 나타내고,
나의 자아를 나의 자아로 드러낼 수 있는가?
이제 말해다오, 내 가슴속에 불타올라 내 힘을 소모시키고 나의
희망과 욕망을 녹여 버리는 이것은 어떠한 불꽃이냐?
이것들은 어떠한 손들이냐, 가볍고 부드럽고 매혹하는 이것들은?
나의 영혼을 고독한 시간으로 감싸주며
나의 가슴의 容器에다 기쁨의 쓰라림과 고통의 달콤함이 뒤섞인

술을 따라 주는.
   밤의 기나긴 침묵 속에서 나의 침대 주위를 날개 치며,
   그리하여 나의 잠을 깨워 지켜보는 것이 어떠한 날개인지 나는
모른다.
   내 듣지 않는 것에 귀 기울이며, 내 보지 않는 것을 응시하며,
   내 이해하지 않는 것을 명상하며, 내 획득하지 않았던 것을 소유하
면서.
   아, 나는 한숨쉬며 잠이 깨었다.
   왜냐하면 내겐 한숨과 슬픔은 기쁨과 웃음의 울림보다 더 사랑스
럽기에.
   나를 죽이고 그리하여 나를 소생시키는 보이지 않는 어떤 힘의
수중에서 나는 깨어나 있었다.
   심지어 새벽이 동터 집 구석구석을 빛으로 가득 채울 때까지.
   그런 다음 나는 잠든다. 그 사이 나의 시달린 눈까풀 사이엔 나의
깨어 있음의 그림자가 흔들거리며,
   그리고 나의 돌 침대 위에선 꽃 모습이 떠돌아다닌다.

— 칼릴 지브란 <寺院 문간에서>(제1절)

또 황진이의 시조에서도 다른 각도에서 우리는 이런 지향을 볼 수 있다.

동지ㅅ 둘 기나긴 밤을 한 허리를 버혀 내여
춘풍 니불 아래 서리서리 너헛다가
어론 님 오신 날 밤이어든 구뷔구뷔 펴리라.

이 시조의 주제 역시 사랑이지만, 지은이는 사랑에 대하여 설명하려
하지 않을 뿐만 아니라 사랑하는 사람과 만나는 극적인 장면이나 사랑하
는 사람에 관해서도 일언반구 읊조리지 않는다. 다만 님이 오기 전 님을
기다리는 심정을 드러냄으로써 사랑하는 사람과 사랑의 위대함을 암시할

뿐이다. 말하자면 변죽을 울림으로써 직접 미칠 수 없는 중심을 공명시키는 것이다. 만일 여기서 춘향전처럼 사랑하는 사람에 관하여 언급하고 사랑하는 사람들이 만나는 장면을 요란하게 구체적으로 표현했다면 황진이는 시조보다 소설을 써야 했을 것이다. 그의 시조가 절창으로 우리의 사랑을 받는 것은 시 정신에 투철한 그의 솜씨에서도 찾아볼 수 있을 듯하다.

철학은 삶의 적이라는 말이 있다. 시인에게 있어서 가장 유해한 일은 고정되고 설명에 사로잡히는 것이다. 삶은 언제나 그 여행길에 있다. 그러나 죽음은 이미 도달해 있는 것이다. 어떤 것이 도달해서 마무리되면 우리는 그것을 설명할 수 있고, 그것을 한정할 수 있다. 어떤 것이 아직 진행 중일 때는 그것은 여행해야 할 미지의 것이 아직 남아 있다는 의미이다. 철학자들은 많은 소음을 만들어 내지만, 거기 삶의 음악은 없다. 어떤 사람이 삶에 대하여 웃을 때 그는 곧 삶을 이해하는 것이다. 만일 우리가 표면에만 칠해진 웃음이 아닌 우리 존재의 가장 깊은 중심으로부터 오는 것임을 느낄 수 있으면, 그 웃음은 삶이 무엇인가에 대한 최초의 섬광을 우리에게 줄 것이다. 그것은 곧 삶은 하나의 신비라는 사실을 전해주는 섬광이다. 어떻게 인간이 그 설명을 찾을 수 있는가? 우리는 삶의 한 부분이다. 부분은 전체에 대한 설명을 찾아낼 수 없다. 부분은 전체를 해부하고 분석할 수 없으며, 전체를 앞질러갈 수 없다. 설명이란 우리가 애써 설명하려고 하는 그 대상을 초월해야만 한다는 것을 의미한다. 외과 의사는 생명이 아니라 죽은 육체에 대한 설명만을 찾을 수 있다. 과학자들은, 사람의 피를 검사할 때 그 피는 그것이 살아 있는 인간의 혈관에서 움직이고 있을 때의 그것과는 같은 것일 수 없음을 깨달았다. 꽃병에 있는 꽃은 나무에 피어 있는 꽃과 다르다. 그 외양에 속아서는 안 된다. 시인은 다르게 접근한다. 그는 해부가 아니라 사랑을 통해서 다가간다. 그 꽃을 뿌리째 뽑음을 통해서가 아니라, 그 반대로 그 꽃에 몰입함으로써, 그 깊은 사랑 안에, 그 신비함과 함께 있음을 통해 다가간다. 그는 그 속에 들어가는 것이다. 그래서 그는 무엇인가를 알게 된다. 그리고 그것은 설명이 아니다. 시는 설명할 수 없다. 그것은 진리에의 섬광이다. 그것은 어느 과학보다도 진실하다. 인생은 단순히 존재할 뿐이다. 인생은 질문도 아니고 질문에 대한 대답도 아니다. 깊이 파고 들어가 보면 우리는 인생에서 물음표가 아니라 감탄사를 발견하게 될 것이다. 삶은 하나의 경이이며 신비이다. 그러나 그 경이와 신비는 우리가 시인의 눈으로 인생을 바라볼 때만 일어난다.

부처와 예수, 장자와 노자, 그들은 모두 머리로 말하지 않는다. 그들은 단순히 그들의 가슴으로부터 쏟아 낸다. 그들은 논리적이지 않다. 그들은 시인이다. 예수도 우리가 말한 것과 같은 말을 한다. 부처도 우리가 사용하는 것과 같은 말을 한다. 그런데 무엇이 다른가? 우리가 어떤 정확한 말을 한다 해도 그것들은 전혀 의미가 없다. 그러나 예수가 그와 같은 말을 할 때 그것들은 대단히 의미심장하다. 그 말들은 열렬하게 불타오른다. 그 말들은 어디서 오는가? 역설적이게도 그것은 그 반대 극에서 올 수밖에 없다. 그것은 그의 침묵에서 나온다. 예수는 종종 침묵하곤 했다. 그는 군중들에게 나타나서 며칠 동안을 그들과 이야기한다. 그들을 만나서 깨우쳐주고 그리고 어느 날 갑자기 그는 말한다. "이제 나는 산으로, 광야로 갈 것이다. 나는 침묵할 것이다." 예수는 그의 제자들마저도 남겨두고 홀로 광야로 갔다. 침묵하기 위해서. 그의 침묵은 말하기에 의해서 발산되었다. 침묵은 말에 의해 소모되었다. 이제 그는 다시 충만하기 위해 돌아가야 한다. 침묵으로 충만하기 위해서. 그리하여 이제 그는 시적으로 가득 찰 터이며 노래로 가득 찰 터이므로 그의 말은 일상적인 말이 아닐 것이다. 그의 말들은 광휘로 충만할 터이다. 그때 그의 말들은 우리의 가슴에 직접 와 닿을 것이다. 말은 그것들이 온 곳과 같은 깊이로 전달된다. 만일 우리의 말이 우리 가슴에서 나온다면 그 말들은 듣는 사람의 가슴에 가 닿을 것이다. 만일 그 말이 우리 머리에서 나온다면 그것은 그들의 머리에 가 닿을 것이다. 비유해 말하면 화살을 뒤로 힘껏 당기지 않으면 그 화살은 멀리 날아가지 못하는 것과 같다. 심오한 말은 우리의 가장 깊은 곳에서 나와, 멀리 화살처럼 사람들의 가슴으로 날아가게 된다.

정치가들의 연설은 이와 대조적이다. 그들은 끝없이 말하고 또 말한다. 아무 것도 말하는 것이 없으면서. 그것이 권모술수라는 것이다. 그들은 말장난만 할뿐이다. 말은 그 자체의 마력을 지니고 있다. 그래서 우리는 말이 이끌고 가는 다음 말로 넘어가서, 끝에 가서는 자신이 원하지도 않았던 말로 끝낸다. 말은 그 자체의 마력, 그 자체의 마법을 지니고 있다. 소설가들이나 시인들은 그것을 안다. 소설가들은 이야기를 시작하지만 결코 그들이 원했던 대로 끝내지 못한다. 소설 속의 인물들이 그 자신의 성격을 주장하는 것이다. 이윽고 말들은 어떤 방식으로 물결쳐 어떤 방향으로 이끌고 간다. 모든 위대한 소설가들은 그것을 알고 이렇게 말했다. "그렇다. 우리가 소설을 시작하지만 그것을 끝맺는 건 우리가 아니다. 그것은 그 자체의 방식으로 끝낸다." 말은 그 자체의 마법을 가지고 있는 것이다. 하나의 말이 다른 말을 이끌고, 그것은 계속 이어진다. 부처는 말한다. "주의하라. 말에 이끌리지 말라." 시인은 이것이 무엇을 의미하는지 안다. 그래서 그는 정말로 말하고 싶은 것만을 말하기 위해서 단어 하나도 아끼면서 행간을 이용한다.

6. 살아 있는 체험

시는 개인적 진실을 나타낼 뿐만 아니라 또한 그의 순간적 진실을 표현한다. 그런 점에서 시적 상상력은 일반적인 상상력과 구분된다. 일반적으로 상상력이 작용하는 대상은 미래다. 그러나 거기에 해당하는 현실이 없기 때문에 우리는 계속해서 더 많은 이미지를 만들어낸다. 그러나 우리는 현재와 관련된 상상을 할 수 없다. 어떻게 현재 속에서 상상을 할 수 있는가? 우리가 의식적으로 현재 속에 있을 수 있다면 상상 속에서는 살지 않을 것이다. 그때 상상력은 현재 속에서 자유롭게 창조할 것이다. 오직 올바른 초점이 필요할 뿐이다. 상상력이 실재에 초점이 맞춰질 때 상상력은 창조하기 시작한다. 그때 창조물은 어떤 형태로도 나타날 것이다. 우리가 시인이라면 창조력은 시로 터져 나올 것이다. 그 시는 미래에 대한 동경이 아니라 현재를 표현한 것이 될 것이다. 우리가 화가라면 창조력은 그림으로 터져 나올 것이다. 그때 그림은 우리가 상상해 온 것이 아니라, 우리가 알고 있는 것이며 우리가 살아온 것이다. 상상력을 통해 표현되는 현재는 미래에 대한 상상도 아니고 과거에 대한 상상도 아니다. 그것은 알려진 어떤 체험의 표현이 아니다. 그것은 체험하고 있는 것의 체험이다. 그것은 우리가 살고 있는 것의 체험이며, 우리 속에서 일어나고 있는 것의 체험이다. 그것은 살아온 체험이 아니라 살아 있는 체험의 과정이다. 그때 체험과 체험하고 있는 것은 둘이 아니다. 그때 화가는 사라진다. 체험 자체가 그림이 된 것이다. 그는 창조자가 아니다. 그는 창조성이며 살아 있는 에너지다. 그는 시인이 아니라 시다. 그래서 우리가 아름다운 시를 볼 때면 그것을 쓴 시인을 만나보려고 해서는 안 된다. 우리는 그 시와 같은 사람을 만날 수 없기 때문이다. 그를 만나면 우리는 실망할 것이다. 그는 평범한 사람이다. 단지 일별을 가진 경험이 있을 뿐이다. 그리고 그 일별의 순간에 그에게 드러나는 실체를 본 것이다. 그는 그 순간 가슴으로 떨어졌다. 하지만 그는 그 통로를, 그 과정을 알지 못한다. 그것은 단지 우연하게 일어난 사건이다. 그는 자신의 의지

대로 움직일 수 없다. 위대한 시란 언제나 시인이 제작한 것이 아니고
영감에 의해서 창조된 것이기 때문이다.

〈맹순사〉의 풍자적 성격과 언어적 진실

송현호
(아주대 교수)

1. 문제의 제기

1946년 『백민』에 발표한 작품 〈맹순사〉는 풍자적인 성격이 강한 소설로, 해방기 풍자소설에 관심을 가질 때 〈논 이야기〉, 〈역로〉에 못지 않게 우리의 주목을 받을만한 작품이다.[1]

이 작품은 해방 직후 미온 적이었던 친일파 청산의 문제와 당대의 문란한 행정의 문제를 풍자적으로 서술하고 있는 점에서 〈논 이야기〉나 〈역로〉와 유사한 성격을 지닌 작품으로 볼 수 있다.

그런데 〈역로〉와 〈논 이야기〉에서는 서술자의 이야기 구연 방식에

---

[1] 김윤식은 「채만식론-민족의 죄인과 죄인의 민족」(『한국현대문학사』, 일지사, 1983)과 「해방공간의 문학」(『해방전후사의 인식 2』, 한길사, 1985)에서 채만식의 해방기 문학에 대하여 본격적으로 문제를 제기한 바 있으며, 우한용은 냉소적 담론의 텍스트 연관성이라는 이름으로 〈맹순사〉, 〈논 이야기〉, 〈역로〉의 풍자성에 대하여 본격적으로 분석을 시도하고 있다. (『채만식소설 담론의 시학』, 개문사, 1992, pp.284-292)

서 벗어나 묘사 위주의 서술을 하고 있으나 <맹순사>에서는 전지적인 작가 시점에 전통적인 이야기 방식을 수용하고 있다.[2] 서술자의 묘사는 맹 순사와 그의 아내의 인물 치레에 초점이 맞추어져 있으며, 다른 인물에 대한 이야기는 주로 맹 순사 부부의 대화를 통하여 드러나고 있다. 맹 순사와 그의 아내의 대화는 <치숙>의 '나'와 아저씨의 대화를 연상시킬 정도로 긴장과 이완의 구조를 반복적으로 나열하고 있으며, 서술자는 맹 순사만을 풍자하지 않고 등장 인물 모두를 풍자의 대상으로 삼고 있다.

부정적 인물을 누가 서술하고 희화화하고 있느냐를 기준으로 삼을 때 풍자의 유형은 두 가지로 나눌 수 있다. 그 하나는 서술자가 부정적인 인물로 자신을 희화화하여 풍자성을 획득하고 있는 <치숙>이나 <역로>와 같은 경우이고, 다른 하나는 서술자가 부정적 인물이 아니고 서술자가 관찰하여 보고하고 있는 인물이 부정적 인물인 <태평천하>, <레디 메이드 인생>, <논 이야기> 등과 같은 경우이다. <맹순사>는 후자에 속하는 작품이다.

본고에서는 <맹순사>에 나타나는 풍자와 그 언어적 진실에 대하여 알아보되, 두 가지 점에 주목하려고 한다. 그 하나는 서술자의 인물치레에 나타나는 냉소적인 어조이고, 다른 하나는 맹 순사 부부의 대화에 나타나는 자기 고백과 그 언어적 진실이다.

2. 인물치레와 언어적 진실

인물치레는 맹 순사와 그의 아내에 치중되고 있는데, 맹 순사의 인생관

---

2) 졸저, 『한국현대문학론』, 관동출판사, 1993, pp.46-62

에 대한 서술자의 냉소적인 어조가 은연중에 드러나고 있다. 서술자는 맹 순사가 맹자님과 혈통적으로 어떤 관계가 있는지, 우리나라 명재상이었던 맹 정승의 몇 대 손인지 혹은 그와 관계가 없는지 모르겠다고 하면서 인물치레를 시작하고 있다. 어투가 <태평천하>에서 흔히 볼 수 있는 냉소적이고 빈정거리는 투이다.

맹 순사는 내일 모레 사 십이어서 '속이 대개는 썩을 대로 썩고, 모나던 성질이 둥그러지고 하여, 감정 생활이 누그러지는' 나이지만, '타고난 성품이 본시도 유한' 인물이어서 '남과 시비와 갈등 같은 것은 생기는 일이' 드물어서 아내가 아무리 '쫑쫑대고 생동거리고' 공박을 해도 화를 내는 일도 없고 고집을 굳이 세우려 들 줄도 몰르는 위인이라고 했다. 좋게 말하면 원만한 사람이고, 나쁘게 말하면 '반편스럽고 지조 없고 무능'한 사람이었던 것이다.[3]

반면에 서분이는 열일곱 살 되던 해 서른 살 홀아비 맹 순사에게 시집을 온 새파랗게 젊은 색시로 순사 부인들이 갖추어야 할 세 가지 특색 가운데 '미상불 언변 좋고, 똑똑하고(즉 객관적으로 바꾸어치면 건방지고) 하기로는 좀처럼 남에게 질 생각이 없으나, 오직 옷 호사 한 가지만은'[4] 자신이 없는 여인이요, 신경질적이고 요망스런 부류의 여자라고 했다. 성질이 그러하니 자연 '남편한테 포달을 떨고, 볶아대고, 버르장머리 없이 굴고'[5] 하였다.

그럼에도 두 사람이 원만하게 살아갈 수 있었던 것은 맹 순사가 그것을 잘 받아주고 '열세 살이나 어린 아낙이 딸자식 같아서' 귀엽게 생각했고, '자식이고 계집이고 간에 귀여우면, 흉이 흉이 아니요, 흉도 이쁜 법이'기

---

3) 『채만식전집 8』, 창작과비평사, 1987, p.261
4) Ibid., p.259
5) Ibid., p.261

때문이라고 했다.

두 인물에 대한 인물치레에 이어서 두 사람의 대화를 통하여 그들의 생활고와 청백관에 대한 진지한 토론이 이루어진다. 그들의 토론을 통하여 맹 순사와 그의 아내는 어떤 인생관과 청백관을 지니고 있는가가 비교적 잘 드러난다.

서분이는 남편이 무능해서 생활이 궁색하고 '집안 여편네 유똥치마 하나 못해' 준 것이라고 하고, 맹 순사는 순사 노릇하면서 '내가 그만침이나 청백했기 망정이지' 그렇지 않았다면 순사 동료들처럼 민중들에게 맞아죽거나 팔다리가 부러졌을 것이고 심하면 방화를 당했을[6] 수도 있었을 것이라고 한다.

서분이는 '가네모도상은 그렇게 들이 긁어먹구두, 되려 승찰 해서 부장이' 되었고, '기노시다상넨, 이살 해오는데, 재봉틀이 인장표루다 손틀 발틀 두 개에, 방안 짐이 여덟 개에, 옷이 옥상옷만 도랑꾸루 열다섯 도랑꾸드래요. 그리구두 서울루 뻐젓이 와서 기계방아 사놓구 돈벌이만 잘 허문서, 활개 펴고' 살더라고 하면서 남편을 원망한다.[7] 맹 순사는 '사람이 청백하면, 가난해두 두려울 게 없는 법'이라고 하면서 제법 거드름을 피우기도 한다.

대화의 내용을 보면 맹 순사는 청백리요, 그의 아내는 타락한 인물로 보인다. 서술자도 빈정거리기는 하면서도 맹 순사를 한껏 추켜세우고 있다. <태평천하>와 <치숙>의 서두 부분과 크게 다를 바 없는 상황 설정으로 볼 수 있다.

그런데 서술자는 맹 순사의 주장이 얼마나 허무맹랑한 것이었는가를

6) Ibid., p.261

7) Ibid., p.262

보여주면서 그에 대한 희화화를 시도한다. 맹 순사는 양복장을 보고 얼굴이 간지러웠다. 양복장은 유치장 간수로 있을 때 아내의 성화를 못 이겨 경제 사범으로 들어온 사람에게 쪽지를 건네주어 얻은 물건이었다. 양복장을 열자 거기에 '대마직 국민복'이 그를 기다리고 있었다. '작년 초가을, 좋지 못한 풍문이 들리는 파출소 건너편의 양복점에서 맞추어 입은 것이었다. 공정 가격은 32원인데' 3원을 들고 갔다가 그냥 얻어 입은 옷이다. 순사로 팔 년을 지내면서 특히 '통제 경제가 강화된 이삼 년 육십 몇 원이라는 월급으로는 도저히 지탱해 나갈 수 없는 생활을 뇌물 받은 것으로써 보태어 나왔'다.

이쯤 되면 그가 청렴결백한 사람이 아니라는 사실이 드러난 셈이다. 그럼에도 맹 순사는 자신이 청백하다는 생각을 굽히지 않는다. 그것은 '양복벌이나 빼앗아 입고, 돈이나 몇 십 원, 돈 백 원 받아쓰고, 쌀 나무며 찬거리나 조금씩 얻어먹고, 술대접이나 받고 하는 것은 예사로 하는 일이요, 하여도 죄 될 것이 없다'고 생각한 때문이다. 부정부패가 순사 사회에 만연된 일임을 짐작케 하는 대목이다. 죄가 죄인지 모르고 살아온 그에게 적어도 독직이나 죄가 되려면 '몇 만 원 집어먹고서 소위 팔자를 고친다는 둥, 허리를 푼다는 둥의 수준에 올라야'[8] 한다. 이러한 생각은 모두가 부정을 저지르는데, 왜 나만 문제를 삼느냐는 논리와 크게 다를 바 없다.

서술자는 맹 순사를 전면에 내세워 문란한 공직 사회와 그 속에서 죄의식 없이 살아가는 타락한 인물을 조롱하고 있는 것이다. 타락한 인물에 대한 풍자는 반어의 수법을 통한 희화화에 의해 실현되고 있다. 서술자는 겉으로는 맹 순사를 추켜세우고 있는 것 같지만, 실제로는 그의 잘못된 공직자상과 청백관의 실체를 폭로하여 웃음거리로 만들고 있다.

---

8) Ibid., p.263

풍자는 일반적으로 인간의 약점, 사회의 부조리, 비논리 같은 것을 역설, 반어, 과장, 축소 등의 방법이나 해학, 기지 등의 기법을 구사하여 조소적으로 표현하는 수법을 말한다.[9] 부정적 인물을 소설의 전면에 내세우고 긍정적 인물을 이면에 감추어 희화화할 때, 풍자는 극명한 효과를 거둘 수 있다.

<맹순사>에서 부정적 인물들은 맹 순사, 서분이, 가네모도, 기노시, 노마, 강봉세 등이고, 긍정적인 인물은 드러나 있지 않다. 겉으로 볼 때 맹 순사가 긍정적인 인물로 설정된 것 같지만, 그가 풍자의 대상이 되고 있는 점에서 <태평천하>의 윤 직원이나 <치숙>의 '나'와 크게 다를 바 없다.

그와 아내의 계속되는 대화를 통하여 당대 공직자들의 비리의 실체가 어느 정도 드러난다. 동료 순사 가운데 '열에 아홉은 한몫을 보고 늘어져 만 원 짜리 집을 사느니, 오십 석 추수의 땅을 양주에다 사놓았느니, 상사 회사를 꾸며 가지고 대주주가 되어 사직하고 나가느니'[10] 했던 것이다. 자신이 청렴결백하다고 생각하는 것이 어디까지나 상대적인 결핍에서 오는 것임이 드러난다.

3. 자기 고백과 언어적 진실

자기 변명으로 일관하면서 청렴결백을 주장하던 맹 순사는 먹고 살 길이 막연해지자 군정청 경찰학교에 지원서와 이력서를 낸다. 해방 후 친일 행위에 대한 죄의식과 신변상의 위협으로 순사 생활을 그만 둔 그가

---

9) 조남현, 『소설원론』, 고려원, 1986, pp.306-307
10) 『채만식전집 8』, 창작과비평사, 1987, p.263

다시 경찰에 지원하게 된 것은 자기 모순이 아닐 수 없다. 더욱 심각한 것은 당국에서도 그의 친일 행위를 문제삼지 않고 다시 기용한 사실이다.

그럼에도 그에게는 일말의 양심이 남아 있어 시민들이 자기를 대하는 태도에 놀라기도 한다. XX파출소에서 그를 맞이한 사람은 자신이 세 들어 살았던 주인집의 행랑 아들인 '노마'였다. 노마는 학교도 제대로 다니지 않았고 유미관을 드나들면서 주먹패의 똘마니 생활을 했고, 주먹질 때문에 파출소에 끌려간 그를 맹 순사가 몇 차례 방면해준 적이 있던 인물이다. 맹 순사는 '저런 것이 다 순사니, 수모도 받아 싸지'하고[11] 생각했다.

맹 순사를 더욱 놀라게 한 것은 노마가 전출을 가고 그 후임으로 온 새로운 동료 때문이다. 이 사람은 재작년 맹 순사가 XX경찰서에서 유치장 간수로 있을 때, 살인 강도죄로 붙잡혀 들어 왔던 강봉세였다. 강봉세는 맹 순사에게 복수의 칼을 갈던 사람으로 정치범·사상범이 풀려나올 때 같이 나와 경찰이 된 사람이었다.

맹 순사는 위기감을 느끼고 헐떡거리며 집으로 돌아오자마자 강봉세의 칼에 배가 찔리지 않은 것만도 다행이라고 생각하면서 정복 정모와 패검을 보따리에 싸놓고 사직원을 썼다. 영문을 모르는 그의 아내가 구박하자 아내의 성화를 감당하기 어렵다고 판단하고 결국 자기 고백을 하기에 이른다.

> "그새, 벌써 사직예요?"
> 아낙 서분이가 구박이었다.
> "꽤니, 과부 아니 된 것만 천행으루 알아요."
> "?-----"

---

11) Ibid., p.266

> "사상범, 정치범만 석방을 하라니깐, 살인강도꺼정 말끔 다 풀어
> 놨으니, 그놈들이 그래 심청이 그래야 옳담? 심청머리가 그리구서야
> 전쟁에 아니 져?"
> "살인강도가 났어요."
> "난 게 아니라, 들어왔드라우"
> "뉘 집엘?"
> "파출소루 ----- 칼 차구, 정복 정모 잡숫구."
> "에구머니! 가짜 순사 말이죠?"
> "홍, 뻐젓이 사령장꺼정 받은 진짜 순사드랍니다요. 당당헌 경찰
> 학교 졸업생이시구."
> "절 어찌우? 그럼 인전 순사한테두 맘 못 놓겠구료?"
> "허기야 예전 순사라는 게 살인강도허구 다를 게 있겠나! 남의
> 재물 강제루 뺏어먹구, 생사람 죽이구 하긴 매일반였지."[12]

인용문은 맹 순사와 그의 아내의 대화로 이루어져 있는데, 이야기꾼이
청자를 의식하여 질문을 던지고 그에 화답하는 형식으로 서술되고 있다.
아내의 질문은 이완의 기능을 하고 있으며, 맹 순사의 응답은 구체적인
진술을 통하여 긴박한 상황을 연출하고 있다. 판소리의 서사구조인 창과
아니리의 구조를 수용하여 긴장과 이완이 반복되고 있는 형국이다. 또한
맹 순사 부부의 대화는 대부분 존칭형 종결어미를 사용하고 있으며, '들
어왔드라우', '잡숫구', '드랍니다요' 등의 전라도 사투리를 구사하여
이야기를 훨씬 구수하고 생동감 있게 해주고 있다.

그러나 <태평천하>에서 빈번하게 나타나고 있는 욕설이나 비어는
눈에 띄지 않는다. 그럼에도 이러한 언어 구사와 서술 방식은 판소리
사설을 연상시키고도 남음이 있다. 맹 순사의 넋두리는 판소리 창자가

---

12) Ibid., pp.267-268

구체적 사실들을 제시하여 극적 효과를 얻기 위하여 취하고 있는 창법에서 크게 벗어나지 않은 것이며, 이야기꾼이 청자들에게 이야기를 들려주면서 흥을 돋구는 형국으로 볼 수 있다.

이러한 언어 구사와 서술방식은 분명 채만식의 독창적인 소설 기법임에 틀림없다. 그것은 전통을 답습한 것도 서구의 리얼리즘을 흉내낸 것도 아니다. 그는 우리 문학의 수준을 세계적인 수준으로 끌어올리기 위해서 외국 문학을 모방한다면 우리 문학은 주변부 문학에서 벗어날 수 없고, 우리의 유산을 계승하고 새로운 전통을 창조해야 비로소 진정한 의미의 세계적인 수준의 문학에 도달할 수 있다고 생각한 사람이다.[13]

그는 설화체의 수용을 통하여 해방 이후 친일의 행각을 속죄하지 못하고 자기 변명이나 하면서 우유부단하게 살아가는 인물 맹 순사를 희화화하여 풍자의 효과를 극대화하고 있다. 서술자는 맹 순사를 긍정적으로 서술하기도 하지만 여러 가지 정황으로 미루어 보면 그것이 냉소적이고 풍자적임이 드러난다.

이 작품은 45년 12월 19에 작성하였고 46년에 발표하였으니 인용문에 나타나 있는 전쟁이 구체적으로 어떤 전쟁을 의미하는지 불분명하다. 해방 후 우리 정부가 치른 전쟁이 없는데, '심청머리가 그리구서야 전쟁에 아니 져'라고 말하고 있는 점으로 미루어 분명 대동아 전쟁을 의미하는 것 같다. 그렇다면 이 대목은 풍자적인 것으로 당대를 여전히 일제 암흑기의 연속으로 파악하고 있는 작가의 세계관의 표출로 보아야 할 것이다.

당시는 식민 잔재의 청산은커녕 미군정이 들어와 우리 민족 자체의 열망과 역량을 억누르고 오히려 일제 식민지 통치 구조를 그대로 지속시

---

13) 『채만식전집 10』, 창작과비평사, 1989, p.163.

켜 일본인 관리와 친일 한국인 관리를 그대로 중용하여 또 다른 식민지 체제 구축을 하고 있었던 것이다. 마지막 말은 그럴 가능성을 더욱 짙게 해준다.

자신의 청렴결백을 주장하던 그는 '허기야 예전 순사라는 게 살인강도 허구 다를 게 있겠나! 남의 재물 강제루 뺏어먹구, 생사람 죽이구 하긴 매일반였지'라는 자포자기적 발언을 한다. 그는 왜 그렇게 말했으며, 그 진의는 무엇일까? 인정하기 싫은 진실을 인정한 것인가, 아니면 순사를 강도와 같은 취급을 하는 미군정에 대한 반발인가?

여전히 아리송한 말이지만 다소 빈정거리는 듯한 그의 말속에서 막연하기는 하지만 세계관의 변화를 엿볼 수 있다. 그가 순사를 역임한 사람이고 보면 경찰의 세계를 그 누구보다도 잘 알 것이다. 그것은 경찰만의 일이 아니고, 정치인도 마찬가지이다. 그들은 조직의 생리상 결코 자신들에게 불리한 진실을 발설하지 않을뿐더러 끝까지 결백을 주장하기도 한다.

맹 순사의 자기 고백은 다분히 자기 변명의 성격이 짙지만 당대의 현실이 자신이 바라는 방향으로 나가지 않고 원하지 않는 방향으로 나가고 있다고 판단하여 자신의 진실을 우회적으로 표출한 것으로 볼 수 있다.

4. 결론

본고는 <맹순사>를 텍스트로 선정하여 서술자의 인물치레에 나타나는 냉소적인 어조와 맹 순사 부부의 대화에 나타나는 풍자적인 성격을 살펴보고 아울러 그 언어적 진실에 대하여 알아본 것이다.

인물치레는 맹 순사와 그의 아내에 치중되고 있는데, 맹 순사의 인생관에 대한 서술자의 냉소적인 어조가 은연중에 드러나고 있다. 맹 순사는 순사 노릇하면서 청렴결백하지 않았다면 봉변을 당했을 것이라면서 거드름을 피우기도 한다. 서술자도 빈정거리면서도 맹 순사를 한껏 추켜세우고 있다. <태평천하>와 <치숙>의 서두 부분과 크게 다를 바 없는 상황 설정이다. 이어서 서술자는 맹 순사의 주장이 얼마나 허무맹랑한 것이었는가를 아주 구체적으로 보여주면서 당시의 문란한 공직 사회와 그 속에서 죄의식 없이 살아가는 타락한 인물을 조롱하고 있다. 서술자는 맹 순사를 겉으로는 추켜세우고 있는 것 같지만, 실제로는 그를 웃음거리로 만들고 있는 것이다.

자기 변명으로 일관하면서 청렴결백을 주장하던 맹 순사는 먹고 살 길이 막연해지자 군정청 경찰학교에 지원서와 이력서를 낸다. 그런데 동료 순사로 온 사람들이 깡패와 살인강도이다. 맹 순사는 위기감을 느끼고 사직원을 쓰고, 영문을 모르는 그의 아내는 구박을 한다. 아내의 성화를 감당하기 어렵다고 판단한 그는 자기 고백을 한다. 맹 순사의 자기 고백은 다분히 자기 변명의 성격이 짙지만 당대의 현실이 자신이 바라는 방향으로 나가지 않고 원하지 않는 방향으로 나가고 있다고 판단하여 자신의 진실을 우회적으로 표출한 것으로 볼 수 있다.

이상에서 살펴본 바와 같이 <맹순사>에 구사되고 있는 언어는 겉으로 드러나 있는 의미와 그 이면에 감추어져 있는 의미가 다르며, 그 진실을 파악하기가 쉽지 않다. 겉으로 드러나 있는 의미에만 주목할 때 그에 대한 평가는 긍정적으로 나오기 어려우며, 그 이면에 감추어져 있는 진실에 주목할 때 비로소 그에 대한 평가는 제대로 이루어질 수 있을 것이다.

참고문헌

권영민, 『한국근대문학과 시대정신』, 문예출판사, 1983.

김용직 외, 『한국문학연구입문』, 지식산업사, 1982.

김윤식, 『한국근대문학양식연구』, 아세아문화사, 1980.

_____ 외, 『한국문학사』, 민음사, 1979.

김화영 편역, 『소설이란 무엇인가』, 문학사상사, 1986.

박동규, 『현대한국소설의 성격연구』, 문학세계사, 1981.

송현호, 『한국현대소설론』, 민지사, 1986.

_____, 『한국근대소설론연구』, 국학자료원, 1990

우한용, 『한국현대소설구조연구』, 삼지원, 1990.

이재선, 『한국현대소설사』, 홍성사, 1984.

임형택, 『한국문학사의 시각』, 창작과비평사, 1984.

_____ 외, 『한국근대문학사론』, 한길사, 1981.

전형대 외, 『동편제판소리창본』, 한샘, 1991.

조남현, 『한국현대소설연구』, 민음사, 1987.

조동일, 『한국문학과 세계문학』, 지식산업사, 1991.

_____ 외, 『판소리의 이해』, 창작과 비평사, 1984.

최원식 외, 『한국고전산문연구』, 동화출판사, 1981

Ashoroft, Bill, 『The Empire Writes Back : Theory and Pratice in Post-Colonial Literatures』, London ; Routlege, 1989.

Booth, Wayne c., 『The Rhetoric of Fiction』, The Univ. of Chicago Press, 1970.

Cullerd, Jonathan, 『Structuralist Poetics』, Routledge & Kegan paul, 1975.

Hernadi, Paul, 『Beyond Genre』, Ithaca ; Cornell Univ. Press, 1972.

Scholes, R. and R. Kellogg, 『The Nature of Narrative』, Oxford Univ.Press, 1979.

Stanzel, Franz,K.(안삼환), 『소설형식의 기본유형』, 탐구당, 1982.

Todorov, tzvetan,「Les Catagories du recit Litteraire」,『Communication 8』, Paris

; Seuil, 1966.

Watt, Ian, 『The Rise of the Novel』, Berkley & los Angels ; Univ. of California,
1974.

문학적 언어에서 가면과 축제

- 김기림, 이상의 문학에서 능금과 나비의 언어 -

신범순
(서울대 교수)

1. 자아의 붕괴와 가면의 언어

우리의 근대문학은 1930년대에 언어와 사물의 새로운 관계를 통해 새롭게 전환되었다. 여러 시인 작가들의 글쓰기는 이전과는 달라진 언어의 새로운 평면들 위에서 서성거리며 자신의 생각을 펼쳐보이기 시작했다. 김기림은 언어들의 인쇄술적 배치 속에서 새롭게 발생하는 '의미의 향기'를 포착하고 있었다.[1] 李箱은 지도나 캘린더, 신문 등, 근대적 이성의 차갑고 냉정한 계산과 그 인쇄술적 결정체인 종이 속에 자신의 창백한 독서와 사유, 몽상의 세계를 겹쳐놓았다. 그는 그곳에서 언어의 여러 층을 가로지르면서 이상한 거울놀이를 하였다. 이효석은 책과 종이와 일기 같은 사유와 몽상의 종이류들을 먹어치우는 山羊의 이야기를 썼다. 그는

---

1) 김기림, <1933년의 시단의 회고와 전망>, 조선일보, 1933.12.13.

그러한 산양처럼 능금나무 주위를 배회하는 시의 세계와 마을의 산문적 현실세계 사이, 그 찢겨진 틈 속에 빠진 언어에 대해 생각했다. 김기림은 거리를 지배하는 새로운 정보망과 감각의 새로운 패션에 대해 관심이 많았다. 상품의 수사학적 논리인 광고지의 언어는 그의 시학에서 중요한 한 변수가 된다. 그것은 한편으로는 언어의 타락[2]이었지만 다른 한편으로는 언어의 패션(옷)이기도 하였다. 그의 시학에서는 상품의 書板인 이 광고나 메뉴판을 어떻게 뒤집어야 하는가 하는 것이 문제가 된다. 이상의 글쓰기는 창백한 표면으로서의 '백지' 위에서 시작된다. 흔히 창백한 소녀의 얼굴이나 피부의 이미지로 등장하기도 하는 이 백지는 폐쇄된 공간의 병적인 나르시즘이 전개되는 곳이다. 그러나 그 나르시즘보다 본질적인 것은 모조나 흉내에서 빠져나오지 못하는 이 창백한 거울 평면을 출렁거리게 만들어, 그 폐쇄되고 닫힌 평면을 유동화시키도록 하는 '악의 충동'[3]이다. 이 지점에서 그의 '자아'는 자리를 비운다. 그곳은 일종의 '유령'들, 자아의 여러 가면들이 출몰하는 공간이다. 언어의 새디즘이 자아의 동일성을 파괴해 폐허로 만들며, 책을 불태우며 언어의 광기를 유발한다. 이상은 "나는 나의 성격을 서랍같은 그릇에다 담아버렸다. 성격은 간데온데가 없다"라고 말했으며, "나는 책을 태웠다. 산적했던 서신을 태워버렸다. 나의 기념을 태워버렸다"고 하면서 유령과같이 홍분하여

---

2) 김기림,<퍼머넨트>, 전집5권(김학동 편), 심설당, 1988, p.238.

3) 이상의 <첫번째 방랑>에는 이 '악의 충동'이란 말이 세 번에 걸쳐 되풀이 된다. 원고지 위에서 우는 귀뚜리는 사각거리며 그 위를 달리는 펜촉소리(글쓰기의 소리)를 듣는다. 이상은 원고지 위의 이 '귀뚜리'를 미처 그 글쓰기가 표출하지 못하는 '악의 충동'을 꿰뚫고 있는 존재로 그려냈다. 이 귀뚜리는 이상의 상상 속에서 탄생한 글쓰기의 精靈이다. 이 글의 뒷 부분에서 이상은 이렇게 말했다. 그 귀뚜리는 "내가 필설로서 호소할 수가 전허없는 수많은 깊은 惡과 고통마저 알고 있다는 꼭 그런 얼굴인 것이다."(김윤식 편, 『이상문학전집』3, 문학사상사, 1993, p.174)

거리를 뚫었다고 외친다4). 바른 팔과 왼팔이 서로 매질하여 날개가 부러
졌다고 할 때 이러한 새디즘적 광기는 매저키즘과 긴밀하게 결합되어
있음을 보여준다. 우리는 이상의 작품 전체를 통해서 이러한 새디즘/매저
키즘에 대해 다시 생각해보아야 한다.

　이효석은 <독백>에서 마음의 진실에서 멀어져버린 '가면으로서의
말'5)에 대해 언급했다. 그러나 그러한 말들 속에서 진실에의 거리를 원근
법적으로 측정하는 기준점으로서의 자아, 그리고 그 진리치의 정도를
조회해 보고 측정해야 할 '자아'의 중심은 이미 찾기 어렵게 되었다. 이효
석이 자신의 내면을 고백한 언어들인 일기, 사색과 사유의 결정체들인
글과 책들을 아귀아귀 먹게 했던 山羊의 돈키호테적 순수함6)은 이상에게
는 더 이상 존재하지 않는다. 이상의 羊은 악마의 유순한 가면7)이었다.
김기림에게도 역시 "말로 옷입히며 꾸며대는 기술"8)로서의 언어들이 문
제가 되었다.

　1920년대 우리 문학의 화두는 '자아'와 '고백'이었다. 김동인은 <자긔
의 창조한 세계>9)라는 글에서 강력하고도 거의 전능적인 자아의 나르시
즘을 표출했었다. 그의 인형조종술은 이러한 나르시즘의 예술적 기교였
다. 주요한의 <불노리> 이후 흔히 감상적 낭만주의라고 불리웠던 시들
역시 사랑의 번뇌에 빠진 '자아'의 감정을 표출하는 데 골몰하고 있었다.
그들은 그 사랑의 번뇌를 통해서 자아와 우주가 뒤섞인 상상적 로망스의

---

4) 이상, <공포의 기록> 중에서 <추악한 화물>, 『이상전집』(임종국 편), 문성사,
　　1966, p.175.
5) 이효석, <독백>, 『이효석』, 문원각, 1974, p.44.
6) 이효석, <10월에 피는 능금꽃>, 삼천리, 1933.1.
7) 이상, <얼마 안되는 변해>, 임종국 편, 앞의 책, p.281.
8) 김기림, 전집2(시론)(김학동 편), p.234.
9) 『창조』2년 4호, 1920.7.

숭고한 세계를 여행하고 있었다. 그러나 이러한 '자아'의 환상들은 곧 무너져내렸다. 김동인은 일찍이 <어즈러움>[10]이란 글을 통해서 현저하게 위축된 자아의 파탄된 모습을 드러내보였다. 그는 소설 속 인물들을 인형처럼 자유롭게 조종할 정도로 자유로운 의지를 지닌다고 생각했던 전능적인 '자기'에 대한 환상을 포기했다. 그 대신 그의 일상생활 속에서 식민지적 권력의 일상적 얼굴인 순사와 마주치기 싫어하는 비굴한 자아의 모습이 등장한다. 자유의지가 아니라 복종하는 의지의 미묘한 내면심리가 드러난 것이다. 1920년대 시들 중에서 죽음과 슬픔에 대해 노래한 많은 시들이 사실은 현실에서 패퇴한 자아의 식민지적 감정에서 흘러나온 것이 아닌지 생각해보아야 할 것이다. 이렇게 1920년대 우리 문학은 근대적 자아의 제도와 양식을 만드는데 실패했다.

  김기림과 이상, 이효석 등의 글쓰기는 식민지 근대의 제도적 양식들과 교차해나가는 지점에 놓여있다. 그러한 제도적 양식들의 묵중한 무게 밑에서 으깨진 자아의 파편들이나 일그러진 자화상들을 바라보며 그들의 언어는 그러한 권력의 무게에 짓눌린 창백한 사유 혹은 감각적 에로티시즘 속에서의 도피적 환각을 표출한다. 뼈와 근육, 신체의 조각들을 합성하면서 고통과 분노를 폭발시키려는 '악의 충동' 등을 그것은 표출하기도 한다. 이들은 우리 근대문학에서 매우 독특한 시학과 문학적 풍경들을 보여주었다. 이러한 것들에 대한 우리의 연구는 여전히 미진하다. 그들의 문학적 성과도 여러 측면에서 올바로 평가되지 못했으며 그들을 잇는 다른 작품들에서 발전적으로 이어지지 못했다. 이들에 대한 새로운 연구는 우리 문학사를 다시 일구어 풍요롭게 하기 위한 것이 될 것이다.

  이 글은 이들 가운데 가장 독특한 작가인 이상을 중심으로 그의 글쓰기

---

10) 『개벽』 35호, 1923.5, p.144 이하.

가 지닌 언어의 가면과 축제적 특징을 포착하고자 한다. 김기림과 이효석을 통해 우리는 당대의 글쓰기 속에서 작동하는 '언어의 경제'와 '언어의 축제'를 분석해볼 것이다. 이들을 통해서 '글쓰기의 위상학'이라고 할만한 것을 추출해낼 수 있을지도 모른다. 李箱의 작품은 그러한 위상학을 한 극단에서 조명해주는 중요한 자료가 된다.

2. 감각과 사물, 언어의 축제

이상이 죽었을 때 그의 가장 친한 친구이자 정신적 지지자였던 김기림은 추도시로 <쥬피타 추방>이란 시를 썼다. 김기림은 이 시의 첫 부분에서 죽은 시인에 대하여 신화적인 후광을 부여했다. 그 후광이란 이상이 평소에 가장 즐겼던 담배 연기가 만들어낸 동그라미이다. 이 멋진 이미지는 그가 이 시인에 부여한 보헤미안 혹은 광대적인 이미지와 어울려서 우리에게 축제적인 감동을 불러일으킨다. 김기림은 그리스의 최고 신 제우스의 가면과 길거리 예술가인 광대의 가면을 이 시인의 독특한 풍모 속에 혼합했다. 아마도 이것이야말로 항상 자신의 진정한 얼굴을 찾아다니던 이상이 가장 흡족하게 여길만한 얼굴이 아니었을까? 이상은 <실낙원>이나 <최저낙원> 같은 글들을 통해서 바닥에 떨어진 천사의 이미지를 만들었었다. 이 길거리 천사들은 매음녀나 거지, 예술가 등이었다. 이상은 매춘부에게서 성모 마리아를 찾아낸 한 친구에 관한 이야기를 들려주기도 한다.[11] 김기림은 이상의 문학적 상상력 속에서 작동하는 이러한 우울한 축제 이미지를 더 숭고한 분위기로 착색했던 것이다.

김기림은 당시 서울 경성거리를 거닐면서 상품의 '가면무도회'를 구경

---

11) 이상, <혈서삼태> 중 <관능위조>, 김윤식 편, 앞의 책, p.22.

하고 그에 대해 비판하곤 했었다. 그는 그에 대한 수필과 시를 남겼다. 그러나 그는 나아가서 거리의 패션과 상품의 가면들이 진실을 가리는 것만이 아니라 진실 자체가 되어 있는 현실을 구성하고자 했다. 그의 모든 글들에 스며있는 '옷' 이미지는 이미 그러한 패션의 시각으로 모든 것을 바라보고자 하는 그의 무의식적 충동을 드러낸다. 패션이나 가면은 그의 육체를 파고들 뿐 아니라 그의 사유와 언어에까지 파고든다. '화장' 의 언어12) 혹은 사상의 의상13), 말의 옷14) 등에서 그러한 현상을 확인할 수 있다. 김기림은 언어로부터 '자아'라는 심리적 주체를 떼어냈다. 그리고 그는 고정된 언어학적 구조를 흔들어버리며 패션이라는 유동체적 성격을 부여했다. 패션과 가면으로서의 언어는 오히려 주체를 구성하는 다양한 힘이었으며, 고정된 언어구조들을 미끄러뜨리고 붕괴시키는 유동성이었다. 이러한 면에서 김기림은 비록 이러한 것을 정교하게 이론화하지 않았지만 이상의 문학적 특성을 간파하는데 매우 시사적인 언어관을 제시했던 셈이다.

김기림의 언어관을 압축적으로 표현한 말 중에 '말의 축제'15)와 '언어의 경제'16)가 있다. 언어는 생산력을 가져야 하며 정확하게 사물과 의미를 포장해야 한다. 그러한 면에서 언어는 '경제'적 측면을 갖는다. 그러나 언어는 또한 그러한 경제적 효율성과 통제력을 떠나서 남발되고 낭비되며 혼란스러운 난장판에 몰입해 들어간다. 그것은 또한 경제적 물질적 토대로부터 솟구쳐 올라 신화적인 상징과 상상의 구름 속을 떠돈다. 언어

---

12) 김기림, <피에로의 독백>, 조선일보, 1931.1.27.

13) 김기림 전집2권, p.103.

14) 위 책, p.225.

15) 위 책, p.191.

16) 위 책, p.87.

의 '축제'라고 할 만한 이러한 것들이 문학적 언어의 특징이 된다. 김기림은 인류 역사의 고대적 영역에서 '언어의 마술성'이 주문이나 축문, 經文의 형태로 존재했으며, 그러한 것이 오늘날 러브레터나 광고문, 진정서 등에 그 흔적을 남기고 있다고 말했다[17]. 이 부분에서 우리는 김기림의 탁월한 언어분석을 대할 수 있다. 즉 광고문이나 진정서 같이 언어의 경제학이 작동하는 곳에서 동시에 언어의 축제적인 요소가 개입할 수 있음을 그는 알았던 것이다. 그러나 상품의 경제학과 달리 언어의 경제학은 오히려 언어자체의 유통질서가 확립되는 수사학과 문법, 논리학 등에서 찾아야할 것이다. 김기림은 위의 글에서 언어의 마술성이 웅변을 거쳐 바로 이러한 것들 즉 수사학, 문법, 논리학 등으로 내려왔다고 말한다. 아마도 사제 혹은 주술사로부터 영웅적인 웅변가(왕/귀족/기사) 그리고 학자와 시인들이 그러한 언어학적 위계 속에 자리잡고 있지 않을까? 이 위계는 '언어의 능력'의 위계인 것이다. 마술적 창조력으로부터 영웅적인 명령과 서사시적 웅변으로, 그리고 그로부터 많은 것을 계산하고 조직하고 꾸며대는 이성적 사유와 논리, 치밀한 수사학으로의 추락이 있다. 이 가장 밑바닥의 언어는 사유의 치밀한 노동이 전제되지 않으면 안된다. 특히 문법과 논리학은 평민적이고 노예적인 이성, 변증법적 사유의 결정체이다.

김기림은 시의 산문화를 주도했는데 그 배경에는 "살아서 뛰고 있는 탄력과 생기에 찬 말"[18]에 대한 관심이 있다. 그는 "街頭와 격렬한 노동 일터의 말"을 그러한 것과 관련시켰다. '산문'이란 이렇게 보면 새로운 일과 사물의 탄생 그리고 새로운 감각의 탄생과 연관된다. '가두'라는

---

17) 위책, p.236.

18) 위책, p.172.

것은 근대 도시에 진열되는 새로운 사물들의 진열장이다. 새로운 건물과 상품들, 새로운 패션들과 새로운 맛, 풍경, 풍속 등이 거기 있다. 언어는 이 새로운 사물들을 지시해야 하며 그로부터 파생되는 의미망들을 흡수할 수 있도록 짜여져야 한다. 예를 들어 김기림은 백화점의 진열장을 들여다보고 자신을 유혹하는 모자와 스틱, 가방 등에 대해 묘사하고 서술할 언어들을 찾아야 했다. 상표 이름을 알아야 했으며, 여행의 꿈과 관련된 보들레르의 싯구를 동원하고 그러한 상품으로부터 빠져나가는 자신의 꿈에 대해 말해야 했다. 정지용은 <비>19)라는 수필에서 '춘희'가 나오는 영화를 관람하고 비 내리는 거리를 빗물에 얼룩진 차창으로 바라보는 색다른 체험에 대해 예민한 신경증적 감각을 동원했다. 그는 신경증적으로 날카로와진 감각을 통해 적어도 그가 바라보는 '비'에 대해 12가지 정도의 미묘한 표현을 할 수 있었다. 이렇게 서로 다른 여러 가지 '비'에 대한 묘사가 이 글에서처럼 날카롭게 구별되어 표현된 적은 그 후로도 없었다. '비'에 대한 수사학이 예민한 신경증적 감각에 의해 전개되었다. '비'는 새로운 거리의 풍속도와 새로운 사물들 그리고 영화같은 새로운 매체와의 관련 속에서 여러 개로 분절되었다. 아마도 그것을 우리는 감각의 논리와 수사학적 논리라는 두 가지 질서 속에서 파악할 수 있을 것이다. 근대 도시 거리에서 산책하는 사람들에게 체험되었던 감각의 분절은 새로운 사물들의 물질적 지형적 분절과 대응하는 것이었다. 우리는 이에 대한 다양한 자료들을 끌어 모을 수 있다.

　사실 정지용의 독특한 여러 '비'들은 지나치게 개별적인 감각의 차원에서 분절된 사물이라고 할 수 있다. 그러한 분절들은 언어의 경제 영역을 넘어서는 것처럼 보인다. 많은 사람들이 근대적인 사물들을 대하면서

---

19) 정지용, 『백록담』, 동명출판사, 1950, p.100.

정지용처럼 '신경증적 감각'의 예리한 떨림을 맛보았다. 김기림도 <에트란제 제1과> 같은 글에서 자신의 신경이 구겨진 '홉취지'처럼 떨렸다고 말했다. 이러한 예민한 신경증은 최남선이나 이광수 그리고 김억이나 박영희 등 거의 대부분의 시인 작가들에서 발견되었던 것이다. 그리고 그러한 예민한 감각이 새로운 사물들을 포착하고 의미를 부여하며 새로운 언어적 표현을 발굴하는데 앞장섰다. 언어의 근대적 분절은 특히 문학 분야에서는 그러한 신경증적 충격과 함께 탄생했다고 해도 과언은 아니다. 따라서 정지용의 미묘한 감수성과 비의 독특한 수사학 역시 그러한 근대문학의 일반적 성향에서 크게 벗어나 있지 않다. 새로운 사물에 대한 언어의 경제는 그러한 개별적인 신경증적 혼란 속에서 점차 모습을 드러내는 것이다. 그러한 것들이 정리되면서 일상화되고, 풍속화되면서 분명하게 결정되는 것이기도 했다.

예를 들어 이효석의 경우 그러한 풍속적 결정의 입구를 보여주는 글이 있다. 이효석의 <낙랑다방기>[20] 같은 글에서 평양의 다방과 카페를 음미하면서 거리를 거니는 이효석은 맛과 소리, 인상적 장면 등에 대한 상세한 지형도를 펼쳐보이고 있다. 여러 곳을 다니면서 그가 맛 본 커피와 홍차의 여러 가지 양태가 맛의 여러 수준에 대응한다. 김기림은 새로운 사물인 튤립과 사과에 대한 기호를 선명하게 표출한다. 그러한 기호는 그의 시에서 매우 중요하게 작동한다. 그런데 김기림은 이 새로운 사물들을 옛날의 사물들과 대비시킴으로써 가치의 위계를 수사학의 또 다른 차원으로 정립시킨다. 그는 <능금의 만가>[21]에서 토종 능금과 새로운 외래 품종 사과를 대립시킨다. 그것은 전통적인 패션(한복, 상투, 버선)과

---

20) 『박문』3호, 1936 겨울.

21) 조선일보, 1936.9.30.

새로운 패션(양복, 수팡치마, 문화주택)의 대립에 대응한다. 그의 튤립 역시 마찬가지로 가치평가되는 사물이며, 비지라는 음식에 대립하는 비프스테이크 역시 마찬가지이다.

이렇게 볼 때 1930년대 언어의 경제적 측면은 새로운 사물들의 물질적 지형적 분절과 그리고 그와 관련되는 감각의 분절 속에서 분화되고 새롭게 생성되는 다양한 영역들로 포착되고 있음을 알 수 있다. 이 당시 문인들 중에서 김기림과 정지용, 그리고 이효석은 바로 그러한 언어의 새로운 경제 영역 위에서 활동하고 있었다. 그리고 그들 가운데 특히 김기림은 감각의 분절에 가치의 위계적 수사학을 부여하고 있었다. 수사학적 분절이 사물과 감각의 분절 영역에서 가치의 영역으로 한 단계 진화한 것이다. 이효석의 여러 작품에서도 특히 여성 주인공과 관련해서 이러한 '가치의 위계'와 결합된 수사학들을 발견할 수 있다. 이러한 문제에 대해서는 다음 기회에 자세히 다룰 생각이다.

언어의 축제적 측면은 과도한 상상이나 상징적 상승 혹은 평균적인 문법질서를 이탈하는 개별적이거나 위반적인 수사학을 가리킨다. 김기림의 경우 <능금의 만가>에 나오는 사과 품종들은 언어의 경제 영역에 속한다. 봉황란과 축, 홍옥, 국광 등 여러 가지 이름이 열거되며 그것들은 모두 당시에 상품으로 개발되어 생산되고 유통되던 것들이다. 김기림은 여기에 맛의 위계를 설정하는데 귀족적인 것과 서민적인 것의 대립이 봉황란과 축의 맛에 대응되어 있다. 사실 여기까지는 이러한 맛의 구별에 대한 일반적인 생각과 판단에서 크게 벗어난 것은 아닐지도 모른다. 계급적 구별이라는 사회학적 개념이 뛰어난 맛과 평범한 맛의 가치평가에 수사학적으로 개입한 것은 그러나 순전히 김기림 개인의 몫이다. 그는 이 두 가지 맛에 사회구조적 상징성을 대입시킨 것이다. 이 상징성은 미묘하게 당시 유행하던 정치경제학적인 사회 비판 의식을 사과의 두 가지 맛에 결부시켰다. 그러나 사과의 맛은 실제로는 그 두 계급과 아무 관련이 없다. 김기림은 은밀하게 이 두 가지 맛을 비켜가기 위해 그 두 계급을 동원했는지도 모른다. 그는 우리나라에서 선구적인 상업적 농업 형태로 경영되던 사과 과수원을 아버지로부터 물려받았다. 그러한 면에서 그는 새로운 근대적인 상업적 농업의 개척자였다. 그러니 봉건적인 두 계급은 그의 경제학에서도 당연히 부정의 대상이 될 수 있다. 그러나 그는 여기에서 새로운 전환을 시도한다. 그는 위 두 가지 과일에 홍옥의 맛을 덧붙여 거론하는 것이다. 그가 야성적이라고 표현한 이 붉은 태양 혹은 심장같은 홍옥은 그의 다른 글과 관련시켜볼 때 문명의 침입을 받지 않은 낙원, 고갱의 타히티 섬 같은 야생의 지대를 가리킨다. 이 글에서 상기시킨 성경 창세기의 낙원 이미지를 그는 이 홍옥에 담고 있다. 그는 이제 자신의 경제적 토대인 상업적 과수원의 경영자로부터 자신의 이미지를 제거하고 싶은 욕망을 은밀하게 펼치고 있는 것이다. 그는 근대 세계의 개척자나 창조자라는 이미지보다는 그러한 세계로부터 탈출하는 자의 이미지로 변신하고 싶어한다. 아버지로부터의 일탈이라는 이 주제는 그의 다른 글에서 심각한 어조로 되풀이되고 있다[22]. 그는 장 꼭또의 글을 인용하면서 아버지가 자신으로부터 멀어져가는 아들을 바라보는 시선을 묘사한다. 그것은 커가면서 멀어져간다는 반원근법(여기서는 '원근법의 이상한 법칙'이라고 했다)의 영역이었다. 아마도 김기림의 축제적 언어는 이 부분에서 매우 분명한 공식을 얻어낸 것처럼 보인다. 즉 아버지의 질서로부터 탈출하며 그 질서를 부정하고 뒤집는 것이 그것이다. 홍옥은 고대의 낙원 신화와 미래를 향한 유토피아적 꿈의 양 영역에서 축제적 의미를 빨아들인다. 그것은 평범한 언어의 경제에서 솟구침으로

---

22) 김기림,<전원일기의 일절> 중에 <아버지>,전집5권(김학동 편), p.231.

써 마법적인 사랑의 상징성(에덴의 낙원 이미지와 연관된)과 지배질서에 대한 부정과 위반의 기호를 동시에 획득한다. 이것이 그의 시 <능금밭>을 해독할 수 있게 해주는 축제적 기호 영역이다.

3. '나비'–찢겨진 종이의 날개 혹은 죽음과 웃음의 언어

李箱의 글들은 우리가 위에서 언급한 '언어의 경제'로부터 가장 멀리 떨어져 있다. 그의 글들은 '언어의 축제'를 가장 광범위하게 그리고 과격하게 보여주고 있다. 이러한 양상이 어떻게 그리고 왜 벌어지며 어떠한 방식으로 나타나는지 알아보기로 하자.

김기림에게 홍옥의 상징이 일종의 반외디푸스적 의미를 갖는 것처럼 이상 역시 아버지적 질서로부터의 일탈이라는 기호체계를 광범위하게 보여준다. 이러한 측면에 대해서는 이미 상당한 연구가 축적되어 있다. 우리는 이 문제에서 나아가 그 주제를 더 정교한 수준에서 분석해보기로 한다. 이상의 글쓰기가 펼쳐보이는 언어의 축제적 측면을 분석함으로써 그러한 주제에서 이상이 갖는 특이함이 어떤 것인가를 살펴보도록 하겠다.

이상의 글들은 그것이 기반하고 있는 '글자'의 의미 자체를 무화시키려는 글쓰기이다. 그의 글들 전반에 걸쳐 집요하게 따라붙는 것은 삶의 모든 것을 지배하고 그 생명력을 무화시키는 기계적 시간(시계)의 이미지이다. 아마 이와 관련된 많은 예를 들 수 있을 것이다. <지도의 암실>에서는 이상 특유의 '逆倒病'적 성격을 드러내는 주인공으로서 '리상'이 등장한다. '리상'은 그러한 기계적 시간에 대한 강박관념을 드러낸다. 이 소설은 그러한 시간의 질서를 뒤집는 역도병적 의식의 소유자인 '리상'에 대한 분열증적 탐색을 보여준다. 이 소설이 진행될수록 리상이라는 존재는 점차 희미해지며, 여러 가면으로 분산되고, 신체의 파편들 뒤로 숨겨지며, 글쓰기 뒤로 사라진다. 그런데 여기서 특이한 것은 글쓰는 일에 자신의 생을 걸고 있는 작가 이상의 거울상인 '리상'이 소설 속에서 자신과 글쓰기 그 둘 모두를 미궁化시킨다는 것이다. 리상이란 주체는 여러 가면과 그 가면들의 복잡한 지형도만을 남겨주고 사라진다. 그것은 마치 <오감도>에서 그려진 미궁 속의 아이들처럼 보인다. 이러한 미궁은 언어의 경제가 지녀야 할 가장 단순한 공식, 즉 주어와 술어의 수미일관성과 통사적 질서에서 서술어에 대한 주어의 지배적 위계라는 두 가지 법칙을 붕괴시킨다. 복잡하게 얽힌 문장들은 두서없이 끼어드는 주어, 술어의 복합으로 인해 혼란스러워진다. 그것들은 전체적인 조화와 통일을 염두에 두지 않고 제멋대로 끼어들며, 전체적인 질서를 유지해야 한다는 긴장감도 갖고 있지 않다. 이 문법적이고 통사적인 질서의 붕괴는 이 작품에서 근대적인 시간의 붕괴와 긴밀하게 연결되어 있다. 즉 그에게 이 새로운 혼란된 글쓰기는 시간의 운명에 대립하는 것이다.

> 인류가아직만들지아니한글자가 그 자리에서이랬다 저랬다하니
> 무슨암시 이냐가무슨까닭에 한번읽어지나가면 도무소용인 글자의
> 고정된기술방법을채용하는 흡족지않은버릇을 쓰기를버리지않을까
> 를그는생각한다---그는결국에시간이라는것의무서운힘을 믿지아니
> 할 수는없다
>
> —<지도의 암실> 부분

이 소설에서 글자라는 것은 '고정된 기술'이라고 규정된다. 이 소설의 뒷 부분에 글쓰기라는 미궁의 공간, 그 텅빈 무인지경의 백지 공간에서 이 글자의 기술은 "그만이하다가고만두는아름다운복잡한기술"로 발전

되어 있다. 이상의 창조적 글쓰기는 여기서 '고정된 기술'로서의 글자를 재배치하고 새롭게 가공하는 '아름답고 복잡한 기술'을 지칭하게 된다. 그러나 이렇게 가공된 글자도 생각의 빛을 정확하게 담아내지 못한다. 이 소설의 한 부분은 "암뿌우르에 봉투를 씌워서 그 감소된 빛은 어디로 갔는가"라고 묻는다. 이상은 이 전기(암페어로 표현된)의 빛을 글자 이전의 사유 즉, 몸과 의식의 사유를 가리키는 은유적 기호로 삼고 있다. "암뿌으르에 불이 확 켜지는 것은 그가 깨이는 것과 같다". 잠을 자던 그의 몸덩이가 깨어나는 것을 전구에 불이 켜지는 것에 비유하고 있다. 이어서 자신의 몸을 덮고 있는 침구와 전기 빛에 씌워진 봉투를 같은 것으로 여기며, 그 봉투와 자신이 입는 옷을 같은 것으로 생각한다. 이 소설에서 글자라는 것은 일종의 '빛의 잉크' 즉 '광선잉크'가 되어야 한다. 깨어나는 몸이 발산하는 사유의 빛은 미닫이 스크린에 내려쏘이는 광선잉크가 된다. 그것은 몸의 감각(시각)에 투사되는 사물의 그림들이며 외부 사물들에 대한 거울반사이기도 하다. 그러나 이 거울은 완벽하지 않다. 광선잉크는 사유의 빛이지만 봉투를 통해서만 존재한다. 몸의 감각 역시 침구와 옷을 통해서만 존재한다. 즉 순수한 몸의 언어란 사회 속에서는 존재하지 않는다. 이상은 자신의 글자들 역시 플라톤적 이데아의 그림자로만 존재하는 것으로 생각했다. 글자는 사유라는 빛의 그림자로만 존재하는 것이다.

이상은 여기서 앵무새나 원숭이 같이 흉내와 모방의 차원에 머물 수밖에 없는 글자의 일반적인 차원에 자신의 독자적인 글자를 대비시키려 한다. 그가 "인류가 아직 만들지 아니한 글자"라고 할 때 이 순수한 '빛의 글자'는 그가 도달해야 할 글자이다. 그는 '아름다운 복잡한 기술'을 통해서 '원숭이 글자'를 그 '빛의 글자'로 이끌어가려 한다. 그러나 그는 이러한 절망적인 시도가 글자 자체가 가지고 있는 모방의 한계에 부딪치고 그 저항에 직면함을 깨닫는다.

언어의 한계에 대한 이러한 비판적 인식은 그 언어를 구사하는 주체에 대한 비판으로 연결된다. 이러한 생각은 매우 급진적인 것인데, 이상은 김기림보다 훨씬 심각하게 이러한 생각을 자신의 작품을 통해 파고들었다. 이들은 모두 글쓰기의 공간인 '백지'에 대해 비판적 사유를 전개하고 있었다. 창백한 지식인의 우울한 도피처이기도 한 이 '백지'는 세계를 창조하는 적극적인 활동에서 쫓겨난 자들의 몽상과 사유 그리고 글쓰기 놀이의 공간이다. 이상의 글들에서 그렇게 위축되어 자신의 감옥(방)에 갇혀 있는 자들이 '소녀'처럼 그려진다. <실락원>의 <소녀>는 그러한 존재의 전형적 표상을 보여준다. 이 '소녀'는 복통을 일으키고 객혈을 한다. 그것은 연필로 누가 장난을 치거나 부상한 나비가 와서 앉는 까닭이라고 말한다. "소녀는 확실히 누구의 사진인가보다"라고 이 글은 시작된다. 어떤 실체적 존재의 모사로만 존재하는 이 소녀의 이미지는 활동적인 입체감이 사라진 존재이다. 그녀는 두께를 잃고 얇게 압착된 존재이다. 무수한 독서행위로만 존재하는 이 종이같이 얇은 존재는 창백한 지식인, 바로 이상 자신의 초상화이다. 연필로 장난하는 것은 그러한 지식인들의 글쓰기에 대한 희화적 표현이며 '부상한 나비'가 와서 앉는다는 것 역시 그 연약한 글쓰기의 몽상 속에서 병들고 좌절하는 지식인의 표상인 것이다. 이상의 나비 이미지는 거의 대개가 얇은 종이 이미지와 연관되어 있다. 예를 들면 "족보를 찢어버린 것 같은 흰 나비"[23]라든가 "그저께 신문을 찢어버린 때묻은 흰 나비"[24] 등이 그렇다. 그에게 '나비'는 글자들이 씌어진 종이(신문, 족보 등)를 찢어서 만들어진 것이다. 그러한

---

23) 이상 <산촌여정>, 임종국 편, 앞의 책, p.111.
24) 위책, p.107.

것들로부터 가볍게 날아오르려 몸부림치는 이미지가 거기 있다. 거기에
는 무거운 글자(오래된 족보의 문자)와 끊임없이 유통되는 대중적 정보
(신문)의 언어로부터 빠져나가고자 하는 위반과 탈출의 언어, 예술적 꿈
의 언어가 암시되어 있다. <오감도> 연작 중의 하나인 <시 제10호 나비>
는 이 '나비'의 비극에 대해 말하고 있다.

> 찢어진壁紙에죽어가는나비를본다.   그것은幽界에絡繹되는秘密
> 한통화구다. 어느날   거울가운데의수염에죽어가는나비를본다. 날
> 개축처어진나비는입김에어리는가난한 이슬을먹는다. 통화구를손
> 바닥으로꼭막으면서내가죽으면앉았다일어서드키나비도날라 가리
> 라. 이런말이결코밖으로새어나가지는않게한다.

이 시에서 '찢어진 벽지'의 나비는 우리가 위에서 본 상승적인 나비와
대비된다. 그것은 더 이상 날아갈 수 없는 한계로서의 '벽'에 가로막혀
있다. '벽지'를 찢는 것은 이미 그 두꺼운 벽에 막혀 있어서 절망적인
행위 이외에 아무 것도 아니다. 이 나비의 위반과 탈출은 비극적이다.
그것은 죽음의 벽을 두드릴 뿐이다. 그러나 그 나비의 꿈은 그 죽음의
벽을 통해 그 '幽界'와의 비밀스러운 통화구를 만든다. '죽어가는 나비'
는 따라서 가장 비밀스러운 언어를 갖게 된다. 거울에 비친 수염(아마도
나비 날개를 연상시키는 코 밑의 팔자 수염일 것이다)은 그렇게 비밀스러
운 말이 나오는 입과 함께 나비 형상을 하고 있다. 이 거울이라는 우울한
공간, 지식인의 창백한 독서와 글쓰기의 공간은 그 밑바닥을 알 수 없는
죽음의 깊이를 간직하고 있다. 나비의 언어는 그 죽음의 언어를 들이마신
다. 그리고 비밀스럽게 그 죽음의 언어를 흘려보낸다. 아마도 이 나비의
언어는 바로 이상 자신의 글쓰기의 비밀을 형상화한 것이지 않겠는가.

그의 작품 전반에 걸쳐 끊임없이 출몰하는 '죽음'에 대해 생각해보라. 이상은 그 죽음의 비밀에 통로를 대지 않고는 자신의 작품을 거의 한 줄도 쓰지 못했을 것이다.

　이상의 글들에 나타나는 '시계' 이미지 역시 그 '죽음'과 관련된다. 그것은 이 세상의 모든 것을 정물처럼 석화시키는 죽음의 명령과도 같다. 정확히 계산되는 시간의 기계적 분할이 모든 것을 시간의 기계론적 질서에 복속하도록 명령한다. 그 어떤 것도 거기서 벗어나기 어렵다. 그것은 모든 것을 죽음으로 이끌어가는 명령이다. 그것에 의해 모든 것은 성적인 에로티시즘을 박탈당하고 모든 것을 황무지적인 풍경으로 만들어 버린다. 정물의 이미지는 그렇게 생명력을 박탈당한 것들을 표상한다. <面鏡>의 시계는 그렇게 하여 다음과 같은 정물의 기이한 풍경을 만들어낸다.

　　　정물 가운데 정물이 정물 가운데 정물을 저며내이고 있다. 잔인하
　지 아니하냐.

　<月像>은 이러한 황무지적 풍경을 한 극한적인 모습으로 그려냈다. 마치 혈우병에 걸린 것처럼 만신창이가 된 달의 모습을 통해서 이상은 시계의 기계적인 명령에 복속되는 삶의 총체적인 이미지를 그로테스크한 모습으로 그려냈다. 그것은 커다랗게 부풀어오른 시계의 천문학적 이미지이다. 그것은 그 기계적인 시간 속에서 황폐화된 지구와 그 위에서의 황무지적인 삶이 뒤섞여 반죽된 채 허공에 떠있는 거대한 덩어리이다. "시계를 꺼내어 보았다. 나도 시계를 꺼내 보았다. 늦었다고 그랬다"라는 첫 부분에서 시간의 강박관념이 나타난다. '늦었다'는 것에 대해 우리는 언제나 누군가에 의해 질책당해야 한다고 여긴다. 우리는 그 시간에 쫓기며 스스로를 채찍질하면서 살아간다. 이 황무지로 이루어진 병든 달은

그렇게 늙는다는 강박관념에 쫓기면서 살아가는 황무지적 삶의 거대한 병 덩어리를 보여준다. 모든 것이 냉각되고 동결된 거대한 덩어리가 하늘에 떠서 우리 모두를 압박한다. 이상은 이 글에서 매우 낯설고 섬찟하게 괴기하고 독특한 시적 풍경을 만들어냈다.

우리는 이상의 '시계'란 과연 무엇일까 생각하게 된다. 그의 다른 시에서 그것은 캘린더의 시간이기도 하다. 그것은 또 쇼윈도우 속의 마네킹과도 연관된다. <습작쇼윈도우 수점>에서 우리는 그 시계의 비밀을 약간 들여다볼 수 있다. 여기서 이상은 상품 선전을 위해 백화점 쇼윈도우 속에 세워놓은 마네킹 인형을 보여준다. 그녀는 세월이 가도 변함없는 '영원의 젊은 처녀'이다. 상품을 만들어내고 그것을 팔기 위해 정교하게 고안된 이 인형은 상품의 논리 속에서 박제된 현대인을 암시하고 있다. '냉각된 육체'라는 표현은 이 시 이외에도 도처에 나오는 반복적 이미지이다. 그는 근대 도시를 지배하는 거대한 질서로서의 자본주의적 이성, 식민지라는 탈 속에서 한층 더 기괴하게 부풀어오른 그 이성의 명령을 시계와 캘린더의 기계적인 명령으로 치환시켰던 것이다.

이상이 문제삼는 글자라는 것 역시 이렇게 병들어버린 황무지적 달의 거대한 이미지에서 벗어나지 못한다. 그것은 시계와 캘린더의 질서정연한 기호체계로부터 그렇게 멀리 떨어져 있지 않다. 그러한 명령들의 거대한 압력 밑에서 창백하고 얇게 압착된 종이와 거울 속에서의 글쓰기는 권력의 문법에 대한 탈출로서 그러한 종이를 찢어버리려 한다. '나비' 이미지는 바로 그러한 찢어진 글자들의 날개로 이루어 진 것이다.

이상의 '종이찢기'는 몇 가지 양상으로 나타난다. 그는 우선 이 창백한 거울의 황무지 속에서 자신의 가짜 주체를 찢어버린다. <지도의 암실>에서 리상이란 주인공의 주체적 지위는 끊임없이 붕괴된다. 그 대신 주체는 생각이나 글자, 몸과 얼굴, 손가락, 특정한 일들 사이에서 벌어지는 지형학적 드라마가 된다. '리상'이란 주인공은 그 작품의 첫머리에서 지칭되었듯이 '우스운' 대상이 되는 것이다. 예를 들면 리상은 통사론적으로 주어와 술어의 종속관계에서 주어의 위치를 찬탈당한다. 그가 칫솔을 가지고 이빨을 닦는 것이 아니라 반대로 칫솔과 물이 그를 닦는다. 리상은 '그'라는 또 다른 주어로 분화된다. 그러한 분화는 서로를 가면화 한다. 이렇게 해서 이상은 이러한 통사론적 혼란과 주체의 분화를 통해 '주체의 원근법적 지형학'이라는 것을 만들어냈다. 그것은 캘린더와 시계의 일반문법이 포착해서 규정하고자 하는 한 고정된 자아의 지위를 계속적으로 뒤흔들고 상대화시키면서 그 일반문법의 그물에서 빠져나가는 방식이 된다.

그리고 이상의 글쓰기의 또 한 가지 중대한 특징인 '웃음의 언어'가 그러한 '나비의 언어'가 될 것이다. 근대적인 이성의 권력 밑에서 짓눌려 얇아진 거울과 종이 위에서 나비는 밀폐된 벽지를 찢는 것에 불과했다. 그러나 그는 여기서 죽음의 幽界와 연결된 비밀스러운 통로를 발견한다. 이 죽음은 이상의 글들 속에서 그로테스크한 축제적 웃음을 만들어낸다. 왜냐하면 그 죽음의 세계는 현실의 권력으로부터 빠져나가 자유로와진 세계이기 때문이다. 이 '유계'라는 것은 현실의 황무지적 죽음과는 대립되는 것이다. 창백한 유리거울과 백지 밑에 잠겨있는 이 죽음의 심연 속에서 그가 '악의 충동'이라고 한 새디즘적 충동이 솟구쳐오른다. <혈서삼태>라는 수필은 진지한 농담의 언어로 이루어져 있다. 그는 이 글에서 분명하게 새디즘과 웃음을 결합시키고자 한 것처럼 보인다. 그는 주로 진지하게 쓴 것처럼 위장한 연애 혈서의 몇 가지 양태를 다루고 있다. 어떤 여인은 그 가짜 혈서를 보고 자살까지 한다. 이 농담적인 진지함은 새디즘적 양태를 띤다. 그 글자들 밑에는 악의 충동이 있다. 그리고 그 농담적인 웃음은 에로틱하며 죽음에까지 흘러가는 에로티시즘의 强度를 열어놓는다. <지도의 암실> 뒷 부분에서 제시되는 무덤 위로 모여든 웃음(<지도의 암실> 중의 <笑怕怒>)이라는 것이 이러한 것과 관련되어 보인다. 그 웃음은 여기서는 육체의 파편적 풍경에서 비롯된 것이다. 주체의 죽음과 관련된 이 풍경은 그 축제적 풍경을 모든 언어에 퍼뜨릴 수 있을만한 힘을 갖는다. 이상의 언어들은 언제나 진지한 듯 하면서 농담을 한다. 농담은 현실적 권력의 엄숙함이나 진지한 사유들을, 절실한 감정들을 붕괴시킨다. 농담은 그러한 것들 모두를 뒤흔들면서 삶의 밑바닥 심연 속으로 내려가게 한다. 공허함의 깊이를, 죽음의 깊이를 그것은 그 모든 것들에 가져다주며 농담의 가벼움 속에서 그 모든 것들이 증발되도록 한다. 그것은 언어 자체에 대한 농담으로 발전하며 스스로마저 붕괴시킨다. 언어가 본래 가지고 있다고 생각되는 모방적 진지함, 즉 애를 써서 원래의 사유나 사물에 가까워지려고 노력하는 진지함은 그 자체로 농담의 대상이 된다. 모방은 원숭이 흉내처럼 우스꽝스러운 성격으로 바뀐다. 이렇게 그의 언어들은 웃음을 지니면서 가벼워지고 권력의 글자와 권력의 문법을 찢으면서 나비처럼 비상하는 언어들이 되는 것이다.

經文 이해의 새로운 시도*

― 道德經을 중심으로 ―

김상대
(아주대 명예교수)

1. 서 언

1.1. 현대인과 도덕경의 관계

우리 사회에 전하는 經典들은 고전 중의 고전으로 오랜 동안 삶의 귀감으로 이해되었다. 여기서는 여러 경전 가운데서도 특히 접근이 어려우면서도 최근에 관심이 고조된 道德經을 대상으로 논의하려고 한다. 도덕경은 몇 가지 점에서 다른 경전들과는 구분되는 특색을 지니고 있다. 첫째 일반적으로 경전들이 성인의 제자들에 의하여 간접적으로 기술된 것과는 달리, 이는 노자 자신이 직접 집필한 희귀한 예에 해당한다. 그리하여 우리의 자세 여하

---

* 이 논문은 마감일에 쫓겨 급하게 쓰여진 졸고 「經文의 이해」(이석규 편저 『텍스트 분석의 실제』에 게재)를 고치고 내용을 추가하기도 하면서 다시 쓴 것이다. 그간 발표한 논문들 가운데도 다소간 시간에 쫓겨 쓰인 것이 없는 것은 아니지만, 본 주제는 그만큼 필자로서는 완성도를 높이기 위하여 각별한 관심을 가지고 있는 것이다.

에 따라서는 시공을 초월하여 노자와 직접 대면하는 기쁨을 누릴 수도 있다. 둘째는 분량 면에서 전체가 漢字 5000 자 가량으로, 한 나절도 안 돼 다 읽을 수 있을 정도다. 그리하여 한번 읽기도 엄두가 안 나는 여타 경전의 방대한 양에 비하면 바쁜 현대인에게는 그 자체로 큰 매력이 아닐 수 없다. 셋째는 내용이 역설적이고 이율배반적이어서 우리의 이성이 비틀거리게 되기 십상이다. 이는 지적으로 난삽해서가 아니라 우리의 삶과 너무 밀착되어 있기 때문이라고 할 수 있다. 그래서 머리로 정리는 안 되어도 가슴으로는 받아들여지는 듯한 신비감이 감돌기도 한다. 지식만 포식한 채 지성과 감성에 메마른 현대인에게 이는 하나의 신선한 충격이 될 수도 있다. 도덕경의 이런 특성들은 노자가, 끝없는 욕심과 일에 쫓기는 오늘의 우리를 위해 맞춤 경전을 베푼 듯한 느낌마저 든다.

여기서는 전체 81장 가운데 제1장에 한하여 비교적 자세히 논의함으로써 도덕경에 들어가는 길잡이로 삼고자 한다. 도덕경을 읽는 것은 근본적으로 신문을 읽는 일과는 다르다. 신문은 각 면이 상이한 정보로 채워져 있어 건성으로라도 전체를 훑어보아야 하지만, 도덕경은 각 장이 통일된 주제를 조금씩 다른 각도에서 기술하고 있기 때문에 어찌 보면 전체를 대충 읽어 내려가기보다는 어느 한 장 한 구절이라도 철저히 이해하는 것이 도움이 될 듯하기도 하다. 더구나 어느 경전에서나 첫 장의 비중 혹은 첫 장에 대한 관심은 각별한 바가 있는 것이다.

1.2. 대안적 접근 방법의 개발

본 내용으로 들어가기 전에 잠시 도덕경을 읽는 자세에 대하여 생각해 보고자 한다. 경전은 성인의 가르침이라는 점에서 일반 지식 서적과는 엄격히 구별된다. 성인은 지식에 관심이 없을 뿐 아니라 지식을 배척하는 입장에 선다. 그런데 이제까지 우리가 참고한 것은 학자들의 지적 해설이 주를 이루었었다. 학자들은 그 차원에서나 지향에서나 성인과는 사뭇 달라, 학자들의 접근은 그 나름대로 하나의 독립적 체계를 이룰지는 모르나 성인의 원래 의도와는 현격한 차이가 있을 수밖에 없다. 비유하자면 이는 대학생 수준의 깊은 뜻을 초등학생이 해설하는 격이다. 그러므로 우리는 방향을 바꿔 경전들 간의 상호 참조 방식을 활용하고자 한다. 성인들 간에는 취향이 다르고 표현 방식도 다를 수 있으나, 그들이 도달한 수준은 한결같이 지극하고 그 가르침의 의도도 본질적으로는 상통한다고 보기 때문이다. 특히 경전들간에는 표현 방식에서 어렵고 쉬운 정도의 차이나 우리의 취향에 더 맞고 덜 맞는 구분이 감지되어, 우리는 경전들 사이의 내용을 비교하여 상호 이해를 위한 보조 자료로 삼고자 하는 것이다. 말하자면 以經治經인 셈이다. 본고는 이런 방법을 적극적으로 시도해 봄으로써 특히 도덕경과 같이 접근이 어려운 經文의 이해에서 발휘될 효용성을 실험해 보려 한다. 이런 작업에서는 경전을 되도록 많이 참고하고 창의적으로 적용하는 것이 그 목적에 충실한 것이 되며, 따라서 여기서는 이들의 출전을 일일이 밝히지 않고 인용한 내용도 본문에 풀어쓰기로 한다. 본고는 누구보다도 필자 자신의 공부를 위해 시도되는 것으로 아마도 필자가 누구 못지 않게 열렬한 독자가 될 것이다. 필자는 여기서 창의적인 저자로서보다 본래 의미의 충실한 筆者로서 보람을 느끼며, 이는 述而不作의 새로운 경전 이해 방식의 첫 실험이 될 것이다.

1.3. 以經治經의 실험

다음에 구체적으로 이런 방법을 한번 시도해 보고자 한다. 儒經 四書

중의 하나인 『大學』에는 "物有本末 事有終始 知所先後 則近道矣"라는 대목이 나온다. 많은 역주서는 이를 '물건에는 근본과 말단이 있고, 일에는 끝남과 시작이 있으니, 먼저 하고 뒤에 할 바를 알면, 곧 도에 가까운 것이라'는 식으로 직역하고 형식적으로 풀이해 놓았을 뿐이다. 그러므로 이 심오한 진리는 우리에게 큰 감명을 주지 못한 채 비껴가기 일쑤다. 그러나 이와 관련하여 우리는 다행이 『소크라테스의 변명』 중에서 이와 유사한 취지의 다음 구절을 발견할 수 있다.

"나는 개인적으로 여러분 모두에게 가장 좋은 일을 할 수 있는 곳으로 가서, 사람은 자기 자신을 돌보아야 하며, 개인적 이익을 구하기에 앞서 덕과 지혜를 추구해야 하고, 국가의 이익을 고려하기에 앞서 국가 자체를 돌보아야 하며, 또한 이것이 인간의 행동에 있어서 지켜야 할 순서라고 여러분 각자에게 설득하려고 노력했습니다."

소크라테스의 이 말은 마치 위 『大學』 문구에 대한 해설 혹은 부연설명처럼 이해된다. 대학의 物有本末에서 本에 해당하는 것은 무엇이며 末에 해당하는 것은 무엇인지 구체적 언급이 없어 사람마다 그 가치관에 따라 달리 해석할 소지가 없지 않다. 그러나 소크라테스는 간명하게 그러면서도 가장 심오하게 本末의 의미를 밝힘으로써 우리의 이해를 돕는다. 개인적으로는 자신의 이익을 추구하는 것이 말단이며, 덕과 지혜를 추구함으로써 자기자신을 돌보는 것이 근본임을 밝히고 있으며, 마찬가지로 국가적으로도 그 이익을 추구하는 것은 말단이며 국가 자체를 돌보는 것이 근본임을 분명히 하고 있다. 이는 오늘날 개인적으로나 국가 차원에서나 경쟁력이 최고의 가치처럼 강조되고 물질적 가치만 창출하려고 혈안이 된 우리의 천박한 안목을 근본적으로 되돌아보게 한다. 이와 관련된 논의는 또한 맹자와 양혜왕이 나눈 대화 "叟不遠千里而來 亦將有以利吾國乎" "王亦曰仁義而已矣 何必曰利"[1]도 좋은 참고가 될 수 있다. 이런 취지의 진술은 이 외에도 여러 경전에서 산견될 것이 기대되며, 이들도 되도록 많이 찾아 참고하면 이 구절의 이해는 더욱 깊어질 것이다. 그러나 이 정도 자료의 비교만으로도 우리가 무엇을 먼저하고 무엇을 나중에 해야 할 것인지는 자명하게 드러난다. 자본주의 사회에서 이익을 추구하는 것을 굳이 나쁘다 할 필요는 없으며, 다만 그것은 숭고한 인간 존재의 차원에서는 말단에 해당하는 것이니, 근본에 해당하는 것부터 먼저 하고 난 뒤에 혹은 그 여력으로 이를 해야 할 것이다.

실제로 우리 사회에서도 학생은 학생대로 그리고 공무원은 공무원대로 사람은 누구나 살아가는 데 있어서 근본이 되는 일과 말단에 해당하는 일이 있으니, 어떤 일은 하고 어떤 것은 하지 말라고 굳이 말할 필요 없이 어떤 것이 근본에 가깝고 어떤 것이 지엽말단에 해당하는 것인지 알고, 그에 따라 선후를 가려 하면 될 것이다. 가령 대학생들에게 무조건 데이트도 하지 말고 당구도 하지 말라고 하면 도리어 반감만 일으킬 것이며, 대학생이 되었으면 이런 것도 할 수 있고 또 하는 것이 자연스러울 듯하나, 본말에 따라 우선 순위를 판단하고 그에 따라 하는 것이 좋을 것이라고 조언해 주는 일이 현실적으로 필요할 것이다. 그리고 공무원은 업무 분야도 다양하고 지위도 천차만별이나, 민주 국가에서는 위로는 대통령으로부터 모든 공무원의 本務는 국민에 봉사하는 것이니, 성실히 그리고 친절히 봉사한 뒤에 국민으로부터 진심으로 우러나오는 존경과 사례를 받는 것은 아름다운 현상일지언정 결코 나쁘다고 할 이유가 없으

---

1) 孟子 梁惠王篇

　　"선생께서 천리를 멀다 않고 찾아주셨으니 또한 우리 나라에 무슨 이익이 될 일이 있습니까?"

　　"왕이시라면 의당 仁義에 대하여 말씀하실 것이거늘, 하필 利에 대해서 말씀하십니까?

나, 국민 위에 군림하면서 이런 것을 강요하고 나서 그 대응 정도에 따라
공무를 처리해 주는 방식이 달라지는 것은 본말이 뒤바뀌어도 한참 뒤바
뀐 것이다. 그러나 우리가 사회 도처에서 이런 자명한 일들이 본말이
전도된 채 횡행함을 보는 것은 불행한 일이며, 이는 우리 나라의 민주적
역량의 수준을 드러내는 것이기도 하다. 우리는『大學』의 이 구절과 관
련하여 새삼 우리 사회에 만연한 민주 질서의 미숙성에 대하여 고소를
금치 못하는 것이다.

2. 본론

道可道非常道 名可名非常名
無名天地之始 有名萬物之母
故常無欲以觀其妙 常有欲以觀其徼
此兩者同出而異名 同謂之玄 玄之又玄 衆妙之門

　도덕경 제1장은 보기에 따라선 이렇게도 저렇게도 해석될 듯하면서
좀처럼 그 핵심이 잘 잡히지 않는 점에서 노자식 표현의 특성을 잘 드러
낸다. 바꿔 말하면 어떻게 이해해도 정곡을 찌르지도 못하지만 그렇다고
완전히 틀리는 것이 아니기도 하다. 그만큼 해석의 폭이 넓게 허용되면서
좀처럼 그 깊이에 도달할 수 있도록 용납하지는 않는다. 이런 이현령비현
령의 표현에 우리는 일면 안도하면서도 좀처럼 흡족하지 못하는 것이
그의 어법의 특성이자 또한 매력이라고 할 수 있다.

2.1. 道可道非常道

2.1.1.

이 구절은 웬만한 지식인이면 다 들어보았을 듯한 유명한 표현이면서 막상 그 의미를 제대로 알기는 무척 어려운 것으로도 유명한 구절이다. 형식적으로 문장에 충실하게 번역하는 것 자체는 어려울 것이 없다. '어떤 道에 대하여 道라고 할 수 있으면 그것은 진짜 道가 아니다.' 이것은 도대체 무슨 뜻인가? 어찌 보면 말장난 같기도 하다. 그러나 이 대목은 그가 농담할 자리는 결코 아니며, 설령 농담할 때라도 그는 농담을 하는 게 아니다. 그는 무척 진지하다. 오늘날 우리 주변에서 남발되는 종교적 발언을 연상할 때 우리에게도 이 취지는 공감이 가고도 남는다. 그래서 이 말이 더욱 가슴에 와 닿는지도 모른다. 알지도 못하면서 위대한 말을 함부로 내뱉는 것은 도리어 신성을 모독하는 일이다. 그러나 지금 이와 같은 일이 전세계적으로 일어나고 있다. 교회나 절 그 외 사원에서 성직자들과 신자들은 녹음기를 틀어놓은 것처럼 진리의 구절들을 떠들어댄다. 물론 그들은 다소간에 배웠다. 그러나 진정으로 알지는 못한다. 열심히 연구하기는 했지만 그들 자신의 눈을 가지지는 못했다. 예수가 세례를 받은 후 더 이상 세례 요한의 말을 흉내내지 않고 권위를 가지고 자신의 말을 설파한 것과는 너무도 다르다. 예수는 스스로 회계하고 또 그 말이 무엇을 의미하는지 알게 되었다. 이제 그 말은 앵무새가 지껄이는 말처럼 아무 힘도 없는 그런 말이 아니었던 것이다. 그 말은 살아 있었다. 예수는 그 말의 진실을 찾아내고 그 말의 신비를 몸소 체험하였다.

노자에게 있어서 언어적 장난은 되도록 배척되어야 하고 경계해야 할 대상으로 일종의 소음일 뿐이다. 그래서 말들이 그와 실체 사이에 가로놓이지 않도록 늘 조심한다. 말이 적을수록 장벽은 적어진다. 말이 아예 없어지면 장벽도 없다. 그때 우리는 실체를 직접 대면한다. 즉 얼굴과 얼굴을 바로 대하는 것이다. 그러나 말이 있다면 그것은 모든 것을 파괴한다. 말은 본질을 변질시키기 때문이다.

어떤 사람이 부처에게 물었다. "당신은 깨달았습니까?" 그러자 부처는 말했다. "나는 깨달았으므로 내가 깨달았다고 내세울 수가 없다. 내가 그렇게 주장한다면 그것은 내가 아직 깨닫지 못했다는 것을 보여주는 아주 분명한 표시이다." 부처의 이 말은 道不可道是常道 道可道非常道의 관계를 구체적으로 보여주는 좋은 예라 할 만하다.

여기서 우리는 새삼 언어와 진실의 관계에 대하여 돌아보게 된다. 언어는 어떤 대상을 나타내기 위해 쓰이나 현실적으로 그것을 제대로 나타내기보다 그것을 왜곡할 위험성을 더 많이 안고 있다. 표현 기법이 복잡하게 발전하면서 실체에서 벗어날 가능성이 더욱 커지는 것을 오늘날 절감하기도 한다. 원시적인 생활을 하는 곳에선 언어 구조 또한 아직도 매우 기초적이며 사실적이다. 가령 비가 내리면 영어로는 이렇게 말한다. "그것은 비가 내린다. It is raining." 그러면 그 원시부족의 사람들은 묻는다. "여기에서 그것(It)은 무엇을 뜻하는가? 그리고 내리고 있다는 것은 무엇인가?" 그들은 그저 간단히 '비'라고만 말한다. 비가 실체다. 그러나 우리는 많은 것을 덧붙인다. 말이 많아질수록 우리는 점점 실체로부터 멀어지는 것이다.

이는 우리의 문장 구조에도 두루 해당된다. 우리가 '사람이 걸어간다'고 말할 때, 그 사람이 어디에 있는가? 오직 걸어가는 것만이 있다. 우리는 사람이 걸어간다고 말할 때, 사람 같은 어떤 것이 있고, 또 걸어가는 것 같은 어떤 것이 있다고 생각하며, 그 두 가지 사물이 합쳐진 것이라고 본다. 그러나 거기에는 '걸어감'만 있다. '강이 흘러간다'고 말할 때 거기에는 단지 '흘러감'만이 있는 것처럼. '흘러감'이 곧 강이듯이 '걸어감'이 곧 사람이다. '보고 있음'도 사람이며, 마찬가지로 서 있음, 앉아 있음, 생각하고 있음 등을 모두 제거해 버린다면 거기에 무엇이 남아 있겠는가? 거기에는 사람이 남아 있지 않을 것이다. 그러나 언어는 다른 세계를 만들어 낸다. 그리고 언어 속을 헤매고 다니는 동안 우리는 계속 실체에서 멀어져 간다. 그래서 먼저 기억해야 할 것은 어떻게 하면 불필요한 말들을 끼워 넣지 않는가 하는 것이다. 우리는 필요할 때 그것들을 사용할 수 있다. 그러나 말을 할 필요가 없다면 텅 빈 채 침묵으로 남아 있을 줄 알아야 한다. 여기서 우리는 일화 하나를 음미하고 넘어가는 것도 좋을 듯하다.

어느 마을에서 한 남자가 '신선한 물고기를 여기서 팔고 있습니다'라는 커다란 간판을 내걸고서 생선 가게를 열었다. 첫날에 한 사람이 들어와서는 이를 보고 웃었다. 신선한 물고기? 어디에서는 오래된 물고기라도 팔고 있다는 건가요? 가게 주인은 그의 말이 옳다고 생각하고 간판에서 '신선한'이라는 말을 지웠다. 그래서 간판은 '물고기를 여기서 팔고 있습니다'라고 고쳐졌다. 다음날 한 부인이 가게에 들어와 그것을 읽고는 말했다. 어디선가 다른 곳에서도 팔고 있다는 말인가요? 그는 '여기서'라는 말을 지워버렸다. 삼일째에는 다른 손님이 가게에 와서 말했다. 물고기를 팔고 있습니다? 그러면 물고기를 공짜로 주는 사람도 있다는 말인가요? 그는 '팔고 있습니다'라는 글귀를 지웠다. 이제 '물고기'라는 글자만이 남게 되었다. 노인이 들어와서 말했다. 물고기? 멀리서도 냄새가 풍기니까 여기서 물고기를 팔고 있는 것을 알 수 있소. 그는 결국 '물고기'마저 지웠다. 이제 간판은 텅 비었다. 지나가던 사람이 물었다. 어째서 아무 것도 쓰여있지 않은 간판이 걸려 있습니까? 그래서 그는 간판도 떼어버렸다. 모든 것이 사라지고 최후에 남은 것은 無, 空이다. 道는 공의 상태에서만 나타날 수 있다. 우리는 우물을 판다. 물은 이미 내부에 있다.

다른 데서 운반해 올 필요가 없다. 우리는 단지 돌과 흙을 파내고 그것을 제거할 뿐이다. 우리는 空을 창출한다. 그렇게 하면 내부에 숨겨져 있는 물은 그 자체가 모습을 나타낼 수 있는 공간을 찾아낼 수 있다. 도 역시 도처에 넘쳐나고 있으며, 그 도는 밖으로 분출되기 위한 공간을 필요로 한다. 우리의 생각과 말이 '나'를 주장하고 있는 한, 우리는 모래와 돌에 덮인 우물이다.

　그래서 위대한 웅변가는 언제나 말하기를 주저한다. 삶은 너무나 미묘하다. 어떻게 말을 더듬지 않고 뭔가를 말할 수 있는가? 삶은 너무나도 심오하다. 어떻게 그것을 말로 할 수가 있겠는가? 삶에는 대단한 깊이, 엄청난 깊이가 있어서 주저하지 않고 뭔가를 말할 수 있는 것은 바보뿐이다. 확신을 가질 수 있는 것은 바보뿐이다. 지혜로운 사람은 언제나 불확실하다. 지혜로운 사람은 마치 겨울의 강을 건너가는 것처럼 조심한다. 지혜로운 사람이 말할 수 있는 것은 잡동사니뿐이고 잡동사니가 아닌 것은 말하지 않는다. 그런데 道는 잡동사니가 아닐 뿐 아니라 그 반대극에 위치한 궁극적 가치이다. 지혜로운 사람은 이런 것을 표현할 가능성은 전연 없다는 것을 잘 알고 있다. 왜냐하면 그것을 말하는 순간 그것은 장난이 되어버리기 때문이다. 하찮은 비유로 진실로 겸손한 사람이 만일 '내가 겸손하다'고 말한다면 그는 이미 겸손한 사람은 아니게 되는 것과 같다. 말은 그것을 죽여버린다. 말이라는 것은 유독하다. 진실은 침묵 속에서밖에 말할 수 없다. 그러나 어느 누구도 침묵을 이해하는 사람은 없다. 그래서 현자도 역시 말을 하지 않을 수 없다. 그러나 현자는 말을 더듬는다. 지혜로운 사람은 주저한다. 현자는 어떤 의미에서는 항상 두려워하고 있다. 그 자신 때문이 아니라, 다른 사람들 때문에. 어느 때이든 그가 사람들에게 이야기를 할 때, 그는 그것이 오해받을 가능성이 99퍼센트이고 이해 받을 가능성은 1퍼센트밖에 없다는 것을 알고 있다. 어떻게 그런 것을 확신을 갖고 말할 수 있겠는가? 그래서 노자는 道에 관해서 어떻게 기술할 수 있을까 난처해하면서 말을 더듬고 있는 듯하다.

　道可道非常道는 이러한 망설임의 표현에 다름 아니다. 그러므로 이는 道에 대한 대답이 될 수 없으면서 또한 전연 무의미한 것도 아니니, 도의 이해를 위한 하나의 중요한 암시가 될 수도 있다. 먼저 우리는 이런 표현을 통하여 道나 常道는 존재하는 것 혹은 존재해야 하는 것임을 간파할 수 있다. 이는 태초부터 있었으며, 앞으로도 영원히 지속될 가장 중요하고 진실한 것이다. 또한 이는 지식인이나 고관 등 소수 특정인에게만 관련된 것이 아니며, 모든 사람, 모든 사물의 존재와 관련되는 가장 궁극적인 기반이라는 점에서 진리중의 진리라 할 만하다. 그러나 그 해명은 직접적으로 주어질 수 없는 것 또한 감지할 수 있다. 단지 한 가지 방편, 하나의 테크닉을 가르쳐 줄뿐이다. 그리고 그 테크닉을 수행함으로써 해답을 알게 될 것이다. 그 외에 다른 앎은 없다. 우리가 뭔가를 행하지 않으면, 우리가 변화되지 않으면, 사물을 바라보는 우리의 시각이 달라지지 않으면, 지적인 차원 이상의 차원으로 옮겨가지 못하면, 거기에는 해답이 없다. 물론 여러 가지 그럴싸한 대답들은 주어질 수 있다. 하지만 그것들은 모두 거짓말이다. 모든 철학적 해답들이 그러하다. 만약 그것이 우리를 만족시키면 우리는 그 철학에 빠질 것이다. 하지만 우리는 그 속에서 아무런 변화 없이 그대로 남아 있다. 노자는 이를 경계하여 책머리에서 독자들에게 이 책을 읽되 철학적 유희에 빠지거나 말에 집착하지 말라고 당부한다. 도에 관해서는 어떤 언어적 시도도 가능하지 않으며 어떤 체계적 이론도 세울 수 없다. 道는 학설화될 수 없는 것으며, 따라서 道家(taoism)의 도조차 순수한 道는 못 된다. 도는 아무런 규정도 할 수 없고, 아무런 규제도 있을 수 없을 만큼 광대하고 순수한 것이다. 그러므로 누구도 道는 이런 것이라고 단정적으로 말할 수 없다.

이런 의미에서 도는 진리중의 진리라 할 수 있다. 그리고 도란 무엇인가는 진리란 무엇인가와도 통하는 문제라 할 수 있다. 이것은 누구든지 떠올릴 수 있는 가장 중요한 의문이다. 그러나 이 의문에 관한 해답은 없다. 가장 궁극적인 질문에는 해답이 있을 수 없다. 그래서 궁극적인 문제라고 하는 것이다.

빌라도가 '진리란 무엇인가' 하고 물었을 때 예수는 침묵을 지켰다. 이 일화는 여기에 그치지 않는다. 빌라도는 질문을 던진 다음 대답을 기다리지도 않고 방을 나가 버렸다. 빌라도는 이 질문에 답이 있을 수 없다고 생각했다. 그래서 대답을 기다리지 않고 방을 나간 것이다. 예수가 침묵을 지킨 것도 이 질문에 답이 있을 수 없다는 것을 알았기 때문이다. 그러나 두 사람의 이해는 똑같은 차원이 아니다. 빌라도는 진리가 존재하지 않으므로 이 물음에 대한 답이 있을 수 없다고 생각했다. 존재하지도 않는 진리에 대해 어떻게 답이 있을 수 있겠는가. 이것이 논리적인 마음이다. 그러나 예수가 침묵을 지킨 것은 진리가 존재하지 않기 때문이 아니다. 진리는 너무나 광대하고 한정지을 수 없기 때문에 침묵을 지킨 것이다. 진리는 상상할 수 없을 만큼 거대하다. 그것은 한 마디로 규정지을 수 없다. 진리를 언어의 세계로 끌어내리는 것은 불가능하다. 진리는 분명히 존재한다. 하지만 그것을 말로 표현하는 것은 불가능하다.

만일 우리가 '진리는 A다'라고 말한다면 분명히 A는 진리가 될 수 없다. 이는 우리가 진리와 동의어로 사용하는 말일 뿐 진리는 아니다. 만일 그것이 절대적인 동의어라면 이 경우에는 동어반복에 불과하다. 이런 말로는 아무 것도 해결되지 않는다. 그리고 A가 진리와 똑같지 않다면 우리는 오류를 범한 것이다. A가 진리라고 말하는 것은 다만 근사치를 제공하는 것에 불과하다. 그러나 진리에 관한 근사치는 존재하지 않는다. 진리거나 진리가 아니거나 둘 중의 하나다. 근사치라는 말은 거기에 거짓과 오류가 포함되어 있음을 의미한다. 빛과 어둠이 공존할 수 없듯이 진리와 진리가 아닌 것은 공존할 수 없다. 어둠은 빛의 부재 외에 다른 것이 아니다. 부재와 현존은 공존하는 것이 불가능하다. 진리와 진리 아닌 것은 공존하는 것이 불가능하다. 非眞理는 진리의 부재일 뿐이다. 어떠한 대답도 가능하지 않다. 이것이 예수가 침묵을 지킨 이유다. 근원적인 것은 오직 경험을 통해서만 알 수 있다. 그런데 진리는 가장 근원적인 것이다. 존재의 기반 자체가 진리다. 이 질문이 떠오를 때는 삶 전체가 달린 것처럼 임할 것이다. 그러나 마음은 언제나 쉬운 대답을 주려고 시도한다.

2.1.2.

道자가 포함된 여러 어구를 통해서 좀더 구체적으로 그 의미에 접근해 볼 수도 있다. 東道西器란 표현을 통해서 道란, 물질적이고 기계적인 그릇과 대조적으로 그 속에 담길 본질적인 것임을 알 수 있다. 예컨대 대학에서 교수나 시설 등 일체의 구체적 자산은 모두 그릇에 해당하며, 대학의 도는 거기에 서린 그 이상의 정신적이고 본질적인 것이어야 한다. 그리고 弓術, 劍術에 대하여 弓道, 劍道란 말도 쓰이는 것으로 미루어 道란 구체적 기술 이상의 정신적 자세나 지향과 관련된 것으로 간주된다. 또한 글자의 형상으로 볼 때 길을 나타내는 한자로 道와 路가 병용되지만, 路가 발(足)로 걸어다니는 구체적 길을 나타내는 데 대해서 道는 머리(首)로 지향하는 추상적 길일 것이라는 생각도 든다. 이런 구분은 신발을 통해서도 상징적으로 표현되는 것을 볼 수 있으니, 불교에서는 출가한 사람에게 제일 먼저 속세에서 신던 구두나 운동화를 벗어버리고 고무신으로 갈아 신게 한다. 이는 이제부터는 걸어가야 할 길이 다르다는 뜻으로, 검약과 무소유의 상징인 고무신을 신고 걸어갈 길은 구도의 길로 승화되어야 할 것임을 암시한다.

우리는 현실에서 또한 자연스러운 길과 인위적인 길을 대조적으로 생각해 볼 수 있다. 가령 새가 하늘 높이 자유롭게 날아갈 때 여기서도 우리는 보이지 않는 길의 존재를 상상할 수 있다. 모든 것이 어떤 방향으로 움직여 가기 위해서는 공간이 필요하며, 길이란 이런 저런 모든 통로를 포함할 것이기 때문이다. 이런 길은 순간적이고 일회적인 점에서 참으로 창의적이라 할 수 있고, 너무 창의적이어서 이정표도 있을 수 없고 지도에도 표시될 수 없다. 이 '길 없는 길'이야말로 자연스럽고 생기 넘치는 삶의 길이라 할 만하다. 우리가 한 평생 살아가는 길도 부모나 스승 등의 영향을 받지 않을 수 없다 하더라도 결국은 그 누구와도 다른 자기 자신의 길일 수밖에 없다. 그럼으로써 우리의 삶은 복사본이 아닌 고유한 원본의 아름다움을 지닐 수 있는 것이다. 이에 대해서 인간이 지상에 건설해 놓은 길이 허다한 가운데 그 대표적인 고속도로에 대하여 생각해 보면, 이는 먼 거리를 신호 대기 한번 받지 않고 100 킬로미터 이상으로 질주할 수 있어, 그야말로 길 중의 길이라 할 만하다. 그러나 인간의 발명품에는 좋은 점이 있는 만큼 또 나쁜 점도 있게 마련이어서, 고속도로에도 많은 제약과 위험이 도사리고 있는 것을 우리는 매일같이 경험한다. 빨리 달릴 수는 있으나 반대로 느리게 갈 여유는 허용되지 않으며, 그래서 車道이면서도 자전거나 수레 등의 통행은 용납되지 않는다. 설사 길을 잘못 들어서도 아무 때나 방향을 바꿀 수 없어 엉뚱한 길을 계속 달려야 하는 것은 참으로 어처구니없는 노릇이다. 여기에는 인도도 횡단 보도도 없어 사람 또한 걸어다닐 수도 건너 갈 수도 없을 뿐 아니라, 산 속을 가로 질러가는 고속도로는 동물들의 통로마저 막아 버려 생태계를 파괴하고 있기도 하다. 특히 최근에 문제가 되는 것은 수시로 정체가 되어 일반도로로보다도 저속도로로 변하고 주차장화하는 것이며, 한번 사고가 났다 하면 으레 대형사고가 되어 인명을 앗아가고 장애자를 양산하기도 한다. 이렇게 '길 있는 길'에는 유용한 길만 있는 것이 아니라 유해한 길도 함께 도사리고 있는 것이다.

道란 한자의 기본적 훈(訓)은 '길'이다. 그리고 길이란 목적지와 대립되는 개념으로 어디까지나 목적지를 향한 과정일 뿐이다. 노자는 목적지에 대해서는 아무런 관심도 없고 오직 길에 대해서만 거듭 거듭 강조한다. 우리는 노자가 다른 것도 아니고 궁극적인 가치를 목표가 아닌 길로 비유한 데 일면 당황하면서, 그에게 있어서 과정과 목표는 서로 다른 것이 아님에 주목하게 된다. 그에게 과정은 목표의 출발점이고 목표는 과정의 끝일 뿐이며, 그래서 이들을 구분할 필요가 없는 것이다. 마음은 목표에 더 관심이 있으며, 수단이나 과정은 생략할 수 있다면 그렇게 하려고 한다. 마음은 항상 목표는 의미 있는 것이고 수단은 단지 필요한 것이라고 생각한다. 이런 생각이 우리를 괴롭게 하고 사회를 어지럽게 하는 것이다.

구도의 길을 걷고자 하는 사람은 이 같은 마음의 성질을 분명히 깨달아야 한다. 목표를 잊고 수단을 목표처럼 여겨야 한다. 수단을 목표에 연결돼 있는 것처럼 즐기는 것이 좋다. 그때 우리의 길은 축복이 될 것이고, 우리는 기쁨에 찬 여행을 할 것이다. 우리들이 하고 있는 여러 가지 수련 또한 마찬가지다. 이 같은 수련들은 수단인 동시에 그 자체가 목적인 것이다. 그러므로 부디 수련을 어떤 목적을 갖고 이용하려 들지 말 것이니, 그렇지 않으면 우리는 서둘게 되고, 어떻게 하든 그 과정을 빨리 마치고 목표에 도달하고자 할 것이다. 그렇게 되면 그 과정을 제대로 끝내지도 못할뿐더러 목적지 또한 그만큼 멀어질 것이다. 목표와 수단은 결코 다른 것이 아니다. 결코 나눌 수 없는 것이다. 목표는 단지 수단이 제대로

꽃 피어난 상태를 말하는 것이다. 수단이 완전히 자신의 모습을 드러냈을 때 목표는 거기에 있다.

삶이란 아무런 목적을 갖고 있지 않기 때문에 아름다운 것이다. 만일 삶이 정해진 어떤 목적을 갖고 있다고 생각하면 모든 것이 불합리해진다. 어느 누가 삶의 목적을 부여할 수 있겠는가? 어떤 신이 있어서 삶에 목적을 부여하였다면 인간은 꼭두각시나 다를 바 없다. 자유는 어디에서도 찾을 수 없고 오직 속박만이 존재할 뿐이다. 그때 삶은 하나의 일이 되어 버린다. 거기에는 어떤 환희나 기쁨도 있을 수 없다. 삶이란 일이 아니라 생동적인 놀이일 뿐이다. 즐기는 그 자체에 무슨 목적이 있겠는가? 삶은 어떤 목표를 향해 가는 것이 아니다. 여기 지금 바로 이 삶이 목적이다. 순간 순간이 궁극의 목적인 것이다. 삶에는 어떤 종착역이 있어서 그 종착역을 향해 가는 그런 것이 결코 아니다. 누가 그 끝을 정할 수 있단 말인가? 신이 그 목적을 부여하였다면 왜 신이 존재해야만 하는가 하는 식의 신의 존재 자체에 대한 의문을 제기해야만 할 것이다. 그러면 신은 어떤 목적도 없이 그냥 존재하는 그런 존재이어야 하거나, 신의 목적이 있게 한 또 다른 신을 가정하지 않을 수 없게 된다.

삶에는 어떤 목적도 없다. 살아 움직이는 것 자체가 목적인 것이다. 움직임 자체에 가치가 있는 것이고, 이 가치야말로 가장 본원적인 것이다. 모든 자연적인 현상에는 목적이 없다.

만일 사랑에 목적이 있다면 그것은 사랑에서 벗어난다. 어떤 이유나 목적을 댈 수 있다면 그것은 사랑이 아니다. 삶은 사랑과 같은 것이다. 삶은 그저 그렇게 있는 것이지 거기에 도달해야 할 어떤 목표가 있는 것이 아니다. 이 점을 이해한다면 삶은 전적으로 바뀔 것이다. 긴장과 고통이 따르는 것은 삶에 목적이 있기 때문이다. 그 목적을 성취해야만 하기 때문이다.

이렇게 볼 때, 노자가 삶의 궁극적 가치를 道로 나타낸 것은 그 가치를 깎아 내린 것이 아닐 뿐 아니라, 삶을 가장 순수하고 생생하게 이해한 것이라 할 수 있다.

2.1.3.

이렇게 아름다운 도를 구체적으로 표현할 수 있으면 얼마나 좋은가? 그러나 중요하고 진실한 것일수록 말로 표현하면 피상적인 것으로 보이고 세속화된다. 이는 오늘의 상황에서 살펴보면 쉽게 이해할 수 있을 듯하다. 노자가 道라고 칭한 것은 그것이 우주의 궁극적 원리와 관련된 것이란 점에서 오늘날의 神과 상통하는 것으로 생각해 볼 수도 있다. 그래서 道可道非常道를 神可神非常神으로 바꿔 생각하면 그 의미가 훨씬 친숙하게 다가올 듯도 하다.

최근 우리 사회에서는 신앙인의 수가 팽창하면서 신을 거론하는 일이 일상사가 되었지만, 진실로 종교적인 사람들은 함부로 신을 믿는다거나 신이 존재한다고 떠들어대지 않는다. 이런 말들은 그들에게 매우 피상적인 것으로 보인다. 그런 것들은 어떤 질문에 대한 해답처럼 보일 수도 있다. 그러나 종교적인 사람은 신이 있다는 식의 그런 세속적인 말들을 가볍게 지껄이지 않는다. 그것은 너무나 심오하고 신비한 현상이다. 어떤 것을 쉽게 말로 표현해 버린다면 그것은 이미 세속화된 것이다.

사람들이 부처에게 신이 존재하는지 않는지 물을 때마다 그는 침묵을 지켰다. 그는 대답되어질 수 없는 어떤 것을 묻고 있는 것으로 생각했다. 신이 존재하지 않는 것이 아니다. 그런 것을 대답하는 것은 그 신비를 풀릴 수 있는 것으로 만들어 버릴 것이다. 그때 삶은 해답을 가진 문제거리로 전락되고 말 것이다. 그때 신비는 사라진다.

오늘날 노자의 道를 밝히는 것은 세상이 하느님이라고 알고 있는 것을 발견하는 것과 같을 듯하다. 그러나 이 세상에 하느님을 발견한 사람은 있을 수가 없다. 왜냐하면 하느님을 발견하는 순간 그 사람은 더 이상 세속적으로 돌아오지 못하기 때문이다.

2.1.4.

결국 이 구절의 의미는 다음과 같이 정리될 수 있을 것이다. 말로 함부로 표현하는 진리는 참다운 진리가 아니다. 이 세상에 진리는 있기는 있으나 말로써 가르칠 수 없으며 이는 체험을 통해서 스스로 알아지는 것이다. 이는 사랑해보지 않은 사람은 사전을 통해서 사랑에 관해서 이해할 수는 있지만 사랑 자체는 알 수 없는 것과 같으며, 시각 장애인에게 빛의 이론은 설명할 수 있지만 이는 빛 자체를 안 것은 아닌 것과 같다.

학자들에게 있어서 지식은 표현되어야 한다. 자신이 알 수 있는 것은 다른 사람에게도 가르쳐 줄 수 있다. 그러나 신비주의자들의 지식이란 그런 것이 아니다. 그는 그것을 생각으로써가 아니라 느낌으로 아는 것이다. 그래서 실제로 '나는 신을 안다'고 말하는 것은 그리 정확한 표현이 아니다. '나는 신을 느꼈다'라는 표현이 그 현상에 대한 좀더 정확한 표현이다. 그 앎은 가슴을 통한 것이다. 마음의 뿌리는, 의식은 말로 표현될 수 없다. 그러나 만약 단 한 개의 생각이라도 움직인다면 그것은 말의 차원으로 떨어진다. 표현될 수 있는 차원으로 떨어지는 것이다. 이것은 어떤 생각을 의식하는 것이 아니라 의식 자체가 될 때를 말하는 것이다. 거기에는 어떤 생각의 움직임도 없다. 마음은 실체가 아닌 말의 연속적 흐름으로서 생겨난 부산물이다. '사랑'이라고 하는 단어가 사랑은 아니다. '신'이라고 하는 단어 역시 신이 아니다. 그러나 마음은 이 단어들로 이루어져 있다. 그때 사랑 자체는 '사랑'이라는 말보다 덜 중요해진다. 신은 '신'이라는 말보다 덜 중요해진다. 적어도 마음에게는 그렇다. 우리가 그 말들 속에서 살아간다면 우리는 더욱 피상적이고 표면적인 삶을 살 것이다. 우리는 말 때문에 실체를 놓치게 될 것이다. 우리는 道의 실체를 도란 명칭이나 관념과 엄격히 구분해야 할 것이다.

2.2. 名可名非常名

2.2.1.

이는 道可道非常道에 대한 對句 내지 부연 설명으로 볼 수 있으며, 道에 의해 구현된 여러 사물 혹은 그 명칭과 관련한 서술로 이해된다. 이 구절의 취지는 어떤 명칭을 구체적 사물에 적용하여 부르게 되면 그것은 그 이름에 전적으로 걸맞을 수는 없다는 것이다. 이런 虛名을 간과하고 관습적으로 고정관념을 갖고 있을 때 그것은 대상을 이해하는 데 커다란 장애가 된다. 예컨대 학생들은 교수면 다 교수다운 교수인 줄로 알고, 국민은 대통령이면 다 명실공히 대통령인 줄 안다. 그러나 허다한 교수 가운데 교수다운 교수가 흔치 않으며, 우리의 짧은 헌정사를 통해 보아도 대통령다운 대통령이 별로 없다. 기껏해야 간혹 근접한 경우가 있을 수 있을 뿐이다. 또 우리 나라에는 수많은 고등교육 기관이 설립되어 있어 이들을 다 대학이라고 칭하고 대학생들도 정말로 대학에 들어온 것으로 간주하지만, 그 대학은 문자 그대로의 상아탑 혹은 진리의 전당과 백 퍼센트 합치할 수는 없다. 모든 것이 현실적으로 그 이름과 전적으로 합치하지 않을 뿐 아니라 대개는 본래 취지에서 빗나가는 일이 너무나 많은 데 심각한 문제가 있기도 하다. 이 세상의 대부분의 국가들이 민주

국가라고 자칭하고 있으나 실제로 지구상에 진정한 민주국가는 없다고 해도 과언이 아니다. 겉으로 좋은 이름을 갖다 붙인 것일수록(名可名) 속으로는 그렇지 못한 것(非常名)이 일반적이라 할 수 있다.

어떤 사람에게 좋은 이름을 붙이는 것도 문제이나, 나쁜 명칭을 부여해서도 안 된다. 사람에게는 결코 어떤 딱지가 붙여질 수 없다. 사람은 참으로 무한하고 영광된 존재이다. 아무도 정신분열증이 어떤 것인지 정확히 알지 못하며, 누가 비정상적인지에 대해서는 정확한 한계가 없다. 도둑놈, 사기꾼, 깡패들은 하루 24 시간 그에 해당하는 행동만 하는 것도 아니며, 장애인들도 전체 기능 가운데서 극히 일부의 기능에 한해 다소간의 장애를 가지고 있을 뿐인 것이다. 최근에는 이런 편견을 극복하는 한 방안으로 좀더 나은 이름을 지어 보려 하기도 한다. 그리하여 청소부는 환경미화원으로, 식모는 가정부로, 보험 외판원은 생활 설계사로 개명하는 등 많은 시도가 이루어지고 있다. 그러나 이런 방안이 또한 이기적으로 악용되는 것을 보기도 하니, 내실은 기하지 않은 채 이름만 아름답게 혹은 새롭게 바꿈으로써 이득을 보려 하는 상혼이 기성을 부린다. '바이오, 그린, 디지털' 등은 새로운 선호 표현들이다. 각종 학교의 '농업과'를 단지 명칭만 '농생명과학과'로 개명한 뒤 우수한 학생들을 유치하는 데 성공했다는 웃지 못할 얘기도 전한다.

우리의 고정관념은 또한 언제나 패배는 승리만 못한 것으로 알고, 동거생활은 결혼생활만큼 진실하지 못한 것으로 생각하며, 저가품은 명품보다 나쁜 것으로 치부하고, 분노는 사랑보다 비정한 것으로 여기기 일쑤다. 그러나 우리는 또한 실패는 성공의 어머니라는 격언을 믿으며, 정략적 결혼보다 훨씬 순수한 동거생활을 얼마든지 볼 수 있고, 실속 있는 상품이 속 빈 강정 같이 허울뿐인 사치품보다 견실한 것을 알고 있으며, 절도 없는 사랑보다 중심에서부터 우러나오는 분노가 필요한 경우를 적잖이 본다. 사람이든 사물이든 거기에 붙은 이름만 가지고 판단하면 항용 실체에서 벗어나기 쉬운 것이다.

2.2.2.

이 구절은 관점을 달리해서 접근해볼 수도 있다. 名可名의 可는 조동사로서 두 가지 의미 즉 可視的 效果, 可變 車路처럼 '할 수 있다'는 뜻과 可觀, 可恐처럼 '할 만하다'는 뜻으로 공히 쓰인다. 앞에서의 해석은 이 가운데 첫 번째 의미를 적용한 것이며, 이번에는 두 번째 의미를 적용해보려는 것이다. 그러면 이 구절의 취지는 극소수 사람들만이 누리는 이렇다 할 만한 이름 혹은 명예일수록 참되지도 않으며, 오래 유지할 수도 없다는 뜻으로 해석해볼 수 있다. 가령 대통령이나 재벌 총수가 그 막중한 소임을 다하기 위해서는 하루 20 시간을 일해도 모자랄 지경이며, 따라서 개인의 삶은 대부분 희생해야 할 판이다. 그러나 본연의 개인적 삶과 책임이야말로 어떤 이데올로기나 사회적 의무보다도 자연스럽고 본질적인 것으로, 그런 부자연스럽고 비본질적인 일에 의해 희생되어서는 안 되는 것이다. 지위의 고하를 막론하고 이것이야말로 우리의 가장 진실한 부분이기 때문이다. 가장 기본적인 삶을 포기해야 하는 이들은 정상적이지도 못하고 건강하지도 못하다. 크고 작은 모든 사회적 임무는 자아실현을 통해서만 자연스럽게 발전적으로 이루어질 수 있다. 그렇지 못할 때 이는 왜곡된 것이며, 그 부작용은 어떤 형태로든 나타날 것이다. 이들보다는 덜하다 하더라도 사회에서 출세한 사람들은 모두 다소간에 비정상적이고 건강하지 못한 삶을 산 결과로 그만한 지위도 얻은 것이고, 또 이를 유지하기 위해서는 계속 이런 부자연스러운 삶을 살아야만 한다.

이렇게 이해할 때 名可名非常名은 名不可名是常名의 가능성을 암시하는 듯하기도 하다. 그래서 현자들은 보통 사람으로 살기를 원했고, 노자도 평생 제자도 내칠 정도로 평범하게 살았던 것이다. 그래야만 전체적 삶을 살 수 있기 때문이다. 우리가 자동차 수리공이나 운동 선수처럼 특수 분야에 종사하지 않을 때, 기독교인, 불교도 등 특정 종교인으로 살지 않을 때, 혹은 기계적으로 여당을 지지하거나 야당을 지지하지 않을 때, 편견을 통해서 행동하지 않고, 사람들을 특정한 범주로 분류하지 않으며, 아무도 분류의 대상으로 여기지 않으며 그저 깬 의식으로 순간순간을 살아갈 때, 거기에 끼어 드는 아무 편견도 없을 때, 우리의 삶은 전체적이다. 자신을 자유롭게 놓아둘 뿐 결코 새장 속에 가두지 않는다. 걸림이 없는 절대적인 자유, 경계선이 없는 무한한 하늘, 그저 거기에 존재할 뿐이다. 그럴 때 우리의 삶은 물론 불완전하다. 그러나 오직 불완전한 상태에서만 성장과 흐름이 있으며, 무슨 일인가 가능하다는 것을 또한 우리는 잘 알고 있다. 만일 우리가 완벽한 존재라면 돌처럼 굳어버릴 것이다. 그때에는 아무 일도 일어나지 않을 것이며, 아무 일도 가능하지 않다.

우리가 사람을 특정 분야의 기술자 혹은 지식인과 동일시하거나 현재 혹은 과거의 직책과 동일시하는 것은 어리석은 일이다. 같은 논리로 더 깊이 들어가 사람을 하나의 육체라고 생각하는 것도 역시 어리석은 짓이다. 왜냐하면 우리는 어떠한 형태에도 속해 있지 않기 때문이다. 우리는 무형이다. 우리는 어떤 계급 어떤 율법에도 속하지 않는다. 우리는 어떤 이름에도 들어가 있지 않다. 형태가 사라진 상태, 이름이 사라진 상태가 되지 않으면 우리는 결코 온전하지 않은 것이다. 온전하다는 것은 본성으로 가까이 간다는 뜻이다. 우리 속에 있는 궁극의 것으로, 우리 뒤에 숨겨져 있는 그것에게로 가까이 간다는 뜻이다. 많은 노력이 필요하다. 형태를 잘라버리고, 떨쳐버리고, 제거하는 것은 매우 어려운 일이다. 우리는 그토록 형태에 집착해 있고 그것과 자신을 동일시하고 있다.

2.2.3.

우리는 사물에 이름을 붙여 왔다. 그리고는 안다고 생각한다. 그러나 무엇을 확실하게 아는가? 만일 우리가 우리 마음속에 축적한 그 이름들을 지워버린다면 무엇이 남게 될까? 아무 것도 없다. 그리고 그 아무 것도 없음이 이해되어야 한다. 그 無를 인정하지 않는 한 우리는 결코 올바른 길로 나아갈 수 없을 것이다. 올바른 길이란 앎이지 지식이 아니다.

우리는 흔히 이름을 붙임으로써 어떤 문제를 해결한 것처럼 생각하기도 한다. 이런 버릇 때문에 실재를 꿰뚫어 보기가 불가능하게 된다. 이런 버릇은 너무나 무의식적이고 뿌리가 깊어서 우리는 어떤 것을 보는 순간, 즉시 언어로 나타낸다. 우리는 나무를 보는 즉시 마음속으로 암송한다. 이것은 소나무고 저것은 참나무다. 우리는 어떤 것을 만나고 부딪칠 때마다 마음속으로 무엇인가를 계속 말하고 있다. 때때로 이름을 모르는 어떤 것을 만난다 해도 우리는 그다지 곤란을 느끼지 않는다. 이것은 뭐냐고 물으면 누군가가 우리에게 이름을 가르쳐 줄 것이다. 그것이 어떤 이름이라 해도 우리는 마음을 놓게 된다. 어떻게 그렇게도 쉽게 마음을 놓게 되는 것일까? 그것은 이름을 붙임으로써 우리가 알고 있다고 생각하기 때문이다.

아기가 태어나면 우리는 아기에게 이름을 지어준다. 그 순간 우리는 다름 아닌 장벽을 쌓는 것이다. 이제 아기는 그 이름과 등가물이 될 것이다. 이름은 허구이다. 아기는 신비였지만 그 이름은 조잡하다. 상투적인 이름들로 사람들을 대신하기엔 각각의 개인은 너무도 신비하다. 어떤 이름도 사람을 대신할 수 없다. 우리는 이름이 필요하다는 것을 안다.

이름은 실용적인 경우에 필요하다. 그러나 '장미'란 이름은 장미가 아니다. 우리는 그 이름을 대수롭지 않게 사용하지만, 장미는 엄청난 존재라는 것을 잊어서는 안 된다.

성경에는 신이 세상을 창조했을 때 아담으로 하여금 만물에 이름을 붙이도록 했다는 일화가 있다. 그는 사자를 데리고 와서 아담에게 물었다. 이 동물에게 무슨 이름을 붙이겠느냐? 또 그는 코끼리를 데리고 와서는 물었다. 이 동물에게 무슨 이름을 붙이겠느냐? 그래서 아담은 모든 것들에 이름을 붙였고, 그 이후로 사람은 만물에 이름을 붙여 왔다. 우리의 모든 지식은 표기된 것, 이름 붙여진 것일 뿐이다. 만일 우리가 누군가에게 이 꽃을 아느냐고 묻는다면 그는 말할 것이다. 안다. 그 꽃은 장미다. 그러나 그것은 이름일 뿐이다. 우리는 그밖에 무엇을 아는가? 장미라는 그 이름을 아는 것으로써 장미를 아는 것인가? 신이라는 그 말을 아는 것으로써 우리가 신을 아는 것인가? 사랑이라는 말을 아는 것으로써 우리는 사랑을 아는 것은 아닐 것이다.

2.2.4.

이 구절의 취지와 관련하여 지금 우리 사회에서 실제로 명칭이 얼마나 진실하지 못하게 바뀌고 어떻게 잘못 쓰이는지 돌아보고자 한다.

우리 사회에는 전통적으로 4년제의 (일반) 대학과 2년제의 전문 대학의 구분이 있었다. 그러나 교육부는 이런 구분을 없애고 전문대학의 공식 명칭에서도 '전문'자를 뺄 수 있도록 허용하였다. 그리하여 외형적으로는 전문대학도 일반 대학과 마찬가지로 'ㅇㅇ대학'이라고 일컫게 된 것이다. 그러나 일반 대학의 변모를 돌아볼 때 사실은 일반 대학마저 그 명칭을 전문대학으로 바꿔야 할지언정 전문대학을 일반 대학처럼 바꾼 것은 전연 사실과 맞지 않는다. 전문대학이란 수업 연한이 몇 년인 것이 문제가 아니라 취업을 위해 전문적 지식과 기술을 익히는 것이 특징이기 때문이다. 그런데 요즘은 일반 대학도 본래의 목표는 뒷전으로 밀리고 전문대학과 마찬가지로 취업 준비로 전문적 지식을 전수하는 데만 골몰하고 있는 형편이다. 이렇게 볼 때 명칭의 변경은 내용의 변화와는 상반되게 이루어진 것을 본다. 실제는 퇴보하고 허울만 아름답게 꾸미는 세태를 잘 반영하는 하나의 예라 할 수 있다. 名可名非常名의 세속적 실례라 할 만하다.

최근에는 또 의료보험을 건강보험으로 개칭하였다. 그러나 이런 개명은 속임수일 뿐이니, 보험의 특성이 새 명칭의 취지에 맞게 함께 발전하지 못한 채 구태의연하기 때문이다. 의료보험이란 문자그대로 병에 걸렸을 때 행한 의료행위에 대하여 주어지는 보험이라면, 건강 보험이란 병에 걸리지 않도록 평소에 건강을 잘 지켜준 데 대하여 주어지는 보험이라야 한다. 이렇게 본래 취지대로 시행될 때 부당한 의료행위의 말썽도 일어나지 않을 것이다. 의사들은 진심으로 우리의 건강을 지키는 데 전력을 다할 것이며, 추호도 환자가 많이 찾아오는 것을 바라지 않게 될 것이다. 이 개명은 아름다운 이름으로 바꾸는 데 성공하였으나, 실제로는 좋은 말만 더럽힌다는 책망을 면치 못할 것이다.

우리 사회는 지금 공적으로나 사적으로나 온통 내실을 기하기보다 포장만 꾸미는 데 열중하고 있어, 명칭의 취지는 아무 의미도 없는 공허한 말로 전락하고 있다. 그러나 예전에는 그렇지 않았다. 우리 나라는 예로부터 부모에게 효도하는 일이 강조되고 미덕으로 이해되었으며, 그리하여 많은 아름다운 효행의 일화들이 전한다. 그러나 오늘의 관점에서 이상하게 생각되는 것은 아무리 효행이 극진한 사람도 자신을 孝子라고 일컬은 경우는 없으며, 언제나 스스로 不孝子라고 칭한 사실이다. 이는 名可

名非常名의 정신을 삶에서 실천한 아름다운 예라 할 수 있다.

또 오늘날 학원이나 TV에서의 명강이나 명강연이 그에 대한 사례금의 정도로 가늠되는 것을 본다. 말하자면 가르침도 시장논리로 결정되는 것이다. 그러나 부처는 가르침이 아닌 가르침을 좋은 가르침이라고 말했다. 말하자면 教不可教是常教인 셈이다. 만일 그것이 가르침이라면 그것은 좋은 가르침이 아니다. 教可教非常教이다. 가르침이라고 하는 것은 이미 굳어지고 한 곳에 고정되어 있다. 그러나 우주는 끊임없이 움직이고 있다. 그러므로 어떤 가르침으로도 이 삶을 다 담을 수가 없다. 어떤 가르침으로도 이 끊임없이 변화해 나가는 삶을 제대로 표현할 수가 없다. 어떤 가르침으로도 존재를 딱 맞게 설명할 수가 없다. 모든 가르침은 한계를 갖고 있다. 그래서 부처는 말한다. "내가 주는 가르침은 가르침이 아니라 그대들이 실재를 바라볼 수 있도록 해주는 하나의 눈이다. 나는 그대들에게 어떤 고정된 틀도 주지 않았으며, 어떤 체제도 주지 않았다." 그는 계속해서 말한다. "나는 단지 그대들이 실재에 다가갈 수 있게만 해주었으며, 문을 열 열쇠만을 주었다. 나는 그 문을 연 뒤에 보게 될 것에 대해서는 아무 말도 하지 않았다. 그것에 대해서는 아무 말도 할 수가 없다."

2.3. 無名天地之始 有名萬物之母

2.3.1.

이 구절에서는 名의 처리가 문제가 된다. 이와 관련하여 학설은 대체로 두 가지로 나뉜다. 하나는 無와 有를 주어로 보고 名을 이들의 서술어로 보는 입장이다. 그때 名은 '~을 일컫는다'고 새길 수 있어, 無는 천지의 시작을 일컫고 有는 만물의 모체를 일컫는다는 의미가 된다. 다른 하나는 無名, 有名을 주어로 보고, 한문에서 명사문의 경우 흔히 서술어가 따로 드러나지 않는 것처럼 여기서도 서술어를 설정하지 않는 입장이다. 이런 두 가지 접근 방식은 구문상으로는 구분되지만, 의미상으로는 별로 다르지 않다. 無와 無名, 有와 有名은, 名을 가볍게 혹은 형식적인 것으로 간주할 때 대동소이한 것으로 이해할 수 있기 때문이다. 순수하게 없는 것은 이름마저도 없으며, 존재하는 것은 으레 이름도 붙어 다니게 마련이다. 그래서 우리는 無名, 有名에서의 名은 名可名非常名의 名과는 달리 보조적인 쓰임으로 가볍게 이해하는 입장을 취한다.

이렇게 구문을 정리하고 보면, 이 구절의 취지는 태초의 모습은 순수한 無였으며, 그 후 어떤 계제에 有가 생겨나고 여기에서 온갖 사물이 비롯되었다는 것이다. 여기서 주의할 점은 이것을 노자의 천지창조설로 받아들여서는 안 된다는 것이다. 노자는 그런 엄청난 문제에는 아무 관심도 없으며, 오직 소박하게 현재의 삶에 투철할 뿐이다. 그러므로 이 구절은 현재의 창조성에 관하여 언급한 것으로 이해할 수 있다. 그리고 창조성의 언급에서 有名萬物之母만 말하지 않고 無名天地之始를 아울러 아니 그에 앞서 언급할 것을 잊지 않은 것은 중요한 의미가 있다고 이해된다. 여기서 우리와 달리 사물의 근원을 無의 경지로까지 깊이 통찰한 노자의 특성이 드러나기도 하며, 그의 無 사상의 위대함을 느끼게도 된다. 사물이 창조되는 과정을 보면 먼저 직접 원인으로서 母體가 있음을 본다. 그리고 모체는 실체도 있고 명칭도 있음을 안다. 그러나 사람의 출생으로 미루어 볼 때, 모체는 자식을 제 마음대로 낳는 것이 아니며, 그 의도와 무관히 혹은 역행하여 자식을 낳을 수도 있고 낳지 못할 수도 있다. 또 아들을 원하는데 딸을 낳을 수도 있고 그 반대일 수도 있다. 이는 모체가 자식 출산의 궁극적 원인이 아님을 의미한다. 즉 모체는 창조의 힘이 없으며 다만 근원적인 창조성의 도구로 활용될 뿐임을 알 수 있다. 이 근원적 창조성은 有의 경계를 넘어선, 그래서 볼 수도 없고 어떤 지각으로도 알 수 없는 우주적 조화로 이해해볼 수 있다. 노자의 이 無는 오늘날 神, 道 혹은 하느님이라 칭하는 것의 다른 일컬음으로 이해해볼 수 있다. 이들의 존재적 특성이 無와 무관하지 않은 것으로 미루어 노자의 소박하면서도 과감한 이 명명법에 절로 머리가 숙기도 한다. 일상적으로 無는 단순히 없는 것으로 생각하기 때문에 無의 실체를 인정하기 어렵고 無의 창조성을 이해하기는 더욱 어렵다. 그리하여 우리는 하늘을 예로 들어 좀더 구체적으로 無의 실체에 대하여 생각해 보고자 한다. 하늘은 우리가 아는 한 가장 무와 관련이 깊은 실체이기 때문이다.

우리가 하늘을 바라볼 때 구름 한 점 없이 맑고 투명한 것으로 느끼면 그것은 하나의 적극적인 '텅 빔'이다. 만일 이런 하늘을 구름의 부재로 본다면 그것은 하늘을 소극적인 관점에서 보는 것이다. 만일 우리가 그것을 공간의, 하나의 파란 하늘의 존재이며 그리고 그 파란 하늘에서 모든 것이 솟아 나오고 있다고 본다면 그것은 세상에서 가장 적극적인 것이다. 바로 실존의 기반 그 자체인 것이다. 비존재야말로 바로 실존의 기반인 것이다. 모든 것이 거기에서 나오고 모든 것은 점차 그 속으로 되돌아간다. 텅 빔을 무엇인가의 부재로 본다면 그것은 소극적인 관점이다. 그것은 무엇인가 무한한 것의 현존이다. 그것은 부재가 아니다. 종교에서 텅 빔이라는 것은 적극적인 용어로 사용되고 있다. 방안에 들어갔을 때 거기에 아무 가구도 없으면 우리는 그것은 텅 비었다고 말할 것이다. 우리는 그 소극적인 방밖에 보지 못한다. 그러나 그 방은 우리가 만나지 못한 '넓음'으로 가득 차 있다. 방이란 텅 빈곳이며, 무엇인가가 넣어질 수 있는 것은 거기에 텅 빔이 있기 때문이다. 그 방은 무엇이든 받아들일 준비가 되어 있다. 이렇게 이해하는 것은 적극적인 텅 빔의 관점이다.

無는 무엇이 비었거나 결핍되어 있는 것이 아니라, 우리가 알지 못하는 무언가로 가득 채워져 있는 암흑 물질로, 다만 아직 적절한 이름을 얻지 못했을 뿐이다. 이 세상에는 순수한 '없음'이란 것은 없다.

2.3.2.

다음의 예들을 통해서 정말 진실하고 위대하며 신비한 것은 모두 無에서 나오는 것을 알 수 있다. 이에 비하면 有에서 나오는 것들은 세속적이고 하찮은 것들임을 새삼 깨닫게 된다.

① 하루의 활력과 상쾌한 기분은 간밤에 죽은 듯이 취한 숙면에서 나온다. 일체의 행동을 접고 꿈도 꾸지 않은 채 깊은 잠에 떨어진 것은 하루 중에서 가장 無의 영역에 해당한다. 밤에 자는 대신 영양분과 피로회복제를 취하고 운동을 하는 등 적극적 방법을 취한다면 그런 활력은 생겨날 수 없다.

② 현대인은 원칙에 매인 삶을 살지만 이는 자연스럽지 못하다. 우리는 원칙에 반대하는 것이 아니다. 원칙에 매인 삶을 반대하는 것이다. 원칙은 우리의 내면의 존재로부터 순간 순간 나와야 한다. 그것은 내면의 빛이지 밖에서 강요된 것이 아니다. 인간은 삶에 대한 깊은 감응 속에 움직여야 한다. 인간은 어떤 이념도 따라선 안 된다. 이념을 따르면 우리는 이미 결론을 가지고 살아가는 것이기 때문이다. 우리는 이미 정해진 중심에 의해 산다. 우리는 자유롭지 못하다. 우리는 유연할 수가 없다. 사회의 원칙, 사회의 이념은 우리를 흐르도록 하지 않을 것이다. 우리는 결정된 것에 따라 반응할 것이다. 그러나 만약 우리가 자유롭고 매 순간이 그 자체의 결론을 내린다

면, 그것이 과거로부터 가져온 것이 아니라면, 그것은 더없이 좋다. 그때 우리는 참된 원칙을 갖게 된다. 하지만 우리는 원칙에 매인 삶을 살아선 안 된다. 진정한 의미에서 무원칙이야말로 참된 원칙인 것이다. 참된 것은 무에서 나온다.

③ 우리가 아름다운 시를 볼 때면 그것을 쓴 시인을 만나려고 해서는 안 된다. 우리는 그 시와 같은 사람을 만날 수 없기 때문이다. 그를 만나면 우리는 실망할 것이다. 그는 평범한 사람이다. 단지 일별을 가진 경험이 있을 뿐이다. 그리고 그 일별의 순간에 그에게 드러나는 실체를 본 것이다. 그는 그 순간 가슴으로 떨어졌다. 하지만 그는 그 통로를, 그 과정을 알지 못한다. 그것은 단지 우연하게 일어난 사건이다. 그는 자신의 의지대로 움직일 수 없다. 시인은 자력으로 시를 낳을 수도 없고, 자신의 시를 이해할 수도 없다. 위대한 시는 無心을 본성으로 하는 영감을 통해 솟아 나온 것이다.

④ 심지어는 자연과학에서도 빅뱅이론을 세워 우주는 無에서 태어났다고 설명한다. 즉 우주는 아무 것도 없는 상태에서 대폭발(big bang)을 통해 시작되었고, 150억 년 뒤에 대붕괴(big crunch)와 함께 종말을 맞을 것이라 한다.

2.4. 常無欲以觀其妙 常有欲以觀其徼

2.4.1.

여기서는 無欲과 有欲, 妙(묘)와 徼(요)가 대조를 이룬다. 직역하면 아무 욕심 없이 사물을 바라보면 그 핵심을 볼 수 있고, 욕심에 가린 채 사물을 보면 그 표면밖에 볼 수 없다는 것이다. 妙는 미묘하고 심원한 사물의 내면 혹은 근본적 원인을 가리키고, 徼는 중심에서 벗어난 주변적 현상 혹은 사물의 직접 원인을 의미한다. 無欲과 有欲에 대해서는 좀더 깊은 이해가 필요하므로 논의를 더 해야 할 것 같다. 常과 관련해서는 常無, 常有로 보는 견해도 있으나, 이때 常은 無와 有를 강조하는 정도로 간주하고, 우리는 이를 별개의 부사로 이해하는 입장을 취한다.

우리는 마음의 두 가지 상태를 안다. 하나는 생각이 거기에 있는 상태다. 이것이 有欲의 상태다. 그때는 우리가 가슴으로 내려갈 수 없다. 그때는 모든 것을 머리로 헤아린다. 마음의 또 다른 상태란 생각이 없는 상태다. 즉 無欲의 상태다. 하지만 생각이 없으면 우리는 잠에 떨어진다. 그때도 우리는 가슴으로 들어갈 수 없다. 하루 중에 생각이 멈춰지는 때가 자주 온다. 그러나 우리는 가슴에 도달하지는 못한다. 그것은 우리가 무의식적이기 때문이다. 그래서 여기에 매우 섬세한 균형이 요구된다. 생각은 깊은 잠을 잘 때처럼 멈춰져야 한다. 꿈이 없는 잠을 잘 때처럼. 하지만 우리는 낮 동안에 의식이 있는 것처럼 깨어 있어야 한다. 생각이 없는 상태에서 완전히 깨어 있어야 한다. 그때 우리는 갑작스러운 의식의 변형이 일어나는 것을 느끼게 된다. 중심이 변화하고, 우리는 가슴속으로 들어가는 것이다. 그리고 가슴으로부터 우리가 세상을 바라볼 때 세상은 거기에 없으며, 오직 신만이 있다. 머리로부터 우리가 바라볼 때는 신이 없으며, 오직 물질 세계만 있다. 물질 세계와 신은 두 가지 별개의 것이 아니다. 단지 바라보는 관점이 다른 것이다. 같은 현상을 존재의 두 중심에서 바라보기 때문이다.

그러나 생각이 없는 상태란 우리로서는 실천은 그만두고 이해하기도 어렵다. 성인들의 경지를 통하여 막연하게나마 상상해 볼 수 있을 뿐이다. 부처가 보리수 밑에 앉아 있을 때 우리는 그가 무슨 생각을 했을까 궁금하기도 하다. 그러나 그는 전혀 생각하지 않았다. 그는 허공이 되었다. 그의 머리는 전 우주가 되었다. 부처는 수년 동안 모든 생각을 떨쳐버림으로써 의식의 순수성을 다시 얻을 수 있는 방법을 찾고 있었다. 우리가 과거로부터 자유로워지지 않는 한 우리는 속박되어 있다. 과거는 우리를 짓누른다. 과거 때문에 현재를 알 수 없다. 과거는 이미 알려져 있지만 현재는 매우 세밀한, 원자와 같이 극미한 순간이다. 우리는 과거 때문에 계속 현재를 놓치고 있다. 과거 때문에 우리는 계속 미래로만 튕겨져 들어간다. 과거는 언제나 미래로 투사되기 때문이다. 그리고 과거와 미래는 둘 다 비현실적 혹은 비실존적이다. 과거는 더 이상 존재하지 않으며, 미래 역시 아직 오지 않았다. 이 두 가지 존재하지 않는 것 사이에 현재가 존재한다. 부처는 결국 과거와 미래를 잊어버리는 데 성공했다. 그리고 이렇게 말했다. "나는 지금 여기에 있다. 나는 단지 존재한다." 과거와 미래에 관한 모든 생각을 끊어버리고, 현재에 존재하는 것이 요체다. 만약 우리가 단 한순간이라도 존재할 수 있다면 우리는 순수한 의식의 맛을 알 수 있을 것이다. 그리고 그것은 우리의 변형으로 이어질 것이다.

2.4.2.

사물을 보는 자세에 無欲과 有欲의 구분이 있으면, 그에 따라 보게 되는 대상도 妙와 徼로 구분된다고 하였다. 그러면 묘와 요는 구체적으로 어떻게 구분되는가? 우리는 위에서 이들을 사물의 깊은 내면과 표면적 현상 혹은 神과 물질로 이해하였다. 이를 집이라는 사물을 통해서 두 관점의 차이를 좀더 구체적으로 생각해 보고자 한다. 보통 사람들의 집의 개념은 벽이고 노자의 집에 대한 개념은 내면의 공간이다. 노자는 말한다. "벽은 집이 아니다. 어떻게 벽 속에서 살 수 있는가? 우리는 텅 빔 속에서 사는 것이지 벽에서 사는 것은 아니다." 그러나 우리가 집에 대하여 값을 매기고 흥정할 때 우리는 집에 대한 구조물을 생각한다. 이것이 궁전과 오두막집이 다르게 보이는 이유이다. 그러나 그 속의 빈 공간으로 말하면 풍요로운 텅 빔과 빈약한 텅 빔 같은 것은 없으며 모든 텅 빔은 똑같다. 그래서 노자에게는 궁전과 오두막집의 구분 같은 것은 있을 수가 없다.

일단 이것을 이해하면 많은 일이 가능해질 것이다. 우리가 사람을 볼 때 육체만 본다면 이것은 벽을 보는 것과 같다. 그것은 진정한 인간이 아니다. 진정한 인간도 내면의 텅 빔과 관련된 무엇이라고 할 수 있기 때문이다. 그래야 정신이나 영혼, 신 같은 것이 존재할 공간이 있게 된다. 육체는 아름답게도, 밉게도, 아프게도, 건강하게도, 젊게도, 늙게도 될 수 있다. 그러나 내면의 텅 빔은 항상 똑같다. 그래서 노자는 내면을 보고 외면을 보지 말라고 말한다. 내면의 텅 빔이야말로 우리의 실존 그 자체라 할 수 있다. 내면적 실존이라는 말은 안쪽에 무엇인가가 있다는 느낌을 갖게 하기 쉽다. 그러나 안쪽에는 아무도 없다. 일체의 누군가는 바깥쪽의 것이다. 사장, 국회의원, 교수 등 일체의 지위와 권위는 단지 표면적인 것에 지나지 않는다. 다음에 외면과 내면, 현상과 본질의 구분의 이해에 도움이 되는 몇 예를 들어본다.

① 孟子는, 백성들이 굶주리는 것을 흉년이 든 탓으로 책임을 돌리는 임금을 보고, 비유를 들어 사람을 칼로 찔러 죽이고 나서 칼이 죽였지 내가 죽였느냐고 말하는 것과 무엇이 다르냐고 날카롭게 힐책했다. 위정자들은 보다 근본적인 책임이 정치를 잘못한 자신에게 있는 것을 모른 채 이런저런 표면적 구실만 찾게 마련이다.

② 사자와 한로는 새끼일 때 모양이 흡사하여 구별하기가 매우 어렵다. 그래서 정신적 특성으로 이들을 구별하게 되는데, 이들에게 돌을 던져 머리통을 맞추면, 한로는 아픈 나머지 굴러가는 돌을 쫓아가

물어뜯는다. 그러나 사자는 돌은 거들떠보지도 않고 어디서 날아왔나 살펴보고 돌을 던진 사람을 향하여 돌진한다. 사자가 밀림의 왕이 된 것은 단순히 용맹스러워서가 아니라, 이렇게 정신적으로 근본을 추구하는 데 있다 할 것이다.

③ 불교에서 도를 닦는 자세는 으레 가부좌상이다. 그러나 이런 외형을 따르는 것은 별 의미가 없다. 이는 부처가 취한 그 나름의 외형적 자세에 불과하기 때문이다. 이보다는 석가의 내면적 자세를 본받는 것이 근원적인 접근 방식이다.

④ 예수는 신을 '아버지' 라고 불렀다. 그래서 우리들도 따라서 하나님을 아버지라고 부르고 있지만 그것은 정말 무의미한 것이다. 우리에게는 하나님을 아버지라고 부를 가슴이 없다. 그렇게 부르는 의식은 흉내낸 것에 지나지 않는다. 아버지라고 부르는 것이 중요한 게 아니라 가슴속에 일어나는 느낌이 더 중요한 것이다. 그 느낌이 없다면 그것은 죽은 의식에 지나지 않는다.

2.5. 此兩者同出而異名

2.5.1.

앞에서 道와 名, 無와 有 혹은 無名과 有名, 無欲과 有欲, 妙와 徼 등 여러 가지 대립적인 개념들이 열거되었다. 그러나 이런 구분도 더 높은 차원에서 보면, 형식적인 것일 뿐이며, 사실은 이 두 가지도 궁극적으로는 하나의 근원에서 나왔으며, 명칭만 달리할 뿐이라 할 수 있다. 일반적으로 구분에 초점을 맞추는 것은 나무에서 잎을 보는 것이며, 통합을 지향하는 것은 뿌리에서 연결되어 있는 것을 투시하는 일에 비유될 수 있다. 섬도 바다 속에서는 대륙과 연결되어 있다. 모든 것은 근원적으로 연결되어 있다.

모든 이분법적 개념들은 인간의 머리에서 나온 것이다. 이것들은 인간의 태도이지 실재는 아니다. 무엇이 불순한 것이며 무엇이 순수한 것인가? 그것은 우리의 해석에 달려 있다. 니체는 모든 도덕은 하나의 해석이라고 말했다. 그래서 어떤 것이 이 나라에서는 도덕적이지만 이웃 나라에서는 비도덕적인 것이 될 수 있다. 어떤 것은 구시대에서 비도덕적인 것이지만 신시대에서는 도덕적인 것으로 바뀔 수도 있다. 그것은 하나의 태도다. 기본적으로 그것은 허구, 즉 픽션인 것이다. 사실은 그저 사실이다. 적나라한 사실은 그저 있는 그대로의 사실일 뿐 도덕적이거나 비도덕적인 것이 아니며 순수하거나 불순한 것도 아니다. 인류가 없는 지구를 생각해 보면, 거기에 무슨 순수한 것이 있으며 불순한 것이 있겠는가? 모든 것이 그저 있는 그대로다. 단순한 존재 그 자체다. 아무 것도 좋거나 나쁘지 않다. 그런데 인간의 마음이 거기에 들어오면서 모든 것을 분별해 버렸다. 마음이 들어오면 허구를 꾸며낸다. 이제 그것은 사실이 아니다. 실체가 아니다. 그것은 마음의 투사이다. 만약 우리가 어떤 사람을 성자라고 부른다면 우리는 죄인을 만들어 낸 것이다. 이제 우리는 어딘가에서 어떤 사람을 비난해야 한다. 죄인 없이는 성자도 존재할 수 없기 때문이다. 죄인과 성자는 이 세상을 향한 하나의 태도, 하나의 해석에 있어서 상대되는 양쪽 부분이다. 그것은 이것이 좋은 것이며 저것은 나쁜 것이라고 말하는 태도이다. 우리가 저것은 나쁜 것이라고 말하지 않는 한 결코 이것은 좋은 것이라고 말할 수 없다. 나쁜 것은 좋은 것을 정의하는 데 필요하다. 그래서 좋은 것은 언제나 나쁜 것에 의존한다.

사실은 진실이고 해석은 거짓이다. 실체는 하나다. 그러나 우리의 이분법적인 태도 때문에 우리는 이 세상을 둘로 나누어 버렸다. 거기에 따라 우리의 내면 세계도 저절로 차별이 생겨 버렸다. 그런 식으로 모든 사람들이 자기 자신과 싸우고 있다. 우리는 이 순간에 사랑을 하더라도 다음 순간 증오가 일어나 사랑을 파괴해 버릴 수 있음을 알고 있다. 사랑과 증오는 근본적으로 같은 에너지이다.

그래서 성인들은 분별하지 말라고 말한다. 스스로 나누어지지도 말고, 이것은 좋고 저것은 나쁘다고 생각하지도 말고, 세상을 바라보기만 하고, 이름도 붙이지 말고, 그저 침묵한 채로 있으라고 한다. 만약 우리가 이 세상을 침묵으로 대할 수 있다면 점차로 이 침묵은 우리의 내면까지 꿰뚫을 것이다. 그리고 외부 세계를 분별하지 않으면 내면의 의식에서부터 그 분별은 사라질 것이다. 진정한 道의 수행자는 어떤 사람을 보고 도둑이라는 말을 쓸 때 도둑이 나쁘다고 말하지 않는다. 그가 도둑이라는 말을 쓸 때는 단지 사실을 이야기할 뿐, 거기에 어떤 비난의 뜻도 담고 있지 않다. 만약 '여기에 위대한 성자가 한 분 있다'고 말해도 거기에는 어떤 존경의 뜻도 없다. 그것은 이것은 장미이고 저것은 장미가 아니다란 말과 같은 것이다. 거기에는 어떤 비교도 없다. 그러나 사회는 어떤 것을 비난하거나 칭찬하는 것 없이는 존재할 수 없다. 사회는 이 이분법 위에 존재해 있다. 이분법적이지 않은 태도야말로 초월적인 것이다. 그것은 사회에 반대하는 것이 아니다. 사회를 넘어서서 존재하는 것이다.

2.5.2.

깨달은 이의 눈으로 보면 만물의 차별 구분이 사라진다. 비슷한 것은 물론이고 반대되는 것도 마찬가지다. 낮은 차원으로 내려올수록 사소한 것까지 구분하고 분류한다. 성인의 눈에는 이 세상의 소위 민주국가와 공산국가, 무신론자와 유신론자, 일류 대학과 삼류 대학의 구분이 사라질 것이다. 참고로 이런 예를 몇 개 더 들어본다.

① 예수는 원수를 사랑하라고 했다. 그러면 이 세상에 미워할 사람은 누구인가? 이는 모든 사람을 똑같이 사랑하라는 것이니, 결국 애인과 원수를 구분하지 않은 것이라 할 수 있다.

② 부처는 독이 든 음식으로 인해 죽었다. 그는 6개월 동안 계속 고통받았다. 그리고 거기엔 그가 기적을 행하기를 기다리는 수많은 제자가 있었다. 그러나 그는 죽음을 받아들였다. 그곳에는 그를 치료하려는 제자들이 있었고, 많은 약이 그에게 주어졌다. 이는 부처의 육신이 이 세상에 다만 며칠이라도 더 머물러 있게 하기 위해 애쓰던 제자들의 집착이었다. 그러나 정작 부처에게는 병이나 건강이나 똑같은 것이었다. 병이 고통을 주지 않는다는 말이 아니다. 병은 고통을 준다. 고통은 육체적 현상이다. 그러나 그것은 내면의 의식을 방해하지 않을 것이다. 내면의 의식은 방해받지 않은 채 남아 있을 것이고, 변함없이 균형 잡혀 있을 것이다. 육체는 고통받을 테지만 내면의 존재는 고통 전체를 관조하고 있을 것이다.

③ 불경에는 부처의 사소한 일상적 일들이 매 경전마다 빠지지 않고 반복해 기록되어 있어 우리를 당황하게 한다. 이를 기록한 아난의 생각은 이렇다. 부처는 커다란 일들에 대해서와 마찬가지로 작은 일들에 대해서도 주의를, 똑같이 주의를 기울인다는 것이다. 그에게는 작은 일도 큰 일도 없다. 이것은 중요한 것이고 이것은 사소한 것이라는 구별이 그에게는 없다. 모두가 하나인 것이다. 밥그릇 하나를 들 때에도 부처는 마치 신을 대하는 것과 마찬가지로 정중하게 대한다. 그는 언제나 전적으로 깨어있고, 결코 기계적으로 행동하지 않는다. 어떤 것도 진짜로 작은 것이라고 생각하지 않을 때

우리는 매우 작은 일을 시도할 수 있다. 존재계에서는 큰 것도 없고 작은 것도 없다. 가장 작은 원자 하나로도 전세계를 파괴시킬 수 있다. 만약 우리가 심미안을 갖게 된다면 그때는 가장 작은 것에 생명의 신비가 있음을 알게 될 것이다.

④ 죽음은 사건이 아니라 탄생과 더불어 시작되는 과정이다. 죽는 데에는 70년이 걸린다. 더딜지라도 그것은 과정이지 사건이 아니다. 우리가 태어나는 순간부터 죽음이 찾아오기 시작한다. 일흔 살이 된 어느 날 죽음이 찾아오는 것이 아니다. 그러나 죽음이 탄생과 더불어 비롯되는 과정이라고 할 때, 이는 삶 또한 탄생과 더불어 비롯되는 과정이라고 말하는 것이다. 이것은 두 개의 과정이 아니고 하나의 과정이다. 즉 삶의 과정과 죽음의 과정은 실제로 다른 것이 아니다. 삶과 죽음은 마치 새의 두 날개 혹은 두 손이나 두 다리의 관계와 같다. 이런 변증법이 없이는 우리가 존재할 수 없다.

이런 예들은 우리로서는 이해하거나 수긍하기 어려울 듯하고 혹은 말장난 같은 허황된 것으로 느껴질 수도 있다. 하찮은 것을 혹은 근소한 차이를 칼로 벤 듯이 구분하는 경우를 우리는 사회 도처에서 보기 때문이다. 한 예로 교육계에서는 수십만 명의 수험생을 학력이란 잣대로 한 줄로 세워 놓고, 그 서열에 따라 평생의 운명이 좌우될지도 모르는 대학에 합격시키고 말고 한다. 굳이 위의 예와 비교하지 않더라도 이런 일을 통하여 우리 사회의 허위성과 허구성을 절감하고도 남는다.

2.5.3.

同出而異名의 의미를 좀더 확실히 이해하기 위해서 우리 주변에서 상반된 두 경우를 대비시켜 보고자 한다. 우리는 때때로 두통을 앓고는 하는데, 그때마다 원인은 조금씩 다를 수 있다. 두통의 원인은 무수히 많다. 그러나 매번 같은 경종이 울린다. 왜냐하면 경보 체계는 단순하기 때문이다. 육체에는 많은 경보 체계가 있는 것이 아니다. 서로 다른 원인에 대해서도 같은 경종이 울린다. 두통의 이런 특성은 異出而同名이라 할 만하다.

어떤 사람이 눈이 멀게 되면 그는 청각이 예민해진다. 눈으로 흐르는 에너지가 귀로 흐르기 때문이다. 또한 장님들은 촉감에도 매우 예민하다. 만약 장님이 우리를 만진다면 우리는 보통 사람이 우리를 만질 때와는 전혀 다른 느낌을 받을 것이다. 우리는 보통 눈을 통해서 사물을 식별하지만 장님은 그 에너지가 손으로 흐른다. 그는 촉감을 통해서 사물을 식별하게 된다. 에너지가 다른 중심으로 흐르기 시작하면 이전에 있던 중심은 사라지고 만다. 시각과 청각, 촉각 등은 같은 에너지가 각각 다른 통로로 나오면서 다른 명칭을 얻은 것이다. 同出而異名이다.

2.6. 同謂之玄 玄之又玄

2.6.1.

여기서는 玄의 의미를 바로 이해하는 것이 중요하다. 玄은 통상 '검을' 현으로 새기나, 이는 흑색과는 다르고 크게 흑색의 범주에 속하는 것으로 생각할 수 있다. 천자문의 天地玄黃이란 표현을 통하여 그 정체를 좀더 구체적으로 추론해 볼 수 있을 듯하다. 이는 天玄地黃의 뜻으로 하늘은 玄하고 땅은 黃하다는 것인데, 땅을 누렇게 표현하는 것은 지극히 당연하나, 하늘은 색으로 표현한다면 검은 색보다는 푸른색이 적절할 법하다.

그런데 검다니? 혹 이를 두고 검은 구름이 짙게 낀 하늘을 연상할 수도 있을 듯하나, 이는 구름의 색깔일 뿐 하늘의 색깔은 아니니, 하늘을 묘사하는 詩句에서 하필 구름의 색을 들이댈 리는 만무하다. 그래서 우리는 玄을 특정한 색을 나타내는 것으로 보기보다 하늘의 모양을 색감으로 나타낸 것으로 이해하는 입장을 취한다. 즉 구름 한 점 없이 맑고 높은 하늘의 아득하고 가물한 투명성을 玄자를 빌어 표현한 것으로 볼 수 있을 듯하다. 말하자면 玄은 가까이서 뚜렷하게 보이는 모양의 색에 대해서, 멀리 아득하게 그리고 신비스럽게 보이는 모양의 색일 것이다.

이렇게 생각하면 이 구절의 의미는 자명하게 드러난다. 즉 앞에서의 대립적인 두 계열의 개념들을 하나의 근원적인 것으로 이해할 때, 그 모습을 궁극적인 신비의 색으로 표현한 것은 참으로 적절한 표현이라 생각된다. 그러나 이 정도로도 만족하지 않고 王中王의 구조처럼 반복하여 玄하고도 또 玄하다고 한 의중을 통해 그 근원의 신비를 실감나게 느낄 법하기도 하다.

사실 하늘이나 바다의 색은 그것을 멀리 바라볼 때 감지하는 것이며, 가까이서 하늘의 허공과 바다의 물을 들여다보면 아무 색도 없다. 그래서 이들의 색은 보통 색과는 다르며 오직 멀리서 아련히 광활한 전체를 바라볼 때만이 드러나는 신비한 색이라 할 수 있다.

2.6.2.

현대 과학의 논리로는 이런 애매하고 신비한 것은 문제삼지 않는다. 서양은 가까이서 냉정하게 관찰하고 정밀하게 분석하여 논리적으로 기술하기를 좋아한다. 그러나 동양은 일정한 거리를 두고 전체를 직관적으로 받아들이려 한다. 이렇게 볼 때 인생과 자연은 한없이 아름답다. 수평

선은 우리가 다가가면 계속 뒤로 물러나며 일정한 거리를 유지한다. 가까이서 정밀하게 관찰하는 자는 결코 수평선의 아름다움을 알 수 없다.

우리는 머리를 통하여 사물을 명료하게 이해하려 한다. 그러나 이 명료함 때문에 많은 오해와 혼란이 일어난다. 모든 것이 이성이라는 칼로 난도질당한 채 어떤 모호함도, 어떤 신비도 허용되지 않는다. 모호한 것은 무엇이든지 거부되고, 오직 명료함만이 용납된다. 이성은 우리에게 명료함을 주나, 명료함은 실체가 아니다. 실체는 언제나 불명확하며 모호한 것이다. 개념들은 명료하나 실체는 신비하다. 개념들은 논리적이지만 실체는 비논리적이다. 언어는 명료하고, 논리도 명료하다. 그러나 삶은 명료하지 않다.

가슴은 실체에 더욱 가깝게 다가서게 한다. 하지만 그것은 명료하지 않다. 우리가 명료함을 목적으로 삼기 때문에 항상 실체를 놓치는 것이다. 우리가 모호한 눈을 가질 때에만 실체를 들여다볼 수 있다. 우리는 모호해져야 한다. 개념화될 수 없는 어떤 것 속으로, 논리로 설명할 수 없는 어떤 것 속으로, 살아 움직이는 어떤 것 속으로 들어가야 한다. 명료함은 죽은 것이다. 그것은 고정된 채로 남아 있다. 삶은 하나의 흐름이다. 삶 속에는 그 어떤 것도 고정되어 있지 않다. 그런데 어떻게 우리가 명료하게 딱 집어 낼 수 있겠는가?

2.6.3.

이는 사랑과 결혼의 대비를 통해서도 이해된다. 우리가 사랑하는 순간 우리는 두렵다. 그 사람이 떠날 수도 있다. 나 외의 다른 사람을 사랑할 수도 있다. 모든 것이 확실하지 않고 불안하다. 이제 어떤 안전 조치가 취해져야 한다. 그래서 나는 그 사람과 결혼한다. 그러면 법적인 구속이 가해져서 이제 그 사람은 나를 떠나기 어렵다. 법이 우리를 지켜줄 것이다. 이제 우리는 안전 조치를 취한 것이다. 하지만 우리가 결혼하는 순간 그것은 살아있는 관계가 아니다. 그것은 하나의 법이다. 법적인 현상이지 생명의 그 무엇이 아니다. 법정은 삶을 지켜주지 못한다. 법정은 오직 거래 관계만을 지킬 수 있다.

결혼은 명확하게 정의될 수 있다. 그러나 사랑은 뭐라고 정의될 수 없다. 이제 우리는 정의된 세상 속에 들어왔다. 우리가 안전하기를 바라는 순간, 문을 닫으려는 순간, 새로운 것이 어떤 것도 일어나기를 원치 않는 순간, 우리는 갇히게 된다. 그리고 고통을 겪게 될 것이다. 그때 우리는 이렇게 말할 것이다. '아내 때문에 나는 자유롭지 않다.' 우리가 아내라면 남편 때문에 자유롭지 않다고 말할 것이다. 우리는 서로를 소유 했기 때문에 서로 갇힌 것이다. 이제 우리는 싸움을 벌일 것이다. 사랑은 사라지고 거기에 갈등만 남는다. 이 모든 것이 안전과 명료함을 찾아다닌 덕분에 일어났다. 이런 현상은 모든 것 속에서 일어나고 있다.

2.7. 衆妙之門

2.7.1.

이 구절은 도덕경 제1장을 마무리하는 내용으로, 이 세상에서 우리가 논리적으로는 이해할 수 없는 모든 본질적이고 신비한 현상들의 근원은 道라는 것이다. 비유하면 道는 이들이 나오는 신비한 문이라 할 수 있다. 문 가운데서도 항상 열려 있으면서 또한 항상 닫혀 있기도 한 회전문과 같다. 여기서 妙는 常無欲以觀其妙의 妙와 통하며, 이렇게 명명한 것은 그 특징이 비논리적이고 나아가 초논리적이기 때문이다. 그러나 모든 것을 되도록 논리적으로 접근하도록 훈련되고 습관된 우리로서는 이를 이해하기 어렵고 이는 모순처럼 보이기까지 한다. 그러나 진리는 모순적이다. 오직 이론만이 모순적이지 않다. 진리는 그 속에 삶의 온갖 모순들을 담고 있다. 진리는 몹시 비논리적이고 불합리하다.

삶은 비논리적이다. 논리를 통해 사는 사람은 아무도 없다. 논리적으로 우리는 분노가 나쁘다는 것을 알고 있지만 누군가가 우리를 모욕할 때 그 논리는 망각되고 분노가 튀어나온다. 사랑에 빠질 때마다 우리는 논리를 뛰어 넘는다. 그리고는 곧 후회하게 된다. 우리가 넓은 세상에서 하필 이곳에 살고, 많은 직업 중에서 이 직업에 종사하는 것은 논리적 사고의 결과이기보다 우연에 가깝고 운명적이라 할 수 있다. 우리는 큰 일에서는 운명에 맡기며, 그 속에서 어디에 사는 것이 좋고 무슨 일을 하는 것이 좋은지 조그만 경우에 논리적으로 따진다.

삶은 논리와는 아무 상관도 없이 흘러간다. 삶은 서로 반대되는 것들 속에 있다. 삶은 서로 반대를 이루는 수많은 兩極性에 의존하고 있다. 논리는 직선적이지만 삶은 원을 그리면서 움직인다. 낮 동안에 휴식을 취한 사람은 밤에 휴식을 취할 수 없는 것이다. 땀흘려 일한 사람만이 밤에 깊은 휴식에 들 수 있다. 불면증은 여유 있는 사람들에게나 있는 것이다. 이것은 이렇게도 설명할 수 있다. 화를 조금도 내지 않고 사랑만을 고집하는 사람은 결코 진정한 사랑에 들 수가 없다. 논리적인 사람들은 아침에도 사랑하고 저녁에도 사랑하고 사시사철 사랑해야만 진정한 사랑이라고 생각한다. 이런 사랑은 불가능하다. 거기에는 양극성을 허용하고 있지 않기 때문이다. 거기에는 미움이나 분노가 빠져 있기 때문이다. 사랑은 분노가 이완되었을 때 더욱 깊어지는 것이다. 분노는 골짜기이고 사랑은 산봉우리인 것이다. 산은 봉우리로만 이루어질 수 없다. 하나의 봉우리는 적어도 두 개의 골짜기를 갖고 있다. 그렇기 때문에 사랑하기 위해서는 우리는 미움을 허용해야만 한다. 하지만 한결같은 사랑이 없는 것은 아니다. 그러기 위해서는 우리는 부처가 되어야 한다. 그 사랑은 평원과 같은 것이다. 부처의 사랑에는 어떤 격렬함도 없다. 그의 사랑은 고요하다. 그에게는 분노가 없다. 그런데 어떻게 그의 사랑에서 격렬함을 기대할 수 있겠는가?

2.7.2.

비논리적인 것을 이해하기 어려운 것은 그것이 우리 자신과 너무 가까이 있기 때문이다. 神은 먼 곳에 있지 않다. 어떻게 보면 신은 우리 자신보다도 더 가까이 있다. 그러나 이를 깨닫지 못한 채 신은 단지 신화나 공허한 이론에 불과한 것으로 간주한다. 그리하여 가장 가까운 것이 영원히 먼 것으로 남아 있기도 하다. 너무도 가깝고 친근한 것은 인식되지 않는다. 이들은 어떤 간격도 없기 때문이다. 사실 우리가 보고 인식하기 위해서는 일정한 거리가 유지되어야 한다. 그러나 신성과 우리 사이에는 한 치의 틈도 없다. 물고기와 바다 사이에 어떤 간격도 없는 것과 같다. 물고기는 바다의 한 부분이다. 바다가 있음으로써 생겨나는 물결과 같은 것이다. 바다는 물고기라는 존재를 탄생시키는 무한인 것이다

그래서 이 구절도 노자 같이 비현실적인 사람들이나 외치는 헛소리가 아니라, 우리 삶에 깊이 뿌리내리고 있는 생생한 현상임을 인식하게 될 때, 우리는 진정으로 도덕경 제1장의 의미를 가슴으로 받아들이는 것이 될 것이다.

오늘날 우리 사회에서 기도하는 일은 이제 보편적이 되었다. 그러나 기도라는 것은 사실 매우 이상한 현상이다. 논리적으로 보면 이상하기 그지없다. 지극히 비논리적으로 보인다. 논리적으로만 보면 기도하는 것은 미친 짓 같다. 그들은 누구에게 말하고 있는가? 누구를 하느님이라고

부르는가? 누구에게 절을 하는가? 그들이 절하고 있는 방향에는 아무 것도 없는 것 같다. 신은 보이지 않는다. 기도란 대화가 아니라 독백이다.

논리적인 마음은 가슴에서 우러나오는 모든 것들이 어리석게 보인다. 마찬가지로 가슴의 차원에서는 논리가 별 가치 없는 것으로 보인다. 논리적인 마음은 시장에서 물건을 사고 파는 데 쓸모 있을지언정 삶에서는 어떤 깊이도 더해 줄 수 없는 것이다. 그들은 계산을 넘어선 세계를 결코 알 수 없다. 그들의 삶에는 어떤 무지개도 피지 않는다. 그들은 참으로 세속적이고 사소한 일에 매달려 있다. 어떤 시도 피어날 수 없다. 어떤 노래도 그들의 가슴속에 깃들 수 없다. 그들은 춤출 수 없으며, 어떤 삶의 환희도 그들과는 관계가 없는 것이다. 돈이나 명예를 원한다면 논리를 따라야 한다. 그러나 행복, 정적, 평화, 환희 같은 것을 원한다면 논리에 귀를 기울이지 말고 우리의 가슴을 따라야 한다. 논리는 무미건조하고 죽은 것에 불과하다. 어느 누구도 논리만으로 살 수 없도록 되어 있다. 예수가 빵만으로 살 수 없다고 말했지만, 또한 우리는 논리만으로도 살 수 없다.

2.7.3.

비논리적인 것을 이해하기 어려운 것은 그것이 또한 우리의 논리로는 도저히 감당할 수 없을 만큼 복잡하고 광활하기 때문이다. 날로 문명이 발달할수록 우리는 또한 현재로서는 자연의 이변이라고밖에 부를 수 없는 무서운 보복이 준비되고 있음을 느끼기 시작하였다. 최근에 우리는 예고 없이 찾아온 시간당 500 미리 이상의 폭우에 도로의 유실은 말할 것도 없고 마을과 농지가 사라진 자연 재해에 속수무책으로 무릎을 꿇고 말았다. 이런 것들이 우리가 衆妙之門의 존재를 더욱 여실히 느끼는 계기가 될 수 있다면 이는 비싼 교훈이 되는 셈이다.

이런 우주적인 해프닝은 예측할 수 없기 때문에 갑작스러운 것이다. 그것을 위해 어떤 계획이나 예상도 할 수 없기 때문에 돌연한 것이다. 그리고 비논리적인 것이기 때문에 해프닝인 것이다. 하지만 그렇다 하더라도 우리는 이것을 위해 준비해야만 한다. 그것이 일어나기 전에 우리는 많은 것을 해야만 한다. 이것은 씨를 뿌리는 일과 같다. 우리는 절기에 맞춰 땅을 갈고 씨를 뿌릴 것이다. 그리고 우리는 기다린다. 어느 날 우연히 싹이 돋아나 있는 것을 발견할 것이다. 우리는 월요일 아침에 싹이 돋아날 것이라고 말할 수 없다. 그렇게 될 수도 있고 안 될 수도 있기 때문이다. 거기에는 수백만 가지의 요소들이 작용하고 있다. 최근 과학자들은 음악이 식물의 성장을 촉진한다는 사실을 발견하였다. 씨를 뿌린 곳에서 춤추며 노래 부른다면 보다 빨리 싹이 틀지 모른다. 보름달이 있는 기간에는 보다 빨리 자랄 것이다. 반대로 달이 기우는 동안에는 성장이 늦어질 것이다. 어떤 때는 아이들이 지나면서 부르는 노래조차 도움이 될 것이다. 만일 슬픔에 겨운 사람이 그곳을 지난다면 씨앗은 그 영향으로 인해 더디 싹틀지도 모른다. 너무나도 신비하고 예측할 수 없는 수억 가지의 요소들이 있는 것이다. 하지만 여전히 우리는 만반의 준비를 해야만 한다. 그리고 그 갑작스러움을 꿈꾸지 않는 것이 좋다. 우리에게 어떤 노력도 필요 없으며 이는 단지 어느 순간에 돌연히 일어난다고 하는 것은 단지 우리의 꿈일 뿐이다. 우리의 모든 준비와 노력은 도움이 된다. 그러나 계획하고 억지로 끌어낼 수 있는 그런 것은 아니다.

2.7.4.

이런 비논리적 세계는 우리로 하여금 지식에 매달리기보다 지성적이

되기를 요구한다. 그리하여 더 이상 반응하지 않고 감응하도록 되어야 한다. 반응은 늘 과거의 경험을 바탕으로 하고 있고, 감응은 단지 거울과 같다. 우리가 거울 앞으로 가면 거울은 감응한다. 거울은 우리의 얼굴을 보여 준다. 거울은 아무 기억도 담고 있지 않다. 우리가 떠나면 거울은 다시 순수해지고 아무 것도 반영하지 않는다. 그러므로 우리의 모든 감응은 신선함과 명료함과 아름다움을 지니고 있다. 그것은 반복되는 케케묵은 관념이 아니다. 어떤 상황도 우리가 이전에 만났던 상황과 똑같지 않다. 따라서 과거 속에서 반응하면 우리는 상황과 직면할 수 없다. 우리는 한참 뒤쳐져 있는 것이다. 이것이 우리가 실패하는 원인이다. 우리는 상황을 보지 못한다. 우리는 반응에 더 익숙해서 상황에 눈멀어 있다. 그러면 이미 만들어진 대답을 갖고 다니는 것이다. 이것이 지식의 한계이며 지성이 필요한 까닭이다.

3. 결 어

3.1. 합리성의 극복

도덕경 제1장을 통하여 우리는 도덕경의 내용을 대략 짐작해 볼 수 있다. 현대인에게 있어서 도덕경은 꿈속의 언어처럼 비현실적이면서 또 한편으로는 근원적인 향수를 느끼게 한다. 여기서 우리는 도덕경을 읽는 일의 상반된 두 측면을 느끼게 된다. 먼저 현실적 맥락에서 볼 때 이는 공허하기 짝이 없어 아무 보탬이 되지 않을 뿐더러 도리어 유해할 수도 있다. 그만큼 도덕경은 우리의 현실과 동떨어진 혹은 그에 역행하는 꿈같은 애기로 일관하고 있는 것이다. 그러나 삶의 본질적 이해의 측면에서 보면 이는 하늘의 계시로나 가능할 법한 신선한 시적 메시지로 가득 차 있음도 엿볼 수 있다. 아닌게 아니라 도덕경은 시적 형식을 취하고 있기도 하다. 이른바 시인들이란 땅 위에서 움직이다가 종종 도약하며 그 도약 속에서 일별을 대한다. 그러나 노자는 언제나 가슴속에서 살고 있으며, 결코 머리로 떨어지지 않는다. 그래서 실제로 시를 짓지 않아도 그가 하는 것은 저절로 시적으로 된다. 이런 신비주의자는 따로 시적인 용어를 사용하지 않는다. 그의 입에서 나오는 말이 바로 시가 되기 때문이다. 노자는 대표적인 신비주의자이다. 그리고 도덕경은 이렇게 이루어진 것이다. 우리는 노자가 어떤 사람인가에 대해서 그 이상 알 필요가 없다. 이름 그대로 그는 평범한 늙은이일 뿐이며, 굳이 비유하자면 하나의 텅 빈 대나무와 같은 존재로, 아무 개성도 없는 것이 그의 특성이라면 특성이라고 할 수 있을 듯하다. 그래서 모든 것이 그를 통해 흘러간다. 그는 그저 이 무한성의 도구일 따름이다. 이런 그가 도덕경을 이룬 데서 한 역할은 기껏해야 속기사 같은 것이었을 것이다. 저 너머로부터 어떤 메시지가 전해지고 그는 충실하게 받아 적었다. 말하자면 그는 著者(author)가 아니며, 기껏해야 筆者(writer) 정도인 것이다.

　이런 신비는 지적 능력을 통해서 이해될 수 있는 문제가 아니다. 만약 우리가 지적 능력을 통해서 이해하려 한다면 그 핵심을 이해하지 못할 것이다. 전적으로 다른 차원, 다른 관점을 가져야 한다. 우리가 아주 수동적이고 고요한 마음으로 있을 수 있다면, 해석하지 않고 새소리를 듣듯이 들을 수 있다면 아마도 어떤 문이 열릴 것이다. 그러나 우리는 오랫동안 의미에 중독되어 음악을 듣듯이 단순히 듣지를 못한다. 우리는 즉각 반응하고, 해석하고, 그것의 의미를 찾으려고 한다. 우리는 마음속을 방황하고, 음악은 지나가 버리는 것이다.

　많은 지식인들이 노자의 말을 기억하고 있다가 여기저기서 인용하며 기계적으로 반복한다. 그러나 그들은 진실로 아무 것도 모른다. 마음이 반복하는 모든 것은 외부에서 차용한 지식에 불과하다. 빌려온 것은 아무 도움이 안 된다. 그 어떤 것도 우리 자신의 것이 아닌 한 아무리 진실하게 보이더라도 진리가 아니다. 그것은 위대한 거짓말, 아름다운 거짓말이다. 그것이 우리의 체험이 되어야만 진리가 된다. 개인적이고 실존적인 경험이어야만 한다.

때때로 우리에게는 자신과 정반대되는 것을 사랑하게 되는 일이 일어난다. 우리는 지금의 자신과 정반대되는 것을 즐긴다. 이것이 우리에게 환상을 심어 주기 때문이다. 이것은 우리에게 '나도 저런 삶을 살고 싶다'는 생각을 심어 준다. 오늘날 노자가 매력적으로 보이는 이유가 여기 있다. 그러나 이를 탓할 이유는 하등 없으며, 오히려 그에 접근하기 위한 하나의 계기로 삼을 수도 있다. 만약 도덕경 가운데 어느 한 장이나 한 구절에 친근감을 느낀다면 가장 좋은 방법은 그것을 명상하고 그의 삶을 생각하며 우리 주위에 그의 분위기를 만드는 것이다. 어떤 꽃이나 향기가 우리를 유혹한다면 그 꽃과 향기를 곁에 두고 즐기듯이. 그래서 조금씩 그에 취하도록 허용하는 것이다. 우리가 경전을 읽고 그것에 대해서 뭔가를 하지 않는다면 이해는 아무 쓸데없는 것이다. 그것은 우리가 진짜로 이해하지 못했다는 뜻이다. 이해는 행동이 필요하기 때문이다. 만약 행동으로 나타나지 않는다면 우리는 단지 피상적인 지식만 얻었을 뿐 이해한 것이 아니다. 피상적인 지식은 이해가 아니다. 그것은 우리로 하여금 행동하는 자가 되게 하지 못한다. 그것은 하나의 정보일 뿐이다. 이해는 삶과 행동으로 나아가야 한다.

이를 지적으로만 이해할 뿐, 자신의 의식 속에서 실행하지 않는다면, 그것은 전부 머리 속에만 머물러 있고, 결코 살아있는 체험이 되지 못할 것이다. 그리고 그것이 살아있는 체험이 되지 않는 한, 그것은 가치 없는 지식의 잡동사니일 뿐이다. 또다시 우리는 지식을 모으기 시작하며 똑같은 함정에, 소유의 차원에 빠질 것이다. 많은 지식을 접할 수 있게 된 것은 현대인의 커다란 불행 중의 하나이다.

성인들은 말한다. "진리에 관해서 나에게 묻지 말라. 열반이나 천국에 대해서 묻지 말라. 그런 것들에 대해서 어떤 것도 묻지 말라. 내가 말해줄 수 있는 것은 어떻게 해서 거기에 도달할 수 있었는가 하는 것이다. 나는 길을 보여줄 수 있을 뿐이다. 그러나 내가 그대들에게 경험을 가져다 줄 수는 없다. 더구나 언어를 통해서는 더욱 불가능하다."

경험은 개인적인 것이나 방법은 그렇지 않다. 방법은 과학적인 것이며 공통적인 요소가 있다. 그러나 경험은 언제나 개인적인 것이며 시적인 것이다. 하지만 그들은 노력했다. 어떤 식으로든 그 경험을 표현하기 위해 무한히 애를 썼다. 만약 우리가 깊은 공감대를 갖고 있다면 뭔가를 전달받을 수도 있을 것이다. 거기에는 깊은 사랑과 존경의 마음이 필요하다. 어떤 것이 전달될 때마다 그것은 전달자에게 달린 것이 아니다. 그것은 우리에게 달려 있다. 그러나 우리가 그것에 대해 비판적이라면 아무것도 전달되지 않는다. 거기에는 어떤 교류도 성립되지 않는다. 그 교류는 너무도 미묘하게 너무도 섬세하게 이루어진다.

사실 도덕경을 읽어 내려가면 믿기 어렵고 이해가 안 되는 부분이 하나둘이 아니다. 이에 대하여 합리적인 사고로 접근할 수 없을 때 우리는 그것을 믿을 수 없다고 말한다. 합리적인 사람들은 증명될 수 없는 믿음은 맹목적인 것이라고 비난한다. 하지만 맹목적이지 않은 믿음을 본 적이 있는가? 예수를 따랐던 사람들은 예수에 눈멀었다. 바로 말해 믿음은 믿기 위한 어떤 전제도 필요로 하지 않는 것이다. 만약 거기에 어떤 티끌만한 전제나 이유가 있다면 그것은 믿음이 아니다. 사람들은 지구의 존재를 믿는다고 말하지 않는다. 그것은 아주 당연한 사실이다. 믿음이란 요리조리 따지는 행위가 끊겼을 때만이 싹틀 수 있다. 그러나 가슴은 이미 그것을 알고 있다. 머리가 우리 존재의 전부가 아니다. 오히려 머리는 우리 삶의 아주 작은 부분에 불과하다. 논리를 넘어선 세계, 우리 머리로는 도저히 이해할 수 없는 세계가 있으며, 가슴은 그 세계를 느낄 수 있다. 오직 증명될 수 없는 것만이 믿음을 필요로 한다. 그리고 가슴은 그것이 어디에 있는지 안다. 기독교 신비가 터툴리안은 "나는 신의 존재를 믿는다. 신은 너무도 모순되고 감히 믿어지지 않기 때문에 나는 믿는다. 도저히 증명할 수 없기 때문에 나는 신을 믿는 것이다. 이것이 내가 신을 믿는 전부인 것이다."라고 말했다. 만일 증명이 가능하다면 믿을 필요가 없으며, 그것은 하나의 사실에 불과한 것이다.

3.2. 가치가 전도된 상황

모든 사람이 어려서는 영리하였다. 모든 아이들은 이지적이고 아름답다. 그러나 사회는 의식적 무의식적으로 이들을 무력하게 만들어 간다. 가정, 학교, 군대, 직장 등은 점차 이들을 바보로 만들어버린다. 바보는 선천적이 아니다. 그것은 익혀져야 하며 얻어져야 한다.

부처와 예수와 노자는 사회에서 벗어난 사람들이다. 그들은 사회가 그들을 우둔한 사람으로 만들지 못했다는 것을 보여 준다. 그들은 특별나게 보인다. 온 사회가 우둔하게 되어 있으므로. 그러나 그들은 표준이다. 영리하고 이지적인 자연이었다. 보통 아이들은 모든 것을 훈련해야 한다. 어떤 자발성도 허락되지 않는다. 지성은 자발적으로 자란다. 그러므로 지성은 그런 훈련에 의해서 죽게 된다. 만일 우리가 아이에게 순종하도록 하는 데 성공했다면 우리는 그 아이의 지성을 죽이는 데 성공한 셈이다.

어떤 사람이 그의 일생을 사무원으로 지낸다면 그는 그의 일생을 바로 서류꽂이에 쌓아 올리는 셈이다. 사회는 우리의 지성과 감수성을 죽인다. 그리하여 우리는 어떤 직업에 종사할 수 있게 된다. 그러면 우리는 기계적으로 그 일을 평생 계속하게 되는 것이다. 당연히 우리는 지적 존재로서의 모든 가능성들을 잃는다. 청년들은 군대에 보내진다. 그들은 아침부터 저녁까지 소총을 닦고, 우향우 좌향좌 제식훈련을 하고 혹은 행군하면서 전 삶을 써버린다. 이런 일을 매일 반복하면서도 그들이 하고 있는 것에 대해 생각할 여유조차도 없다. 이는 궁극적으로 남을 되도록 많이 죽인 뒤에 자기도 죽기 위한 준비일 뿐이다. 그러나 삶은 살기 위해 있는 것이지, 죽기 위해 있는 것이 아니다. 삶은 신성한 선물이다. 참으로 이지적인 사람은 이렇게 살 수 없다. 자유로운 사람은 그의 지성으로 돌아가길 요구하며, 그의 감수성으로 돌아가길 원한다. 사회가치는 자연적 가치가 아니다. 병역의 의무를 신성하게 보는 것은 단지 일면의 진실일 뿐이다.

오늘날 모든 사람은 비정상이다. 만일 누군가가 돈에 사로잡혀 있다면 그는 비정상이다. 그것은 우리에게 삶을 줄 수 없다. 언젠가 그 비정상적인 것이 만족되면 그때 다른 비정상적인 일이 일어난다. 우리는 결코 넉넉함에 있을 수 없다. 권위를, 권력을, 이익을 쫓아서 열광하는 사람은 비정상적이다. 높은 의자에 앉아 있는 것이 우리의 행복을 만들어 주지 않는다. 우리는 힘이 있으면 있을수록 불행하게 된다. 그럴수록 비정상적인 문제에 빠져든다.

우리의 삶에서는 모든 것이 뒤집혀 있다. 가치 있는 것은 가치 없게 되었고 가치 없는 것은 가치 있게 되었다. 우리는 비본질적으로 살고 있고 본질적인 것을 잊어버렸다. 우리는 어떤 것들을 위해 살고 있지만 그것들은 죽음이 오면 떨어져 나갈 것이다. 돈과 권력과 명성 따위의 것들은 죽음이 오면 우리에게서 떨어져 나갈 것이다. 죽음이 파괴할 수 없는 그런 길에서 사는 사람만이 진실로 살고 있는 것이다. 죽음이 우리로부터 빼앗아 갈 것이 도대체 없는 그런 길에서 사는 사람은 내면의 존재를 창조한다. 모든 것은 뒤집어져 있다. 향기로운 냄새를 몸서리나는 냄새로 생각하고 달콤한 맛을 쓴맛으로 생각한다. 사랑 대신 결혼에 안주하고, 종교 대신 종파에 안주하며, 식사 대신 식단에 신경 쓴다. 경전들도 일종의 식단이지 음식 그 자체는 아니다. 그들은 우리를 기를 수 없다.

노자는 온 세상이 비정상이라고 말한다. 그러나 누구도 자신의 길을 비정상으로 보는 사람은 없다. 남에 대해서 비정상으로 생각하기는 매우 쉽다. 그러나 자기 자신에 대해서는 비정상으로 있는 그대로 생각하기는 매우 어렵다. 일반적으로 다수에 속하는 이들은 누구나 온전하며, 소수에 속하는 이들은 병적이라고 생각한다. 노자는 그런 관념을 버리라고 말한다. 노자의 통찰은 자연스러움의, 자연의 근본적인 통찰이다. 노자는 무심으로 삶을 바라보는 사람이다. 아무런 관념 없이 이데올로기도 없이 순수한 삶 그대로를 꿰뚫어 본다.

이지적으로 성장한 사람은 매우 드물다. 우리는 우리가 자신에게 행한 그것에 대해서 참으로 자각하게 되어야만 이지적이 될 수 있다. 우리는 우리의 이성이 파괴되어야 했던 혹은 숨겨져야 했던 까닭에 대해서 깊이 성찰해 보아야 할 것이다. 우리의 야심은 우리의 지성을 파괴한다. 경쟁에 이기기와 일류 되기. 이것이 우리가 사는 유일한 이유처럼 되었다. 그러나 삶은 일류일 것조차도 없는 것이다. 우리는 우리가 있는 어디서든지 즐길 수 있다. 지성은 오직 우리가 살고 있을 때에만 온다. 지성은 살기의 기능이다.

오늘의 여건에서 경전에 새롭게 눈뜨는 것은 과연 강 건너 불인가 아니면 발등의 불인가 심각하게 생각해볼 문제다.

Ⅱ부

入聲韻尾 消失에 대하여

김성렬
(아주대 교수)

1. 서언

音韻變化는 많은 경우에 합리적으로 설명될 수 있으나 그렇지 못한 경우도 허다하다. 入聲이란 漢字音 音節末이 -p, -t, -k로 끝나는 音節을 말함이다. 그런데 중국 한자음에는 현재 이 입성자들이 그 韻尾가 전부 消失되는 큰 변화가 일어났으나 우리나라 漢字音에는 이 입성운미가 그대로 남아 있어 큰 차이를 보여 준다. 이에 본고는 중국한자음 입성운의 소실과정을 우리나라 한자음과 대비하여 통시적으로 간단히 살펴보고자 한다.

중국 한자음 入聲韻尾 소실에 관한 연구는 聲韻學에서 시대별로 연구되어 있으나 소실의 원인에 대한 연구는 전무한 것이 아닌가 한다. 본고에서는 중국 역대 韻書에서 入聲韻尾를 어떻게 설정하고 있으며 消失過程을 점검해 보고 소실이 완전히 이루어진 시기의 중국어 교재인 『老乞大諺解』(1670)의 입성자들의 변화를 간략히 살펴 우리 한자음과 대비하

여 보려고 한다. 이렇게 함으로써 우리 한자음의 정체를 파악할 수 있고
중국 한자음 입성자들의 변화 과정을 짐작할 수 있을 것으로 생각한다.
　주지하는 바『老乞大諺解』漢字音은 左側音은『洪武正韻譯訓』의 俗
音을, 右側音은 16세기 당시 중국 北方音(北京을 중심으로 한 음)을 나타
낸 것이다. 俗音인 左側音에는 入聲韻尾의 殘影이 남아 있으나 右側음은
완전히 소실된 상태다. 이 소실된 입성음이 현재 중국음에 어떻게 변화되
어 있는지를 알아보고 한국 漢字音과 대비해 보고자 한다.

2. 聲韻學의 音節 構造

漢字는 1자가 1音節을 이룬다. 1音節은 聲母와 韻母로 二元化된다.
이를 도식화하면 아래와 같다.

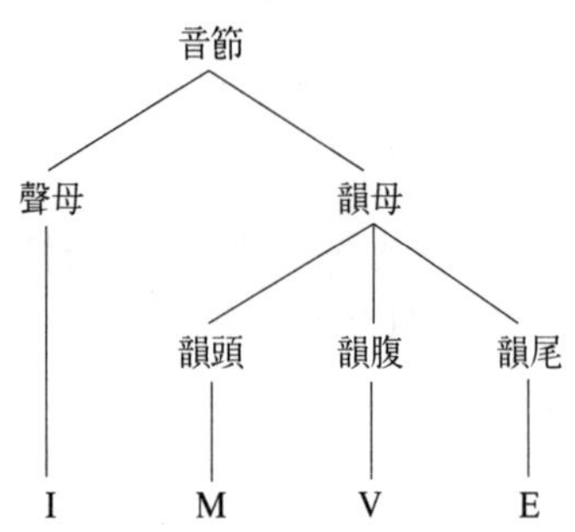

I = 음절초-두자음. initial의 약호. c
M = 介母. 韻頭. medial의 약호. j, w
V = 韻腹. 主要母音. principal. v
E = 韻尾. c. j, w[1]

---

1) 姜信沆(1973),『四聲通解硏究』, 新雅社, p.36.

보기를 들어 음절을 분석해 보면, 官(guan)과 快(kuai) 2개 음절에서 g와 k는 각각 聲母로 중국어의 성모는 1개의 자음으로 이루어진다. 2음절에 공통으로 있는 u는 介母로 韻頭가 된다. a는 韻腹으로 음절의 핵심을 이루는 주요모음이다. n은 자음으로 된 韻尾이고 i는 모음으로 된 韻尾다. 이와 같이 韻尾는 자음과 모음이 모두 될 수 있다.

音節構造를 이렇게 구분할 때 본고의 관심 부분은 韻尾이다. 운미 가운데도 파열음에 속하는 -p, -t, -k 음인데, -p는 脣內入聲, -t는 舌內入聲, -k는 喉內入聲이라 한다.

3. 歷代 中國 韻書의 入聲韻

중국 漢字音 변화시기는 대체로 다음과 같이 나눈다.

   1. 上古音- 東周, 西周(兩周)로부터 秦代

   2. 近古音- 漢, 魏晉 南北朝時代

   3. 中古音- 隋, 唐, 宋時代

   4. 近代音- 元, 明, 淸時代

   5. 現代音- 20세기 이후 北京官話 中心

聲韻學의 音韻史 시대구분은 위와 같은데, 각 시대별로 연구된 입성운미에 관한 부분을 살피기로 하겠다.

상고음에는 목구멍막힘소리받침(喉塞音韻尾)인 (ʔ)類가 있었는데 이것들은 상고보다 더욱더 옛날의 入聲韻으로부터 변해온 것이다. 그 뒤에 다시 韻尾를 잃은 다음에 去聲字로 변해갔다.[2] 이런 證言으로 보아 입성자는 상고시대보다 그 이전부터 존재했음을 알 수 있다. 후대에 내려오면서 차츰 소실 과정을 밟아 현재 官話에는 완전히 소실되고 말았다.

중고음시대인 隋, 唐, 宋代를 거쳐 여러 韻書들이 편찬되어 한자어음이 정리되었다. 隋代 陸法言이 8인의 도움을 받아『切韻』이라는 운서를 편찬했는데, 서기 601년(仁壽元年)이었다. 이 운서는 한자음을 平, 上, 去, 入의 四聲으로 모두 5권으로 되었으며 수록된 한자는 12,000여 자라 한다. 平聲上은 26운, 平聲下는 28운, 上聲은 51운, 入聲은 32운 모두 193운으로 되어 있다. 이『切韻』은 그 당시 존재했던 여러 운서의 좋은 점을 취하고 무엇보다 당시 실제 어음을 충실히 기록했기 때문에 권위 있는 운서로서 후대에 편찬되는 여러 운서들에 큰 영향을 끼쳤다. 그러나 현존하는 것은 唐寫本切韻殘卷 5種과 五代刊本殘卷 1種뿐이어서『切韻』진본을 볼 수 없음이 유감이다.『切韻』에 分立한 입성 32운의 모습은 宋代 운서『廣韻』으로 미루어 짐작할 수 있겠다.

『廣韻』은 陳彭年·邱雍 등이 서기 1008년(宋 大中 祥符元年)에 편찬된 것으로 본래 이름은『大宋重修廣韻』이다. 모두 206운으로 26,194자를 싣고 있다.『廣韻』도 역시 平, 上, 去, 入으로 분운되어 있는 바 이중 입성 34韻目을 아래에 열거해 보기로 한다.

一. 屋　二. 沃　三. 燭　四. 覺　五. 質
六. 術　七. 櫛　八. 物　九. 迄　十. 月
十一. 沒　十二. 曷　十三. 末　十四. 鎋　十五. 黠
十六. 屑　十七. 薛　十八. 藥　十九. 鐸　二十. 陌
二十一. 麥　二十二. 昔　二十三. 錫　二十四. 職　二十五. 德
二十六. 緝　二十七. 合　二十八. 盍　二十九. 葉　三十. 帖
三十一. 洽　三十二. 狎　三十三. 業　三十四. 乏[3]

---

2) 李新魁(1978),『中國聲韻學槪論』, 朴萬圭譯(1990), 大光文化社.
3) 董同龢(1968),『漢語音韻學』, 臺北: 廣文書局, pp.187~189.

중고음을 대표할 운서『廣韻』에는 이렇게 入聲韻을 세우고 있다. 屋은 廣韻 烏谷切, 沃은 烏酷切, 燭은 韻會에 朱欲切, 質韻은 唐韻에 之七切, 術은 集韻에 食律切로 物은 韻會에 文弗切, 緝운은 廣韻에 七入切, 合운은 正韻에 胡閤切로 이렇게 모두 입성자로 되어 있다.[4]『廣韻』입성운의 운미를 분류하여 보면, 후내입성(-k)이 12운, 설내입성(-t)이 13운, 순내입성(-p)이 9운으로 되어 있다. 이렇게 중고음시기만 하여도 당시 실제음이야 어떻든 운서상에는 철저히 입성운을 설정하고 있다.

다음 근대음시기 즉 元, 明, 淸 代에는 入聲韻을 어떻게 처리하고 있는가를 운서를 통하여 알아보자. 元代의 대표적인 운서는『蒙古字韻』과『中原音韻』이다. 이 책들은 近代音을 연구하는 데 없어서는 안될 귀중한 책들이다.『蒙古字韻』은 저자 미상으로 元代 朱宗文이 1308년(元, 至大, 戊申 年)에 출간하였다. 이 운서는 입성을 따로 분립하지 않고 平, 上, 去, 入을 모두 한 소리 아래 속하게 하여 15개의 韻部로 나누고 있다. 이 책에 이어 周德淸이『中原音韻』을 편찬해 낸다. 이 책은 모두 19韻類로 나누어져 있는데『廣韻』206운에 비하면 운의 종류가 아주 적어졌다.『中原音韻』은 입성운을 平, 上, 去 三聲에 보내어 버렸기 때문에 閉鎖音 받침 -p, -t, -k 는 없어졌다. 운서상에는 이러하여도 당시 실제음에는 아직도 입성 소리는 잔존하였다.

明代初에 樂韶鳳에 의해『洪武正韻』이 나온다. 이 운서는 明 太祖 어명에 따라 만들어진 官撰韻書로 1375년(洪武 8년)에 출간되는데, 모두 76개 운으로 平・上・去聲은 각각 22운부로 나누고, 入聲은 10부로 분류하여 역시 입성을 세우고 있다.

학자들은 이미『中原音韻』시기에 입성은 사라졌기에『洪武正韻』의

---

4) 康熙字典(影印本), 臺北: 文化圖書公司.

入聲은 결코 당시의 실제음을 반영하는 것이 아니라 守舊의 운서로 생각했고, 또『洪武正韻』을 지은 사람들이 거의 남방 출신이기에 남방언어의 어음일 것으로 보았다. 그러나『洪武正韻』에서 入聲을 세운 것은 당시의 어음을 반영한 것으로 봄이 옳다.

『洪武正韻』이 나온 지 60여 년 후 1442년(明 正統 7년)에 雲南 사람 蘭茂에 의해『韻略易通』운서를 간행한다. 이 운서의 운류는 모두 20류로 되어 있고 入聲韻도 세우고 있다.『洪武正韻』과『韻略易通』에서 공히 입성을 세우고 있는 것은 무엇을 말하고 있는가? 이것은 明代 中葉 以前까지 중국 공통어에는 아직 입성이 존재하고 있었음을 증거한다. 그러나 입성은 차츰 消失되어 머지 않아 없어지게 된다.

이상 중국 역대 운서를 통하여 입성운을 어떻게 다루고 있는가를 대강 살펴보았다. 다음은 한국 운서에서는 입성을 어떻게 처리하고 있는지를 간단히 살피기로 한다.

4. 한국 韻書의 入聲韻

朝鮮 初期는 중국의 明, 淸代의 운서의 영향을 받은 시기다. 世宗은 明初의『洪武正韻』이야말로 만국의 표준음이라 생각했고 15세기 당시 朝鮮 한자음을 이와 비교하여 볼 때 轉訛가 아주 심한 것으로 생각하여 이 訛傳된 한자음을 중국음에 맞도록 교정하기 위하여 편찬한 운서가『東國正韻』이다. 그러면 이『東國正韻』에서는 입성운을 어떻게 다루고 있는지를 알아 보자.『東國正韻』은 세종의 지시를 받아, 崔恒 申宿舟 등이 표준 한자음을 확립하기 위하여 편찬했는데, 당시 중국 운서『古今韻會擧要』의 영향을 받았을 것으로 생각한다.『古今韻會擧要』의 수록자

는 12,652자로서 107운으로 되어 있어 전통적인 운서의 206운과 비교하면 대폭 축소되었다. 그전에 劉淵이 『壬子禮部韻略』(1252)을 지을 때 운을 107운으로 나누었는데 후대에 나오는 운서들이 이를 따르게 되었고, 이를 平水韻이라고 한다.

 『東國正韻』은 모두 26개 韻類로 平聲 26, 上聲 25, 去聲 25, 入聲 15로 91운으로 되어 있다. 이 중 入聲 15운을 보면 아래와 같다.

　　　一. 亟　二. 號　三. 國　四. 穀　五. 覺
　　　六. 菊　七. 隔　八. 訖　九. 骨　十. 葛
　　　十一. 屈　十二. 訐　十三. 戢　十四. 閤　十五. 劫[5]

 신숙주는 『東國正韻』序文 안에서 15세기 한자음 상황에 대하여 여러 가지로 언급하고 있는데 그 중 入聲韻에 대하여 舌內入聲韻尾 -t은 -l로 발음하고 있다고 하였다.[6]

 이 『洪武正韻』에 한글로 음을 단 것이 『洪武正韻譯訓』이었는데, 이 책은 16권이나 되는 방대한 저서여서 이용하기에 대단히 불편하므로 이를 시정하기 위하여 申宿舟가 『四聲通攷』를 편찬한 것으로 짐작하고 있으나 부전하기에 볼 수가 없고 그 후 中宗 때 崔世珍은 『四聲通解』를 편찬해 낸다. 이들 운서들은 『洪武正韻』의 音系를 잇는 운서들로서 두드러진 특징은 다음과 같다.

① 당시 북방어에는 이미 소실된 입성을 보존하고 있고 음양으로 나누인 평성도 하나로 묶어 평상거입으로 하였으며,

---

5) 『東國正韻』目錄.

6) 質勿諸韻 宜以端母爲終聲 而俗用來母.

② 입성의 소실로 -p, -t, -k 운미자들이 혼용되던 것을 10개 운으로 독립시켜 각각 陽聲韻에 배합시키고,

③ 당시 북경어에 20개 성모이던 것을 31성모로 하여 유성폐쇄음, 유성파찰음, 유성마찰음을 존속시켰다.

④ 그러나 입성을 제외한 운만은 66운(평상거 각각 22운)으로 하여 중원음운처럼 대담하게 재분류하였다.[7]

申宿舟 등 10여 명의 학자들이 10여 년의 긴 세월에 걸쳐 端宗 2년(1455년)에 간행한 『洪武正韻譯訓』은 『洪武正韻』 漢字 아래 좌우로 한글로 漢字音을 주음한 것인데 좌측음은 正音을 우측음은 俗音을 나타낸 것이다. 속음이라 함은 중국 북방음을 가리킨다. 이렇게 속음을 우측에 표시하는 방법은 후대로 이어져서 뒤에 나온 운서들은 그 운서의 편찬 당시의 음을 기록하고 있다. 그러니 正音은 언제나 『洪武正韻』의 정음을 가리키고, 俗音은 편찬 당시 중국 북방음을 기록한 것이다.

崔世珍이 1517년에 편찬한 『四聲通解』에는 입성운미를 일절 표기하지 않고 운모 중성만 표기하고 있다. 다만 藥韻만은 『譯訓』과 마찬가지로 ㅸ 종성을 표기하고 다른 운의 속음은 ㆆ로 종성을 표기했다.

또 崔世珍은 1515년(중종 10년)에 『老乞大』와 『朴通事』를 번역했는데 이 두 책의 모든 한자음에 좌·우로 두 종류의 자음을 한글로 기록하고 한글 번역문을 달았다. 이것이 『飜譯老乞大』와 『飜譯朴通事』이다. 좌측음은 『譯訓』의 俗音이며 우측음은 今俗音과 마찬가지로 16세기 北方音이었다. 좌측음에는 입성운의 殘影을 ㆆ 또는 ㅸ 로 표시하고 있으나 우측음에는 입성운이 완전히 소실되어 있다. 뿐만 아니라 이 때는 이미 -m

---

7) 姜信沆(2000), 『한국의 운서』, 태학사, p.111.

운미도 거의 -n 운미로 바뀌었다.

이『飜譯老乞大』,『飜譯朴通事』는 그 후 다시 여러 번 언해되었는데 1670년(顯宗11년)에『老乞大諺解』, 1677년에『朴通事諺解』가 출간되었다.『飜譯老乞大』,『飜譯朴通事』와『老乞大諺解』,『朴通事諺解』와의 사이에는 150여 년간의 시대 차이가 있어 이 두 종류의 문헌을 비교하면 그 동안의 언어의 변화상을 엿볼 수가 있다. 다음에『老乞大諺解』의 入聲字들이 어떻게 변해 있는지를 예시하기로 한다.

1卷 처음부터 입성자를 찾아 그 좌측음과 우측음을 그리고 해당 한자의 현대 북방음과 한국 한자음을 예시하기로 한다.

예)

北
빙 (정음)   버(속음)   베이(현대북방음)   북(한국한자음)

(1) 喉內入聲字

北				的			
빙	버	베이	북	딩	디	더	적
落				着			
랍	로	루오	락	쟝	죠	주오	착
樂				學			
랍	로	러	락	향	효	수에	학
讀				喫			
뚱	두	두	독	칭	치	츠	끽
却				若			
컹	키	추에	각	얗	요	루오	약

竹				直			
중	주	주	죽	찡	지	지	직

克				識			
킁	커	커	극	싱	시	시	식

食				肉			
씽	시	시	식	슝	수	로우	육

宿				或			
숭	수	수	숙	휑	휘	휘	혹

百				客			
빙	버	바이	백	킁	커	거	객

束				六			
숭	수	수	속	룽	리우	루	륙

(2) 舌內入聲字

月				說			
웡	워	유에	월	쉥	쉬	수오	설

日				撤			
싱	싀	리	일	쳥	처	처	철

折				節			
졍	져	져	절	졍	져	지에	절

十				八			
씽	시	스	십	방	바	파	팔

沒
뭉　무　메이　몰

歇
헝　혀　시에　헐

一
잉　이　이　일

別
뼝　벼　비에　별

物
뭉　우　우　물

匹
핑　피　피　필

切
쳥　쳐　치에　절

鍘
짱　자　싸　찰

喝
헝　허　허　갈

疾
찡　저　즈　질

刷
솽　솨　수아　솰

(3) 脣內入聲字

帖
텽　텨　티에　첩

押
향　야　야　압

恰
컁　캬　채　합

合
겅　거　거(허)　합

揖
잉　이　이　읍

霎
샹　사　사　삽

法
뱡　뱌　화　법

涉
셩　셔　셔　섭

襲
씽　시　시　습

拾
씽　시　시　습

入					急			
융	유	루	입		깅	기	지	급
楪					及			
뎡	뎌	데	접		낑	기	지	급
濕								
씽	시	시	습					

위의 漢字에서 보듯이 17세기에 출간된『老乞大諺解』의 漢字音에는 완전히 入聲이 消失되어 있다. 한국 韻書에서 入聲이 소실된 것은 이미 『四聲通解』로부터다. 우리가 앞서 본 바와 같이『洪武正韻』, 『譯訓』, 『通攷』,『通解』로 이어지는 운서에서 15세기 운서인『譯訓』에는 입성 운미를 분명히 표기하고 있으나 16세기 운서인『通解』에는 표기하지 않았다. 그 이유로『通解』의 범례에서 入聲韻尾를 ㄹ ㄱ ㅂ [8]이라고 하고 "今俗所呼 穀與骨 質與職 同音而無ㄹㄱ 之辨也"라 하여 당시의 俗音에 入聲을 사용하지 않으므로 終聲을 쓰지 않는다고 하였다.

이상 보아 온 것과 같이 현재 중국 漢字音에는 입성운이 완전히 소실되어 있는데 반하여 한국 한자음은 여전히 입성을 보존하고 있으니 그 이유가 어디에 있는지 흥미로운 문제라 생각한다. 여기서 우리는 잠시 한자음 기원에 대하여 알아 볼 필요가 있겠다.

한국 한자음의 기원에 대한 연구는 Maspero 有坂秀世 河野六郎의 설이 대표적이라고 볼 수 있는데, 이 중 Maspero의 주장을 들어 보면 다음과 같다.

① 신라에는 5세시경 南方子音(吳方言)이 傳해진 일.
② 고구려에는 북방자음이 전해진 일.

---

8) 여기서 ㄹ을 입성 운미로 본 것은 최세진의 착각인 것 같다.

　　그리고 唐의 고구려 討滅後에 당대의 字音이 採用된 일.
③ 고려 멸망까지 남방자음(新羅字音)과 북방자음(高麗字音)이 병존한 일.
④ 그러나 李氏朝鮮에 이르러 신라자음이 승리를 거둔 일.
　　따라서 현재의 字音의 根柢는 南方字音인 일.[9]

　이렇게 Maspero는 한국 한자음의 밑바탕을 南方音으로 보고 있는데 수긍이 간다. 왜냐하면 현재 중국 남방 방언에는 부분적으로 입성자가 쓰이고 있기 때문이다. 오늘날 한국 한자음에 입성자가 그대로 남아 있는 것은 이와 같은 맥락에서 보아야 할 것이다. 그렇다면 한국 漢字音은 아주 오래 된 모습을 보여주고 있다고 하겠다.

5. 결어

　이상 간단히 한자 入聲韻을 중심으로 한 한자음 變化를 중국의 歷代 韻書를 기준으로 살펴보았다. 중국과 우리나라에서 다 같은 한자를 사용하여 오고 있는데 오늘날 그 음의 差異는 懸隔하다. 그 중에서 가장 큰 차이의 하나는 중국 한자음에는 入聲字가 消失되었는데 우리나라 한자음에는 그대로 存續하고 있는 점이다. 15세기 申宿舟는 한국 한자음을 訛로 보아 중국과 우리나라는 地理的으로 다르기 때문에 語音이 다른 것은 당연하다고 보았지만 入聲韻의 유무의 차이는 한자음의 전반에 나타나는 대변화이기에 수긍할 수 없는 설명이라고 본다.

　한국 한자음의 입성운은 한국한자음의 起源을 시사하고 있다고 본다. 현재 중국 남방의 일부 방언과 월남어에서 입성운이 사용되고 있는 점은 한국 한자음이 남방계통(吳方言)을 母胎로 하고 있다고 본다.

---

9) 南廣祐(1973), 『朝鮮(李朝) 漢字音研究』, 一潮閣, p.7.

참고문헌

姜信沆(1973), 『四聲通解硏究』, 新雅社.

姜信沆(2000), 『한국의 운서』, 태학사.

南廣祐(1973), 『朝鮮(李朝) 漢字音硏究』, 一潮閣.

董同龢(1968), 『漢語音韻學』, 臺北: 廣文書局.

李新魁(1978), 『中國聲韻學槪論』, 朴萬圭 譯(1990), 大光文化社.

康熙字典(影印本), 臺北: 文化圖書公司.

中韓大辭典, 일월서각.

明文新玉篇, 白旺社.

판소리사의 전개를 통해 본
판소리 예술의 특징*

김종철
(서울대 교수)

1. 논의의 시각

판소리는 세계에 하나밖에 없으므로 세계 유일의 예술이라는 주장은 국내용이다. 이를 넘어서서 판소리가 세계적인 예술이고, 인류의 문화유산으로 소중히 전승해야 한다고 주장하고 그것을 우리의 주장이 아니라 세계의 문화인들의 주장으로 전환하기 위해서는 무엇을 해야 할 것인가?

학문의 영역에서는 무엇보다 세계의 살아있는 서사시들과 비교하는 일이 필요하다. 부분적으로 이 작업이 이루어졌지만[1] 보다 심도 있게 연구하여 판소리가 한민족의 예술적 성취일 뿐만 아니라 인류의 기념할

---

* 이 글은 2001. 11. 23. 남원춘향문화예술회관에서 문화재청의 '판소리의 세계화'를 주제로 한 연구발표회에서 발표한 것이다.

1) 조동일, "세계문학사 속의 판소리," 판소리연구(10), 1999 참조.

만한 예술적 성취임을 증명해야 한다. 이 경우 판소리의 특수성만을 강조할 것이 아니라, 세계사 전체에서 보편적으로 전개된 중세에서 근대로의 이행기에 세계 각국에서 여러 서사시가 자국의 역사 속에서 나름대로의 역할을 했지만, 그 중에서도 판소리의 예술적 성취가 특히 기념할 만한 것임을 밝힐 필요가 있다. 구체적으로 음악의 측면, 문학의 측면, 연행의 측면에서 그 예술적 성취가 밝혀져야 할 것이다.

이러한 비교 연구와 함께 판소리가 우리 역사에서 성취한 바가 무엇인가를 거듭 연구하고 점검할 필요가 있다. 문학 쪽에서 상대적으로 많은 연구가 진행되었지만 자료를 더 찾아내고, 시각을 달리하여 재해석하는 작업을 계속해야 한다. 근래 자료의 정리 작업2)이 의욕적으로 이루어지고 있어서 텍스트의 차원에서 판소리의 성취가 어느 정도인가를 가시적으로 제시할 수 있게 된 것은 매우 다행스런 일이다. 또한 판소리와 관련 있는 광대(廣大) 및 창우(倡優)의 공연 문화에 대한 새로운 연구3)가 이루어져 시야를 넓히고 시각을 가다듬을 수 있게 된 것도 주요한 성과이다.

이 글에서는 판소리의 역사를 되돌아보면서 판소리가 우리 문학과 예술 및 사회·문화 전반에서 성취한 바를 주목하고자 한다. 이를 위해서 '판소리 장(場)'을 이해의 기본 축으로 삼고자 한다. 판소리사의 주체는 예술로서의 판소리와 연행자인 창자와 고수 그리고 수용자이자 창조자인 청중이 형성한 역동적인 장(場)으로 볼 필요가 있기 때문이다. 판소리가 세계적인 예술임을 보이기 위해서는 판소리라는 연행 예술 자체가 그러하다는 것을 증명해야 하겠지만 '판소리·창자(고수)·청중의 역동적인 관계' 또한 그러함을 동시에 증명할 필요가 있다. 다시 말하면 판소

---

2) 김진영·김현주 주도로 이루어진 춘향전전집, 심청전전집 간행이 특히 그러하다.

3) 사진실, 한국연극사연구(태학사, 1997) ; 손태도, 廣大 집단의 歌唱 문화 연구(서울대 박사논문, 2001)를 들 수 있다.

리를 중심으로 창자와 고수 및 청중이 무엇을 이루어왔고, 무엇을 소통해왔느냐를 점검하여 판소리사를 판소리를 중심으로 한 소통의 역사, 창조의 역사, 맥락의 역사로 재구성할 필요가 있는 것이다. 즉 판소리는 예술 행위의 결과물이자 예술적 소통의 주체로 보는 관점이 필요한 것이다.

2. 판소리의 발생과 그 기반

판소리가 언제 발생했는가, 그 기원은 어디에 있는가 하는 문제는 명확하게 해결되지 않았다. 발생과 기원을 알려주는 자료가 없기 때문이다.

발생 시기는 대체로 17세기로 보고 있다. 현재 판소리 작품에 대한 기록으로 가장 이른 것이 만화(晩華) 유진한(柳振漢)이 호남을 여행하면서 <춘향가>를 듣고 쓴 이백 구(二百 句)로 된 가사(歌詞) <춘향가(春香歌)>인데, 그 때가 1754년이니 이를 바탕으로 17세기에는 판소리가 성립되었으리라고 추정하는 것이다.

그렇다면 누가 이 판소리를 처음 불렀는가? 정노식(鄭魯湜)은 『조선창극사』에서 전도성(全道成)의 구술을 따라 판소리 광대의 효시를 하한담(河漢譚)과 충청도 결성(結城)의 최선달(崔先達)로 보고, 그 활동 시기를 숙종 시대로 비정했다. 이 두 인물이 기록된 문헌은 현재까지 발견되지 않고 있으나 유진한의 기록을 바탕으로 한 추정과 광대의 구술을 바탕으로 한 추정이 대체로 일치하기 때문에 신빙성은 있다고 하겠다.

이들은 어떤 집단의 출신들인가? 그리고 처음부터 판소리 전문 창자로서 이들이 등장했는가? 아니면 다른 예능인이었는데, 판소리 창자를 겸했거나 판소리 창자로 전환했는가? 이 문제 역시 명쾌하게 해결될 성질은 아니다. 초기에 판소리를 부른 사람들이 대체로 무부(巫夫)였거나 창우집단(倡優集團)이었을 것으로 추정되고 있는데, 이 둘은 기본적으로 세습무(世襲巫) 집안 출신이거나 그것과 혈연 관계에 있으니, 초기 판소리 창자는 세습무를 모집단(母集團)으로 했다고 추정할 수 있다.[4]

이와 관련하여 송만갑(宋萬甲)의 신분이 무(巫)로 기록되어 있는 것[5]을 주목할 필요가 있다. 송만갑의 집안은 송흥록, 송광록·송우룡으로 이어지는 동편제 소리의 중심 집안이다. 그가 부(父)나 조(祖)와 달리 무(巫)로 되었을 가능성은 없으므로 그의 집안은 대대로 무(巫)를 업(業)으로 삼았다고 할 수 있다. 물론 송흥록이 19세기에 활동한 사람이므로 17세기에 판소리를 처음 불렀던 집단의 신분과 직업을 바로 말하는 것은 아니라 할 수 있으나 중세 사회의 특수 신분의 변동이 그다지 활발하지 않았던 정황을 고려한다면 송흥록의 선대(先代)도 역시 무(巫)를 업으로 삼았을 가능성은 높다.

그렇다면 판소리는 세습무 집안의 남성들, 즉 산이패나 창우들이 새롭게 창안하여 불렀는데, 이것이 인기가 있자 서서히 서울에도 알려지게 되고 전국적으로 퍼져나간 것으로 보아야 할 것인가? 즉 지방의 민속 예능의 하나로 등장하여 점차 중앙 무대로 진출했다고 보아야 할 것인가 하는 문제이다. 여기에는 판소리 문학의 기원 문제와 초기 판소리 창자의 활동 무대 문제가 함께 관련된다.

즉, 산이패나 창우들이 판소리를 창안했을 때 그 모델을 어디서 찾았으며, 그 당시 그들의 활동 영역이 지방에 국한되었느냐의 문제이다. 구비

---

4) 남무(男巫)를 판소리 발생과 관련시킨 것은 조성(趙成)의 연구발표(1968)에서, 육자배기 토리권의 창우집단의 소리를 판소리의 기원으로 보는 견해는 이보형, "창우집단의 광대소리연구," 한국전통음악논구(고려대 민족문화연구소, 1990)에서 제기되었다. 이러한 주장과 서사무가 기원설과의 관계에 대한 전반적인 검토는 서대석, "판소리의 기원," 판소리학회 편, 판소리의 세계(문학과지성사, 2000) 참조.

5) 김기형 해제, "송만갑 제적등본," 판소리연구(9), 1998 참조.

서사시로서의 판소리의 모델6)을 서사무가에서 찾는 것은 연행 방식과 작시 원리 및 담당층의 측면에서 타당한데, 판소리의 기본 정신이라 할 수 있는 골계적 정신7)의 측면에서는 본질적으로 서사무가에서 왔다고 하기는 어렵다. 아울러 판소리 각 마당의 기본 이야기 역시 서사무가에서 파생되었다고 보기는 어렵다. 즉 춘향, 심청, 흥부, 토끼 등등의 이야기는 서사무가의 내용과 유비적(類比的) 관계에 있다고 할 수 있으나, 그 이야기 자체는 따로 성립된 것이다. 즉 판소리라는 새로운 구비서사시의 창조에는 골계적 정신과 새로운 이야기 거리의 수용이라는 복합 요인을 함께 고려해야 한다.

판소리는 기본적으로 흥행 예술이므로 흥행이 가능한 연행 환경에서 등장한 새로운 예술로 보아야 하며, 무계(巫系) 출신의 창자가 골계적 정신에 입각하여 새로운 이야기 거리를 서사무가의 작시원리를 바탕으로 창작해낸 것으로 볼 수 있다. 그렇다면 새로운 이야기 거리를 골계적 정신에 입각하여 노래하면 흥행이 되겠다는 발상은 어디서 왔을까? 이 점에서 우리는 초기 판소리 창자들이 지역적 차원에 묶여 있었으리라는 추정을 바꿀 필요가 있다. 즉 단순히 지방의 민속예능으로 시작했다고 보기보다 처음부터 지역성을 넘어선 것이 아니었을까를 생각할 필요가 있는 것이다.

---

6) 판소리가 이야기가 아니라 기본적으로 구비서사시, 가창서사시인 것에 특징이 있는 예술이라는 점에서 이야기(설화)에서 기원했다는 주장은 판소리에 선행하는 구비서사시, 가창서사시에서 기원했다는 주장보다 설득력이 떨어진다. 이야기 기원을 주장한 근래의 논의로는 신동흔, "이야기와 판소리 관계 재론," 국문학연구, 1998 참조.

7) 판소리에는 비장의 요소가 있고, 특히 전승 5가에는 중요한 요소이다. 그러나 비장은 사연 자체가 그러한 것이지 판소리를 일관하는 서술 시각이 그러한 것은 아니다. 비장이 내포된 작품도 일관된 서술 시각은 골계이다.

이와 관련하여 생각해볼 점이 송흥록이 <팔도재인등 등장(八道才人等等狀)>에 재인(才人)의 한 사람으로 기록된 사실이다. 1827년의 이 등장에는 염계달, 김계철, 고수관 등 판소리 명창들이 함께 들어있고, 고수관은 이 보다 앞서 1824년의 완문(完文)에도 등장하고 있다. 즉 판소리 창자들이 나례 우인(儺禮優人)이었다는 점이다.[8] 이들 판소리 창자들이 외방재인(外方才人)으로 중앙의 공연에 참여하게 된 것이 이 시기에 비로소 있었던 일이라고 보기는 어렵다. 17세기에도 이들은 무계 출신의 재인으로서 활동했고, 17세기에 들어서서 홍행 예술이 가능한 환경이 조성되자 새로운 공연 예술로서 판소리를 창안했다고 보는 것이 타당하다고 본다. 이들이 본디 재인이었기에 소학지희(笑謔之戲)의 전통에서 골계적인 정신을 창작에 활용할 수 있었고, 새로운 공연 환경에 적당한 소재들을 찾아 서사무가를 바탕으로 새로운 서사시로 전환할 수 있었던 것으로 볼 수 있다. 즉 지방에서 신을 위한 노래에서 청중을 위한 노래로 전환되면서 자연발생적으로 판소리가 발생했다고 볼 것이 아니라 애당초부터 중앙과의 관계 속에서 변화된 공연 환경, 즉 홍행 예술에 대한 수요의 증대 속에서 서사무가의 작시 원리에 입각한 새로운 홍행 종목으로 판소리가 등장한 것으로 보는 것이 온당할 것이다. 18세기에 판소리가 매우 두터운 향유층을 확보한 것을 두고 본다면 17세기에 판소리가 상당한 정도로 널리 알려졌다고 보아야 하며, 그것은 지방의 민속 예술로 시작하여 중앙으로 진출하는 구도로는 설명하기 어려운 것이기 때문이다.

이 점에서 17세기 판소리의 발생과 관련하여 주목할 필요가 있는 인물이 있다. 18세기 중엽에 무신(武臣)으로 활동했던 구수훈(具樹勳)의 <이순록(二旬錄)>의 한 이야기에 박남(朴男)이란 인물이 나오는데, 창(唱)을

---

8) 김동욱, 한국가요의 연구(을유문화사, 1961), pp.306~307.

잘하여 국중(國中)에 으뜸으로 손꼽히는 사람이며, 사람을 능히 울리고 웃겼다는 것이다. 소재(疎齋) 이이명(李頤命:1658-1722)의 <소재집(疎齋集)>에는 이 박남이 당시 사대부간에는 널리 알려진 바로서, 인조반정의 공신 이귀(李貴)의 상소(上疏) 행위를 흉내내어 청음(淸陰) 김상헌(金尙憲)을 웃긴 일화를 기록하면서 그가 우인(優人)으로 헌희(獻戲)로 이름을 날렸다고 했다. 이 박남은 17세기 전라도 김제 사람으로 나례(儺禮)의 우인(優人)이었다. 1626년에 거행된 나례의 기록인 <나례청등록(儺禮廳謄錄)>에 그는 전라도 김제에서 서울로 보낸 재인(才人) 명단에 들어있다.9)

　필자는 이 박남을 판소리 창자로 추정한 바 있다.10) 창을 잘하여 국중에 으뜸으로 알려졌다는 점, 창으로 사람을 능히 웃기고 울렸다는 점, 그리고 과거철이면 서울에 올라가 문희연(聞喜宴)에서 활동했다는 점을 그 근거로 보았다. <계서야담(溪西野談)>에 수록된 이야기에도 박남이 소학지희(笑謔之戲)를 잘 하는 우인으로 문희연에서 서로 데려가려고 할 정도였다11)고 해서 그가 당대의 인기 있던 배우였음은 의심의 여지가 없는데, 창을 잘하여 국중에 으뜸이었고, 능히 웃기고 울렸다는 기록은 <이순록>에 처음 나온다. 이것이 18세기 중엽의 기록이고, 또 17세기의 배우 박남과 18세기에 주로 활동한 학자 도암(陶庵) 이재(李縡 : 1678-1746) 사이에 벌어진 일화를 다룬 점에서 신빙성은 약하나 이 이야기의 기본형은 박남의 뛰어난 연희 능력이므로 전적으로 부정하기는 어렵다.

---

9) 사진실, 앞의 책, p.311 참조.

10) 김종철, 판소리사연구(역사비평사, 1996), p.29.

11) 『계서야담』에서는 시정(市井)의 부잣집 자제가 무과에 급제하여 연 문희연에 불려 간 그를 위력으로 빼앗아오려고 하는 재상을 기천(沂川) 홍명하(洪命夏:1608-1668)가 만류했다는 일화가 전해지고 있다.

또 박남이 판소리 창자는 아니었다 해도, 이 자료는 18세기에 오면 소학지회를 하는 우인들이 창으로 사람을 웃기고 울리는 능력까지 가졌음을 보여주는 것임은 틀림없다. 요컨대 초기의 판소리 창자는 무계(巫系)의 인물이되 박남과 같이 지방의 재인(才人)으로 중앙에 출입하면서 문희연과 같은 연행 공간에서 기예를 팔았던 인물로 볼 수 있다.

한편 최근의 한 연구에서 판소리가 광대들의 재담소리에서 나왔다는 주장이 제기되었다.[12] 판소리가 광대 문화의 하나라는 점과 앞에서 본 바와 같이 재인(才人)의 공연물이었다는 점에서는 고려할 필요가 있는 주장임에 틀림없다. 그러나 현전하는 재담소리를 보면 골계 지향이라는 점 외에는 판소리와의 친연성을 찾기 어렵고, 재담소리가 아닌 재담으로 본다면 부분적으로 판소리와 관련이 있을 뿐이다. 그리고 <배비장타령>과 같은 것을 재담소리에서 연원한 것으로 보는데, 소재로서 <발치설화> 같은 것은 소화(笑話)이긴 해도 재담(才談)이라고 보기는 어렵다. 즉 이야기 자체가 우스운 것이지 이야기 솜씨로 우스운 것은 아닌 것이다. 또 재담소리에서 판소리가 발생했다고 한다면 이른바 실전 7마당이 먼저 판소리로 등장했다는 뜻인데, <배비장타령>만 해도 주요 대목의 소리는 <춘향가>, <적벽가> 등에서 차용한 것이어서 선후관계를 그렇게 볼 수 없다. 오히려 판소리가 시의성이나 대중적 인기에 민감한 예술[13]이라는 점을 감안한다면 소학지회의 우인들이 동시대 정치나 사회의 문제점들을 풍자해왔던 전통이 재담이나 재담소리보다 더 중요한 원천이었

---

12) 손태도, 앞의 논문, pp.180~187 참조.

13) <춘향가>는 기본적으로 그 시대의 새로운 정신을 들고 나온 것이며, <흥보가> 역시 그 시대의 사회 문제를 들고 나온 것이다. <적벽가>는 <삼국지연의>의 대중적 인기 위에서 등장한 것이다. 이 전통은 계속되어 판소리 <숙영낭자전> 역시 소설 <숙영낭자전>의 대중적 인기에서 등장한 것이다.

다고 보아야 한다.

이렇게 본다면 판소리는 애당초 재담소리와 같은 민속예능 차원의 예술로 등장했다기보다는 소학지희와 같이 시의성을 갖춘 예술이되, 문희연과 같은 상당한 정도로 세련된 예술이 수용되는 공간에서의 연행을 처음부터 겨냥하여 등장한 예술로 볼 필요가 있는 것이다. 즉 고급 광대의 전통 위에서 등장한 신흥 예술로 볼 필요가 있는 것이다.

3. 18세기 이후의 판소리의 전개

17세기에 등장한 판소리는 그 이후에 어떻게 전개되었는가? 앞에서 판소리를 특정 지역의 민속예술로 발생하여 지역적 인기를 끈 후 점차 중앙으로 진출한 것으로 보지 말자고 했다. 애당초 그 담당자들이 중앙과 통하고 있었으며, 중앙에서 거의 정기적으로 활동했던 외방 재인(外方才人)이었을 가능성이 높으므로 판소리는 문희연과 같이 일정한 정도로 흥행이 보장되고 수준이 요구되는 공연 공간의 흥행물로 등장했으리라고 보았다. 이 점이 판소리의 급속한 전파를 설명할 수 있다고 본 것이다.

앞에서 거론한 유진한(1712-1792)의 <춘향가>를 이 점에서 다시 살펴볼 필요가 있다. 충청도 목천 사람인 유진한이 전라도를 여행한 것은 그의 선대가 고흥에 살았던 때문으로 보인다. 그가 <춘향가> 듣고 한시로 옮기고는 다른 선비들의 기롱을 받았다고 했는데, 이를 종래에는 판소리가 양반층에게 그다지 알려지지 않았던 사정을 말해주는 것으로 해석해왔다. 그런데, 이 작품은 가장 먼저 기록된 <춘향가>이면서도 현전하는 춘향전들과는 그 구성이 다른 유일한 작품이다. 즉 춘향과 이도령의 이별 후에 이도령 중심으로 이야기가 전개되고, 춘향의 수난은 이도령이

암행어사가 되어 와서는 옥에 가서 춘향으로부터 듣는 형식으로 되어 있다. 종래 이것을 두고 초기 <춘향가>가 이러했으리라고 보았으나 이 것은 유진한에 의한 의도적인 개작으로 보아야 한다. 그는 <사씨남정기> 를 읽고 역시 한시로 <유한림영사부인고사당가(劉翰林迎謝夫人告祠堂 歌)>(140구)를 지었는데, 역시 그 형식을 새롭게 하여 유연수가 축출했던 사씨를 다시 맞이하면서 사당에 고하는 장면에서 노래를 시작했던 것이 다. 즉 유진한은 소설과 판소리를 즐기고 그것을 다시 한시로 노래하면서 나름대로의 형식적 새로움을 꾀했던 것이다. 이것은 <춘향가>가 사대 부 집안의 여성들에게 권장되었던 <사씨남정기> 못지 않게 사대부들에 게 적극적으로 받아들여지기 시작한 것을 말한다. 그가 전남을 여행하고 <춘향가>를 듣고 한시로 옮겼다면 그 자료를 가져왔거나 여러 번 들어 익숙하게 알게 되었다고 보아야 한다. 어느 경우든 새로운 창작으로 이어 지는 양반층의 적극적인 판소리 수용이 18세기 중엽에 시작되었다고 보 아야 한다.

같은 시기에 시인 석북(石北) 신광수(申光洙:1712-1775)가 1750년에 진사 시에 합격하여 유가(遊街)에 명창 원창(遠昌)의 소리를 듣고 행하 대신에 그의 우조(羽調) 영산(靈山)이 당세의 독보라는 칭찬의 내용으로 부채에 시를 써주었는데, 이 일은 후대 판소리 창자들에게 하나의 아름다운 일로 기억되었다. 조재삼(趙在三)의 <송남잡지(松南雜識)>에는 그 뒤에 이 원 창이 궁중에 들어가 임금 앞에서 소리를 했고, 석북이 준 부채를 임금이 보고는 석북에게 벼슬을 내렸다는 일화가 전해지고 있다. 이 자료를 사실로 본다면 판소리는 18세기 후반에 임금 앞에서 연행되었던 것이다.

한편 야담집인 <해동야서(海東野書)>와 <청구야담(靑丘野談)>에는 정조 때 실존 인물 구담(具紞)이 정조의 특명으로 강원도의 이경래라는 도적을 잡기 위해 나섰는데, 포교 변시진이라는 인물을 고수로 삼고 스스로는 서울의 광대(京中 倡優) 구명창(具名唱)이라고 하고는 금강산 일대에서 실제 공연을 하고, 이를 통해 도적을 사로잡은 이야기가 수록되어 있다. 이것은 18세기 후반기에 서울의 중간 계층에 판소리가 상당한 정도로 수용되고 있었음을 말한다. 무반이 창을 하고, 포교가 북을 잡았는데 그 솜씨가 실제 공연을 할만큼 되었다는 것은 서울 시정의 두터운 향유층을 전제하지 않고는 성립하기 어려운 일이다. 그리고 금강산에서 그러한 공연이 자연스럽게 받아들여지는 것 자체가 전국적으로 판소리 공연이 이루어지고 있었음을 말한다.

따라서 18세기에 판소리는 궁중에서 지방까지 두루 향유되었으며, 그 경로는 이미 마련되어 있었던 문희연(聞喜宴)을 비롯해 유흥 공간에 이르기까지 다양했다고 할 수 있다.

19세기에 오면 18세기의 양상들이 보다 확대되고 심화되는 양상을 보인다. 말하자면 전성기인 셈이다.[14] 기록도 많아지고, <조선창극사>에 기록된 바와 같이 기억에 의해 전승된 사례들도 많아진다. 따라서 18세기에 비해 19세기에 판소리가 훨씬 발전한 것은 사실이다. 그러나 이것은 그 기본틀에서의 비약적인 변화라기보다는 17세기에 마련되고 18세기에 성장하기 시작한 줄기와 가지가 더욱 확대되고 강화되는 그런 양상이었다고 보인다. 이미 18세기에 모든 계층이 향유자로 등장했던 것이다.

19세기에 오면 신위(申緯)와 고수관의 경우처럼 패트론 관계가 형성되기도 하고, 신재효처럼 조직적인 판소리 지원 체제를 마련하는 경우도 생기고,[15] 여류 명창의 등장과 같이 공급과 향유 방식에 변화가 나타나기

---

14) 판소리사의 전반적인 시기 구분에 대해서는 정병헌, "판소리의 변모와 구성," 판소리문학론(새문사, 1993) 참조.

15) 이에 대한 자세한 연구로는 김흥규, "19세기 전기 판소리의 연행 환경과 사회적 기반," 어문논집(30), 1991. 및 김종철, 앞의 책 참조.

도 했다. 판소리 자체로는 유파의 분화, 음악의 세련, 비평의 등장과 같은 변화와 발전이 이루어져 명실상부하게 하나의 전문 홍행예술로서 틀을 잡게 되었던 것이다.

신위가 판소리를 즐긴 것은 당시 서울 사대부들에게는 새로운 교양 취미로 여겨져 송만재(宋晩載), 윤달선(尹達善), 이유원(李裕元) 등으로 이어졌는 바, 이는 18세기 신광수, 유진한의 전통을 확대 계승한 것이다. 신재효가 판소리 창자를 교육하고 후원하며, 사설을 정리하고, 광대론을 전개한 것은 18세기 구담과 변시진의 사례에 이어지는 발전적인 일인데, 신재효가 외아전(外衙前)의 판소리 후원의 사례라면 시조작가 안민영이 주덕기와 특별한 관계를 맺고, 송홍록을 비롯한 여러 명창들과 교유한 것은 경아전(京衙前)들의 판소리 향유와 후원의 대표적 사례라 할 수 있다. 나아가 <무숙이타령>에 나오는 무숙이와 여러 명창들의 관계는 서울 시정의 중간계층의 판소리 향유가 더욱 두터워졌음을 말한다. 19세기 중엽부터는 여성 판소리 창자에 대한 수요가 있어서 우리가 알고 있는 진채선의 사례 외에 안민영의 <금옥총부>에는 금향선(錦香仙)이 모홍갑, 송홍록의 솜씨에 맞먹는 판소리를 연행했음을 기록[16]하고 있고, 윤달선의 <광한루악부>에서도 옥전산인의 서문에는 <광한루악부>를 여성에게 부르도록 하여 듣는다면 흉중의 불평한 기운을 씻을 수 있을 것이라고 하고 있다. 이 때에 나타나기 시작했던 현상은 오늘날 기하급수적으로 확대되어 있는 형편이다.

19세기 중엽 이후 판소리 향유층이 양반 중심이냐 아니냐, 혹은 중간층 중심이냐 아니냐의 논란이 있고, 그에 따라 판소리의 성격이 민중에서 양반 취향으로 바뀌었느냐 아니냐 등의 논란이 있으나, 판소리가 애초 출발부터 특정 계층에 배타적인 기반을 두었다고 할 수 없다면 이 논란은

---

16) 이에 대해서는 김기형, "여류명창의 활동양상과 판소리사에 끼친 영향," 구비문학 연구(7), 1998에서 검토한 바 있다.

19세기 후반기의 판소리 경향에 대한 섬세한 논의로서 의의를 가질 뿐이다. 필자는 19세기 후반기의 판소리의 변모와 그에 대한 논란은 보다 그 역동성이 강화된 판소리 연행 공간의 성격에 대한 해석의 문제와 결부되어 있다고 본다.

20세기에 들어와서 판소리는 극장 무대를 획득하는 커다란 성과를 거두었으나 얼마 되지 않아 밀려나게 된다. 창극을 파생하고, 산조(散調)를 파생하고, 병창(竝唱)을 도입하는 등 여러 가지 변화가 19세기에서 20세기로 넘어오면서 일어나 최전성기를 구가한 것으로 볼 수도 있으나 근대의 새로운 흥행 예술들의 등장으로 인해 상대적으로 과거의 인기를 대중들로부터 독점할 수 없었다. 판소리 창자들을 배출하던 모집단이 다른 직업으로 나아갈 수 있게 된 것도 판소리가 19세기 이래의 전성기를 지속하지 못하는 이유가 되었다. 그러나 <은세계>를 비롯한 창극의 등장, <열사가>와 같은 새로운 판소리의 등장 등은 12마당에서 7마당이 탈락하고 5마당만 남은 상황에도 불구하고 여전히 판소리가 소멸하는 예술이 아니라 근대에도 그 생명을 지속할 수 있는 예술임을 보여준다. 특히 고급 예술로서 자리를 잡게 되고 명창을 지망하는 소리꾼들이 명맥을 계속 잇고 있는 점은 400년의 전통이 결코 녹록하지 않음을 잘 보여준다.

5. 판소리를 매개로 한 역동적인 예술 공간의 사회·문화사적 의미

서론에서 제기한 바 판소리가 세계적인 예술이며, 오늘날에도 우리 민족의 문화로서만이 아니라 세계의 문화 유산으로서 보존하고 발전시켜야 하는 가장 큰 근거는 무엇인가?

판소리가 이룩한 예술적 성취가 어떠한가를 보이는 일로 우선 그 성과물들을 모아서 보이는 일이 있을 수 있다. 이 일도 제대로 되지 않아 아쉬운데, 12마당의 유파별 소리와, 그것의 기록물이 파생되어 이룩한 소설들, 단가, 병창, 산조, 창극, 그림, 연극, 영화 등의 총량을 다 보일 수 있다면 아마도 하나의 단일 예술이 이룩한 것으로는 세계 어느 예술에도 뒤지지 않을 것이다. 누적(累積)과 파생의 관점에서 본다면 판소리는 하나의 거대한 문화인 셈이다.

그러나 무엇보다 판소리가 세계적 예술인 점은 판소리를 매개로 한 창자·고수·청중의 역동적인 공간이다.

시원한 정자에 횃불 높이 타오르고
소리꾼과 고수는 동서로 마주 했네.
소리 듣기로야 堂上보다 堂下가 좋은 법
즐거움이야 뭇사람과 함께 한들 어떠리[17]

웃기고 울리는 그 재주 참으로 절묘한데
인정곡절이 눈 앞에 펼쳐지누나.
아지 못게라 촌 아낙네 무슨 상관이길레
슬픔에 겨웠다, 기뻐 날뛰다 하는가.[18]

북소리 휘몰아쳐 비오듯 하고
부채 그림자 드리우니 물결 이는 듯.
웃고 우는 것이 거짓이라 하지 마소
인생 백년에 이 경지 몇 번이나 맛보리.[19]

---

17) "凉棚高燒蠟炬紅　優人對立鼓人東　不宜堂上宜堂下　歡樂無妨與衆同" 송만재, ＜觀優戲＞, 인문과학(20), 1968, pp.36~37.

18) "宜笑含睇善窈窕　人情曲折在仰昻　不知何與村娥事　悲欲汎瀾喜欲狂" 같은 책, p.39.

앞의 두 수는 송만재가 판소리를 듣고 쓴 것이고, 뒤의 것은 이건창이 전남 영광의 명창 배희근의 <심청가>를 듣고 쓴 시이다. 이 세 수의 시가 의미하는 바가 무엇인가?

필자는 이 세 수의 시는 판소리가 우리 역사에서 이룩한 바가 무엇인지를 가장 잘 보여준다고 본다. 첫째는 양반 사대부층과 평민층의 일체감 획득이다. 판소리 향유에서 두 계층은 동질성을 보이고 있는 것이다. 판소리 사설 자체가 상층과 하층의 두 세계를 아우르고 있거니와, 양반이 주최한 연행 공간에 초청 받지 않고 스스로 찾아온 평민들과 양반은 스스럼없이 어울리고 있는 것이다. 둘째, 판소리를 통해 두 계층이 심정적 통일을 경험하면서 이 연행 공간은 두 계층이 융합되는 하나의 교육 공간이 되었다는 점이다. 긴장과 이완의 반복 속에 두 계층은 새로운 정서와 사상을 나누어 갖고, 이를 확산하게 되었다. 연행 공간에 여러 계층이 역동적으로 개입하면서 판소리는 음악과 사설 등에서 변화를 입게 되고, 청중들은 그 감동을 연장하여 소설로 읽고 또 이본들을 파생시켰던 것이다.

기본적으로 판소리 연행에 참여한 창자·고수·청중이 역동적으로 만들어낸 연행 공간의 추동력이 17세기 이래 판소리사의 기본 동력이라 할 수 있고, 그 연행 공간이 다변화되면서 여러 파생 예술을 낳았고, 중세에서 근대로의 이행기 사회에서 상·하층이 분열로만 가지 않고 정서적 연대를 창출할 수 있었던 것이다. 이 연행 공간이 근대적 형식으로 나타난 것이 원각사를 비롯한 극장이었던 것이다.

해체와 분열의 시대에 중세의 모순을 지적하면서 새로운 사회를 지향하는 내용을 들고 나와 대립하게 마련인 두 계층을 하나로 묶어서 이념과 정서면에서 동질성을 가질 수 있게 한 것은 우리 예술사에서 유례가 없는

---

19) "鼓聲驟急全疑雨 扇影低垂半欲波 休道笑啼皆幻境 百年幾向此中過" 이건창, '賦沈淸歌 二首' 『이건청전집』(상)(아세아문화사, 1978), p.177.

것이다. 근대적 시민을 형성하는 데 소설이 기여한 바가 크지만 판소리는 소설의 역할을 포함하면서 연극의 역할까지 담당한 예술이라 할 수 있다. 고립 분산적으로 이루어지는 소설 향유와 달리 판소리는 연극처럼 집단적이고 대중적이며, 직접적인 소통이 가능하기 때문이다.

6. 판소리 발전을 위한 급선무 두 가지

판소리는 고도의 음악적 기량과 높은 수준의 사설 해석 능력 및 소리판을 잘 조직할 수 있는 능력을 고루 갖춘 명창과 그 명창과 호흡을 잘 맞출 수 있는 명고(名鼓)를 요구할 뿐 만 아니라 그 명창의 기량을 단박에 알아채고 그 수준에 맞게 응수할 수 있는 귀명창을 요구한다. 그렇지 않으면 이 예술은 존재하지 못한다. 공급자의 수준에 맞는 수용자의 수준이 항상 요구되고 그것이 결여되면 불구가 되는 예술은 세계적으로 유례가 없을 것이다. 편파적인 주장이긴 하지만 연극이나 오페라 등은 그냥 공연하면 된다. 그러나 판소리는 귀명창의 역동적인 개입으로 비로소 판이 조성되는 그런 예술이다. 명창·명고·다수의 귀명창이 만들어낸 역동적인 연행 공간이야말로 판소리의 본질이며, 판소리사의 기본 동력이며, 판소리 문화의 기본 바탕이라는 것이 앞장까지의 결론이었다.

이 점을 염두에 둔다면 명창의 양성 못지 않게 귀명창의 교육 역시 중요함을 알 수 있다. 17세기에 판소리가 새로운 연행 예술로 등장하게 된 것은 그 전과는 다른 공연 문화에 대한 요구 때문이었다. 경제의 발전과 사회의 공연 문화에 대한 수요가 확대되는 환경 속에서 판소리는 등장했던 것이다. 그렇다면 다른 공연문화에 눈과 귀를 뺏기고 있는 청·관중들로 하여금 판소리의 맛을 잊지 못하게 하는 교육, 즉 귀명창이 되게 하는 교육을 하지 않을 수 없다. 이를 위해서는 오늘날의 여러 시도가 더욱 강화되어야 한다.

이와 함께 우리 시대의 여러 화두를 소재로 한 우리 시대의 판소리를 만들어야 한다. 이행기 못지 않게 내부 분열과 갈등을 겪고 있는 이 시대에 판소리가 그 고통을 겪고 있는 여러 집단과 계층의 사람들을 정서적으로 이념적으로 통합하는 일을 해야 한다. 새로운 판소리를 만들어야 함은 이 때문이다. 보통 시민의 사연을 중심으로 시의성 있는 주제를 들고 나와서 웃기고 울리는 일을 하는 판소리가 담당하지 않으면 어떤 예술이 할 수 있는가? 시인이든 소설가든 아니면 판소리 창자 스스로가 새로운 사설을 만들어야 하며[20] 그것을 소리로 짜서 불러야 한다. 그러기 위해서는 이미 명창의 반열에 오른 사람들이 이 일에 적극 나서야 한다. 무형문화재로 지정되고 그 이전의 소리를 전승하는 일도 중요하지만 새로운 판소리를 만들어 분열된 사회를 예술로 통합하고, 새로운 가치를 모색하는 데 앞장서야 한다. 아울러 창자는 무대 위에서 공연을 보이는 존재가 아니라 청중과 역동적인 소통을 하면서 판을 짜나가는 광대가 되어야 한다. 곱게 차려입고 학예회 하듯이 소리를 한다면 어떤 소통이 이루어지겠는가?

근대 이전의 소설이 근대에 와서 적극적인 변모와 함께 근대문학의 주류가 된 데에는 새로운 작가층의 가담이 있었기 때문이었다. 그러나 판소리는 그렇지 못했다. 지금이라도 전문작가와 소리꾼의 결합을 통한 새로운 마당의 창조, 그것을 통한 역동적인 연행공간의 창출은 판소리로 하여금 보존되어야 할 문화재의 자리를 털고 일어나 우리 시대의 중심을 관통하는 화두의 소통 자리로 나아가게 하는 기본 작업이다. 실패를 두려

---

20) 이 경우 유의해야 할 것이 웃기고 울리는 판소리여야 하며, 어느 하나로 편향된 것
　　이어서는 안된다는 점이다.

위하지 않는 명창이 이 일을 먼저 맡고 나서야 한다. 작가들도 이에 관심을 가지고, 판소리 연구자들은 연구만이 아니라 이 일을 위해 비평가로 나서야만 한다. 이것은 새로운 모색이 아니라 19세기 판소리가 비평의 기준을 마련하고, 사회의 여러 요구를 받아들여 스스로 변모한 것을 계승하는 일에 불과하다.

『高麗史』에 보이는 人名에 대하여

박옥걸
(아주대 교수)

1. 머리말

고려시대에 사용되던 언어와 현대 한국사회에서 통용되는 언어가 어떤 과정을 거쳐 어떻게 발전해 왔으며 어느 정도의 유사성을 갖는지, 어떤 면에서 상이한 점이 있는 것인지 알 길이 없다. 국어학에 관한 기본적인 소양이나 능력을 갖추지 못한 필자가 주제넘게 여기에 관심을 두게 된 것은 오로지『고려사(高麗史)』, 『고려사절요(高麗史節要)』등 당대의 사정을 전하는 기록을 통하여 자주 접했던 당시 사람들의 기이한 이름에서 느꼈던 놀라움과 궁금함 때문이다.

『고려사』에는 다양한 인물들의 이름이 보이고 있다. 이들의 이름을 보면 요즘과 마찬가지로 항렬(行列)이나 일정한 법식에 따라 지은 이름들도 있지만 성 없이 이름만을 쓰거나 전혀 원칙을 알 수 없는 이름이 사용되는 경우도 많았다.

대부분 당시 사람들이 사용하던 이름은 오늘날 우리가 사용하는 이름과는 여러 모로 다른 모습을 하고 있다. 이를 통하여 당시에 사용하던 언어가 현재 우리가 사용하는 언어와 같지 않음을 쉽게 짐작할 수 있다. 그러한 이름들이 어떤 과정과 경위를 거쳐 지금 우리가 쓰고 있는 이름으로 변화하여 왔는지 궁금하다. 또한 당시 사람들이 사용하던 언어가 지금과 어느 만큼 상이하였는지도 궁금하다. 당시 사람들의 이름을 통해 이런 의문들이 해명될 수 있다면 언어 변천의 한 단면을 규명해 낼 수 있지 않을까 조심스럽게 추측해본다.

여기에서는 『고려사』 열전(列傳)이나 본기(本紀) 등에 보이는 인물들의 이름 중 특이한 예들을 열거하고, 그러한 이름을 가진 이들의 면모를 살펴봄으로써 혹시 그 이름이 그의 태생이나 외모, 신체적 특징과 관련된 어떤 특별한 내력을 가지고 있는가를 따져보고자 한다. 이를 통하여 당시 사람들의 언어생활의 일면도 살펴볼 수 있을 것으로 기대한다. 다만 여기에서는 성씨에 대한 논의는 예외로 하기로 한다. 성씨나 본관의 문제는 본 주제와 달리 별개로 다루어져야 하는 주제이기 때문이다. 아래 사례들에서 성명을 함께 표기한 것은 실제 기록에 의거 인물을 구분하고 분명히 하기 위한 것이다.

2. 고구려, 신라 시대의 이름

한국 역사의 기록 가운데 어떤 특정인의 이름과 관련하여 그 내력을 소개한 경우가 많지는 않으나 더러 보이고 있다. 가장 널리 알려진 저명한 예로는 주몽과 관련된 기록이 있다. 『삼국사기』에 보이는 주몽이 바로 그 한 예인데 그 내용은 다음과 같다.

…… 그 어미가 물건으로 알을 싸서 따뜻한 곳에 두었더니, 한 사내아이가 껍데기를 깨뜨리고 나왔다. 아이의 외모가 영특하여 나이 일곱 살에 보통 아이와 달리 제 손으로 궁시(弓矢)를 만들어 쏘는데 백발백중이었다. 부여(扶餘)의 속어(俗語)에 활을 잘 쏘는 자(善射者)를 '주몽(朱蒙)'이라 하므로 그와 같이 이름을 지었다 한다.……[1]

부여의 속어에 활을 잘 쏘는 자를 가리켜 '주몽'이라 한다고 하였다는 것이다. 여기에서 말하는 주몽이라는 이름이 '붉을 주(朱)' '입을 몽(蒙)'과 같이 글자 자체로 특별한 의미를 가지고 있었던 것인지 단순히 그 발음에 어떤 열쇠가 있었던 것인지는 알 길이 없다. 다만 활을 잘 쏘는 명사수, 명궁을 주몽이라고 했다는 점은 분명하다. 그런데 주몽의 또 다른 이름은 '추모(皺牟)', '상해(象解)', '추몽(皺蒙)', '중모(中牟)', '중모(仲牟)', '도모(都慕)', '도모(都牟)'이다.[2] 이렇게 볼 때 '주몽'은 한자어로써 활을 잘 쏘는 사람의 뜻을 가졌던 용어라기보다는 추모, 추몽, 중모, 상해, 도모, 주몽 등 여러 다른 이름이 전하는 것으로 보아 그 발음 자체로 그런 뜻을 가졌다고 보아야 할 것 같다. 그러니까 부여나 고구려 건국 초기에는 적어도 명궁이니 명사수니 하는 한자어는 쓰이지 않았고 뒤에 주몽 혹은 추모, 추몽, 중모 등의 발음으로 불리던 용어가 한자로 표기되었던 것임을 알 수 있다.

다음은 신라 김유신의 이름과 관련된 기록의 내용이다.

서현(舒玄)이 경진일(庚辰日) 밤에, 형혹(熒惑, 火星)과 진성(鎭星, 土星)의 두 별이 자기에게로 내려오는 꿈을 꾸었다. 만명(萬明)

---

1) 삼국사기, 권 13, 始祖 東明聖王.

2) 『삼국사기』, 『삼국유사』에는 '주몽'이라 하였는데 삼국사기에 '추모', '상해'라는 이름을 사용하기도 했다. '도모'는 일본의 『신찬성씨록(新撰姓氏錄)』에 나오고 있다.

도 신축일(辛丑日) 밤에 (한) 동자(童子)가 금색 갑옷을 입고 구름을 타고 집 안으로 들어오는 꿈을 꾸었는데, 얼마 후에 임신, 20개 월 만에 유신(庾信)을 낳았다. 이것이 진평왕 건복(建福) 12년, 수 문제 개황(開皇) 15년 을묘(595년)였다.

이름을 지으려고 할 때 부인에게 말하기를 "내가 경진일 밤에 길몽을 꾸어 이 아이를 얻었으니, '경진(庚辰)'으로 이름을 하여야 할 것이오. 그러나 예법(禮法)에 일월(日月)로 이름을 짓지 않는다 하니 지금 庚은 庾자와 서로 같고, 辰은 信과 음(音)이 서로 가까우며, 더구나 옛날 어진 사람에도 '庾信'이라고 한 이가 있으니 어찌 그렇게 이름하지 아니하랴?"하고, 드디어 이름을 유신이라 하였다.[3]

먼저 김유신의 가계(家系)를 보면 아버지는 서현(舒玄)이고, 조부는 무력(武力), 증조부는 구해(仇亥) 혹은 구차휴(仇次休)이며, 외조부는 갈문왕(葛文王) 입종(立宗)의 아들 숙흘종(肅訖宗)이다. 김유신 비문에 의하면 부친인 서현은 소연(逍衍)이라고도 하였는데 초명(初名) 소연을 후에 서현으로 고친 듯하다고 한다.

위의 기록에 의하면, 이름을 유신이라고 짓게 된 연유는 ① 부모의 태몽(胎夢), 그 중에도 아버지인 서현이 경진일 밤에 태몽을 꾸었고, ② 그래서 경진으로 이름을 지으려 했으나 당시의 예법에 일월로 이름을 짓지 않는다 하여 ③ 庚과 글자가 비슷한 庾와, 辰과 음이 가까운 信으로 하였으며, ④ 옛날 '유신'이라는 이름을 가진 어진 사람이 있었기 때문에 그렇게 지었다는 것이다. 태몽이라는 것이 이름을 지을 때 중요한 고려사항이었고, 왕족 등 특수한 신분에 한한 것이었겠지만 앞의 예인 주몽의 경우와 달리 벌써 이 무렵에 오면 한자가 일반에 널리 유포되어 쓰이고 있었음을 알 수 있다. 또한 작명법이 있어 일월을 넣어 이름을 짓지 않는

---

3) 삼국사기, 권 41, 列傳, 金庾信 上.

다든가 하는 관례가 있었다는 것들이 오늘날과 크게 다르지 않음을 볼 수 있다.

한편 다음의 예는 신라의 명유(名儒) 강수(强首)를 소개한 전기 내용의 일부인데 그의 부친이 이름을 지을 때 신체적 특징을 고려하여 지은 경우이다.

> 강수는 중원경(中原京, 지금의 충주) 사량(부) 사람인데 아버지는 석체(昔諦) 나마(奈麻)이다. 그 어머니가 꿈에 뿔이 돋친 사람을 보고 임신하였는데, 아이를 낳으니, 머리 뒤에 높은 뼈가 있었다. 석체가 아이를 데리고 당시의 소위 현자라고 하는 이를 찾아가 묻기를 "이 아이의 머리뼈가 이러하니 무슨 까닭인가"하였다. 그가 대답하기를, "내가 듣건대 복희씨(伏羲氏)는 범의 형상이요, 여와씨(女媧氏, 伏羲氏의 누이라고 함)는 뱀의 몸이고, 신농씨(神農氏)는 소의 머리요, 고도(皐陶, 舜의 賢臣)는 말의 입이라 하였으니 성현들도 같은 사람이었지만 그 얼굴이 범인과 같지 않은 사람이 있었다. 또 이 아이의 머리를 보니 검은 사마귀가 있다. 관상을 보는 법에 얼굴의 사마귀는 좋지 아니 하나 머리의 사마귀는 나쁘지 않다고 하였으니 이는 필시 심상치 않은 것이다" 하였다. 아버지가 돌아와서 그 아내에게 이르기를 "우리 아들은 보통 아이가 아니니 잘 키워 장래 나라의 중요한 인재가 되게 하겠소"하였다. 장성하면서 제 스스로 글을 읽을 줄 알고 글 뜻에 통달하였다……[4]

여기서도 태몽 이야기가 나오고, 특히 태어난 아이의 뒷머리 뼈가 뿔처럼 불거진 모양을 하였다고 묘사하였으나 아마도 뒷통수가 튀어나온 것을 그렇게 표현한 것 같다. 어떻든 머리의 검은 사마귀라든가 특이한 머리모양 때문에 머리 수(首)자를 쓰고 그 앞에 강(强)자를 붙여 이름을

---

4) 삼국사기, 권 46, 列傳, 强首.

지은 것이다. 위의 일화에 나오는 내용은 중국의 고사를 인용하고 있고, 이름 자체가 한자의 뜻을 빌려 쓰고 있는 것으로 보아 당시는 이미 한자가 상용화하였음을 알 수 있다.

3. 고려시대의 이름

그러나 한자를 사용한 한식(漢式) 성명의 경우 고려시대까지도 귀족 등 일부 특정 계층에 국한되어 있었고, 천민은 물론 일반 평민의 경우는 대부분 성이 없고 이름만을 사용하였다. 다음을 통하여 그 실태를 살펴보기로 한다.

> 홍유(洪儒)의 처음 이름은 술(術)이라 하였으며 의성부(義城府) 사람이다.……
> 배현경(裴玄慶)의 처음 이름은 백옥삼(白玉衫)이라 하였으며 경주인(慶州人)이다. 담력이 뛰어나 항오(行伍)에서 시작하여 여러 번 승진하여 대광(大匡)이 되었다.……
> 신숭겸(申崇謙)의 처음 이름은 능산(能山)이라 하였으며, 광해주인이다.……
> 복지겸(卜智謙)의 처음 이름은 사괴(砂塊)인데, 환선길(桓宣吉)·임춘길(林春吉)이 모반함에 복지겸이 모두 밀고하여 죽였다. 죽어서 무공(武恭)이라 시(諡)하였고 성종(成宗) 13년에 홍유·배현경·신숭겸·복지겸 4인에게 모두 태사(太師)를 증(贈)하여 태조 묘정(太祖廟庭)에 배향(配享)하였다.[5]

이들은 모두 태조를 도와 고려 건국에 결정적 역할을 하였던 인물들이

---

5) 고려사, 권 92, 列傳, 洪儒 裴玄慶 卜智謙 申崇謙.

다. 따라서 918년(태조 원년) 8월 개국 1등 공신에 책봉되어 고려의 명문 귀족으로 부상하였는데 그 이전 신라 때에는 성씨를 갖지 못한 평민 신분이었음을 알 수 있다. '술'이니 '백옥삼'이니 '능산'이니 '사괴'니 하는 것은 당시 평민 사이에서 통하던 이름이었던 것이다.

또한 견훤의 휘하에 있다가 왕건에게 귀부한 무장인 공직(龔直)에 관한 다음 기사에도,

> 공직(龔直)은 연산(燕山) 매곡인(昧谷人)이니 어려서부터 용감하고 지략이 있어 신라 말에 본읍(本邑) 장군이 되었다. 때에 바야흐로 난리가 일어나매 드디어 백제를 섬겨 견훤(甄萱)의 심복이 되고 장자(長子) 직달(直達)과 차자(次子) 금서(金舒)와 한 딸을 백제에 볼모로 잡혔다.…… 견훤이 공직의 항복을 듣고 매우 노하여 직달과 금서 및 그 딸을 잡아 가두고 단근질하여 고근(股筋)을 끊으니 직달이 죽었다. 백제를 멸한 후에 나주(羅州)가 포로로 잡아 가둔 백제 장군 구도(具道)의 아들 단서(端舒)와 금서를 교환하여 금서는 부모에게로 돌아왔다.⁶⁾

라고 하였는데 여기에서도 성씨를 사용하지 않고 있음을 볼 수 있다. '공직'과 그 아들들인 '직달', '금서' 그리고 백제 장군 '구도'의 아들 '단서'의 이름이 보이는데 이들이 모두 한자 이름으로 표기되어 있지만 아마도 순 우리말 이름의 음을 한자를 빌어 표기한 것으로 보인다. 다시 말해 이들 이름의 표기는 음차(音借)한 것이므로 특별한 의미를 지닌 것이라고 볼 수 없고 다만 이러한 이름들이 평민 일반에 널리 쓰이는 어떤 말과 관련이 있었을 것으로 추측이 될 뿐이다.

또한 성을 사용함에 있어 사성제도(賜姓制度)가 있어 특별히 공이 있는

---

6) 고려사, 권 92, 列傳, 龔直.

경우 왕실의 성을 하사함에 따라 본래의 성을 바꾸어 왕씨를 칭하게 된다는 것이다. 대표적인 예가 박유(朴儒)와 김순식(金順式)의 경우인데 이들은 왕씨 성을 하사 받으면서 왕유와 왕순식으로 역사에 기록되고 있다. 왕순식의 후손들은 후에 다시 본래의 성인 강릉 김씨로 돌아갔다.

왕유(王儒)의 본 성명은 박유(朴儒)이고 자(字)는 문행(文行)으로 광해주인(光海州人)이다. 성품이 질직(質直)하고 경사(經史)에 통하였다. 처음 궁예(弓裔)를 섬겨 원외(員外)가 되었다가 승진하여 동궁기실(東宮記室)이 되었다. 궁예의 정사가 어지러움을 보고 이에 출가하여 산골짜기 사이에 숨었다가 태조가 즉위하였다는 말을 듣고 와서 뵙는지라 태조가 예(禮)로서 대우하고 이르기를, "다스림의 길은 오직 어진 이를 구함에 있으니 이제 경이 온 것은 부암(傅巖)에서 위빈(渭濱)의 선비를 얻음과 같도다."하고 인하여 관대(冠帶)를 하사하고 기요(機要)를 관장케 하였는데 공이 있었으므로 드디어 왕씨(王氏) 성(姓)을 내렸다. ……… 왕유(王儒)의 현손(玄孫) 왕자지(王字之)의 자(字)는 원장(元長)이니 처음 이름은 소중(紹中)이며 서리(胥吏)로부터 진급하였다. 그 매서(妹壻) 왕국모(王國髦)가 이자의(李資義)를 죽일 때 왕자지(王字之)는 궁문(宮門)을 지킨 공으로 도교령(都校令)에 보하였고 숙종(肅宗)이 내시(內侍)로 소입(召入)하여 다시 전중시어사(殿中侍御史)로 전임하였다.[7]

그런데 위의 사례에서 고려시대 당시의 이름에 특이한 면이 있음을 발견하게 된다. 이 내용 가운데 당시 사용하던 언어가 지금의 언어와 확연히 달랐음을 짐작해볼 수 있는 단서가 있다. 특히 당시의 이름 가운데 인체의 은밀한 부분을 지칭하는 비속어가 보이고 있는 것이다. 1108년(예종 3)부터 1122년(예종 17)까지 활약하였던 왕유의 현손 왕자지가 바

---

7) 고려사, 권 92, 列傳, 王儒.

로 그 좋은 예이다. 이것은 어쩌면 당시 언어와 현대의 언어가 상당한 차이가 있었음을 보여주는 좋은 예라고 할 수 있다. 하지만 동일한 이름을 사용한 예는 더 있다. 시대가 다르고 성씨도 같지 않지만 동일한 이름을 사용한 예들이 발견되고 있는 것이다.

다음의 기사에서 그것을 확인해보기로 한다. 중요한 것은 이들이 모두 관직을 가지고 활약하였던 귀족층이었다는 데 있다.

(1) 상서예부(尙書禮部) 시랑(侍郞) 최홍사(崔洪嗣)를 요(遼)에 보내어 낙기복(落起復)을 사례(謝禮)하고, 예빈경(禮賓卿) 이자지(李資智)는 하정(賀正)하고, 지중추원사(知中樞院事) 이자위(李子威)와 상서좌승(尙書左丞) 황종각(黃宗慤)은 책명(冊命)을 사례(謝禮)하였다.[8]

(2) 김도(金濤)의 자(字)는 장원(長源)이오 연안부(延安府) 사람이니 공민왕조(恭愍王朝)에 등제(登第)하여 전주사록(全州司錄)에 보직(補職)되고 다섯 번 옮기어 정언(正言)이 되었는데 일을 말하다가 파면(罷免)되었다.…… 아들은 김자지(金自知)·김여지(金汝知)·김치지(金致知)·김학지(金學知)이다.[9]

위의 사례 (1)의 이자지의 경우도 그렇지만 (2)에서 열거한 김도의 아들들 이름은 매우 특이하다. 아무리 항렬을 중요시하고 의미가 특별하다고 하여도 당시 남성의 성기를 가리키는 용어가 지금과 동일한 것이었다고 하면 그것을 그대로 이름으로 사용하였다고 보기는 어렵다.

그런데 이보다 더 민망한 사례들이 또 있다.

---

8) 고려사, 권 10, 世家, 宣宗 3년(1086) 5월 丙子.

9) 고려사, 권 111, 列傳, 金濤.

가-① 연등(燃燈)으로 왕이 봉은사(奉恩寺)에 행차하였다가 이튿
날 대회(大會)에 장전(帳殿)에 거동하여 악(樂)을 보고, 밤에 군신
(群臣)과 더불어 취토록 마셔 날이 밝도록 그치지 아니하였다.
………… 장군(將軍) 신보지(申寶至)를 금(金)에 보내에 만춘절(萬春
節)을 축하하였다.[10)

② 한문준(韓文俊)으로 보문각 대학사(寶文閣大學士) 판예부사
(判禮部事)를 삼고, 문극겸(文克謙)으로 수 태위(守太尉)를 삼고,
………… 신보지(申寶至)로 어사 중승(御史中丞)을 삼았다.[11)

③ 조영인(趙永仁)으로 수 태위(守太尉) 상주국(上柱國)을 삼고,
손석(孫碩)으로 참지정사(叅知政事)를 삼고, 신보지(申寶至)로 수
사공(守司空) 좌복야(左僕射)를 삼고, 이인성(李仁成)으로 동 지추
밀원사(同知樞密院事) 어사대부(御史大夫)를 삼고………[12)

④ 수사공(守司空) 좌복야(左僕射) 신보지(申寶至)가 졸(卒)하였
다.[13)

위에 열거한 4개의 기사는 신보지라는 한 사람에 관한 기록을 모은
것이다. 이로 보아 장군 신보지는 무신정권에 참여하여 고위 관직에까지
올랐던 인물이다. 이러한 수준의 중요 인물의 이름이 현대와 동일한 의미
를 지니는 것이었다면 어떠한 이유에서건 용납되지 않았을 것이다.

나-① 기해(己亥)의 홍적(紅賊)을 격주(擊走)시킨 공훈(功勳)을
녹(錄)할 새 ……으로 1등 공신을 삼고, …… 전 사재령(前司宰令)

---

10) 고려사, 권 20, 世家, 明宗 11년(1181) 1월 辛酉.

11) 고려사, 권 20, 世家, 明宗 11년 12월 庚午.

12) 고려사, 권 20, 世家, 明宗 24년(1194) 12월 己卯.

13) 고려사, 권 20, 世家, 明宗 26년(1196) 8월 戊申.

장지보(張之寶) 서운정(書雲正) 장보지(張補之) ……… 등으로 2등 공
신을 삼았다.[14]

　　② ……신우(辛禑)가 일찍이 좌사(左使) 홍중선(洪仲宣) 정당문학
(政堂文學) 권중화(權仲和) 등을 불러 이르기를, "경성(京城)이 바
다를 끼고 있어 전쟁의 환란이 있을까 염려되고 또한 지기(地氣)에
는 성하고 쇠하는 것이 있으니 도읍 정한 지가 이미 오래라 마땅히
땅을 가려서 도읍을 옮겨야 하겠는데 그 도선(道詵)의 책을 상고하
여 아뢰어라."하니 홍중선(洪仲宣) 홍중화(洪仲和)와 및 한산군(韓
山君) 이색(李穡) 우대언(右代言) 박진록(朴晋祿)이 서운관(書雲觀)
과 더불어 회의하였다. 전 총랑(前摠郎) 민중리(閔中理)가 상언(上
言)하되, "도선(道詵)의 밀기(密記)에 기록된 북소(北蘇) 기달산(箕
達山)이란 것은 축 협계(峽溪)이니 가히 천도(遷都)할만 하나이다."
하니 중화(仲和)와 판서운관(判書雲觀) 장보지(張補之)와 중랑장
(中郎將) 김우(金祐) 등을 보내어 가서 보게 하였던 바 홍중화(洪仲
和)가 돌아와서 말하기를………[15]

　　③ ……판서운관사(判書雲觀事) 장보지(張補之) 등이 글을 올려
변괴(變怪)가 자주 나타남으로 천도(遷都)하여 재난을 피하기를 청
하거늘 신우(辛禑)가 그 글을 도당(都堂)에 내리니 이인임(李仁任)
이 옳지 않다고 고집하여 드디어 중지하였다.[16]

　　위의 3개 사례 역시 판서운관사 장보지 한 사람에 관한 기록을 열거한
것이다. 그런데 사례 나-①에서 전 사재령 장지보라는 이름이 함께 보이
고 있는 것이 특이하다. 관직이 정확한 것으로 보아 기록의 오류였을

---

14) 고려사, 권 40, 世家, 恭愍王 12년(1363) 11월 壬申.

15) 고려사, 권 133, 列傳, 辛禑 4년(1378) 11월.

16) 고려사, 권 134, 列傳, 辛禑 8년(1382) 2월 및 同書 권 26, 列傳 39, 奸臣, 李仁任 2.

가능성은 거의 없는데 지금 같으면 있을 수 없는 경우라고 하겠다. 그렇다면 어떻게 해서 그 당시에는 이런 이름들이 아무런 문제없이 버젓이 통할 수 있었는가 흥미있는 일이 아닐 수 없다.

한편 고려사 열전에 올라 있는 인물들 가운데 특별히 어색하거나 유별난 이름들을 발췌해보았다. 우선 혜종의 태자 왕제를 낳은 궁인 애이주가 있는데 그 아버지가 연예라고 하였다. 직함이 대간이었던 것은 딸이 궁인이 되어 태자를 낳은 뒤에 사여(賜與)한 것 같고 성씨가 없이 그것도 특이한 이름을 가졌던 것으로 보아 평민이거나 천민이었을 가능성이 있다.

> 궁인(宮人) 애이주(哀伊主)는 경주인(慶州人)이니 대간(大干) 연예(連乂)의 딸로 태자(太子) 왕제(王齊)와 명혜 부인(明惠夫人)을 낳았다.[17)

다음으로 '개'라는 이름을 사용한 예인데 다음 두 개의 사례를 보기로 한다.

> 정종(靖宗)은 아들이 3명이니 용의여비(容懿麗妃) 한씨(韓氏)가 애상군(哀殤君) 왕방(王昉), 낙랑후(樂浪侯) 왕경(王璥), 개성후(開城侯) 왕개(王璏)를 낳았다.[18)

> 임개(林槩)는 옥구현(沃溝縣) 사람이니 청직(淸直) 염근(廉謹)하여 대신(大臣)의 풍도(風度)가 있었다. 문종 때 내시(內侍)로서 대창(大倉)을 맡았는데 한순(韓順)이란 자가 창(倉) 곁에 있어 창곡(倉穀)을 도둑하고 관리를 속이고 농간하여 가자(家資)가 거만(鉅萬)이

---

17) 고려사, 권 88, 列傳 后妃, 惠宗.
18) 고려사, 권 88, 列傳 宗室, 靖宗.

나 되니 진신(縉紳)이 이와 더불어 교통하는 사람까지 있게 되었다. 임개가 그 간악함을 들어내어 법에 붙이니 조의(朝議)가 놀랍게 여기었다.[19]

이처럼 왕개의 사례와 임개라고 한 사례가 있다. 앞의 사례는 왕족인 종실의 예이고 그 아래의 사례는 문종 때 관료를 지낸 인물의 예이다. 여기에서 물론 개가 한자어이기 때문에 의미로 보아 문제가 없을 수도 있다고 하겠으나 그래도 오늘날과 같은 시대에서라면 '개'라는 이름은 이름으로 부르기에는 적합한 것이라고 할 수 없을 것이다.

그밖에도 특이한 이름으로 다음과 같은 예들이 있다.

다-① 고조기(高兆基)의 처음 이름은 당유(唐愈)이요 탐라인(耽羅人)이니 부(父) 고유(高維)는 우복야(右僕射)이다. 고조기(高兆基)는 성품이 강개하고 서사(書史)를 섭렵하여 특히 오언시(五言詩)에 공교하였다. 예종(睿宗) 초에 급제하여 나가 남주(南州)를 지키매 청백하게 봉공(奉公)하였다.[20]

② 군만(君萬)은 광대이니 공양왕(恭讓王) 원년에 그의 아버지가 밤에 범[虎]에게 물려갔다. 군만이 하늘에 부르짖으며 궁시(弓矢)를 가지고 산에 들어가니 범이 이를 거의 다 먹고 산을 등지고 있다가 군만을 보고 소리치며 앞에 와서 먹은 뼈마디를 토하거늘 군만이 한 화살로 이를 죽이고 드디어 칼을 빼어 그 배를 갈라 남은 뼈를 모두 거두어 불태워 장사하였다.[21]

③ ……왕이 근신(近臣)을 보내어 김개물 등을 설유하여 말하기

---

19) 고려사, 권 97, 列傳, 林槩.

20) 고려사, 권 98, 列傳, 高兆基.

21) 고려사, 권 121, 列傳 孝友, 君萬.

를, "덕릉(德陵, 忠宣王陵)의 일을 마침을 기다려 왕삼석의 죄를 다스릴 것이니 그대들은 마땅히 일을 볼 것이요 장세의 죄와 같은 것은 본부(本府)의 과단(科斷)함을 들을 것이라." 하므로 김개물이 병을 칭탁(稱託)하고 나가지 않으니 사람들이 그 사거(辭去)함을 애석히 여겼다. 충렬왕 14년에 죽으니 나이 55세였다. 성품이 강정(剛正)하고 시(詩)와 글씨와 그림에 모두 가법(家法)이 있었으며 사람과 더불어 사귐에는 한결 신(信)으로써 하였다. 아들은 김섬(金銛)이니 급제(及第)하였다.[22]

④ 김거공(金巨公)의 초명(初名)은 자표(子彪)요 북원(北原) 사람이니 성품이 청렴하고 근신하여 서리(胥吏)로부터 일어나 내시(內侍)로 들어갔다. 의종(毅宗) 초에 우상시(右常侍) 최함(崔諴)과 중서사인(中書舍人) 최윤의(崔允儀) 등이 김거공 및 환자(宦者) 김참(金呂) 등 7인을 논핵하여 내치기를 청하니 왕이 듣지 않으므로 최함 등이 합(閤)에 엎드려 3일 동안이나 힘써 다투매 이에 좇았다. 김거공이 누관(累官)하여 지문하성사(知門下省事) 호부상서(戶部尙書)에 이르렀으나 최유칭(崔褒偁)과 틈이 있었으므로 분통이 터져 죽었다. 사람됨이 용의(容儀)가 아름답고 사령(辭令) 응대(應對)에 능하므로 항상 각문(閣門)을 겸하여 빈객(賓客)을 접대하매 진퇴가 단아(端雅)하므로 드디어 재보(宰輔)에 이르렀다.[23]

⑤ 한순(韓恂)과 다지(多智)는 모두 의주(義州)의 수졸(戍卒)인데 한순(韓恂)은 별장(別將)이 되고 다지(多智)는 낭장(郞將)이 되었다. 고종(高宗) 6년에 두 사람이 반역(反逆)하여 그 방수장군(防戍將軍) 조선(趙瑄) 및 그 수령 이체(李棣)를 죽이고 스스로 원수(元帥)라 칭하면서 감창사(監倉使) 및 대관(臺官)의 관직(官職)을 두고 국창(國倉)을 함부로 열매……[24]

---

22) 고려사, 권 106, 列傳, 金䫙 金開物.

23) 고려사, 권 99, 列傳, 金巨公.

이상 5개의 사례 중에서도 다-②의 군만은 광대라고 하였으니 천민이 분명한데 당연히 성씨가 없었다. 따라서 '君萬'이라는 한자 표기는 비슷한 한자음을 빌려 표기한 것으로 보아야 할 것이다. 이렇게 볼 때 마지막 ⑤의 '多智' 역시 무반직(武班職)의 직함을 지닌 자라고는 하나 한식(漢式) 성명을 사용하지 못한 자였음을 알 수 있다. 그런데 여기서 다지는 여진족이었을 것으로 추측된다. 고려는 북방 변경지방의 여진족을 비롯한 백성들을 수비 군사로 동원하여 이용하였는데 이들이 반란을 일으켰던 자들이었던 것으로 보거나 당시의 정황으로 보아 다지가 여진족이었을 가능성은 충분하다.

그밖에 사례들에서 보이는 이름들의 경우 성씨를 사용하고 있다고 하여도 오늘날의 기준으로 보았을 때 상당히 어색하거나 특이한 것들이었다고 할 수 있다. 그러한 이유가 어디에 있는가에 대하여 의문을 제기해 보는 것은 당연하다고 하겠다.

4. 맺음말

지금까지 고려사에 보이고 있는 이름들을 통하여 당시의 언어가 현재 우리가 사용하고 있는 언어와 상당한 차이가 있었음을 살펴볼 수 있었다. 특히 남성과 여성 인체의 은밀한 부위를 지칭하는 비속어가 이름으로 사용되었다든가 지금은 도저히 사용할 수 없어 보이는 이름들이 실제로 사용되었던 사실은 당시의 언어가 오늘날의 언어와 같지 않았음을 보여주는 것이라고 하겠다.

물론 이러한 사례만을 가지고 그것을 입증하기는 부족하다. 또한 당시

---

24) 고려사, 권 130, 列傳 反逆, 韓恂 多智.

의 언어가 어떠한 경위를 거쳐 현재 우리가 사용하는 언어로 발전해왔는지, 그 차이는 무엇인지 분명히 알 수는 길이 열린 것도 아니다. 그러나 이 연구가 그러한 변화를 밝힐 수 있는 하나의 단서가 될 수 있다면 그것만으로도 충분한 가치가 있다고 생각한다. 앞으로 이 분야에 대한 관심을 가진 이들과 훌륭한 연구가 많이 나와 풀리지 않는 의문들이 해소되기를 기대해본다.

王朝鮮 金尙憲『朝天錄』간행과 청 士禛 기록에 대한 종합 검토

박현규
(순천향대 교수)

1. 서론

우리는 조선 선비들의 인생 역로를 살펴보았을 때, 종종 그들은 자기 생애의 갈림길에서 도학의 올바름을 좇아 절의를 굳게 지키며 후세 사람들의 사표가 된 이들이 많다는 사실을 알게되고, 또한 한민족으로서의 자긍심을 가진다. 조선조 역사에서 민족의 운명을 뒤바뀌게 했을 두 차례의 외침, 즉 임진왜란과 병자호란이 있었다. 金尙憲은 바로 이 시기에 살면서 도학 정신을 이어받고 진정한 請議가 무엇이라는 것을 조선 조야에 깨우쳐준 인물이었다.[1] 병자란 때에 그는 斥和를 주장하다가 청나라

---

1) 金尙憲(1570~1652)은 자가 叔度이며, 호가 淸陰이며, 시호가 文正公이다. 그는 당대의 명문가 집안에서 태어나 선조조에서 효종조까지 4대 왕조에 출사했으며, 그의 형 金尙容과 더불어 소위 (新)안동 김씨 문중을 크게 중흥한 인물이다. 그들의 후손을 보면 명공재사와 세도가가 많이 출현했다. 숙종에서 영조 연간에 金壽增, 金壽

로 구인되어 갖은 고욕을 당하며서도 조선 선비의 절의를 굳게 지켰으며, 청 조정조차도 그의 인물됨에 경복하여 조선의 참된 선비라고 칭했다. 또 『孝宗實錄』에서 조선 사관이 "송 文天祥 이후로 오로지 김상헌만이 동방에서 精氣를 세웠다"고 했을 정도로 그를 조선의 大節者로 높이 숭상했다.[2]

『淸陰集』 40권은 김상헌의 문집이다. 이 문집은 그가 죽은 몇 년 후인 효종 5년(1654)에 손자 金壽增·壽恒·壽興 등이 그의 自編 원고를 바탕으로 약간의 수정을 거쳐 만든 것이며, 이 책 속에 그의 생애 활동과 문학 세계를 밝혀줄 방대한 자료가 실려 있다. 이 책 권9에 그가 명나라에 사신으로 다녀오면서 적은 『朝天錄』이 차지하고 있다. 바로 이 『조천록』이 본 논문에서 다룰 문헌이다. 이 책은 김상헌과 교유한 적이 있는 명 張延登에 의해 간행되었고,[3] 또 청 王士禛이 이 책의 작품을 선록하고 논평한 이래 훗날 조선과 청조 문단에 널리 알려졌으며 커다란 반향을 불러 일으켰다.[4]

필자는 오래 전부터 왕사진의 기록을 근거로 삼아 중국 간행본 『조천

興, 金壽恒, 金昌翕, 金昌業, 金昌集 등 연이어 출현하여 권문 세가와 문학 집안으로서의 위상을 더욱 높였고, 특히 조선 철종에서 고종 연간에 金祖淳, 金應根, 金興根 등이 나와 안동 김씨 세도 정치를 할 정도로 문벌 집안으로 등장했다. 또 일제강점기에는 독립군 金左鎭이 나와 집안 전통을 살렸다.

2) 『孝宗實錄』 3년 6월 25일(을축)조 참조.

3) 장연등(생졸년 미상)은 자가 濟美이고, 鄒平 사람이다. 만력 20년(1592)에 진사에 급제했고, 관직으로 內黃知縣, 兵科給事中 등을 거쳐 右都御使가 되었으며, 훗날 太子太保로 증직되었다. 시호는 忠定이다.

4) 왕사진(1634~1711)은 자가 子進·貽上이고, 호가 阮亭·漁洋山人 등이며, 산동 新城(지금 桓台) 사람이다. 순치 12년(1655)에 진사에 급제하여 관직으로 揚州府推官·國子監祭酒 등을 거쳐 刑部尙書에 이르렀다. 시호는 文簡이다. 사후에 그의 이름이 옹정제의 이름을 피하기 위해 士正으로 고쳤고, 건륭제에 다시 士禛으로 고쳤다.

록』의 실물을 찾기 위해 국내외의 여러 도서관과 박물관 등을 정밀 조사해 보았으나, 아쉽게도 소장처가 알려지지 않아 만족할 만한 결과를 얻지 못했다. 이번에 그 아쉬움을 조금이라도 보충하기 위해 왕사진의 기록을 근거로『조천록』의 간행 과정과 작품 선록, 그리고 후대의 반향에 대해 살펴보게 되었다. 물론 왕사진의 기록은 조선과 청조 학자들이 커다란 반향을 불러 일으켰고, 오늘날 국내외 학자들도 일정 정도 파악하고 있는 사항이지만, 아직까지 전후 과정과 제반 사항을 종합적으로 논술한 문장이 나오지 않아 전면적인 조사와 분석이 요구되고 있는 실정이다.

2.『朝天錄』의 저술 과정과 내용

조선 인조조 초기에는 한반도 주위의 정세가 매우 복잡하게 돌아가고 있었다. 만주족의 청나라가 더욱 강성해져서 동북 삼성 지역을 거의 점령하고 곧이어 명나라 皇都인 연경(북경)을 공략하여 삼켜버릴 태세였다. 인조조 초기의 외교 정책은 광해군조의 등거리 정책과 달리 친명 정책으로 일관하고 있어 청나라와의 관계가 더욱 나빠졌다. 조선 조정에서는 청나라 군대의 한반도 침입에 대비하고자 전쟁 물자를 비축하고 성벽을 쌓는 등 전쟁 준비로 나라가 크게 소란했다. 한편 요령반도의 해안가와 도서 지역에는 명 장수 毛文龍이 요령 지역에서 밀려온 장졸과 유민들을 데리고 조선과 연대하여 청나라의 남침을 건제하고 있었다. 그러나 모문룡은 이것을 빌미로 삼아 조선 조정에 막대한 양식을 요청하고 변방 지역을 드나들면서 인민을 유린시켰고, 또 자기의 의도가 제대로 먹혀 들어가지 않자 명 조정에다가 조선을 비난하는 여러 가지 흑색 보고를 하고 있어 조선 조정의 커다란 골칫거리로 등장하게 되었다.

인조 4년(천계 6년; 1624)에 조선 조정은 동지사를 명나라로 보내면서 모문룡과 관련된 현안을 해결하도록 명한다. 이번 사절단에는 정사 南以雄, 부사 김상헌, 서장관 金地粹로 구성되었으며, 여정 기간은 이해 6월 28일에서 다음해 5월 18일까지로 근 1년이나 걸렸다. 이처럼 여정 기간이 많이 걸린 이유는 평소 朝天·燕行 여로인 북방 육로가 막혀서 부득이 해로를 이용할 수밖에 없었기 때문이다.

이들 일행의 행로는 김상헌의 『조천록』에 비교적 자세히 나와 있다. 이들은 먼저 육로로 평안도까지 올라가다가 다시 宣沙浦에서 배를 타고 평북과 요령반도 해안선을 따라 가다가 반도 끝에서 방향을 바꾸어 渤海海峽의 여러 도서를 가로질러 산동반도의 登州(오늘날 산동 蓬萊市)에 도착했다. 여기서 다시 육로로 萊州府·靑州府·濟南府·德州府 등을 거쳐 연경으로 올라갔다. 귀로는 이와 역순이다. 張延登은 이번 해로가 일찍이 漢 樓船將軍 楊僕이 개척한 길이라고 했다.5)

김상헌은 이해 겨울에 靑州에서 濟南으로 가던 중에 鄒平의 張氏 日涉園을 유람했다.6) 그는 여기에서 장연등의 仲子인 張萬選과 교유하면서 시 3수를 남겼다. 이 중 <題鄒平城外張察院御風亭>을 들어보자.

靈山洞府豈眞傳　靈山洞府가 어찌 진짜로 전하리오
悵望千秋秖渺然　천추에 막막함을 슬피 바라보았다

---

5) 張延登 <朝天錄序> : "朝鮮踝貢我天朝職方, ---- 陪臣春秋有事, 浮海方達登萊, 是漢樓船將軍楊僕所開路也."

6) 명 만력 연간의 驛路를 보면 靑州府에서 濟南府 사이에 金嶺鎭馬驛, 龍山鎭馬驛 등을 지나가게 되어 있는데, 鄒平은 역로에서 약간 북쪽에 벗어나 있다. 그러나 천계 연간에 해로로 나선 조선 사신들의 각종 문헌에 사신 역로에 추평이 포함되어 있다. 예를 들면 李德泂의 『朝天錄』(『竹泉遺稿』本)을 보면 인조 2년(천계 4년; 1624) 9월 23일에 사신 일행은 추평현에 유숙하고 장찰원을 관람했다고 했다.

> 須向蓬萊海上路   蓬萊山을 향해 바닷길을 나서는데
> 好從平地覓神仙   쉽사리 평지에서 신선을 찾았도다

이 시 자주에서 "찰원 이름은 一亨이고 그 아들 이름은 延登이며 대대로 어사 벼슬을 지냈다"고 했다.[7] 이 시에서 김상헌은 이번 사행 목적이 신선의 참된 도리를 얻기 위한 것이라고 가탁했다. 그는 평소에 그리던 神仙鄕이 진짜로 존재하는 것인지 심한 회의를 품어오다가, 하루는 이를 확인하기 위해 찾아 나섰다. 배를 타고 바다를 건너 아득하고 먼 세상에 있는 蓬萊山을 찾기 위해 이리 저리 다니다가, 생각지도 않게 우연히 평지에 있는 장씨 御風亭을 둘러보다가 이곳이 바로 신선이 살고 있는 세계라는 사실을 깨달았다. 또 그가 이때 지은 <張察院城內花園觀石假山>(2수)에서도 이와 비슷한 내용을 담고 있다. 그는 이 시에서 장씨 화원에서 돌로 만든 인공 산을 돌아보고 이곳이 신선향이라고 말하며 속세의 티끌을 모두 벗어버렸다고 읊었다.

김상헌은 이듬해 사신 임무를 마치고 연경에서 오던 길을 되돌아갔다. 그는 산동 지역을 지나오다가 다시 추평의 장씨 일섭원을 방문하고 장씨 부자를 만났다. 장연등은 김상헌이 이번 사신 행차에 지은 각종 시가와 공문집인 『조천록』을 보았고, 또한 그의 아들 장만선의 권유와 김상헌을 떠나보내는 마음에서 이 책의 서문을 짓게 되었다.[8] 장연등의 <조천록서>는 『청음선생집』의 서수에 수록되어 있으며, 서문 작성 시기는 인조 5년(천계 7년; 1625) 4월이었다.[9]

---

7) 국내 간행본 『조천록』<題鄒平城外張察院御風亭> 자주 : "察院名一亨, 其子名延登, 世都御使."

8) 장연등 <朝天錄序> : "丙寅冬, 余方杜門讀禮, 使臣金子叔度偶遊余日涉園, 得識余仲子萬選. 比事竣還轅時, 已改歲春暮, 則捃摭其道次馮弔唫慨, 及入都後早會讌會之什, 彙爲一册, 總名曰朝天錄. 因萬選乞言于余, 行人有辭, 何以違也."

　장연등은『조천록』을 보고 나서 김상헌의 인물됨과 문장에 대해 크게 감동했다. 그는 춘추시대 오나라 季札이 타국으로 나갔을 때에 악공이 시를 노래하는 것을 듣고 그 나라의 흥망성쇠를 감지했던 것처럼 김상헌이 명 조정에 나간 조선의 사신으로서의 외교 직무를 다했다고 말했다. 또 그는 김상헌의 작품을 평가하기를 작금의 사태를 직시하면서도 정신과 의경이 어우러져 있으며, 부드럽고 순한 음으로 표현하며 쇠패하고 병약한 말이 없다고 했다.[10] 장연등이『조천록』을 간행한 이유는 아마도 이러한 연유에서 나왔을 것으로 보여진다.

　한편 명 李康先도 김상헌의『조천록』을 읽고 나서 그의 시를 높게 평가했다. 이강선은 김상헌의 시가 식견이 고매하고 흉금이 넓으며, 음률이나 대구에도 뛰어나서 문단을 울릴만하다고 했고, 또 이것을 중국의 명시인의 시풍과 비교하며 杜甫의 사려 깊음, 李白의 소탈함과 陶淵明의 맑고 호탕함을 가지고 있다고 했다.[11]

　조선 효종연간 간본『청음선생집』권9에는『조천록』이 차지하고 있다. 그 후 국내에서 효종간본『청음선생집』을 조본으로 삼은 간행본과 영인본이 몇 차례 나왔다. 본 논문에서는 이들 제판본을 국내 간행본이라고

---

9)『청음선생집』의 서수에는 李康先과 장연등이 인조 5년 2월(天啓 丁卯歲 仲春)과 이해 4월(天啓七年 歲次丁卯 初夏)에 각각 쓴『조천록』서문 두 편이 가장 먼저 수록되어 있다. 조선 효종 연간에 김상헌의 손자들이『청음선생집』을 편찬할 적에『조천록』에 붙여 있는 이강선과 장연등 서문을 떼어내 문집 전체의 서문으로 삼았던 것으로 보인다.

10) 장연등 <조천록서>: "讀叔度詩, 見其事有所感, 情有所會, 神與景合, 氣從意暢, 亢不傷調, 抑不病格, 有優柔之韻, 無衰颯之風."

11) 李康先 (朝天錄)서문 : "頃有朝鮮使君金, 偶出其所著『朝天錄』, 閱之, 識趣高邁, 襟懷寥廓, 有工部之深思而不煙於排鬱, 有謫仙之瀟灑而不流於狂肆, 有五柳之澹蕩而不淪於寂寞, 至其音律之鏗鏘, 對偶之金石, 大有聲振林木, 響遏行雲之致,." 이 서문은 천계 7년 2월에 적었다.

통칭하겠다. 국내 간행본『조천록』에는 모두 시 136수와 문 14편이 실려 있다. 이들 시문은 어느 조천록(또는 연행록)처럼 사신들이 사행에서 읊었던 시문과 외교 문서가 근간을 이루고 있다.

그러나 전체 수록 작품을 연경행 여정과 귀국행 여정으로 나누어보면 특이한 사항을 발견할 수 있다. 국내 간행본『조천록』에는 김상헌이 조선에서 떠난 이후부터 명나라로 가서 연경에서 머물며 사신 활동한 시기까지 지은 작품만 수록되어 있고, 이 이후로 귀국 행로 때에 지은 작품이 전혀 수록되어 있지 않았다. 일반적인 사신 행차에 비유해서 한 사신이 사신으로 나아가는 길에만 시문을 짓고, 돌아오는 길에는 시문을 전혀 짓지 않았다는 것은 논리적으로 문제점이 있다. 따라서 오늘날 전해오는 국내 간행본『조천록』외에 산동 지역에서 한반도까지의 귀국 길에서 적었던 또 하나의 문집이 있었거나 이 부분이 생략된 것이 아닐까 생각된다.

3. 王士禛이 기술한 金尙憲 고사와 작품

왕사진은 장연등이 김상헌의『조천록』을 간행했던 사실과 이 책에 수록된 시 십여 수를 선록해 놓았다. 청 강희 연간에 활동한 왕사진은 명 천계 연간에 일어난 장연등과 김상헌의 만남과『조천록』의 간행 사실을 어떻게 알았을까? 왕사진의 전 부인 張氏는 張萬鍾의 딸이자, 장연등의 손녀이다. 그는 장연등과 인척 관계이기 때문에 이 사실에 대해 소상하게 알고 있고, 또한 장연등이 간행한『조천록』을 직접 보았던 것으로 추정된다.12)

---

12) 왕사진의 모친 孫氏도 추평 사람이다. 왕사진이 10세(숭정 16년; 1643)와 13세(순치

  왕사진은 청초의 문학가답게 일생동안 막대한 양의 문학 관련 편저물을 남겼다. 이들 편저물은 당대는 물론이고 후대에도 많은 영향을 끼쳤고, 또한 조선에도 많이 들어와서 조선 문단에도 큰 반향을 일으켰다. 그는 30세가 되는 강희 2년(현종 4년; 1663)에 <戱倣元遺山論詩絶句>를 창작했다. 『漁洋山人精華錄』을 기준으로 삼아 <희방원유산논시절구>의 제29수에는 조선 관련 시구가 들어가 있다.[13] 제29수에서:

> 澹雲微雨小姑祠　맑은 구름 보슬비 내리는 小姑祠에
> 菊秀蘭衰八月時　국화 빼어나고 난초 시든 팔월이라
> 記得朝鮮使臣語　조선 사신의 말을 얻어 기술하니
> 果然東國解聲詩　과연 동국의 시도 음을 아는구나

  전반부 두 구절은 王季浣의 <희방원유산논시절구> 주석에서도 밝혔듯이 김상헌 <登州次吳秀才韻>의 첫머리를 그대로 옮겨온 것이다.[14] <등주차오수재운>은 왕사진의 각종 편저물(『感舊集』, 『池北偶談』, 『漁洋詩話』 등)과 국내 간행본 『조천록』에도 모두 실려 있다. 국내 간행본 『조천록』에서는 이 시의 시제를 <次吳晴川大斌韻 · 廟島停舟>라고 적고

3년; 1646)에 청병을 피해 추평의 長白山으로 피난했고, 특히 후자일 때에는 추평 張氏 집안에 의탁했다.

13) <戱倣元遺山論詩絶句>의 창작 시기와 수록 시수는 기록과 편집에 따라 조금씩 다르다. 왕사진의 『居易錄』에는 그 자신이 이 시를 강희 2년에 창작했다고 기술했으나, 惠棟의 『漁洋山人年譜』와 翁方綱의 『石洲詩話』(권8)에는 이보다 1년이 빠른 강희 1년으로 적고 있다. 또 수록 시수에서도 『거이록』에는 40수, 『漁洋先生詩集』에는 36수(제목 기준; 실제로는 35수)로 되어 있고, 나중에 그 자신과 제자들이 편찬한 『漁洋山人精華錄』에는 32수만 선록했다. <희방원유산논시절구>는 『어양산인정화록』 권5에 수록되어 있다.

14) 王啓浣은 왕사진의 長兄인 王士祿의 아들이다.

있으며, 전체 시구 수와 글자도 약간 다르게 적고 있다. 이러한 차이는 아마도 왕사진이 중국 간행본『조천록』을 기준으로 삼아 이 시의 일부 시구만 발췌했기 때문일 것이다.[15] 그리고 왕계완의 주석에는 김상헌이 이 시를 창작한 시기를 崇禎 연간으로 기술해 놓았는데, 이는 천계 연간으로 수정해야 한다.[16] 둘째 구절에 이 시의 창작 시기를 국화가 활짝 핀 8월이라고 했다. 김상헌 일행은 발해만의 여러 도서를 지나 인조 4년(천계 6년; 1624) 8월 15일에 廟島에 처음 도착했다.[17] 김상헌은 바로 이 때 즈음에 이 시를 지었다.

　후반부 두 구절은 왕사진이 조선 사신 김상헌의『조천록』을 보고 해동 국가에도 매우 뛰어난 시가 있다고 송찬했다. 그렇다면 왕사진은 어디에서 조선 사신의 시를 구해보았단 말인가? 앞에서 언급했듯이 그는 인척 관계가 있는 장연등이 일찍이 간행했던 김상헌의『조천록』을 구했던 것으로 보인다.

　<희방원유산논시절구>는 왕사진이 금 元好問의 <論詩> 형식을 본받아 漢魏 시대에서 淸初까지의 시가사의 흐름을 읊었던 작품이다.[18] 여기에서 그는 각 시대의 중요 시인을 뽑아서 시가 원류를 찾고 유파를 변별하며 풍격을 논하는 데에 역점을 두었다. 그렇다면 왕사진은 왜 조선

---

15) 국내 간행본『조천록』<次吳晴川大斌韻> 제1수 <廟島停舟> : "澹雲輕雨小姑祠, 佳菊衰蘭秀八月時, 機石近依牛女渚, 桂花低映廣寒枝, 夢回孤枕鯨濤撼, 風散遙空鴈列差, 無限旅愁消不得, 喜君詩句慰羈離."
　　『감구집』권12 <金尙憲> <登州次吳秀才韻> : "澹雲微雨小姑祠, 菊秀蘭衰八月時, 無限旅愁消不得, 因君好句重相思."

16)『漁洋山人詩集』권14 <癸卯稿・戲倣元遺山論詩絶句三十六首> 왕계완 주 : "明崇禎中, 朝鮮使臣過登州作."

17) 국내 간행본『조천록』<八月十五日, 登廟島城樓翫月, 次春城韻> 참조.

18) 元好問의 <論詩> 30수는 7언 절구로 되어 있고, 금 興定 원년(고려 고종 4년; 1217)에 그가 三鄕에 있을 때에 지었다.

김상헌의 시를 <희방원유산논시절구>에 포함시켜 넣었을까? 또 한 걸음 더 나아가 김상헌의 이 시구가 도대체 어떠한 작품성을 갖추었기에 동국에도 뛰어난 작품이 있다고 손꼽았을까?

먼저 외적 요소부터 풀어가도록 하자. 당시 청초 문단에는 해외 자료, 특히 조선 시문학에 대한 수집과 더불어 분석하고자 하는 바람이 강하게 일고 있었다. 고대 한국인 시작품이 중국 문단에 소개된 흐름을 살펴보면 비록 일찍부터 사신, 유학생 등을 통해 간헐적으로 알려지기는 했으나 명 만력 연간에 이르러 조선에서 치른 국제전 임진란을 계기로 폭발적인 증가 추세를 맞이했다. 이때부터 청초까지 해동인의 시작품을 선록하거나 고사를 다룬 문헌이 상당수 출현했다. 왕사진도 『지북우담』과 『어양시화』에서 기술했듯이 강희제는 평소에 조선 시가에 대해 각별한 관심을 갖고 있다가, 강희 18년(숙종 5년; 1679)에 孫致彌를 사신으로 조선에 보내서 시가를 채집하도록 했다. 손치미의 『朝鮮採風錄』이 바로 이 때에 만들어겼던 조선 시선집이다. 훗날 왕사진은 손치미가 고향으로 돌아가려고 하자 그에게 증정한 <送孫愷士南歸詩>에서도 조선 채시 얘기를 기술해 놓았다.[19] 손치미와 관련된 제반 사적은 비록 <희방원유산논시절구>의 창작 시기보다 조금 늦게 발생된 것이지만, 우리는 여기에서 왕사진이 평소에 조선 시가에 대해 많은 관심을 갖고 있었음을 간접적으로나마 감지할 수 있다.

다음으로 내적 요소를 본격적으로 풀어가도록 하자. 왕사진은 아마도 김상헌의 시에서 그가 평소에 주장했던 神韻說의 사례를 찾았던 것으로 생각된다. 신운설은 왕사진이 이전에 나온 각종 시론과 禪·畵論을 종합하여 자기 자신의 취향과 청초 문단의 흐름에 맞게 펼친 또 하나의 시평

---

19) 왕사진 <送孫愷士南歸詩> : "啣命扶桑外, 曾歸萬里舡, 春潮浮鴨綠, 古道出黏蟬, 詩備輶軒採, 名從屬國傳, 暫須還傝直, 未可戀靑氈."

경개를 이끌어 낸 것이다. 그는 담백하면서 청아한 시풍과 넓고 풍부한 시상을 가진 시를 좋아했고, 또 가식이 없는 자연적인 수식에 情景이 어우러져 내심으로 교감되는 시를 좋아했다.

<희방원유산논시절구>의 기술 구조를 보면 한 시인의 시구를 그대로 옮겨온 경우는 제4수의 孟浩然 논평시와 제29수의 김상헌 논평시 뿐이다.[20] 물론 우리는 이러한 현상만으로 반드시 왕사진의 감상 취향에 완전히 부합된 작품이라고 확정지을 수는 없지만, 최소한 그가 김상헌의 <登州次吳秀才韻> 시구를 무척이나 마음에 들어했던 것으로 봐도 별 무리가 없을 것이다. 이 시구에는 어떠한 가식적인 꾸밈이 보이지 않는다. 독자는 이 시에서 자연이 내려준 풍경을 포착하여 청초한 언어로 꾸며놓은 시인의 해맑은 마음을 엿보는 듯하다. 아마도 이러한 연유로 왕사진이 이 시구를 자기 작품에 그대로 옮겨놓은듯 싶다.

<희방원유산논시절구>의 배열 방식을 보면, 왕사진은 중국시와 조선시를 따로 구분 짓지 않은 재미있는 현상을 찾아볼 수 있다. <희방원유산논시절구>은 중국 시가사의 전체 흐름을 시대 순으로 배열함을 원칙으로 삼고 있었다. 그 실례로 <희방원유산논시절구>의 끝 부분만을 언급해보자. 제27수에는 명 만력 연간에 활약한 邢侗의 시가를 논평했고, 제28수에는 명 永曆 4년(1650)에 청병의 廣州 입성 때에 죽은 명 유민 鄺露와 관련된 시가를 논평했다. 또 제30수에는 청 순치 연간에 활약한 崔華의 시가를 논평했고, 제31수에는 청초 巴蜀 지역의 민가를 논평했으며, 제32수에는 왕사진 자신의 시가를 자평했다.

그런데 조선 김상헌의 논평시 부분은 중국 시가사를 논하는 가운데인

---

20) <희방원유산논시절구> 제4수 : "挂席名山都未逢, 潯陽始見香爐峰, 高情合受維摩詰, 浣筆爲圖寫孟公." 전반부 두 구절은 孟浩然 <晩泊潯陽望廬山>의 전반부 네 구절(挂席幾千里, 名山都未逢, 泊舟潯陽郭, 始見香爐峰)에서 모두 따왔다.

제29수에 수록해 놓았다. 다만 시기적으로 김상헌의 고사는 천계 연간에 일어났기 때문에 제28수 앞에 놓는 것이 보다 정확하다고 하겠다. 명말 청초에 조선 시가를 수록한 대부분의 시선집은 먼저 중국 시가를 언급하고 난 다음에 부록 형식으로 조선 부분을 첨가해 놓았다.

　왕사진은 상기 기술 외에 또 다른 문헌에서도 김상헌 고사와 관련된 내용을 담아놓았다. 『감구집』은 그가 평소에 명말 청초 시단에서 활약했던 錢謙益 이하 시인 333명의 시 2,572수를 선록해 놓은 책이다. 이 책 권12 <金尙憲> 조항에 "尙憲, 字叔度, 朝鮮使臣"이라는 傳記와 김상헌의 시가 수록되어 있다. 김상헌의 시는 아래 도표에서 보듯이 <曉發平島> 이하 8수인데, 모두 국내 간행본 『조천록』에 보이는 작품이다. 후대 간행본 『감구집』에는 김상헌의 전기 부분 아래에 소자로 『어양시화』와 『지북우담』에 실린 김상헌 고사를 발췌한 것이 있다. 이는 건륭 31년(숙종 18년; 1692)에 盧見曾이 『감구록』에 소재한 각 인물의 전기를 보록할 때에 첨가했던 것이다.

　『지북우담』은 왕사진이 강희 30년(1691; 숙종 17년)에 각종 고사를 기술한 筆記類 문헌이다. 이 책 권15 <談藝・朝鮮詩>에서:

> 鄒平張尙書華東公延登, 刻朝鮮使臣金尙憲叔度『朝天錄』一卷, 詩多佳句, 略載於此鄒平 尙書 華東公 장연등은 조선 사신 叔度 김상헌 『朝天錄』 1권을 새겼다. 시에 뛰어난 구절이 많이 있는데, 대략 여기에 게재했다.

　왕사진은 장연등이 김상헌의 『조천록』 1권을 간행했다고 분명히 밝혀 놓았다. 앞에서 밝혔듯이 왕사진과 장연등은 인척 관계이다. 따라서 왕사진은 장연등과 김상헌의 만남과 『조천록』의 간행 사실에 대해 익히 알고 있었다고 봐야 할 것이다.21) 여기에서 중국 간행본『조천록』의 간행 시점을 분명하게 기술하지는 않았지만, 대략 장연등이 김상헌과 만난 시점과 <조천록서>의 작성년으로 보아 간행 시점이 천계 7년(1625) 또는 그 직후가 될 가능성이 가장 높다고 할 수 있다. 왕사진은『조천록』을 읽고 이 중에 작품성이 뛰어난 시나 시구를 선록해 놓았다.『지북우담』에 선록된 김상헌의 시는 <효발평도> 이하 10수이다.

그 후 왕사진은『漁洋詩話』에서『지북우담』의 김상헌 고사를 조금 다른 형태로 다시 한 번 수록해 놓았다.『어양시화』는 그가 자손들에게 보여주기 위해 강희 44년(숙종 31년; 1705)과 47년(숙종 34년; 1708)에 작성했던 책이다. 이 책 권상에 수록된 김상헌의 고사 내용을 보면 전반적으로『지북우담』과 동일한 편이나 부대 설명이 첨가되어 있다. 부대 설명으로 김상헌이 상륙한 지점(登州)과 <희방원유산논시절구> 중 김상헌 논평시, 그리고 손치미의『조선채풍록』고사이 있다.『어양시화』에 선록된 김상헌의 시는 <효발평도> 이하 5수이다.

건륭 25년(영조 36년; 1760)에 張宗柟은 왕사진이 지은 18종 저서물 중에 시와 관련된 문장만 뽑아『帶經堂詩話』를 편찬했다. 이 책 권22 <記載門三・采風類>에는『어양시화』와『지북우담』에 기술된 김상헌 고사를 옮겨놓았다. 수록 내용은『어양시화』와『지북우담』과 동일한 관계로 본 논문에서는 더 이상 다루지 않겠다.

이하 도표는 왕사진이 편찬한 각종 문헌에 수록된 김상헌의 작품과 국내 간행본『조천록』을 대비해서 정리한 것이다.

---

21) 이서구는 일찍이 왕사진이 장연등과의 인척 관계이기 때문에 김상헌의 제반 고사를 익히 안다고 기술했다.『韓客巾衍集』권4 <李書九・讀漁洋山人詩集(제2수)> 주 참조.

국내본『朝天錄』		『感舊集』본문		『池北偶談』		『漁洋詩話』	
曉發平島	8구	曉發平島	8구	曉發平島	2구	시제 미기재	2구
登州次去非韻(제2수)	4구	×		初至登州	4구	×	
登蓬萊閣	8구	×		蓬萊閣	2구	×	
吳晴川大斌韻韻·廟島停舟	8구	登州次吳秀才韻(「澹雲」)	4구	登州次吳秀才韻	2구	시제 미기재	2구
吳晴川大斌韻韻·水城夜景	4구	登州次吳秀才韻(「五更」)	4구	水城夜景	4구	×	
登州夜坐聞擊柝	10구	登州夜坐聞擊柝	8구	夜坐聞擊柝	8구	×	
九日宿朱橋驛	4구	×		九日	4구	×	
東方朔古里	4구	東方朔故里	4구	東方曼倩里	4구	過東方曼倩故里	4구
次去非韻在濟南	4구	次同行金御使韻	4구	×		×	
次早春韻(제1수)	4구	早春(「水際」)	4구	早春(「水際」)	4구	蚤春(「水際」)	4구
次早春韻(제3수)	4구	早春(「王灘」)	4구	早春(「王灘」)	4구	蚤春(「王灘」)	4구

4. 王士禛이 선록한 金尙憲 작품 감상

왕사진의 각종 문헌에 소개한 김상헌의『조천록』작품은 모두 11수이다. 이 중에 몇 수만 골라 감상해 보자. <曉發平島>(시구는『감구집』을 기준함)에서:

  長風萬里送行旌[22] 세찬 바람이 행려 깃발을 만리나 보내어
  十日孤帆十島經 십일동안 외로운 배가 열 섬을 지났네

---

22) '長風', 국내 간행본『조천록』에는 '東風'이라고 적혀 있음.

水到龍堂無底黑　　　　물이 龍王堂에 이르자 끝없이 검었고
山蟠鐵觜了餘靑　　　　뫼가 鐵山觜에 서리자 푸름이 넘치네
三秋海岸初賓雁　　　　삼추 해안에 처음 온 사신
五夜天文一客星　　　　한 밤 천문에 하나의 객성
家近扶桑更東望　　　　집이 扶桑에 가까워 다시 동쪽 바라보고
雲霞寥落水冥冥23)　　　구름과 놀이 쓸쓸히 떨어지니 물이 어둡네

　　이 시는 김상헌이 한반도의 평북 宣沙浦을 떠나 평북과 요령반도 해안,
발해 해협의 여러 도서를 지나 등주 앞 바다의 廟島 도서까지 오면서
느낀 감회를 읊고 있다. 이들 사신이 탄 외로운 배가 때마침 세차게 불어
오는 순풍을 만나 10일 동안에 10개 도서를 훌쩍 지나쳤다. 여기의 10개
도서는 국내 간행본『조천록』에 자세히 언급해 놓았는데,24) 시제의 平島
와 시구 중의 龍王堂・鐵山觜도 그 속에 포함되어 있다. 용왕당은 용왕
이 살고 있는 곳처럼 수심이 깊어 바닷물이 시커먼 색깔을 띠고 있고,
철산자는 쇠뿔산이 있는 섬이라서 산의 색깔이 바닷물의 색깔과 어우러
져 푸름이 넘쳐흐르고 있다. 이 두 구절은 풍광의 특징을 잘 살린 대구라
고 하겠다. 시절은 가을이 점차로 깊어져 가는 팔월이라, 어느덧 북쪽
하늘에 기러기가 등장하기 시작했다. 사신은 마치 기러기처럼 날아와
산동반도의 도서에 이르렀다. 또 한 밤중에 하늘을 보니 사신을 지칭하는
객성이 반짝이고 있다. 사신의 집은 해가 뜨는 방향에 있어 동쪽을 바라
보며 고향 생각에 잠긴다. 이때 구름과 노을이 바다 속으로 쓸쓸히 잠겨
가자, 마치 사념 속으로 모든 것이 빠져 들어가듯 사방 바닷물이 온통

---

23) '家近扶桑更東望, 雲霞寥落水冥冥', 국내 간행본『조천록』에는 '坡老舊詩眞漫詑, 吾人
　　心事獨惺惺'이라고 적혀 있음.

24) 국내 간행본『조천록』<曉發平島> 자주: "身彌島, 椴島, 車牛島, 鹿島, 長山島, 廣鹿
　　島, 三山島, 平島. 鐵山觜, 龍王堂, 凡十島."

어둠침침해졌다.

　다음으로 6언으로 이루어진 <九日>(시구는 『지북우담』 기준)을 살펴
보자.

黃縣城邊落日　黃縣 성가에 지는 해
朱橋驛裏重陽　朱橋驛에 重陽節이라
菊花依然笑客　국화는 여전히 객을 향해 웃고
鬢(彡 아래 丐)髮又度秋霜　머리에 또 가을 서리만 내렸구먼

　사신 일행은 아침에 黃山館驛을 지나 저녁에 朱橋驛에 숙박했다.[25]
이 날은 9월 9일, 양수가 겹쳤다는 重陽節이다. 동양에서는 예로부터
이 날을 연중 양기가 가장 발동하는 날이라 해서 명절로 정했다. 조선에
서는 이 날 시인 묵객들이 교외로 나가 국화와 단풍이 물씬하게 든 가을
산하를 즐기며 시문을 읊었고, 또한 가정에서는 국화꽃잎을 따서 전을
부쳐먹고 술에 국화를 넣어 향기를 낸 국화주를 마시곤 했다. 김상헌은
이날 하루 종일 역로를 따라 앞으로 나아가다가 해가 질 무렵에 객점
옆에서 활짝 핀 국화를 보게된다. 국화도 마치 그를 반기듯 방긋이 웃고
있었다. 그러나 국화 감상도 잠시, 다시 근심에 빠져들었다. 지난 사신
행로가 간난했었는지 아니면 앞으로 사행 목적을 달성하기 어려워서인
지 머리카락에 어느덧 가을 서리가 내린 것처럼 더욱 허옇게 변해버린
자신의 모습에 놀라 깊은 시름에 빠져 들어갔다.

　다음으로 <東方朔故里>(시구는 『감구집』을 기준함)를 들어보자.

---

25) 黃山館驛은 黃山驛이라고 부르는데, 명 登州府 黃縣에 속해 있다. 朱橋驛은 朱村驛이
　라고 부르는데, 명 萊州府 掖縣에 속해 있다. 융경 4년(1570)에 공식적으로 주교역을
　없앴기 때문에 김상헌 일행은 아마도 이곳의 객점에 머물었던 것 같다.

夜開宣室儼珠旄　밤에 구슬 깃발이 삼엄한 宣室을 열어
執戟郎官走綠韝　창 든 郎官이 푸른 팔찌를 가져갔네
首鼠轅駒俱碌碌　두리번거리는 신하들이 모두 녹록하니
漢庭綱紀一俳優　한나라 기강이 배우와 같구나

이 시는 김상헌이 昌樂縣에서 5리 정도 떨어져 있는 東方朔의 옛 마을을 방문하고 지었다. 동방삭은 한 무제를 수십 년 동안 측근으로 모신 문사이나 평소에 기이한 행동과 희학한 언어를 일삼아, 『史記』에서 <滑稽列傳>에 실릴 정도로 기인으로 알려지고 있다. 훗날 중국에서는 그를 선인으로 둔갑시킨 고사나 그의 이름을 가탁한 문장이 많이 나돌아 다녔다. 우리나라에서도 동방삭 고사가 전국적으로 널리 전승될 정도로 자주 거론되었다. 이 시의 전반부는 동방삭이 西王母의 팔찌와 仙桃를 훔쳐 달아났던 고사에서 나왔다. 궁궐에는 삼엄한 군사들이 깃발을 들고 지키고 있었으나, 郎官 벼슬을 한 동방삭이 허술한 틈을 타서 보물을 훔쳤다고 했다. 후반부는 무너진 한나라 기강을 희학화한 것이다. 당시 한나라 신하들은 마치 광대처럼 모두 녹록하고 눈치만 살피고 있었다. 이 말은 그가 동방삭의 고사를 빌려 당시 명 황실이 환관 손에 놀아나서 조정이 부패해진 현상을 빗대어 말한 것이다.

끝으로 <早春>(시구는 『감구집』을 기준함)을 감상해보자.

王灘流水遠江涯[26]　큰 여울 치는 물이 강가를 두르고
江上松林是我家　강 위에 솔밭이 우리 집이라
昨夜夢尋烏石路　어제 밤 꿈에 烏石 길을 찾고
山前山後早梅花　산 앞 산 뒤에 이른 매화

---

26) '遠江涯', 국내 간행본 『조천록』에는 '入江沱'이라고 적혀 있음.

이 시는 인조 5년(1625)에 연경에서 새해를 보낸 이른 봄날에 지었다. 김상헌의 고향집은 큰 여울이 굽이치는 강가 언덕의 솔밭에 있었다. 그는 꿈속에서 한 순간에 바다를 건너 그리운 고향집으로 향했다. 집 근처에 있는 검은 돌이 깔린 길을 찾아보고, 앞산 뒷산에 핀 이른 매화를 바라보았다. 그는 자신의 감정을 화폭에 담아놓듯이 엷은 필치로써 찬찬히 그려나갔다. 우리는 이 시에서 마치 왕사진이 주장하는 신운설처럼 맑고 담담함을 느낄 수 있다.

5. 후대에서 다룬 王士禎의 金尙憲 기록

왕사진이 김상헌 고사를 언급한 이후로 조선과 청조 문단, 특히 조선과 청조 문사들이 교유할 때에 이 얘기가 자주 등장하였다. 왕사진의 문학과 이론은 그가 활동한 청초 문단뿐만 아니라 훗날에도 지대한 영향을 끼쳤을 정도로 중국 문학사에서의 그의 위치는 확고하다. 한편 조선 문단에서도 왕사진의 각종 편저물이 한반도로 들어오면서 청초 문단에 못지 않게 성행한 적이 있었다. 특히 중국을 다녀온 북학파 문사들은 왕사진의 문학 이론에 심취하여 적극적으로 수용하거나 전파하려고 했었다. 따라서 양국의 후대 문사들은 왕사진이 각종 문헌에서 다루었던 김상헌 고사를 익히 알고 있었다.

조선 洪大容과 金在行은 영조 40년(1765)에 연경에 가는 동지사절에 자제 군관의 신분으로 합류했다. 이들은 이듬해 2월 3일에 연경 乾淨衕 객점에 머물고 있는 청 문사 潘庭筠과 嚴誠을 방문했다. 이 자리에서 반정균은 김재행의 성을 듣고 대뜸 귀국의 김상헌을 아느냐고 물었다. 홍대용이 어떻게 아느냐고 되묻자, 엄성이 곧 곁방에 가서 왕사진의 『감구집』을 가져와 보여주면서 김상헌이 중국에서 활약한 고사를 얘기했다.[27] 김재행이 바로 김상헌의 姪曾孫이다. 이때 그가 느낀 감정은 어떠했을까? 김재행은 김상헌의 시운을 사용하여 엄성에게 <用從高祖淸陰先生韻, 贈鐵橋>라는 시를 주었다. 자주에서 조선 김상헌이 명나라에 사신으로 갔으며, 또 그의 시가 왕사진의『감구집』에 수록되어 있다던 사실을 기술했다.[28]

柳琴은 정조 즉위년(영조 52년; 1776)에 사은부사 徐浩修의 막료로 연경으로 나갔다. 이때 柳得恭은 숙부 유금을 송별하면서 <恭呈家叔游燕> 6수를 지었다. 제1수에서:

佳菊衰蘭映使車　빼어난 국화 시든 난초가 사신 수레 비추고
澹雲微雨九秋餘　맑은 구름 보슬비에 깊은 가을이 남아도네
欲將片語傳中土　장차 몇 말씀을 중국 땅에 전파하여
池北何人更著書　池北은 누구이기래 다시 글을 적으리요

전반부 두 구절의 고사는 김상헌의 <등주차오수재운>에서 나온 것으로 왕사진의 <희방원유산논시절구>에서도 다루었다. 유금을 비롯한 연행 사신들이 한양에서 떠나는 시기는 김상헌의 <등주차오수재운>처럼 가을 분위기가 물씬 날 때였다. 유득공은 숙부 유금을 떠나보내면서 왕사진이 기술한 김상헌의 고사를 인용했다. 그는『지북우담』에서 김상헌 고사를 다룬 왕사진과 같은 이가 나와서 숙부 유금이 장차 이번 연행에서 중국 문사들과 교유하면서 남긴 말들을 세상에 전하게 될 것이라고 기대했다. 유득공의 이 시는 친우 李德懋에 의해『淸脾錄』에 채집되었다.[29]

---

27) 洪大容『湛軒書』외집 권2 <乾淨衕筆談>과『을병연행록』2월 3일조 참조.

28) 청 嚴誠 編『日下題襟合集』<金養虛詩> 중 <用從高祖淸陰先生韻, 贈鐵橋> 참조.

　이때 유금은 연경에 가면서 四家(이덕무, 유득공, 朴齊家, 李書九)의 시신집인『韓客巾衍集』을 지니고 가서 이조원, 반정균 등 청조 문사들로부터 품평을 받았다. 이 책 권4 <李書九>에는 이서구가 평소에 왕사진의 시집을 읽고 난 후에 적은 <讀漁洋山人詩集> 3수가 수록되어 있다. 제2수에서:

　　　　朝鮮使者解聲詩　조선 사자의 음을 아는 시에
　　　　佳菊衰蘭數字疑　'佳菊衰蘭' 몇 글자가 의아하네
　　　　不見元家新絶句　본가의 새로운 절구를 보지 않고
　　　　祇應辜負小姑祠　단지 小姑祠를 저버렸네

　이 시는 왕사진의 <희방원유산논시절구> 김상헌 논평시와 관련된 기록의 부정확성에 대해 논평한 것이다. 이서구는 왕사진이 김상헌의『조천록』원문을 보지 않고, 글자 몇 글자를 고쳐놓았다고 했다. 문제의 발단은 왕사진이 기술한 김상헌 작품 구절과 국내 간행본『조천록』이 일치하지 않는데 있다. 앞서 논했듯이 <희방원유산논시절구> 김상헌 논평시의 전반부 2구절은 김상헌의 <등주차오수재운>에서 그대로 옮겨왔다.『감구집』,『지북우담』의 기록에서도 <희방원유산논시절구>과 동일하다.『감구집』등에 수록된 <등주차오수재운>은 전 4구절로 국내 간행본『조천록』의 8구에 비해 4구절이나 축소되었고, 또 글자가 부분적으로 달리 기술되어 있다. 예를 들면 이서구의 지적처럼『감구집』에서 기술한 '菊秀蘭衰'가 국내 간행본『조천록』에선 '佳菊衰蘭'라고 적고 있다. 이러한 현상은 왕사진이 기술한 김상헌의 다른 작품에서도 나타난다.

　다만 우리는 여기에서 고려해야 할 점이 하나 있다. 예나 지금이나

---

29) 李德懋『淸脾錄』권4 <泠齋> 조항 참조.

한 개인의 문집을 편찬하거나 재판하는 과정에서 원고본과 글자 차이가 종종 나타나곤 한다. 이러한 차이는 편찬자의 실수가 있을 수가 있고, 또 본인이나 다른 사람들에 의해 임의로 수정된 경우가 많다. 왕사진이 본 『조천록』은 장연등이 간행한 중국본 『조천록』이다. 중국본 『조천록』의 출처도 김상헌이 장연등에게 직접 보여 주었던 것이다. 따라서 중국본 『조천록』의 출처도 그 나름대로 상당한 근거를 가지고 있다.

또 이와 반면에 국내 간행본 『조천록』(『청음선생집』의 일부분)은 김상헌 사후에 그의 손자들이 김상헌의 自編 원고를 근거로 수정을 가했던 것이다. 우리는 김상헌이 『조천록』을 자편하거나 그의 손자들이 문집으로 간행할 때에 원 작품에다 일부 수정을 가했을 가능성을 전혀 배제할 수 없다. 만약 이렇다면, 왕사진이 근거로 한 중국본 『조천록』이 원래 모습을 그대로 갖추었을 가능성도 일부나마 존재한다고 하겠다. 그러므로 이서구의 지적은 합당하고 연구자의 연구 자세에 많은 도움을 주고는 있지만, 반드시 그의 주장처럼 왕사진 기록의 정확성에 대해 지나치게 의구심을 가질 필요는 없다고 생각된다.

『한객건연집』에 기술한 이서구의 자주에는 김상헌과 장연등의 만남과 『조천록』 간행 사실, 왕사진의 김상헌 논평시 기록, 그 기록의 부정확성, 왕사진과 장연등의 인척 관계 등이 비교적 자세히 실려 있다. 여기에 왕사진의 기록에 기술되지 않은 색다른 사항이 하나 있다. 즉, 장연등이 김상헌을 보고 경모하여 6일 동안 머물게 했다는 사항이다.[30] 다만 여기에 작은 오류가 있어 정정할 필요가 있다. 자주에서 김상헌과 장연등이 만난 장소를 제남으로 기술해 놓았는데, 장씨 일섭원이 있는 추평으로 고쳐야 한다. 또 자주에서 장연등이 『조천록』의 서문을 작성한 시점이

---

30) 『한객건연집』 권4 <李書九·讀漁洋山人詩集(제2수)> 주 : “淸陰航海時, 路出濟南, 因萬種得見, 忠定一見傾倒, 爲留六日, 爲序淸陰『朝天錄』.”

마치 김상헌이 연경으로 향할 때로 보이는데, 이것도 김상헌이 연경에서 귀국할 시점으로 정확하게 기술해야 한다. 그리고 자주에서 김상헌이 명 나라에 사신으로 간 시기를 숭정 말년으로 삼았는데, 앞서 왕계완의 각주 부분에서 지적했듯이 천계 연간으로 고쳐야 한다.

이덕무는 정조 2년(1778)에 사절단의 일원으로 연경으로 떠나기 직전에 『청비록』을 편찬한다. 이 책 권3 <王阮亭>에는 왕사진의 생애와 문학 특징, 조선에서의 기록 수용과 이해, 자신의 분석과 입장 등 왕사진에 관한 전반적인 사항이 집중 수록되어 있다. 이 중에 왕사진이 기술한 김상헌 고사가 상당 부분을 차지하고 있는데, 왕사진과 장연등의 인척 관계, 장연등과 김상헌의 만남과『조천록』간행 사실, 왕사진 <희방원유산논시절구>의 김상헌 논평시와 국내 간행본『조천록』과의 차이,『지북우담』에 실린 김상헌 고사와 작품 등을 기술해 놓았다. 이덕무의 제반 기록은 상당수가 앞서 논한 이서구의 자주에서 언급했던 것이며, 오류 부분도 이와 일치한다. 훗날 가경 연간에 청조 문사 李調元은 이덕무의 『청비록』을 직접 간행했는데, 이 책자 속에 들어가 있는 김상헌 관련 고사도 널리 전파되었다.

정조 4년(1780)에 朴趾源은 자제 군관의 신분으로 熱河와 연경을 다녀오면서『熱河日記』를 남긴다. 이 책 <避暑錄>에는 김상헌 관련 기록이 두 군데 보인다. 한 군데는 연경 琉璃廠 六一齋에서 박지원과 청 兪世琦와의 필담 기록에 수록되어 있다. 이 기록은 유득공이 숙부 유금을 연경으로 떠나보내면서 지은 시에 관한 얘기이다. 박제가로부터 이 시의 배경 설명을 들은 유세기는『감구집』에 기술된 김상헌의 이름을 거론하면서 유득공의 시도 "과연 동국의 시도 음을 아는구나(果然東國解聲詩)"라고 칭송했다.

다른 한 군데는 박제가와 청 郝志亭과의 교유 과정에서 나온 것이다.

여기에서 그는『감구집』에 김상헌의 시가 수록된 사실, 김상헌이 장연등을 만나고『조천록』서문을 얻는 과정, 왕사진(『지북우담』)이 선록한 김상헌의 시구를 들어놓았다. 이 기록의 내용은 이서구의 자주나 이덕무의『청비록』기록과 별반 차이가 없다. 이밖에 박지원은 학지정과의 필담에서 왕사진의 기록을 통해 사대부들이 김상헌의 시가 뛰어나다는 사실은 알아도 김상헌의 大節에 대해서는 모른다고 말했다. 학지성이 김상헌의 시를 구하자, 박지원은 외우지 않아 모른다고 김상헌의 6대손 金履度의 別章을 보여주었다.

徐浩修는 정조 14년(1790)에 進賀副使로 연경에 나아간다. 청 王杰이 圓明園에서 서호수에게『東國秘史』와『東國聲詩』를 구하자, 서호수는 조선에 이러한 책자가 없다고 대답했다. 이때 막료로 참석한 유득공은 이 사실에 대해 풀이를 가했다. 그는『동국성시』가 왕사진이 기술한 김상헌 논평 시구인 “記得朝鮮使臣語, 果然東國解聲詩”에서 나왔는데, 어떤 사람이 동국 시를 선록해 놓았기에 이러한 시어를 따와 명명했는지는 모르겠다고 했다.31) 시구 중 ‘東國解聲詩’는 동국에서 음을 제대로 아는 빼어난 시라는 뜻으로 책명이 아니다. 하지만 왕걸은 이를 책명으로 오인하고 서호수에게 이 책을 구했던 것이다.

이 당시에 대학자인 紀昀이 유득공에게 부채에 써 준 시에도 이 김상헌 고사가 담겨있다. “오로지 좋은 시구를 전해주구려, 때때로 小姑詞를 얘기하리라(惟應傳好句, 時說小姑祠)”32) 여기서 小姑詞는 김상헌의 <등주차오수재운>에 보이는 小姑祠 내용을 지칭한다. 기윤은 유득공도 왕사진이 기술한 김상헌 고사처럼 시를 잘 지어 자신에게 전해주었으면 하는

---

31) 유득공『灤陽錄』권2 <紀曉嵐大宗伯> 자주 참조.

32)『난양록』권2 <紀曉嵐大宗伯> 자주 참조.

바램에서 이 시구를 적었다.

徐有聞은 정조 22년(1798)에 三節年貢兼謝恩使의 서장관으로 연경을 다녀오면서 『戊午燕行錄』을 남겼다. 오늘날 『무오연행록』은 한글본과 한문본이 있다. 여기에도 김상헌의 고사가 실려있다. 이듬해 2월 1일에 그는 연경 玉河館에서 청 문사 葉登喬가 자제 군관으로 나간 致馨에게 증송한 시를 열람했다. 섭등교의 시 첫머리에 "묽은 구름과 적근 비 소고 ㅅ의, 동국 사름의 풍뉴룰 생각ㅎ여 보리보다(澹雲微雨蕭孤寺, 東國風流 想見之)"라는 시구가 있다. 이 시구는 바로 김상헌 <登州次吳秀才韻>의 고사에서 나온 것이다. 한문본 『무오연행록』에 기술된 蕭孤寺는 小姑祠 를 발음대로 기술했던 것으로 보인다. 서유문은 이 시구가 왕사진의 『감 구집』에 실린 김상헌의 시구에서 나왔으며, 또 섭등교가 김상헌의 고사 를 가지고 시를 지었듯이 김상헌의 작품이 중국에 회자되고 있음을 알았 다고 했다. 다만 서유문의 언급에도 일부 정정할 것이 있다. 그가 김상헌 이 왕사진과 직접 수창했다고 한 점이나 김상헌 논평시를 실은 <희방원 유산논시절구>의 저자를 청초의 한 선비로 기록하여 마치 별개 인물로 치고 있는 점은 정정할 필요가 있다.

韓致奫은 순조 연간에 우리나라 역사를 기술한 『海東繹史』의 초고를 편찬했다. 이 책 권49 <藝文志八·本國詩三>과 권69 <人物考三·本 朝>에 각각 <金尚憲> 조항을 두었는데, 모두 왕사진의 기록과 밀접한 관련이 있다. <예문지·김상헌> 조항에는 <登州夜坐聞擊柝> 이하 11 수를 선록해 놓았는데, 모두 왕사진의 각종 문헌에 보이는 작품들이다. 한치윤의 자주에서 이들 시의 출현을 왕사진의 『감구집』과 『지북우담』, 朱彝尊의 『明詩綜』이라고 밝혀놓았다. 또 <인물지·김상헌> 조항에는 왕사진의 각종 문헌에 기술된 장연등과 김상헌의 고사, <희방원유산논 시절구> 중의 김상헌 논평시 등을 기술하고, 또 이와 관련된 고증을 첨가해 놓았다. 그의 고증에는 김상헌의 시가 『감구집』과 『조선채풍록』에 많이 수록된 사실, 장연등과 왕사진의 인척 관계, 영조 연간에 김상헌의 후손인 김재행과 청 엄성·반정균과의 기이한 만남 등이 기술되어 있다. 다만 여기에서도 왕계완 주석의 경우처럼 김상헌이 명나라에 사신으로 간 시기를 숭정 연간으로 잘못 인용하고 있다.

申緯는 순조 31년(1831) 5월에 원호문의 <논시>와 왕사진의 <희방원유산논시절구>를 좇아 해동 시가의 흐름을 기술한 <東人論詩絶句>를 작성했다. 이 시의 제35수에:

澹雲微雨小姑祠　맑은 구름 보슬비 내리는 小姑祠에
菊秀蘭衰八月時　국화 빼어나고 난초 시든 팔월이라
心折漁洋談藝日　감복한 王漁洋이 문예 논하던 날
而今華國屬之誰　지금 나라 빛냄을 누가 행하리요

신위 자주에서 왕사진의 <희방원유산논시절구>에서 기술한 김상헌 논평시를 인용해 놓았다.33) 이 시의 전반부 두 구절은 김상헌의 시에서 그대로 옮겨온 것이다. 신위는 왕사진이 김상헌의 시에 탄복한 사실을 언급하면서 지금 나라를 빛낼만한 문장을 지을 이가 누구냐고 반문했다. 바로 그 자신만이 이를 담당할 수 있다고 은근히 자신의 文才를 내비쳤다.

李尙迪은 철종 9년(1858)에 청 符葆森이 편찬한 『國朝正雅集』에 자신을 포함한 해동 시인들의 시가 들어가 있다며 <江都符南樵葆森孝廉, 輯『國朝正雅集』, 略載東國人詩, 拙作亦在其中, 題絶句五首>이라는 시를 읊었다.34) 이 시에는 중국에 알려진 해동 시인의 흐름을 기술해 놓았

---

33) <東人論詩絶句>는 申緯 『警修堂全藁』 권48 <北禪院續藁二>에 수록됨.
34) 이 시는 이상적의 『恩誦堂續集(시편)』 권5 <戊午>에 수록됨.

다. 제3수에서 "漁洋이 淸陰 시구에 감복하여, 『池北』의 論詩가 천하에 알려졌네(漁洋心折淸陰句, 池北論詩天下聞)"라고 읊었다. 그는 왕사진이 『지북우담』에 김상헌의 시에 감복한 얘기를 실으니 천하에 모두 알려졌다고 했다.

이외에 청초 손치미의 『조선채풍록』과 주이존의 『명시종』을 보면, 이들이 왕사진이 기술한 김상헌 기록을 참조했을 것으로 추정되는 대목이 있으나, 직접적인 사실 관계 자료를 찾지 못해 본 논문에서는 생략했다.[35]

6. 결론

金尙憲은 학덕을 겸비한 조선의 대선비라고 하겠다. 그는 거친 외침으로 국가의 운명이 풍전등화처럼 앞날을 기약하기 어려운 시기에, 온갖 고초를 겪으면서 조선 선비로서의 절의를 굳게 지켜 후대에 귀감이 되었을 뿐만 아니라, 문학 세계에서도 남에게 뒤지지 않는 뛰어난 문장을

---

35) 청 손치미는 강희 18년(1679)에 조선에 사신으로 와서 『조선채풍록』을 편찬했다. 오늘날 『조선채풍록』은 전해오지 않아 자세한 사항을 알 수 없으나, 이 속에 김상헌의 시가 상당수 포함되어 있는 것 같다. 韓致奫 『海東繹史』 권69 <人物志三·本朝·金尙憲> 자주: "按淸陰詩多載王漁洋『感舊集』及孫愷士『採風錄』中." 본문에서 살펴보았듯이 손치미는 왕사진과 우인 관계를 맺고 있기 때문에 혹 왕사진의 기록을 보고 『조선채풍록』에 김상헌의 작품을 많이 수록했을 가능성도 있다.
청 주이존은 강희 44년(1705)에 『명시종』을 편찬했다. 이 책 권95 <朝鮮>에 김상헌의 시 4수(<聞柝>, <九日>, <早春>, <初至登州>)가 있는데, 모두 왕사진의 기록에 보이는 작품들이다. 이들 시의 선록 과정에 혹 왕사진의 기록과 관련이 있을 줄도 모르겠다. 그러나 구체적인 증거가 없기 때문에 본문에서는 이 또한 생략하였다.

갖추고 있었다. 그 후 조선에서부터 오늘날까지도 그의 인품과 문장에 대해 흠모하여 숭앙 사업과 높은 평가를 줄지어 행하고 있다.

본 논문에서는 일찍이 중국에서 호평 받았던 김상헌의『朝天錄』에 얽힌 각종 기록을 체계적으로 검토한 데에 의의를 두었다.『조천록』은 김상헌이 인조 4년(천계 6년; 1624) 여름에서 이듬해 봄까지 명나라 연경에 사신으로 갔을 때에 지은 시문집이다. 그가 귀로에서 명 문사 李康先과 張延登으로부터『조천록』서문을 받았고, 특히 장연등은 김상헌의 시문을 좋아하여 이 책을 간행하였다. 오늘날에 후대 조선 간행본은 남아있지만, 아쉽게도 이때 장연등이 간행한『조천록』은 아직 소재 여부가 밝혀지지 않았다.

청 王士禛은 <戲倣元遺山論詩絶句>,『感舊集』,『池北偶談』,『漁洋詩話』등 여러 문헌에서 그의 처조부인 장연등이『조천록』을 간행한 사실을 기술하고, 또 이 책 속에 수록된 시작품을 선록해 놓았다. 그가 김상헌의 시작품을 높이 평가한 주된 이유는 아마도 이 속에서 그가 주장하는 神韻說과 부합되는 작품 경개가 있었기 때문으로 보인다. 훗날 왕사진의 김상헌 기록은 조선과 청조 문단에 널리 알려졌고, 특히 조선과 청조 문사들이 교유할 때에 이 고사를 인용하여 지은 작품과 담화가 많이 나왔다.

중국 문단에 해동 인물의 작품이 거론된 경우는 부지기수이나, 김상헌의『조천록』작품처럼 전재 빈도수가 많은 경우는 거의 없다. 물론 작금의 학계에서는 이 사실에 대해 어느 정도 잘 알고 있지만, 아직까지는 종합적이고 체계적인 검토 작업이 다소 결여되었다고 하겠다. 우리는 한민족의 우수한 고대 문화를 전 세계에 전파하기 위해서는 한민족이 가지고 있었던 훌륭한 사례와 자료를 체계적으로 발굴 정리할 필요가 있고, 또한 이 작업에 있어서도 공허하고 막연한 주장을 되풀이해서 언급

하기보다는 하나라도 실체를 바탕으로 하는 증명하고자 하는 자세와 노
력이 절대적으로 요구된다. [泉村寄廬; 壬午 淸明 前一日]

참고문헌

金尙憲 : 『淸陰先生集』(韓國文集叢刊本), 民族文化推進會, 1989.

王士禎 : 『漁洋山人詩集』, 청 康熙 8년(1669) 吳郡沂詠堂刊本.

王士禎 : 『感舊集』, 民國 8年(1919) 有正書局石印本.

王士禎 : 『池北偶談』, 漢京文化事業有限公社, 臺北, 1984.

王士禎 : 『漁洋詩話』(『淸詩話』), 西南書局, 臺北, 1979.

王士禎 : 『漁洋精華錄』, 臺灣商務印書館, 臺北, 1968.

王士禎 저, 張宗柟 편 : 『帶經堂詩集』, 청 乾隆 54年(1789)刊本.

洪大容 : 『湛軒集』, 민족문화추진회, 서울, 1974.

洪大容 : 『을병연행록』, 太學社, 서울, 1999.

嚴誠 편 : 『日下題襟合集』, 청 乾隆 32년(1767)朱文藻抄本.

柳琴 편, 李德懋 등저 : 『箋註四家詩』, 1921年 翰林書林鉛印本.

李德懋 : 『淸脾錄』, 민족문화추진회, 서울, 1980.

柳得恭 : 『泠齋集』(『柳得恭의 詩文學 研究』), 太學社, 서울, 1985.

柳得恭 : 『灤陽錄』(『柳得恭의 詩文學 研究』), 太學社, 서울, 1985.

徐有聞 : 『무오연행록』(『연행록선집』), 민족문화추진회, 서울, 1976.

韓致奫 : 『海東繹史』, 景仁文化社, 서울, 1994.

朴趾源 : 『熱河日記』, 민족문화추진회, 서울, 1984, 재판.

申緯 : 『申緯全集』, 太學社, 서울, 1983.

李尙迪 : 『恩誦堂集』, 아세아문화사, 서울, 1973.

河陳奎 : 『淸陰 金尙憲의 生涯와 文學』, 고려대 한문교육 석사논문, 1982.

金景美 : 「淸陰 金尙憲 詩 研究」, 연세어문학, 21집, 1988.

李庚秀 : 『漢詩 四家의 淸代 詩 受用 研究』, 태학사, 서울, 1995.

朴現圭 : 『중국 명말 청초인 朝鮮詩選集 연구』, 太學社, 서울, 1998.

張健 : 『王士禎論詩絶句三十二首箋證』, 文史哲出版社, 臺北, 1994.

楊正泰 : 『明代驛站考』, 上海古籍出版社, 上海, 1994.

석인 정태진 연구(1)*
- 방언과 어원을 중심으로 -

이광정
(경원대 교수)

1. 서론

　석인 정태진 선생은 연희전문학교를 졸업하고, 일찍이 미국에 유학하여 학문적인 기반을 쌓고 귀국하여, 중등교육의 현장에서, 우리말 큰사전 편찬 사업에, 대학에서 강의와 저술에 힘쓰다가 순직하신 애국자이며, 선각자이며, 교육자이며, 한글운동의 실천가이다. 과거에 그에 관한 연구는 한글학회 사건과 사전편찬사업 등 한글운동사와 관련된 논의가 대부분이었고 그의 학문에 대한 관심과 탐구는 미흡한 편이었다. 그러다가 1998년 10월, 문화의 달 인물로 선정된 뒤 그의 학문을 위시하여 생애 전반에 대한 집중조명이 이루어졌다.[1] 이때에 그의 생애를 위시하여 학

---

* 이 논문은 경원대학교 학술연구비를 지원받아 작성한 논문임.

1) 『새국어생활』(1998・제8권・제3호・가을・국립국어연구원) :「특집・석인 정태진 선생의 학문과 인간」에서 석인 정태진 선생의 생애와 학문(장세경), 석인 선생과 문법(이남순), 석인 정태진과 방언연구(이병근), 석인 선생의 옛말 연구(서상규), 석인

문분야에 대하여 전반적이고도 비교적 상세한 검토가 이루어졌으나 논문을 위시한 논설과 저서에 대하여 개략적인 서술에 그친 것이 많았다. 이러한 이유로 본 논고에서는 그의 학문세계 전반에 대하여 국어학사적 재조명하여 보되, 평가보다는 보다 구체적으로 그가 제시한 여러 가지 언어자료를 위시하여 그의 학술적 주장, 논거 등을 가능한 한 구체적으로 살펴서, 그의 학문적 업적에 대한 의의를 밝히고자 한다. 특히 그의 논문 13편의 내용을 집중적으로 살펴보고 그의 일반저술과 유고집에 수록된 논문과 저술에 대해서도 상세히 검토하고자 한다. 본고에서는 석인 선생의 학문세계를 전반적으로 기술한 후 지면적인 제약으로 "방언과 어원부분에 대하여" 집중적으로 살피기로 하겠다.

2. 약력과 그의 인간됨

석인 정태진 선생은 1903년 7월 25일(음력)에 경기도 파주군 금촌읍 금릉리에서 태어났다. 호는 쇠돌 石人이다. 개략적인 약력을 살펴보면 아래와 같다.

1914-1918	교하공립보통학교
1917-1921	경성고등보통학교(4년제)
1921-1925. 3.	연희전문학교 문과 졸업
1925.4.-1927	함경남도 함흥의 영생고등여학교 교사.
1927.5.	미국유학.
1930.6.	미국 우스터 대학(Wooster College) 철학과 수석 졸업.

선생과 조선어학회 사건(이응호), 석인 선생과 사전 편찬(이강로), 나의 아버지 석인 정태진(정해동), 석인 선생을 추모하며(영생여고 제자 좌담회), 연보 및 연구 목록.

1931.6.3.	미국 컬럼비아(Columbia University) 대학원에서 교육학 석사학위 취득.
1931.9.-1941.6.	함흥 영생고등여학교 교사로 재부임.
1941. 6.	조선어학회의 『조선말 큰사전』 편찬위원.
1942.9.-1945.7.1.	조선어학회 사건으로 홍원 경찰서에 구금되었다가 징역 2년을 선고받고 함흥감옥에서 옥고.
1945. 8.	한글학회로 돌아와 『조선말 큰 사전』 큰 사전 편찬을 다시 하는 한편 연세대학교, 중앙대학, 홍익대학, 동국대학, 국학대학 등에서 국어학 강의.
1952. 11. 2.	서울로 돌아와 『큰사전』 속간에 전념하던 중 교통사고로 순직.
1962. 3. 1.	대한민국건국 공로 훈장 추서 (석인 정태진 전집의 「해적이」 등에 의거)

　석인 선생의 인간됨과 생애는 「특집·석인 정태진 선생의 학문과 생애(1998)」에 장세경, 이응호, 이강로, 정해동 등의 글을 위시하여 임옥인(1954), 조용욱(1952), 유제한(1983) 등에 자세히 나와 있다. 그의 인간됨에 관해서는 "태연자약하고 안분자락(安分自樂)하는 의리와 정의의 군자, 효성과 우애가 뛰어난 사람 — 조용욱", "근검과 과묵 — 유제한", "대꼬챙이처럼 꼿꼿한 성격 — 정인승," "밝은 지혜, 깊은 덕, 높은 정서 — 임옥인", "거룩하고 깨끗한 선비, 말이 적고 모든 일을 자신이 판단하여 몸소 실천하는 장자지풍 — 이강로" 등 수많은 찬사가 따른다. 한마디로 세상의 명리를 쫓지 않은 행이불언(行而不言)하는 실천적인 지사라고 해석된다. 이들 찬사는 다만 찬사가 아닌 사실이라고 생각된다. 우리는 짧은 생애에서 증거를 찾아볼 수 있다. 그는 당시 몇 명되지 않던 미국에 유학한 신분이었고, 명문 컬럼비아 대학에서 석사학위를 받은 신분이었다. 서울의 전문학교와 여러 중학교에서 교사로 모시려했음에도 불구하

고 멀리 함흥의 영생여학교에 다시 부임하여 교육에 전념한 일, 안정된 신분으로 학문에 전념할 수 있는 대학전임 자리를 마다하고 오로지 사전 편찬 사업에 매달리던 일, 미국유학의 경력 때문에 미군 군정청, 외무부, 문교부 등에서 요직을 맡아달라는 요청을 역시 거절하고, 이른바 어렵고, 따분하고, 경제적으로 도움이 되지 않는『큰사전』편찬사업에만 매달린 우직한 쇠돌(石人) 같은 분이셨다.

그의 학문적인 성장 배경을 간략히 살펴보면, 그는 경성보통학교를 졸업하고 연희전문학교 문학부를 졸업하였다. 2년간의 함흥 영생여고의 교직생활을 청산하고 선교사 빌링스의 3차에 걸친 권유와 추천으로 미국 유학을 떠나 우스터 대학에서 철학과를 수석 졸업하고, 이듬해 컬럼비아 대학원에서 교육학 석사과정을 수료한다. 이 동안에 언어학, 문학, 역사학 등 인문학의 기초가 튼튼하게 다져졌을 것으로 장세경(1998)은 평하고 있다. 그는 한글학회이사로 재직하여 사전편찬에 전념하는 한 편 연세대학교, 중앙대학, 홍익대학, 동국대학, 국학대학 등에 출강하는 동안 여러 가지 연구업적을 이룩한 것으로 보인다.

3. 연구업적

석인 선생은 49년의 길지 않은 생애 동안,『조선말 큰사전』편찬이란 큰 족적과 함께 여러 가지 연구업적을 남기었다.

그의 학문적 업적은 유고집에 있는 저서를 포함해서 11권의 저서와 2권의 번역서가 있다. 그리고 논설 및 논문은 19편이 있다. 이들을 살펴보면 아래와 같다.

1) 저서
   (1) 『받침공부』(1946. 5) 조선어학회감수 서울 신생한글연구회
   (2) 『漢字안쓰기 問題』(1946. 6) 아문각
   (3) 『중등국어독본』(1946. 10) 김원표 공저, 한글사
   (4) 『아름다운 江山』(1946. 12) 김종환 공편, 신흥국어연구소
   (5) 『고어독본』(1947. 4) 연학사
   (6) 『조선 고어 방언 사전』(1948. 12) 김병제 공저, 일성당

2) 유고집(정태진 전집 하권)[2]
   (1) 『말의 본』(209-242) : 소리갈
   (2) 「우리말 연구」(243-287) : 어원
   (3) 「우리말과 글」(288-289) : 특징
   (4) 「옛말과 옛글」(290-291)
   (5) 『언어학 개론』(292-333)
   (6) 『국어학 개론』(334-348)
   (7) 『국어문법론』(349-411)
   (8) 『방언학개론』(412-501)

3) 번역서
   (1) 『어떻게 살가?』(1951. 11초판, 1953. 6재판) C・G・촤펠
   (2) 『성경교안』(TEACHING THE WORD TRUTH)(1952. 4초판, 1957.
      11. 3판) D.G 반하우스, 대한성서공회

4) 논문 및 논설(연대순)
   (1) 「비슷하고 다른 말」『한글』 11권 1호, 1946. 4.

---

2) 정태진 전집 하권에 실려있는 유고집 모두 8종류로 되어 있는데, 저서 형식으로 된
   것은 『말의 본』(209~242) : 소리갈, 『언어학 개론』(292~333), 『국어학 개론』(334~
   348), 『국어문법론』(349~411), 『방언학개론』(412~501)이고, 「우리말 연구」(243~
   287)는 논문, 「우리말과 우리글」(288~289)은 간략한 논설, 「옛말과 옛글」(290~291)
   은 저술계획서다.

(2) 「재건 도상의 우리 국어」『한글』 11권 2호, 1946. 5.

(3) 「시골말을 캐어 모으자」『한글』 11권 3호, 1946. 7.

(4) 「일본 사람들은 왜 한자폐지를 못 하였던가?」『한글』 11권 4호, 1946. 9.

(5) 「주시경 선생」 I 『한글』 12권 1호, 1947. 3.

(6) 「시골말 캐기」 II 『한글』 12권 1호, 1947. 3.

(7) 「주시경 선생」 II 『한글』 12권 3호, 1947. 7.

(8) 「시골말 캐기」 III 『한글』 13권 1호, 1948. 1.

(9) 「말과 글을 피로써 지키자」『한글』 13권 2호, 1948. 6.

(10) 「옥치정님이 지은 ‘가로쓰기 새 교본’을 읽고」『한글』 13권 2호, 1948. 6.

(11) 「방송기념 좌담기」『한글』 14권 2호, 1949. 12. 1949. 10. 5.

(12) 「세계 문화사상으로 본 우리 어문의 지위」『신세대』 1호, 1946. 3.

(13) 「Korean Alphabet」(발표지와 시기 미상)

(14) 「조선어학회가 걸어온 길」『경향신문』, 1945.

(15) 「말을 사랑하는 마음」『홍익대 신문』, 1952. 1.

(16) 「우리말의 어원」『교통부 교양지』 한글강좌, 1952. 9.

4. 학문세계

앞서 말한 바와 같이 석인 선생의 생애와 학문에 대한 검토는 1998년 이전까지는 일반에게 잘 알려지지 않았고, 학문적인 검토도 미흡했었다. 그의 맏아드님인 정해동 교수가 주관이 되어『석인 정태진 전집』상 (1995. 4), 하(1996. 4)권이 출간되고 1998년 10월 석인 선생이 <문화의 인물>로 선정되면서 비로소 조명을 받게 되었다. 먼저 그의 학문 및 생애에서 특기할 일은 1) 조선어학회 사건 발단의 장본인이었다는 것[3]

---

3) 석인 선생이 <조선어학회 사건> 발단의 장본인이라 함은 석인 선생의 가르침을 받은 영생여고 학생 박영희의 일기장이 발단이 되어 사건이 왜곡 확대되었음을 지칭하는 것이다.

2) 정통적으로 인문학을 전공하고 귀국하여 국어학연구에 평생을 전념한 최초의 미국유학생이라는 점[4] 3) 평생을 교육과 우리말 연구에만 전념한 국어학자라는 점 4) 한글을 수호하기 위하여 사전편찬 사업에 목숨을 받쳤음은 물론 한글실천운동가로서 평생을 살아왔다는 점 5) 그리고 그의 학문적인 성과는 출판되지 못한 채 유고로 남아 있어서 빛을 보지 못한 결과이나, 선구적이면서 극히 과학적이면서 실증적인 연구물의 대표라는 점이다. 본 논고에서는 그의 학문적인 수월성에 대하여 집중적으로 살펴보고자 한다.

석인 선생의 학문분야는 방언, 어원, 문법, 언어정책, 문자론, 국어학사, 언어일반이론 등 다양한 범위에 걸쳐 이루어지고 있다. 서술의 편의상 그의 학문세계를 아래와 같이 분류하여 살피기로 한다.

4.1. 연구분야

1. 방언 연구

(1) 「시골말을 캐어 모으자」(1946)
(2) 「시골말 캐기」 Ⅱ(1947)

---

4) 미국최초의 유학생으로는 유길준이다. 그는 1881년 일본의 慶應義塾에 유학한 한국인 최초의 유학생이며, 1883년 7월에 도미하여 마사츄세츠 세일럼시의 피바디박물관장인 모스의 개인지도를 받고, 이듬해인 1894년 가을 세일럼부근에 있는 바이필드에 있는 더 아키데미에서 한국최초의 유학생이 된다. 다음으로 미국 유학생은 김규식을 들 수 있다. 1897-1903년까지 버지니아주에 있는 로어록크 대학에서 수학을 하고, 이듬해 프린스턴 대학원에서 석사학위를 받고 귀국한다. 이 두 분은 국어문법연구에 큰 공헌을 남기었으나 국어학자로 일관된 삶을 산 것은 아니다. (『한국인물대사전』 — 중앙일보사)

(3) 「시골말 캐기」 Ⅲ(1948)

(4) 『조선 고어 방언 사전』(1948)

(5) 『방언학개론』(유고집 : 412~501)

2. 어원연구

(1) 「우리말의 어원」(1952)

(2) 「우리말 연구」(유고집 : 243~287)

3. 우리말 연구

(1) 「우리말과 우리글」(유고집 : 288~289)

(2) 「말의 본」(유고집 : 209~242)

(3) 『국어학 개론』(유고집 : 334~348)

(4) 『국어문법론』(유고집 : 349~411)

(5) 「세계 문화사상으로 본 우리 어문의 지위」(1946)

(6) 「Korean Alphabet」(시기미상)

4. 주시경 연구

(1) 「주시경 선생」 Ⅰ (1947)

(2) 「주시경 선생」 Ⅱ (1947)

5. 언어일반

(1) 『언어학 개론』(292~333)

6. 국어교육

    (1)「옛말과 옛글」(유고집 : 290～291)

    (2)『중등국어독본』(1946)

    (3)『고어독본』(1947)

    (4)『아름다운 江山』(1946)

7. 한글운동(국어정책)

    1) 우리말 사랑

        (1)「말을 사랑하는 마음」(1952)

        (2)「재건 도상의 우리 국어」(1946)

        (3)「말과 글을 피로써 지키자」(1948)

        (4)「조선어학회가 걸어온 길」(1945)

    2) 한글 전용

        (1)『漢字안쓰기 問題』(1946)

        (2)「일본 사람들은 왜 한자폐지를 못 하였던가?」(1946)

        (3)「방송기념 좌담기」(1949)

        (4)「옥치정님이 지은 '가로쓰기 새 교본'을 읽고」(1948)

    3) 우리말 바로 쓰기

        (1)『받침공부』(1946)

        (2)「비슷하고 다른 말」(1946)

5. 방언연구

석인 선생의 학문세계 가운데 가장 심혈을 기울였던 부분은 방언 연구다. 그의 방언연구의 학문적인 고찰은 이병근(1998)에서 비교적 상세히 언급되었다. 이 글에서는 보다 직접적으로 그의 언어관을 비롯하여 방언에 대한 견해, 그리고 그가 수집한 방언 조사내용을 살펴보고 이들의 학문적 의의를 검토함을 목적으로 한다. 그러나 비판적인 입장에서의 성과를 논하기보다는 그의 방언연구의 내용을 순차적으로 검토하는 입장을 취하고자 한다.

그의 방언연구는 5가지 글에서 살펴볼 수 있다. 1)「시골말을 캐어 모으자」(1946)에서는 그의 언어 및 방언에 대한 견해를 살필 수 있고, 실질적인 방언수집의 사례를 보여주는 것은 2)「시골말 캐기」Ⅱ(1947), 3)「시골말 캐기」Ⅲ(1948)이다. 그리고 김병제와 공저인 4)『조선고어방언사전』(1948)에서 종합적인 그 결과를 찾을 수 있다. 그리고 미완성이며, 책의 구상 단계였고, 많은 방언 자료를 보여주는 유고집『방언학개론』에서는 방언에 대한 그의 학문적 계획과 포부를 살필 수 있다. 위의 순서에 따라 이들 내용을 살펴보기로 한다.

5.1. 「시골말을 캐어 모으자」『한글』 11권 3호, 1946. 7.

석인 선생은 1931년부터 1952년까지 20년간 방언수집에 힘을 기울이셨다.(정해동 1998. 134) 이 글은 방언연구에 대한 공식적으로 처음 발표된 논문으로 석인 선생의 언어관과 학문적 주요 관심분야였던 방언연구에 대한 견해를 생각을 알 수 있는 글이다. 나아가 언어연구의 방법론과 실제를 보여주는 글이다.

1) 그는 모든 과학은 비교에서 시작되고, 우리가 무엇을 안다는

것은 어떤 일이나 사물을 다른 것과 비교하여 그 차이점을 아는 것이라고 하였다. 그리고 객관적이면서 타당한 언어과학법칙을 수립하기 위해서는 비교연구가 우선해야 하고, 그러기 위해서 현대어와 고대어, 우리말과 자매어를, 표준말과 시골말을 비교 연구해야 한다고 하였다. 자매어란 우리말과 동일계통에 속하는 언어를 지칭하는 것으로 일본어와 여진어, 퉁구스어에 대하여 언급하고 있다.

2) 시골말은 향토문화의 중요한 유산이기도 하지만, 그보다는 시골말에는 고어의 원형이 그대로 보존되어 있는 경우가 많다. 중앙언어의 경우는 정치적 변천과 문화적 접촉 그리고 여러 가지 이유로 급속한 변천한다. 그리고 우리 나라는 모화사상과 외구의 침입으로 고유언어를 기록해 놓은 문헌이 대단히 적다. 이 문헌학적인 결점을 보충해주는 '시골말 캐기'야말로 중요한 일이며, 우리말 연구를 하려는 학도들에게 이보다 더 큰 보배는 없다고 강조하고 있다.

3) 우리 인생은 철저한 자기의식을 떠나서는 참된 지식을 얻을 수 없다고 주장하였다. 이는 개인의 경우나 국가의 경우나 마찬가지다. 우리의 역사, 우리의 말과 글을 모르고 국가문화의 향상을 기대하기는 어렵다. 말이 있어야 교육이 있고, 예술이 있고 생활이 가능하다.
'시골말 캐기'는 교육상으로 보아 가장 긴급한 일의 하나다.

4) 비록 소박한 방법이기는 하지만 그는 방언수집의 방법을 제시하고 있다.

(1) 직접 질문하는 형식을 통하여 메모를 하는 습관을 가질 것. (2) 조사 어휘항목(천문, 지리, 동물, 식물, 의식주, 인체, 생리, 연중행사, 풍속, 습관, 관혼상제와 같은 여러 가지 방면의 어휘)을 미리 선정하여 둘 것. (3) 제보자(다른 지방의 사람)를 만나는 경우 미리 선정한 어휘에 대하여

그 지방의 말을 물어 볼 것 등이다.

이러한 기록들은 뒷날에 큰 법칙을 발견하는 한 계단이 되며, 국어과학의 큰 건물을 세우는 데 필요한 벽돌들이 된다고 하였다.

5) '세상의 모든 것은 변한다(Panata Rei)'고 전제하고 언어의 변천, 특히 표준어의 대량 보급은 시골말을 빠른 속도로 변하여 없어지게 할 것이다. 그러므로 빨리 시골말을 캐어야 한다고 하였다.

6) 표준어 교육은 중요하고 절대적이다. 그러나 표준말을 더 잘 알기 위해서는 시골말을 연구해야 한다. 언어연구를 과학적으로 역사적으로 바르게 하기 위해서는 비교연구가 중요하다고 하였다. 영남의 방언을 연구하면 고대 신라의 향가를 연구하는데 큰 빛을 던져 줄 뿐 아니라 우리 국어와 일본어를 비교 연구하는데 큰 참고가 될 것이요, 관북의 방언을 연구하면 여진어나 퉁구스어와 우리말을 비교 연구하는데 없지 못할 자료가 될 것이라고 하였다. 이는 명쾌하게 공시적 언어연구의 필요성과 동시에 통시적 언어 연구의 필요성을 강조한 것이다. 나아가 대조언어학(contrastive linguistics)이 아닌 비교언어학(comparative linguistics)적 연구의 필요성을 강조한 탁견들이다.

이들 요점을 정리하면 아래와 같다.

1
모든 과학은 비교에서 시작된다.
우리의 무엇을 안다는 것은 결국 한 가지의 일이나 물건을 다른 일이나 물건에 비교하여 그 다른 점을 안다는 것이다.
언어과학에 있어서 객관적 타당성을 가진 언어과학의 법칙을 수립하기 위해서는…

…우리는 우리의 시골말을 될 수 있는 대로 많이 모아서 우리 국어를 재건하는 데 큰 도움이 되도록 하기를 간절히 바라는 바이다.

2

비교적 중앙에서 떨어져 있는 지방에 우리의 고어가 원형 그대로 보존되어 있는 경우가 많다… 우리 국문으로 우리의 고유언어를 시대에 따라 기록한 문헌이 대단히 적다. 이러한 문헌적인 결점을 보충하는 의미에서 ‘시골말 캐기’는 중요한 의미를 가진다.

3

네가 먼저 네 자신을 알아라!

우리의 말과 글을 모르고서는 문화의 향상이란 가대하기 어렵다. 우리의 말은 교육과 예술과 생활에 있어서 절대적으로 소중한 것이다. 우리말을 가장 과학적으로 연구하자면 무엇보다 먼저 표준말과 시골말, 또는 옛말과 시골말과의 비교 연구로부터 시작하여야 되는 것이니, 우리의 국어교육상으로 보아 ‘시골말 캐기’는 가장 긴급한 일의 하나가 되는 것이다.

4

이 세상에 쉬운 일은 하나도 없다.

시골말 캐기의 방법- 메모를 하는 버릇. 천문, 지리, 동물, 식물, 의식주, 인체, 생리, 연중행사, 풍속, 습관, 관혼상제와 같은 여러 가지 방면의 어휘를 각각 몇 개씩 수첩에 적어두었다가 다른 지방의 사람을 만나는 경우 그 지방의 말을 물어 보라.

5

세상의 모든 것은 변한다.

우리의 말도 쉬지 않고 변하여 간다. 표준말의 보급에 따라서 시골말은 가속도로 줄어질 것이다. 이러한 말들이 없어지기 전에 될 수 있는 대로 캐어서 모아두자는 것이다.

6

우리는 물론 표준말 교육의 절대 필요성을 인정한다. 표준말을
더 철저히 알기 위해서 시골말을 연구하여야 되는 것이요, 고대어나
자매어와 비교 연구하는데 재료로 쓰기 위하여 시골말을 연구하여
야 된다. 영남의 방언을 연구하면 고대 신라의 향가를 연구하는데
큰 빛을 던져 줄 뿐 아니라 우리 국어와 일본어를 비교 연구하는데
큰 참고가 될 것이요, 관북의 방언을 연구하면 여진어나 퉁구스어와
우리말을 비교 연구하는데 없지 못할 자료가 될 것이다.

7

사람의 모든 지식은 결코 고립한 것이 아니다. 시골말은 그 지방의
역사와 밀접한 관계가 있는 것이며, 그 지방의 풍속을 배경으로 생
겨난 것이며, 그 지방의 문화의 밭 위에서 피어난 꽃이니 역사 풍속
문화 각 방면의 지식을 넓히는 데 막대한 도움이 될 것이다.

이 글에는 「시골말 캐기(제1회)」라 하여 연희전문학교 문학부 학생들
이 수집한 방언을 수록하고 있다. 모두 18어휘를 선정하여 지방별로 방언
형을 정리하였다.

1. 선정 어휘는 1) 벙어리(啞-4개 방언형) 2) 귀머거리(聾-17개) 3) 대머
   리(禿頭-19) 4) 가을(秋-6) 5) 겨울(冬-15) 6) 새우(蝦-10) 7) 달팽이(蝸
   牛-21) 8) 무우(蘿蔔-9) 9) 달걀(鷄卵-18) 10) 흙(土-9) 11) 팥(小豆-11)
   12) 오이(胡瓜-11) 13) 고양이(猫-18) 14) 게(蟹-7) 15) 가위(鋏-15) 16)
   턱(顎-20) 17) 아우(弟-8) 18) 냉이(薺-14) 등으로 조사된 어휘의 총수
   는 240어휘다.

2. 조사지역은 도(道) 단위로 조사되었다. 1) 전남 2) 전북 3) 경남 4)
   경북 5) 충남 6) 충북 7) 강원 8) 황해, 9) 평남 10) 평남 11) 함남

12) 함북의 12개 지역으로 '제주'와 '경기·서울' 지역이 제외되었다. 제주의 경우는 제주출신의 제보자가 없었던 것으로 생각되고, 경기·서울 지역은 표준어 지역권이어서 제외시킨 것으로 생각된다. 즉 표준어는 바로 서울말 내지는 경기지방 말이란 관점에서 제외되고 있으나 서울지역 역시 다양한 방언형을 가지고 있으므로 마땅히 조사대상에 포함되어야 했을 것이다.

3. 어휘의 선정기준은 천문, 지리, 동물, 식물, 의식주, 인체, 생리, 연중 행사, 풍속, 습관, 관혼상제와 같은 여러 가지 방면의 어휘들이다. 이들은 비교적 다양한 방언형을 가진 신체, 계절, 동식물 등 기초적인 어휘들이다. 이들은 고어형을 가진 방언들로 우리말의 어휘, 또는 음운변천을 짐작케 하는 어휘들이 다수 포함되어 있다. 예로 단모음화 현상(오이, 게), ㅣ모음 역행동화(고양이), 반치음의 변천(가을, 겨울, 무우, 아우, 냉이, 가위), 순경음ㅂ(새우) 등이다.

4. 이들 조사어휘에 대한 해석 평가가 없는데 이는 앞의 이론 편에서 언급하고 있듯이 먼저 시골말을 캐는 데 우선하고 훗날 이들에서 법칙을 발견하자는 것으로 해석된다.

5.2. 「시골말 캐기」 Ⅱ 『한글』 12권 1호 1947. 3

제1회의 시골말 캐기와는 달리 구체적으로 그 제보자들이 명시되었다.

1. 선정어휘는 1) 감기(感氣-14개 방언형 조사됨) 2) 거울(鏡-14개 어휘) 3) 그네(鞦韆-26) 4) 누에(蠶-14) 5) 누이(姉-7) 6) 다리미(熨斗-16) 7) 대야(盥-26) 8) 도마(俎-19) 9) 두부(豆腐-10) 10) 맨드라미(鷄冠花-8)

11) 모기(蚊-8) 12) 바위(岩-12) 13) 뺨(頰-25) 14) 벼룩(蚤-29) 15) 비누(石험-6) 16) 사닥다리(梯子-11) 17) 애꾸눈이(片目-50) 18) 여우(狐-15) 19) 언청이(缺脣-31) 20) 파리(蠅-4) 등 20개 어휘다. 이들의 방언형 총 329개가 조사되었다.

2. 조사지역은 제1회에서 도(道) 단위 12개 지역이었던 데 비하여 진일보하여 구체적인 지명이 명시되었다. 전국적으로 공통적인 것을 명기하고, 도 단위로 공통적인 방언형도 명기하고 있음도 보다 진전한 일면이다.

조사지점(62개 도시)을 정리하면 아래와 같다.

제주, 경남(고성, 울산, 사천, 마산, 의령, 밀양, 진주, 함양), 경북(대구, 김천, 성주, 영주, 영덕), 전남(나주, 벌교, 보성, 장성, 군산, 여수, 구례), 전북(고창, 김제), 충남(당진, 부여, 대덕, 아산), 충북(청주, 충주, 영동, 진천, 음성, 괴산), 경기(양주, 부천, 광주, 개성, 평택), 황해(옹진, 황주, 은율, 겸이포, 연백, 수안, 서흥), 강원(홍천, 통천, 평강), 평남(안주, 평양), 평북(철산, 영변, 의천, 정주), 함남(영흥, 북청, 함흥, 단천, 원산), 함북(청진, 성진, 정평)

제1회의 조사에서는 경기지역과 제주지역이 제외되었는데, 이를 포함시킨 것이나 조사지역이 구체화된 것이 큰 진전이다.

3. 제보자는 제주도 : 고임규, 경남(사천) : 김기열, 경남(밀양) : 이희봉, 경남(고성) : 김종문, 경남(밀양) : 신학상, 경남(진주) : 이갑도, 경북

(성주) : 이영택, 경북(김천, 상주) : 강백수,　전남(나주) : 이찬영, 충남(대전) : 서인석, 충남(대덕) : 한헌교, 충북(충주) : 안효열, 황해 (연백) : 유인만 등 모두 13명이다.

조사지점이 62개이고 제보자는 단 13명에 불과해 이들 제보자가 없는 곳은 석인 선생이 직접 또는 간접적으로 조사한 것으로 판단된다.

4. 조사어휘는 제1회 18개 어휘에서 20개로 2개가 많다.
　　제1회 조사시에는 18개 어휘에 240개의 방언이 수집되었는데, 2차 에서는 20개의 어휘에 329개로 많이 조사된 것은 선정지역의 확대 된 까닭일 것이다. 방언형을 많이 가지고 있는 어휘는 17) 애꾸눈이 (片目-50) 19) 언청이(缺脣-31) 3) 그네(鞦韆-26) 7) 대야(盥-26) 13) 뺨(頰-25) 등이다. 이들 어휘 중 대부분이 현대생활에서 잊혀져 가는 어휘이고, 표준어로 통용어화 되고 있다는 점에서 이들 어휘의 수집 을 서두르고, 중요시하던 석인의 학문적 관심을 우리는 알 수 있다.

5.3. 「시골말 캐기」 Ⅲ 『한글』 13권 1호 1948. 1

1. 조사어휘는 1) 가랑비(細雨-16), 2) 강아지(小犬-9), 3) 거미(蜘蛛-2), 4) 기와집(瓦家-16), 5) 고구마(甘藷-12), 6) 노루(獐-7), 7) 나비(蝶-4), 8) 도마뱀(虫析 虫易-27), 9) 뒷간(便所-23), 10) 모내기(移秧-15), 11) 미끼(釣餌-14), 12) 무릎(膝10), 13) 부엌(廚-17), 14) 바둑(碁-3), 15) 바다(海-3), 16) 버섯(蕈-7), 17) 병아리(鷄雛-19), 18) 보늬(粟內皮-18), 19) 잠자리(蜻蜓-31), 20) 토끼(兎-13) 등 20개다. (괄호 속의 숫자는

조사된 방언형의 수임. 총 256어휘)

2. 조사지점은 경기(강화), 경남(남해, 하동, 고성, 통영, 창원, 창녕, 진해, 상주, 밀양, 의령, 양산), 경북(경주, 금천, 김천, 영주, 군위, 성주), 전남(광양, 구례, 순천, 영암), 전북(순창, 부안, 김제), 충남 (논산, 예산, 전의, 강경, 연기), 충북(옥천, 영동, 보은, 청주, 대덕, 청원), 황해(해주, 벽성, 황주), 강원(강릉, 통천, 양양), 평남(평양, 개천). 평북(의주), 함남(단천, 정평, 함주, 북청), 함북(청진) 등 50개 지역으로 서울과 제주도는 조사지역에서 제외되었다.

3. 제보자 : 서울—조봉순, 대전—손망월, 개천—최창성, 순창—황한주, 고성—김종문, 논산—윤야중, 청주—이재전, 보은—안광호, 창원—우동하, 광양—박상훈, 김천—진우석, 성주—여영택, 예산—이희윤, 담양—신학상, 대덕—한헌교, 의령—한환석, 남해—고재천, 순천—목일신, 하동—정호태, 하동—정원용, 하동—최재용, 창원—우정구, 통영—김재원, 통영—옥치정, 경주—횡호근, 경주—정현자, 청주—안효렬 등 22개 지역에 27명의 제보자가 있다.

시골말 캐기는 본래 4회로 계획되어 3회를 실시하고 4회는 미완으로 어휘항목만 선정한 상태다. 이들에 대한 조사어휘수, 조사지역, 제보자를 종합해 보면 아래와 같다.

1. 조사어휘 : 1회 18어휘   240단어
             2회 20어휘   329
             3회 20어휘   256   총 : 58개 어휘 - 825개 단어

```
2. 조사지역 : 1회- 도단위(제주, 경기, 서울제외) 12개
             2회- 도시(제주 등 62지역)
             3회- 도시(50개 도시)- 서울, 제주는 제외
3. 제 보 자 : 1회 명시하지 않음(연희전문학교 문학부 학생)
             2회 13명
             3회 27명(22개 지역담당)
```

석인의 방언연구의 목적은 앞에 본인의 진술에서도 나타났듯이 고대어와 현대어, 표준어와 시골말, 우리말과 자매어(일본어, 여진어, 퉁구스) 등의 비교 연구를 목표로 하는 것이다. 특히 방언연구는 중앙어의 과거형을 재구하는 단서가 되며, 과거 우리말에 대한 문헌학적 결점을 보완해주는 자료로 높이 평가하였다.

그의 연구는 당시의 역사주의적 방법론에 입각한 것으로 방언연구의 초기의 소박한 모습을 보이고 있다. 조사어휘는 일정한 원칙이 있는 것이 아니고, 과거의 유해류의 예에서와 같이 천문, 지리, 동물, 식물, 의식주, 인체, 생리, 연중행사, 풍속, 습관, 관혼상제와 같은 여러 가지 분야에서 선정한 어휘들로 이들은 국어발전사적인 측면에서 음운변화의 법칙을 발견하려는데 궁극의 목표를 두고 있다. " … 이러한 기록들은 뒷날에 큰 법칙을 발견하는 한 계단이 되며, 국어과학의 큰 건물을 세우는 데 필요한 벽돌들이 된다"고 하였다.

이러한 법칙을 발견하려는 시도는 『방언학 개론』에서 엿보인다.

참고로 그가 조사한 지역을 종합하면 아래와 같이 101개이고, 서울은 제외되었는데 서울이 제외된 것은 서울은 바로 표준말이라는 입장 때문이다.

제주 : 제주(1)

경남 : 고성, 남해, 진해, 상주, 밀양, 의령, 양산, 울산, 사천, 마산, 의령,
        밀양, 진주, 창원, 창녕, 통영, 하동, 함양(18개)

경북 : 경주, 금천, 김천, 영주, 군위, 성주, 대구, 성주, 영덕(9)

전남 : 광양, 구례, 순천, 영암, 나주, 벌교, 보성, 장성, 군산, 여수(10)

전북 : 고창, 순창, 부안, 김제(4)

충남 : 논산, 예산, 전의, 강경, 연기, 당진, 부여, 대덕, 아산(9)

충북 : 옥천, 영동, 보은, 청주, 대덕, 청원, 충주, 진천, 음성, 괴산(10)

경기 : 강화, 양주, 부천, 광주, 개성, 평택(6)

황해 : 해주, 벽성, 황주, 옹진, 황주, 은율, 겸이포, 연백, 수안, 서흥(10)

강원 : 강릉, 통천, 양양 홍천, 평강(5)

평남 : 평양, 개천, 안주(3)

평북 : 의주, 철산, 영변, 의천, 정주(6)

함남 : 단천, 정평, 함주, 북청, 영흥, 함흥, 원산(7)

함북 : 청진, 성진, 정평(3)   총 101지역

제4회로 캐어 모으려던 시골말은 아래와 같다.

1) 갈가마귀(鷽) 2) 고수머리(卷髮) 3) 꽈리(酸漿) 4) 꽹과리(錚) 5) 그리마
(蚰蜒) 6) 너이집(汝家) 7) 도토리(木斛 實) 8)메추라기(鶉) 9) 무푸레(秦皮)
10) 복어(河豚) 11) 새앙쥐(鼠) 12) 송기(松內皮) 13) 쐐기(車轄) 14) 쇠똥구
리(蜣蜋) 15) 수수께기(謎) 16) 숨박국질(隱戲) 17) 씨아(去核機) 18) 주걱
(飯重) 19) 질경이(車前) 20) 찔레(野薔薇)

5.4. 『조선고어방언사전』(1948. 12) (김병제 공저) 일성당

이 책은 김병제와 공동으로 저작한 것이다. 그러나 대표저자는 정태진으로 판단된다. 공동저자의 이름에 앞서 표기되고 판권에도 "태진"이란 인장만 사용되었다.

책의 구성은 1. 고어부 2. 이두부 3. 방언부로 구성되었다. 이들의 어휘 통계를 살펴보면 고어부에는 2,069 단어, 이두부에는 1,716단어, 방언부에는 9,512단어로 총13,297 어휘가 수록되었다.

우리말의 대한 방언연구는 일본인학자 小倉進平과 河野六郎에 의하여 주도적으로 연구되었었다.[5] 그러나 사전의 형식을 빌어『조선방언학사전』은 방언관계 사전으로는 최초의 것으로 생각된다. 그러면 방언부에 수록된 9,512 개의 단어는 모두 어떻게 하여 수집된 것인가. 이는 먼저 본인이 수집한 방언캐기 Ⅰ, Ⅱ, Ⅲ의 것이 모두 포함되었고, 석인 선생이 관여하였던『큰사전』편찬을 위하여 수집되었던 자료들이 포함된 것으로 판단된다.[6]

---

5) 小倉進平 :『南部朝鮮의 方言』1924. 3『平安南北道의 方言』1929. 3『咸鏡南道及 黃海道 方言』1930. 4 京城.『朝鮮語方言槪要』(The Outline of the Korean Dialects) 1940.『朝鮮語 方言의 研究』상하 1944. 9 동경.
河野六郎 :『朝鮮方言學 試攷』1945. 5 京城. (김민수 1997『신국어학사』pp.268~9)
小倉의 저서(1944)에는 1,320개의 방언이 수록되었고, 河野(1945)도 사전이 아닌 어휘집임.

6) 이병근(1998)은『한글』3권 8호(935년 10월호)의 광고문을 보이며 그 관계를 확인하고 있다.
◎ 方言蒐集 : 朝鮮語辭典會에서 각지방 방언을 수집하기 위하여 4~5년 전부터 부내 각 중등학교 이상 학생을 총동원하야, 하기방학 시 귀향하는 학생으로 하여금 방언을 수집하였던 바 이미 수집된 것이 만여점에 이른지라. 이것을 장차 정리하여 이것을 사전 어휘로 수용할 예정입니다. 그런데 여기에 방언 조사란을 특설하였으니, 누구시든지 이 난을 많이 이용하여 주시기를 바랍니다.

참고로 사전편찬의 머리말과 일러두기를 보면 아래와 같다.

우리는 수천 년 동안 전해 내려온 훌륭한 문화재를 가지고 있다. 그러나 과거 수십 년 동안은 이를 캐고 밝히기에는 너무나 괴로운 환경이었다. 여러 선인들이 이에 대한 꾸준한 노력과 분투가 없었던 바 아니었으나 아직도 개척하지 못한 황무지가 적지 않다. 해방 이후 여러 방면으로부터 우리의 문화적 유산을 힘차게 개간하고 있는 이 때에 조그마한 보탬이 될까하여 이 변변치 못한 책을 엮어 보았다. 우리의 과거를 연구한다는 것은 다만 사라져 없어진 옛 자취를 더듬어본다는 것으로써 만족하는 것이 아님과 같이 옛말을 연구한다는 것도 옛말을 캐어 아는 것으로 그칠 것이 아니라, 현재 우리가 쓰고 있는 현대어와의 연관성을 살펴본다는 것에 더욱 의의가 있다고 생각한다. 현대 어떤 지방에 쓰고 있는 사투리가 옛말 그대로임을 찾아낼 수도 있거니와, 또한 현재의 사투리에 의하여 옛말의 뜻을 바로 해결할 수도 있을 것이다. 그러므로 옛말을 연구하려면 모름지기 여러 지방의 사투리를 두루 캐어 모은다는 것이 옛말을 연구함에 있어서 중요한 과제의 하나라고 생각한다.
이제 여기에 실은 옛말과 사투리는 오래 동안 힘써 모은 것이기는 하나, 넓은 범위에 미치지 못하여 사전이라고 이름 붙이기에는 과한 듯도 하나, 지은이들은 참으로 더욱 연구하여 완전한 것을 만들고자 노력하오니 많은 가르침이 있기를 바란다.

지은이 씀

1. 이 책에 실는 고어와 방언은 각 음절 단위의 자모 차례를 따라 벌리었다.

2. 이두는 한문의 글자획수에 따라서 벌리었다.

3. 옛말은 옛책에 실린 그대로 적되 현대말을 대조하였을 뿐 그글의 출처를 일일이 밝히지 아니하였다.

4. 옛말에는 그 어휘의 문법상 형태를 보이기 위하여 명사는 명, 동사는 동, 형용사는 형, 부사는 부, 토는 토, 어미는 어미 따위로 표시하였다.

5. 방언의 지방별은 군을 단위로 하는 것이 가장 이상적이라 할 수 있는데, 여기서는 도별로 하였으며, 같은 도 가운데도 강원도는 영동, 영서의 말이 서로 다르므로 이는 강동, 강서로 나누었으며, 제주도 방언은 특수한 바 있으므로 전라남도에 넣지 않고 따로 나누었다.

6. 삼남지방에서 공통으로 쓰이는 말은 삼남이라 표시하였다.

7. 방언과 대조한 표준어에는 알기 쉽게 하기 위하여 괄호 안에 한자를 붙이었다.

5.5. 『방언학개론』(석인 정태진 전집 하권 pp.412-489)

『방언학개론』은 석인 선생의 육필 원고로 메모 형식으로 기록한 아직 정리되지 않은 계획서이자, 집필과정 바로 전 단계의 비망록이다. 그러나 여기에는 수많은 구체적인 방언자료들이 제시되어 있고, 이들 방언자료의 내면적인 변화와 방언간의 상호비교 과정에서 나타나는 음운변화의 양상을 통하여, 음운규칙을 발견하려는 시도가 담겨 있는 책이다. 우리는 여기에 제시된 수많은 방언자료들의 사례를 검토함으로써 석인이 의도한 학문적 목적을 간파할 수 있을 것이고 나아가 그가 의도한 학문적 성과를 우리는 얻을 수 있을 것이다. 책의 목차를 살펴보면 아래와 같다.

　Ⅰ. 방언이란 무엇인가?
　Ⅱ. 방언학의 발생

　　　Ⅲ. 방언과 표준어는 어떻게 다른가?
　　　　1. 어원 다른 동음이의어
　　　　2. 어원 같은 동음이의어
　　　　3. 어원 다른 이음동의어
　　　　4. 어원 같은 이음동의어
　　　　5. 음운의 차이
　　　　6. 문법의 차이
　　　Ⅳ. 방언과 고어와의 관계
　　　Ⅴ. 방언과 자매어와의 관계

위와 같이 계획하였다가 일부 수정을 하고 있다.[7]

위와 같은 목차를 제시하고 각 주제에 대하여 전체적으로 약 90면에 걸쳐 방언의 사례들을 제시하고 있다. 그리고 말미에서 <시골말캐기>의 용례가 367어휘에 대한 조사표가 수록되었다.

본문에서 서술한 순서에 따라 내용을 살펴보면 1) 각 방언간의 운운의 차이 2) 문법의 차이 3) 방언과 고어와의 차이 4) 방언과 자매어, 외래어를 발견하려는 것이었다. 3)의 방언과 고어와의 차이에서는 고어를 간직하고 있는 각 지방방언의 예시하면서 문법, 음운, 어휘의 차이를 방언별로 구분하려고 하였다. 때로는 문헌에 나타나는 말들을 예시하고 있는데, 인용한 문헌으로는 월인석보, 이륜행실도, 두시언해 등이 나타난다. 이러한 의도는 방언연구를 통하여 우리말의 옛모습을 알아내려는 그의 의도를 짐작할 수 있다. 나아가 그가 대비표에서 보이는 수많은 종류의 그리고 수많은 용례들은 우리말 생성발전의 법칙을 발견하려는 것으로 판단

---

7) Ⅰ. 방언과 외래어의 관계, Ⅱ. 방언학의 발생, Ⅲ. 방언과 표준어는 어떻게 다른가?, Ⅳ. 방언과 외래어와의 관계, Ⅴ. 방언과 인접어와의 관계, Ⅵ. 방언에 나타난 음운변천상.「모음현상으로 본 제주도 방언」「자음탈락현상으로 본 제주도 방언」「자음탈락으로 본 한일 양국어의 비교」.

할 수 있다. 이는 궁극적으로 우리말 생성변화에 대한 음운규칙을 수립하는 것이라 해도 좋을 것이다. 그가 보인 음운변화현상에 대한 기술을 보면 다음과 같다.

이 책의 내용을 간략하게 항목중심으로 다음과 같다.

1. 모음변화

   1) 후설모음의 초(稍)전설모음화.

   2) 초(稍)후설모음의 전설모음화

   3) 복모음의 단모음화.

   4) ㅣ음의 역행동화.

   5) ㆍ의 소실

2. 모음탈락

   1) 표준말에서 줄어진 것.

   2) 시골말에서 줄어진 것.

   3) 표준말과 시골말에서 함께 줄어진 것.

모음의 변화와 탈락에 대한 예들을 비교적 정연하게 방언에 따라 대비하여 예시하고 있으나 이들은 단어들의 단순 대응비교여서 어떤 경향이나 법칙으로의 제시로는 미약한 예들이 많다. 또 한가지 특기할 것은 아래의 18가지 어휘를 열거하고, 이들의 생성변화과정을 수지도 형식으로 또는 둥글게 원형으로 그림표시를 하고 있다는 것이다. 이는 이미 河野의 「조선방언학시고」에서 논의된 것과 같은 지적이 있다.(이병근 1998. 57) 이들은 여러 가지 단어들의 "역사적 - 통시적", "지리적 - 공시적" 변천을 찾아보려는 의도에서 시도된 유익한 내용들이다.

1. 구유, 2. 냉이, 3. 가위, 4. 여우, 5. 시다, 6. 모래, 7. 올챙이, 8. 노루, 9. 닭, 10. 가루, 11. 모래(6과 중복이나 자세히 기술), 12. 머루, 도라지, 13. 벌레, 14. 가을, 가위, 15. 흙, 닭, 16. 내, 17. 개울, 18. 바위

3. 자음의 변화 : 자음의 변화에 대한 현상도 여러 가지로 각 지방의 방언을 열거하여 그 변화상을 보이고 있다. 대표적인 것을 보이면 아래와 같다.

(1) 비음의 역행동화. (2) ㄴ, ㄹ 음의 상호교환. (3) 기타

4. 방언에 나타난 음운변천상

(1) 자음탈락 ㅂ, ㅅ, ㄱ, ㄹ. (2) 자음변화 : 경음의 평음화, 평음의 기음화, 설단음의 구개음화, 후두음의 구개음화 기타. (3) 모음탈락. (4) 모음변화.

5. 방언과 인접어와의 관계 : 방언상호간의 비교로 소수의 예만을 들고 있다.

6. 방언에 나타난 음운변천상

1) ㄱ자음의 탈락. 2) ㅂ→ㅸ→ㅇ(ㅂ 탈락). 3) ㅅ→ㅿ→ㅇ(ㅅ 탈락). 4) ㄺ→ㄱ(ㄹ 탈락). 5) ㄺ→ㄹ(ㄱ 탈락). 이외에도 ㄱ 탈락 (모음간), ㅁ, ㅇ, ㅈ, ㅎ 등과 복합탈락의 예.

7. 모음현상으로 본 제주도 방언.

여기에서는 주로 제주도 방언에서의 ㆍ의 보존과 타방언에서의 ㆍ의 변화의 예를 추적하고 있다. 일찍이 제주도 방언에 많은 관심과 음운변화에 주력한 그의 공적을 인정해야 할 것이다. 비교를 한 어휘는 '스내, 특, 흙, 늘개, 늘라가다,' 등이다.

제주도 방언에 한한 것은 아니나 그는 이 부분에서 경음화 -"ㄱ→ㄲ"의 예를 전국방언에 걸쳐 67개의 예를 제시하고 있다.

기타음운 변화의 예로 ㅕ→ㅣ, ㅖ→ㅣ, ㅣ→ㅡ, ㅚ→ㅣ, ㅓ→ㅣ, ㅐ→ㅣ, ㅟ→ㅜ, ㄹ→ㅈ 의 방언의 예를 들고 있으나 이들 예는 소수에 불과하다. 이는 보편성을 가지는 음운현상으로 인정에는 의문이 가고, 일시적 또는 개인어의 변이음으로 생각할 수도 있는 것들이다.

ㅟ→ㅣ, ㅕ→ㅣ, ㅡ→ㅣ, ㅕ→ㅏ, ㅑ→ㅐ, ㅕ→ㅔ, ㅐ→ㅏ, ㅜ→ㅗ, ㄹ→ㄷ, ㅜ→ㅣ, ㅘ→ㅏ, ㅘ→ㅐ, ㅡ→ㅓ, ㅘ→ㅑ, ㅗ→ㅣ, ㅓ→ㅓ, ㅕ, ㅣ→ㅓ, 등 더 많은 용례를 제시하고 있으나 역시 단순한 변이음들의 다양한 형태 제시일 뿐 일정한 경향으로 인정하기 어려운 예이다.

8. 자음 탈락으로 본 제주도의 방언 : 이 글 역시 완성된 것이 아니다. 다만 제주도의 어휘에 나타나는 음운현상들을 예문을 통하여 보이고 있다. 예로 ㄱ 탈락을 보면

나목신 → 남신, 나막신, 나목신, 나묵신, 나무신

　　‖

난봄신 → 나박신

이 외에 'ㄴ, ㄹ, ㅇ, ㅂ, ㅅ"이 탈락하는 방언의 예를 찾아 위의 경우와 같이 방사형으로, 또는 직선으로 변화과정을 도형화하고 있다. 탈락 이외에 ㅁ의 삽입현상도 예시하고 있다.

9. 「자음탈락 현상으로 본 한일 양어의 비교」: ㄱ, ㄴ, ㄹ, ㄹ, ㅁ, ㅂ, ㅅ, ㅇ, ㅎ음의 탈락의 예들을 들고 있다.

이 책의 말미에서 자음과 모음이 다른 음으로 변하는 여러 가지 예를 간단한 용례와 함께 제시하고 있는데 이 책의 여러 부분에서 도시하고 있는 음운현상에 대한 변화를 정리한 것으로 보인다. 그 순서대로 옮겨보면 아래와 같다.

ㅂ→ㄱ, ㅓ→ㅘ, ㅓ→ㅗ, ㅡ→ㅣ, ㄹ→ㄴ, ㅜ→ㅔ, ㅟ→ㅐ, ㅟ→ㅔ, ㄹ→ㄷ, ㅐ→ㅏㅣ, ㅟ→ㅙ, ㅟ→ㅔ, ㅣ→ㅡ, ㅜ→ㅣ, ㅚ→ㅣ, ㅕ→ㅓ, ㅏ→ㅐ.

부록으로 <시골말캐기>의 실례가 3개 덧붙어 있다. 각기 다른 100개, 100개, 167개등 모두 367어휘에 대한 조사다.

시골말 캐기(1)

가깝다(近), 가렵다, 가루, 가리마, 가마뚜껑, 가볍다, 가위, 가을, 가져오다, 까치, 간지럽다, 갈기, 갈퀴, 깜부기, 감자, 갓모, 강아지, 개구리, 개똥벌레, 거머리, 거북, 거스름돈, 거위(虫回), 거위(鵝), 거지, 거짓말, 거품, 건너가다, 게, 게으름뱅이 등 100개의 어휘에 대한 방언형 제시 출전이나 지방이 명시되지 않았다. 순서는 가, 나, 다 순으로 배열되었다.

명사뿐만 아니라, 동사, 형용사, 부사(구구-呼鷄聲, 그러니까) 등도 조사하였고, '너와 나와'(汝及余) 등도 포함되었다.

시골말 캐기(2)

'성냥, 소꿉질, 소라, 앙감질, 숨바꿕질, 애꾸눈이, 어금니' 등 100개의 어휘다. 돼지를 부르는 '오래오래(呼豚聲)', 대답하는 소리 '예'에 대한 '양, 야, 네' 등 방언이 조사되었다. 조사지역이 표시되지 않았고, 아직 가, 나, 다, 순으로 정리되지도 않았다.

시골말 캐기(3)

'굴뚝, 권련, 귀때기, 꽹과리' 등 167 개의 어휘에 대한 조사가 이루어졌고, 조사지역을 도, 군, 면, 이름을 적도록 되었다.

명사, 동사는 물론 용언의 활용형까지 조사에 포함시키고 있음을 일보 진전한 모습이다.

-아이 뱄다, 가둬서, 가꿔서, 가 보시오, 무엇하겠느냐

가, 나, 다… 순으로 정리되었다. 특기할 것은 1과 2는 석인 선생의 필체로 되었으나 3은 다른 사람의 필적이다.

5.6. 학문적 성과

우리말 방언에 대한 관심은 조선 후기의 이덕무, 홍양호 등의 관심 이후 본격적인 관심을 가지기 시작한 것은 『한글』 2호(1932)에 수록된 이상춘의 「관북 사투리 몇」을 비롯하여 최현배, 나완이, 이희승 등의 단편적인 연구를 들 수 있다.

한글학회에서는 제1회로 방언조사를 실시하여 『한글』 제27호(1935. 10.)에 「방언 조사 (1) 전북 익산을 중심으로.」 김용운(pp.8~9) 이후 『한글』 제72호(1939. 11) 「시골말 (38) 강원 춘천·울진, 강릉(3)」 신숙철, 정태윤(pp.16~19)까지 38회에 걸쳐 조사, 수록하였다.[8]

---

8) 『한글』 제27호(1935)~75호(1939)까지에는 「방언」 혹은 「시골말」이라는 제목 아래 연재된 논문들이 있다. (1) 김용운, 「전북 익산을 중심으로」, (2) 장지용, 「평북 벽동을 중심하고 ①」, (3) 이강수, 「전남 함평을 중심으로」, (4) 전몽수 「평북 선천 지방을 중심으로」, (5) 이용환, 「경남 하동 진교를 중심하고」, (6) 김여진, 「함북 길주·성진 지방을 중심하고」, (7) 김성환, 「광복 강계를 중심으로 ①」, (8) 이호춘, 「경북 영천 지방」, (9) 장지용, 「평북 벽동을 중심하고 ②」, (10) 천혁, 「함남 고원 지방을 중심으로 ①」, (11) 지봉욱, 「함남 정평 지방 ①」, (12) 지봉욱, 「함남 정평 지방 ②」, (13) 지봉욱, 「함남 정평 지방」 ③, (14) 양원화, 「황해 송화·은율 지방」, (15) 김득룡, 「경북 대구 지방」, (15) 김귀인, 「함북 경원을 중심으로」, (16) 안창섭, 「함북 경

　이러한 조사내용들은 『우리말 큰사전』 내지는 석인의 방언사전에 수록된 것으로 추정된다. 석인의 방언 연구는 비록 미완성으로 끝났으나 그의 방언연구의 이론적 배경과 방법론 등은 방언 연구사에 중요한 획을 긋는 것이다. 우리말 방언의 연구가 일본인 학자에 의하여 개척되기는 하였으나 석인은 이들에 못지 않게 일찍이(1931) 방언연구에 뜻을 두고, 우리말 최초의 방언사전으로 편찬하는 위업을 이룩해 냈다. 그의 방언연구가 미완성으로 끝났다고 탄식하는 것은 그가 집필을 계획했던 『방언학개론』이 완성되지 못한 것에 대한 아쉬움이라고 할 수 있다. 『방언학개론』에는 수많은 당시의 방언의 용례와 그가 시도하던 음운 규칙들이 결론을 보지 못한 채 정지된 상태에서 잠자고 있다. 그가 시도하던 음운규칙은 당시 방언형들의 비교의 상태에 머물러 있는 것이 대부분이지만 그가 시도하던 방법론은 이제나 그제나 변할 수 없는 사실이다. 우리는 석인 선생이 추구하려던 방업론과 당시의 언어자료에 대하여 세심한 재검토가 있어야 할 것이다. 즉 역사적인 과정으로서의 의의가 아닌 방언연

성 지방」, (17) 채대원, 「평남 용강을 중심하고」, (18) 공석주, 「평북 벽동 지방을 중심하고」, (19) 김효성·장필관, 「문화, 평북 칠평시」, R생, 「함남 원산」, (20) 백남종, 「전북 정읍 중심」, 이상인, 「경북 풍산 지방」, (21) 김규환, 「북간도 지방」, (22) 천혁, 「함남 고원을 중심하고 ②」, 이상인, 「경북 안동 지방」, (23) 김여진, 「함북 길주군 동해면」, (24) 천영희·김성환, 「전남 광주, 평북 강계 ②」, (25) 안영준, 「평북 용천」, (26) 최상수, 「경남 동래 지방」 (27) 박종주, 「함남 함흥」, (28) 최상수, 「경남 동래 지방」, (29) 천혁, 「함남 고원 지방 ③」, (30) 천혁, 「함남 고원 지방 ④」 (31) 김여진·최영해, 「함북 길주 지방, 경상도」, (32) 장지용, 「평북 창성 지방」, (33) 전길성, 「평남 개천 지방 ①」, (34) 전길성, 「평남 개천 지방 ②」, (35) 허철, 「함북 회령 지방」, (36) 최금용, 「평북 의주 지방」, (37) 신숙철·정태윤, 「강원 춘천·울진, 강릉 ①」, (38) 신숙철·정태윤, 「강원 춘천·울진, 강릉 ③」 등이 그것이다. 많게는 5쪽의 분량, 적게는 1쪽의 분량으로 이루어진 이 논문들은 해당 지방의 방언에 대해 아주 간략하게 다루고 있을 뿐이다.

구의 절대적 가치에 중점을 두어 계승·발전시켜야 할 것이다.

6. 어원 연구

석인 선생의 어원에 대한 연구는 「우리말 연구」(유고집 243~287)와 「우리말의 어원(一)」(1952)를 위시하여, 『방언학 개론』 등 여러 곳에서 나타난다. 유고집의 「우리말 연구」에는 51개 낱말 짝에 대한 어원을 추적하고 있는데, 이중 ㄱ계열에 속하는 23개의 어휘를 선별하여 『교통부 교양지』의 한글교양강좌에 발표한 것이다. 나머지 28개 어휘에 대한 어원 추적은 출판되지 않은 채 친필 유고로 남아 있었다. 「우리말의 어원(一)」이란 제목에서도 알 수 있듯이 석인은 우리말의 어원을 탐구하는 일에 많은 관심과 계획을 가지고 있었던 것을 짐작할 수 있다.

석인 선생은 어원을 밝히는 방법으로 서상규(1998)는 "형태적 관련어와의 분석을 통한 공통된 밑말의 추정, 사투리와의 대조를 통한 공통된 밑말의 추정, 외국어와의 비교를 통한 공통된 밑말의 추정, 의미적 관련어와의 대조를 통한 공통된 밑말의 추정."이라고 하였다. 즉 석인의 어원 추적은 의미적, 형태적 유사성에 의거하였고, 그 근거를 옛말과 방언 등에서 추적하고 있다. 일본어와 영어 때로는 중국어 등과의 비교 연구를 통해서 우리말 어원을 밝히려는 방법을 원용하고 있다. 그리고 실제로 여러 가지 면에서 긍정적인 결과를 밝혀주고 있다. 그는 우리말끼리만 맞추어 놓고 보면 분명하지 않은 것들도 외국말과 비교하여 보면 분명하게 드러나는 것이 많은데 이는 인류사회의 언어심리에는 공통점이 있기 때문이라고 설명하고 있다.

6.1. 한글강좌에 발표한 어원이 같은 말의 짝은 <가없다와 가엾다>, <가늘다와 가냘프다>, <가랑눈과 가랑비>, <가르다와 가닥>, <가로와 세로>, <가와 이>, <가시와 가스나>, <까지와 끝>, <가위와 까뀌>, <그림과 글씨>, <갓과 갈>, <길과 길다>, <겨누다와 겯다>, <감과 거리>, <곰보와 바보>, <꼬챙이와 고자질>, <꾸부정하다와 고지직하다>, <거웃과 수염>, <그제께와 그러께>, <깃과 짓>, <가랭이와 가다리>, <가랫톡과 호도>, <가지와 댕거지> 등이다.

그리고 발표되지 않은 것들은 아래와 같다.

<너와 나>, <내것 네것>, <눈과 귀>, <닿다와 대다>, <따다와 떼다>, <단단하다와 든든하다>, <나다와 낳다>, <누리다와 뉘>, <날과 낮>, <남과 놈>, <남다와 넘다>, <놀음과 놀이>, <논과 밭>, <배와 배다>, <빼랍과 서랍>, <밝다와 붉다>, <어느와 어디>, <마누라와 며느리>, <봉오리와 봉우리>, <붙다와 부쩝못하다>, <빛과 소리>, <사귀다와 섞다>, <사람과 사랑>, <살림과 살림살이>, <달무리와 돌갓>, <남진과 겨집>, <니다와 가다>, <-다와 =까>

이 가운데 발표된 용례를 몇 가지 살펴보면 다음과 같다.

<'가'와 '이'> : 주격조사 "가, 이"에 대하여. 우리말의 경우도 '가'의 출현은 오래지 않았는데 이는 일본어의 경우도 '가'가 근래의 책에만 나오는 것으로 보아 같은 어원이 아닐까하는 추정.

<'가늘다'와 '가냘프다'> : '가냘프다'는 '가늘다'에서 파생. '가느'+'얄프다' '얄프다'는 '얇다' +'프다'. 기쁘다 , 바쁘다, 아프다, 슬프다에서 '쁘다' '프다' 형 추출가능.

<'가랑눈'과 '가랑비'> : '가는 눈(細雪)' '가는 비(細雨)'. '가는'이 '가랑'으로 변한 것임. ㄴ이 ㄹ로 변한 이유를 활음조 현상이라 하지는 않았으나 '안음(抱)'-'아름', '한아버지'-'할아버지'의 예와 같은 것이라고 설

명. 지금도 평안도 방언에서는 '가는눈', '가는비', '한아버지'로 발음된다
고 설명.

<'가래톳'과 '호두'> : 불두덩이 곁에 생기는 멍울을 '가래가'라고 하는
데 이것을 '가래톳'이라고 하는 이유다. 함경도에서는 '가래토시'라고 함.
가래는 호두나무의 일종인 가래나무 열매를 뜻하는 말일 것임. 멍울의 모양
이 '가래'와 같다고 해서 생긴 이름으로 추정된다고 함. 같은 예로 발목뼈에
'복숭아뼈'로 부르는 것, 선반을 고이는 나무를 '까치발'이나 '노루발'이라
고 그 생김생김이 같은 데서 부르는 것과 유사한 것임. '톳' '토시'는 밤을
헬 때 한 톨, 두 톨, 또는 외톨, 도토리의 밑말과 같다고 함.

<'가랭이'와 '가다리'> : 함경도에서는 '가다리'라 함. 처용가의 '가랄
이 네히어라'의 예로 보아 '다리(足)'은 '가다리'의 준말이 아닐까.

가랄→가랭이
가달→가다리→다리

<'가르다'와 '가닥'> : 같은 어군으로 '가랭이, 갈기갈기, 가리사니,
갈피, 갈래, 가리다, 간추리다, 가락' 따위. 그리고 '가지(枝), 가장귀'도
같다.

<'가로'와 '세로'> : '가로'는 '가다'에서, '세로'는 '서다'에서 이는
일본어의 경우에서도 같은 언어심리학상으로 보아 대단히 재미있는 현
상이다. '모로' 는 '모(方)'에서 나온 것이 분명하다.

<'가시'와 '가스나'> : '가시'는 아내라는 뜻. 경상도에서 여자를 '가
스나', 함경도에서는 남자를 '스나'. 여자를 뜻하는 말에는 '가'가 붙음.
'각시, 간난위, 갈보, 간나니'

<'가지'와 '댕노지' > : 가지는 중국말 茄子에서 변한 말. 댕거지, 당가

지(함경도에서 고추를 말함)

  <'까지.와 '끝'> : 같은 밑말인 듯. 꼭지, 꼭대기, 고리, 꼭 뒤, 꽁지.

  <갓과 갈> : 갓의 예말은 '갈'인 듯. 갈은 가리다(蔽)에서 나왔을 듯.

  <거웃과 수염> : 수염의 옛말은 '입거웃' 속눈섭을 '눈거붓지'라는 지방도 있음. 수염을 나룻이라 하니 '나룻(날웃)' 웃이 같은 어원인 듯.

  <고자질과 꼬챙이> : 곶다, 꽂다.

  <꾸정꾸정하다와 고지직하다>

      곧다→꽂꽂하다→꼬장꼬장하다
        →꿋꿋하다→꾸정꾸정하다
        →고지직하다

  <곰보와 바보> : 곰은 '알곰삼삼의 '곰', 바보의 바는 '바새기(팔삭)'의 바인 듯.

  <그림과 글씨> : 긋다, 긁다에서

  <깃과 짓> : 깃, 깃들이다. 함경도에서는 사람의 집을 '짓'이라 함.

      깃→짓→집

위의 설명에서 알 수 있듯이 석인 선생의 어원추적은 대부분 상당한 근거를 가지고 있다. 물론 '가' 주격조사의 어원이 일본어와의 같은 어원이라는 데는 이론이 있다. 그의 독창적인 해석으로는 아래와 같은 것들이다. <너와 나>는 같은 선상에서 나온 말로 음상으로 보아 '나'는 작은 말로 겸손을 나타내는 것이고 '너'는 큰말로 상대를 높이는 의미로 해석하였다. <눈과 귀>도 영어와 일어를 비교하면 같은 밑말로 서로 통한다.

'바늘귀'를 영어로는 'the eye of the needle.' 감자의 눈을 영어로는 'the eye of the potato.'다. <마누라와 며느리>가 군혼(群婚)시대에는 같은 어원이었다가 분화되었다는 사회언어학적인 추적도 흥미 있는 지적이다. <날과 낮>의 항목에서 일어와 영어의 어휘를 비교하면서 우리말은 날(day)과 낮(day)과 해(sun)가 우리말은 분리되나 한문의 경우는 日 하나로 사용함을 예시하고 있다. 이들 어원의 유사성에 대한 해석은 서상규(1998)에 비교적 상세히 언급되었다.

6.2. 어원을 추적하는 일은 잃어버린 말의 고리를 찾는 중요한 국어학의 연구 분야다. 어원을 밝힘으로 해서 우리말의 역사를 밝힐 수 있고, 우리말의 계통을 추적할 수 있고, 낱말 상호간의 연관과 영향관계, 언어의 차용 등을 밝히는 중요한 단서가 될 것이다. 그러나 어원을 추적하여 말의 고리를 연결시키는 일은 깨어진 그릇의 조각을 맞추는 것처럼 단순한 일도 가시적인 성과가 증명되는 것도 아니다. 의미란 추상적이기도 하거니와 끝없이 순간순간 변화를 거듭하고 있기 때문이다. 석인 선생은 비교적 설득력 있는 근거를 제시하며 상호연관성을 밝히고 있다. 그것은 비교적인 방법, 형태적, 의미적 유사성, 음운적 유사성, 사회언어학적 추정, 방언에서의 용례, 문헌에서의 용례를 동원하여 역사적으로, 사회적으로 연관이 있음을 근거로 제시하고 있기 때문이다. 위의 용례들에 대한 해석에는 다른 견해를 가질 수 있는 것이 적지 않겠지만 이러한 방법론은 더욱 심화·발전시키어 우리말 어원탐구의 열쇠로 삼아야 할 것이다.

참고문헌

김계곤(1993), 「한글학회 수난의 전말」, 『얼음장 밑에서도 물은 흘러』, 한글학회.

김민수(1997), 『신국어학사』, 일조각.

리의도(1982), 「조선어학회 사건의 줄거리」, 『한글 새 소식』 제122호, 한글학회.

리의도(1997), 「건재 정인승 선생의 애국운동」, 『나라사랑』 제95집, 외솔회.

리의도(1998), 「석인 정태진의 말글 정책론에 대한 고찰」, 『한힌샘 주시경 연구』 제10·11호, 한글학회.

서상규(1998), 「석인 선생의 옛말 연구」, 『새 국어생활』 8-3, 국립국어연구원.

小倉進平 : 『南部朝鮮의 方言』 1924. 3 『平安南北道의 方言』 1929. 3 『咸鏡南道及 黃海道方言』 1930. 4 京城. 『朝鮮語方言槪要』(The Outline of the Korean Dialects) 1940. 『朝鮮語 方言의 硏究』상하 1944.9 동경.

유제한 (1955), 「6.25사변 이후 한글학회의 걸어온 길」(1), 『한글』 제110호, 한글학회.

이강로(1998), 「석인 선생과 사전 편찬」, 『새 국어생활』 8-3, 국립국어연구원.

이남순(1998), 「석인 선생과 문법」, 『새 국어생활』 8-3, 국립국어연구원.

이병근(1997), 「석인 정태진과 방언연구」, 『새 국어생활』 8-3, 국립국어연구원.

이응호(1974), 『미군정기의 한글 운동사』, 성청사.

이응호(1998), 「석인 선생과 조선어학회 사건」, 『새 국어생활』 8-3, 국립국어연구원.

장세경(2001), 「석인 정태진 선생의 생애와 학문」

정해동 엮음(1995), 『석인 정태진 전집(상)』, 나주정씨 월헌공파 종친회.

정해동 엮음(1996), 『석인 정태진 전집(하)』, 나주정씨 월헌공파 종친회.

정해동(1998), 「나의 아버지 석인 정태진」, 『새 국어생활』 8-3, 국립국어연구원.

좌담회기록(1998), 「석인 선생을 추모하며」, 『새 국어생활』 8-3, 국립국어연구원.

河野六郎 : 「朝鮮方言學 試攷」 1945. 5 京城.

한글학회 기관지『한글』제86호(1941. 5)부터 제112호(1955. 4)까지

한글학회(1971)『한글학회 50년사』한글학회.

시적 언어의 효용성 극대화에 관한 연구

이석규
(경원대 교수)

1. 서 론

언어학은 지난 한 세기 동안 엄청난 발전을 이루었다. 그것을 한 마디로 요약하면, 종래의 어원에 관한 고찰 및 탐구를 넘어서 언어 연구의 방법론과 관점의 다면화를 바탕으로, 언어의 문법과 규칙, 그리고 언어의 각 단위에 관한 구조와 원리를 밝히고 체계화하는 일이었다. 이러한 언어의 연구는 언어학의 모든 분야에서 앞으로도 끊임없이 발전할 것이며 계속하여 인류의 문화발전에 크게 기여할 것으로 믿는다.

그런데 언어학의 연구는 문장이하의 단위를 대상으로 하는 잠재적 언어체계1)에 관한 것이었다고 그 특징을 규정할 수 있다. 따라서 통화현실에 관한 문제를 연구대상에서 제외함으로써 결과적으로 언어를 적절하

---

1) 현대 언어학의 대표적 언어학자로 자타가 공인하는 소쉬르(Saussure, Ferdinande 1916)와 촘스키(Noam Chomsky)는 모두 언어의 현실적 사용과는 무관한 잠재적 언어인 Langues와 Linguistic competence에 관하여 연구하였다.

게 사용하는 일에는 별다른 공헌을 하지 못한 것이 사실이다.

이러한 시점에서 출현한 것이 텍스트 언어학이다. 우리나라에는 이미 20여 년 전부터 소개되고 1990년대에 들어서서 본격적으로 연구가 이루어지기 시작하였다. 텍스트 언어학은, 언어학을 부정하거나 배타적으로 경쟁하려 하지 않는다. 다만 인간 정신활동의 단서가 되는 언어의 비밀에 접근하는 또 하나의 새로운 방법론일 뿐이다. 그러면서도 언어학을 비롯한 인지과학, 사회학, 심리학 등 학제간의 협력을 통하여, 언어 활동을 탐구함으로써 인간 정신활동과 함께 인류문화 창조에 크게 이바지할 수 있는 중요한 모델이라는 점에서 많은 사람들이 관심을 갖고 있으며 앞으로 상당한 발전을 이룰 것으로 보인다.

텍스트 언어학은 문장이상의 언어 단위 곧 '텍스트'를 연구 대상으로 하고 있다는 점, 언어를 잠재적 체계라고 보는 관점이 아니라 현실이라고 하는 시간 속에서 실현되고 있는 역동적인 활동으로 인식하고 텍스트의 생산과 수용의 문제를 해결하려 하는 점이 가장 뚜렷한 특징이라고 할 수 있다.2) 따라서 텍스트 언어학은 체계중심의 추상문법인 언어학과는 달리 맥락 중심이다.

잘 알려진 바와 같이 텍스트에 관하여 다양한 정의가 있다. 그러나 텍스트를 '의사소통을 목적으로 하는(communicative), 일곱 가지 텍스트성을 갖추고 있는 발화체(occurrence)'라고 아주 간단하게 정의할 수 있다.3)

---

2) 텍스트에 관한 정의는 매우 다양하다. 그러나 텍스트 언어학에서는 커뮤니케이션을 목적으로 하는 언어활동의 단위로 인식하는 것이 일반적이며 여기서도 물론 그러한 뜻으로 사용하고 있다. 따라서 그것이 문장 이상이냐 이하냐는 문제가 되지 않는다. 다만 언어활동으로 성립하기만 하면 되는 것이다. 대개의 경우 하나의 문장만으로 끝나는 경우는 매우 드물기 때문에 문장이상의 단위가 연구의 중심영역이 된다.

커뮤니케이션을 위한 텍스트의 생산과 수용과정에는 언어요인 외에도 정신(mind)요인, 현실(reality) 요인, 의사소통(communication) 요인 등이 다 함께 작용한다. 일곱 가지 텍스트성은 이러한 요인들의 모든 관점을 다 반영하는데, 이를테면 응결성(cohesion), 의도성(intentionality), 용인성(acceptibility), 상황성(situation ality), 텍스트상호성(intertextuality), 정보성(informativity), 응집성(coherence)등이 그것이다. (Beaugrande 1982) 만일 생산된 어떤 발화체가 이들 텍스트성을 모두 갖추지 못하면 텍스트로서의 형식이나 행위가 성립되지 않는다고 한다.[4]

이 글의 논지는 텍스트의 구성원리인 일곱 가지 텍스트성 중에서 특히 의도성이 텍스트의 근본적 요인으로 작용하며, 모든 텍스트의 가치와 창조성은 의도성 실현을 위한 정보성의 생산과정에 달려있다는 것을 밝히고자 하는 것이다. 따라서 먼저 의도성과 정보성에 관하여 보다 구체적으로 언급하고, 그것이 언어 표현과 어떤 관계를 이루고 있으며, 언어의 창조적, 예술적 원리에 어떻게 작용하는가를 살펴보고자 한다. 그리고 그 원리가 극대화 된 언어형식인 '시(詩)'를 통하여, 언어의 효용성 제고를 위한 언어 사용의 양상과 한계가 어떠한가를 살펴보고자 한다.

---

3) 이에 관하여는 고영근(1999), pp.1-9, R. de Beaugrande · W. Dressler(1982), 김태옥 · 이현호 역(1995)를 보라.

4) 이는 Beaugrande(1982)의 주장으로 모든 텍스트가 이들 텍스트성을 갖추기는 하지만, 가령 '텍스트 상호성'이 전연 쓰이지 않는 텍스트도 현실적으로 존재하며 그것이 없다 해서 텍스트가 성립되지 않는 것은 아니다. 그러므로 일곱 가지 텍스트성 가운데 일부는 그것이 갖추어지지 않아도 텍스트가 성립될 수 있다.

2. 텍스트의 의도성과 정보성

2.1. 의도성

2.1.1. 언어학적 접근

언어학에서 화자의 '의도'에 관하여 처음으로 관심을 가지고 연구한 부분이 서법이다. 서법이란 원래 영어를 포함한 인도 유럽어학에서 직설법(indicative), 가정법(subjunctive), 명령법(imperative), 부정법(infinitive), 분사(participle) 등을 의미하였다. 그 뒤 예스페르센(Jespersen 1924) 등에 의해서 변화, 발전하여 왔는데, 일반적으로는 어떤 사실이나 사태에 대하여 화자의 태도나 의지가 종결 활용형으로 표현되는 현상을 의미한다.[5]

이에 관하여 국내에서는 최현배(1937: 262-280)에서 '마침법'이라는 범주를 설정하여 그 개략을 제시하고 있으며, 허 웅(1983: 225)에 와서는 청자에 대한 화자의 태도라는 입장에서 합리적으로 체계화하고 있다. 그리고 이상의 내용을 바탕으로 권재일 (1992)에서는 서법을 "언어내용의 전달 과정에서 청자에 대하여 화자가 가지는 태도를 실현하는 문법 범주"라고 규정하고 '의향법'이란 용어를 사용하여 다음과 같이 정리하고 있다.[6]

<의향법의 범주와 기준>
『기준』1. 청자에 대하여 요구함이 있음/없음
       2. 행동수행이 있음/없음

---

5) 이에 관해서는 고영근(1995), pp.247-264, 장경희(1985)를 보라
6) 권재일(1992), 『한국어 통사론』, 허웅(1983), 『국어학- 우리말의 오늘, 어제』를 보라

『체계』 요구함(-)---------------------------------(1)서술법

　　　　　　　　　　　　　　　　　(평서법, 감탄법, 약속법)

　　요구함(＋)

　　　행동수행성(-)-------------------------(2)의문법

　　　행동수행성(＋)----「청자」------------(3)명령법

　　　　　　　----「청자＋화자」-----(4)청유법

이상의 '서법' 또는 '의향법'이란 명칭으로 표현된, 마침법의 어미에 따른 화자의 의도에 대한 분류는 언어학적으로 접근한 최소한의 의도성 연구라고 할 수 있는데, 이들은 화자의 의도가 종결어미라는 형식을 통해서 드러나는 외형적인 모습을 체계화한 것이다.

2.1.2. 화행이론과 대화의 격률

언어 사용에서 화자의 의도가 어떻게 언어행위로 나타나는가에 관하여 접근한 이론이 바로 화행이론(speech act)이다. 오스틴(Austin 1962, 1972)에서는 말의 의미를 그 말의 '사용'이라고 보고, 말하는 것 자체를 '행위'라고 규정하고 있다. 따라서 언어는 말 그대로만 해석되어서는 안 되며, 언어를 기술하는 데는 문장의 발화가 기초가 되어야 할 뿐 아니라, 각 문장이 발화됨으로써 동시에 행위도 수행됨을 증명해야 한다. 즉, 발화행위(utterance cts), 명제행위(propositional acts), 발화수반행위(illocutio-nary acts), 그리고 발화효과행위(perlocutionary acts)가 일어난다고 하였다. 물론 이 세 가지 화행(speech act)은 차례차례 순서에 따라 수행되는 것이 아니라 한 언어의 여러 측면을 나타낸 것이다. 써얼(Searle 1969, 1977)은 오스틴의 이론을 더욱 발전시켰는데, 어떤 발화든 지시행위와 술어행위

도 수행된다는 것이다. 다음은 써얼의 화행 모형이다[7].

<써얼의 화행 모형>
1. 발화행위
2. 명제행위 ┌지시행위
         └술어행위
3. 발화수반행위
4. 발화효과행위

　여기서 명제행위는 발화의 의미론적 내용을 말하는 것이고 발화수반
행위는 명제행위를 전달하는 방식으로, 명제내용에 관한 화자의 의도를
나타내는 것이다. 따라서 발화수반행위가 당연히 화행이론 연구의 중심
이 된다. 즉 명제는 말하고자 하는 내용이므로 발화 수반행위가 달라져도
변하지 않는 데 비하여, 발화수반행위는 명제로서 나타내고자 하는 의도
를 수행하는 방식이므로 화자의 의도에 따라서 달라진다. 그러므로 그것
을 행할 수 있는 제반 조건과 효과 등을 체계화함으로써 그 결과 발화효
과가 어떻게 나타날 수 있는지를 규명하게 되는 것이다.

　이것은 발화를 하나의 언어행위, 또는 언어활동이라는 견해에서 출발
한 것으로 실제적 언어 현실에 보다 유연히 접근하고 있기는 하다. 그러
나 이것으로 실제 언어 현실에서 일어나는 화자의 의도 실현을 위한 모든
책략과 함축적 내용을 담아내기에는 아직도 거리가 있다고 하겠다.

　한편 그라이스(Paul Grice 1975, 1978)는 화자의 의도를 효과적으로 실
현하기 위한 훨씬 더 일반적인 접근방식을 제시하고 있다. 그것은 규칙이

---

7) John R. Searl(1969), 'Speech Acts' 2장 3장 참조.

아니라 하나의 모범적 원칙으로서 대화를 성공적으로 수행하기 위한 '대화의 격률(maxim)'이란 용어를 쓰고 있는데, 그 내용은 다음과 같다.

  ①협동의 원리(cooperative principle)
  ②양의 격률(maxim of quantity)
  ③질의 격률(maxim of quality)
  ④관계의 격률(the maxim of relevance)
  ⑤방법의 격률(The maxim of manner)
   ㉠명쾌히 표현하라.
   ㉡모호성을 피하라.
   ㉢중의성을 피하라.
   ㉣간결하라.
   ㉤순서대로 말하라

그라이스가 제창한 격률들은 물론 바람직한 대화를 수행하기 위한 원리로서, 텍스트 생산자의 의도를 실현하는데 있어서 서법이나 화행이론에 비하여 좀더 유연한 방법이다. 더구나 대화의 함축에 관한 부분도 제시되어 있는 점은 화자의 의도와 관련하여 확실히 진일보한 이론이라고 할 수 있다. 그러나 그것은 역시 대화에만 국한되며 순간이나 상황마다 변화하는 텍스트 생산의 현실에서 그 모든 것을 포함하는 데는 역시 한계가 있을 수밖에 없다.

2.1.3. 문학비평에서의 의도주의

문학 비평에서 작품을 보다 정확히 해석하기 위하여 여러 세기동안 제기되어 온 문제는 작품해석의 타당성 문제이다. 여기에서 제일 중요한 것은 해석의 기준을 세우는 일이다. 물론 뚜렷한 기준이 있을 수는 없다.

그러나 비평의 역사를 개관하면 대체로 다음과 같은 두 가지 관점에서 기준을 세우고 있음을 알 수 있다. 하나는 텍스트생산자의 입장이 기준이 되는 의도주의(intentioalism)와 또 하나는 그것이 독자에게 무엇을 말하고 있는가 하는 해석자 본위의 효과주의(affectivism)가 그것이다.

의도주의는 텍스트 자체보다도 저자 자신이 의도하는 의미를 강조하는 태도이다. 허쉬[8]는 한 텍스트는 하나의 의미만을 가지고 있을 뿐이라고 전제하고, 다시 그 단일한 의미는 그 저자가 애초에 의도했던 의미라고 주장한다. 한 텍스트의 의미를 저자의 통제를 벗어나서 존재하는 것이라고 믿는 것은, 현대 비개성주의 예술관(Iersonal theory of Art)의 영향일 뿐이며, 모든 텍스트는 저자가 그것으로써 무엇을 의미했을 때에만 비로소 의미를 가지는 것으로, 요컨대 텍스트의 의미의 최후의 귀착점은 텍스트에 의한 저자의 의도에 있다는 것이다.

그러나 텍스트를 저자에게서 분리하여 하나의 동떨어진 객관물로 보는 효과주의 입장에서는, 텍스트는 시대에 따라 개인에 따라 그리고 상황이나 개인의 심리에 따라 그 의미가 변할 수밖에 없다고 본다. 따라서 저자 본래의 의도는 텍스트 의미 해석에 있어서 전혀 기준이 될 수가 없다는 입장이다. 그러나 효과주의는 수용자의 주관과 그때의 기분에 치우칠 수밖에 없는 까닭으로 하여 감상이나 취미 정도라면 몰라도 정확성을 기하는 작품해석에 있어서는 당연히 많은 문제가 있을 수밖에 없다. 효과주의에 의하면, 독자가 저자가 생각과 아주 다르게 제 멋대로 해석을 해도, 저자는 전혀 이의를 제기할 수가 없다. 만약에 사실이 이와 같다면, 아무도 글을 써서 자기의 의사를 표명할 수 없을 것이다.

물론 의도주의에도 문제점은 있다. 저자가 뜻하는 것과 텍스트로 나타

---

8) E.D. Hirsh, Validity in interpretation(New Haven:Yale Univ, Press. 1967) 李商燮(1980, p.21 에서 재인용)

난 바가 일치하지 않는 경우이다.

아무튼 문학 작품의 전통적 해석론은 의도주의적이라고 할 수 있다.[9] 그러나 문학비평에서 저자의 의도가 중요하다는 것을 수용하고 있으며, 저자의 의도를 밝혀 해석하는 실례를 보여주고 있을 뿐, 의도를 찾아내는 방법, 의도의 역할 그리고 그 의도가 어떤 방법과 책략에 따라 제시되며 독자는 그것을 어떻게 수용하는가 하는 문제에 관한 보다 개별적이고 체계적인 연구는 매우 부족한 상태라고 할 수 있다.

2.1.4. 텍스트 언어학의 의도성

텍스트언어학에서 의도성이란 한마디로 응결성과 응집성이 구비된 텍스트로 만들고자하는 텍스트 생산자의 의도를 말한다. 그러나 좀더 넓은 의미로 볼 때 의도성은, 텍스트 생산자가 텍스트를 통하여 자신의 의도를 추구하고 달성하기 위해서 언어를 사용하는 모든 방식을 가리킨다.[10] 즉 '텍스트 생산자는, 수용자가 자신의 의도를 깨닫게 할 뿐 아니라 수용자에게 그 효과가 생겨나도록 하는 발화'를 의도한다는 뜻이다.

텍스트 생산자는 텍스트를 생산하는 과정에서 수시로 자신의 의도가 바르게 시행되고 있는지 상황을 점검한다. 그리고 자신의 의도대로 되지 않는다고 판단 될 때는 어느 때고 상황을 관리하게 된다. 그것은 연설이나 대화 또는 글을 쓰는 과정에서도 마찬가지다. 특히 남과의 토론이나

---

9) 그만큼 저자의 의도는 많은 경우에 매우 중요시되고 있다. 더구나 문학작품이 아닌 성경 등 경전의 해석이나, 대화에서 작자나 화자의 의도를 중요시하는 것은 결코 양보될 수 없는 절대적 영역이기도 하다. 이러한 점을 미루어 볼 때 문학작품의 해석에서 의도주의가 중요시되는 것은 당연하다.

10) Beaugrande(1982)참조. 의도를 실현하기 위하여 중간조정, 곧 상황조정 및 상황관리는 물론 그에 알맞은 책략을 사용하는 모든 경우를 포함한다.

설득을 위한 대화일 경우에는 더욱 치밀하게 중간조정 과정을 거치며 특히 여러 가지 책략으로 상황을 관리한다.

잘 아는 바와 같이 텍스트는 의사소통을 목적으로 하고 있으며 생산자는 자신의 의도가 제대로 효과적으로 전달되기를 바란다. 또한 그것을 위하여 언어적, 심리적 또는 상황적 요인을 활용하기도 한다. 결국 언어의 활동은 바로 이 의도성을 실현하기 위한 수단인 것이다. 텍스트 언어학에서 의도성은 이 모든 경우에 의도의 실현을 위한 중간조정, 곧 상황점검과 관리 그리고 각종 책략을 시행하는 과정에서 의도가 어떻게 작용하는가 하는 문제를 해결하려 한다. 실로 언어의 예술성 발현도 보다 효과적으로 이 의도성을 실현하려는 과정에서 우러나는 것이라 할 수 있는 것이다.

2.2. 텍스트의 정보성

2.2.1. 정보성의 단계

정보성을 '텍스트 수용자에게 제시된 자료가 새롭거나 예측 불가능한 정도'라고 규정하고 그 등급을 제시한 사람은 보그랑드(R. Beaugrande 1981)이다. 텍스트는 언어를 선택하여 배열함으로써 생산이 가능하다. 그는 샤논·위버(Claude Shannon and Warren Weaver 1949)의 통계적 개연성(statistical probability) 이론을 배격하고 텍스트 생산의 맥락이나 상황을 고려하고 중시할 것을 주장한다. 그리하여, 맥락과 상황 속에서 '기대', '가설', '기준치', '우선선택', '예측' 등을 언어 선택의 중요한 요인으로 본다. 그리고 그것에 어긋났을 때 다시 말하면 비예측적이거나 기대하지 못한 언어의 선택과 배열이 실현됨으로써 정보성이 발생한다고 보는 것이다. 예측 가능한 배열은 정보처리가 용이하지만 예측이 어려운 배열은 정보처리가 어려운 대신 어려움의 정도에 따라 흥미를 유발시킬 수 있다. 따라서 정보처리의 난이도를 등급으로 나누는 것은 텍스트 생산에 있어서 생산자로 하여금 수용자의 흥미를 유발시키는 요인과 관계된다는 점에서 유용하다. 보그랑드는 선택과 배열의 범위를 세 단계로 나누어, 개연성이 ⓐ높은 정도 ⓑ낮은 정도 ⓒ완전히 범위 밖의 것 등 세 가지로 구분할 수 있다. 그리하여 ⓐ의 경우를 1차 정보성, ⓑ를 2차 정보성, ⓒ를 3차 정보성이라고 하였다.

　텍스트의 정보성을 등급으로 나누는 것은 객관적 기준을 설정하기가 어렵다는 등 문제점이 없는 것은 아니다. 그러나 텍스트에 나타난 정보의 격상과 격하를 통해서 텍스트 수용자는 그 텍스트에 대한 흥미와 가치를 인정하게 되기 때문에[11] 보다 나은 텍스트를 생산, 수용하는 데 있어서 정보성의 등급을 매기고 그것을 활용하는 것은 상당히 편리하고 유용하다고 하겠다.

2.2.2. 지식적 정보성과 언어적 정보성

　텍스트의 의도성과 관련하여 특별히 눈여겨보아야 할 부분이 정보성에 관한 것이다. 일반적으로 텍스트의 목적은 정보 전달에 있으나, 정보의 양과 질, 방법 등은 의도성의 중간조정 및 책략에 의하여 결정되기 때문이다. 정보성은 대체로 두 가지의 모습으로 나타난다. 하나는 우리가 알지 못하고 있는 세계에 대한 새로운 지식, 또는 문제 해결의 방법을

---

11) 흥미는 처한 상황과 개인의 목표나 관심사 등에 크게 좌우되는 것이 사실이다. 그러나 그 근본 원리는 인간의 감각에 강한 자극을 주는 현저성이나 의외성 또는 비예측성, 다시 말하면 정보성을 어떻게 조절하여 표출하느냐에 의하여 좌우된다.

의미한다. 그러나 언어학적 정보는 그러한 모든 것을 포함하면서도 실은 텍스트의 생산·수용 과정에서 예측하지 못한 어휘 또는 구절의 선택과 배열에서 오는 새로움 또는 비예측성을 가리킨다. 특히 텍스트 언어학에서의 정보는 전자보다 오히려 후자에 가깝다고 하겠다. 이 경우 대개 그라이스가 제창한 대화의 격률을 어기는 형태로 나타난다. 물론 격률을 잘 지키면 화자의 의도가 잘 전달되고 바람직한 대화가 이루어질 것이다. 그러나 격률이 지켜지지 않는다고 반드시 대화가 성립되지 않는 것은 아니다. 그라이스는 격률이 지켜지지 않을 때 대화의 함축(conversational implicature)이 발생한다고 하였다. 그것은 격률을 지키지 않는 것 자체가 텍스트 생산자의 의도를 반영하는 것이기 때문이다. 그러나 여기서 주장하고 싶은 것은 격률이 지켜지지 않을 때는 대개의 경우 비예측적 배치로 인한 정보성이 창출되는데 그것은 사실에 관한 정보성이 아니라 배열에 의한 정보성이라는 것이다.[12]

결론적으로 텍스트가 우리가 알지 못하고 있는 세계에 대한 새로운 지식, 또는 문제 해결의 방법을 전연 제시하지 못한다 해도 정보성에 관해서 문제가 될 것이 없다. 왜냐하면 언어체계 안에서 생산되는 모든 발화체들의 선택과 배치가 바로 정보성을 생산하는 대상일 수 있기 때문이다. 여기에서 전자, 즉 사실에 관한 정보를 '지식적 정보성'이라고 하고 후자, 곧 언어의 배열 과정에서 나타나는 정보를 '언어적 정보성'이라고 부르겠다.

이들 정보성 중에서 특히 텍스트 이론에서 중요한 것은 정보성은 후자,

---

12) 텍스트 이론서에서는 이에 관한 구분을 하고 있지 않다. 그러나 어떤 사실에서 오는 지식적 정보성은 언어의 예술성에 직접적으로 기여하지는 않는다. 오직 언어적 정보성을 창출하는 데서 언어의 예술적 아름다움 그리고 개성과 다양성이 발현된다.

곧 언어적 정보성이며, 그것이 바로 언어를 예술의 경지로 끌어올리는 근본적 요인이 된다.

2.3. 안정적 표현과 창의적 표현

사람들이 가장 듣기 싫어하는 말은 한 말을 자꾸만 되풀이하는 것이다. 따라서 텍스트 생산자는 설혹 평범한 이야기일지라도 새로운 방식으로 표현하려 하는 의도를 갖게 되고, 수용자도 또한 그러한 것에서 흥미를 느끼며 그것을 요구한다. 인간은 정신적으로 얼마나 열려 있느냐에 따라 존재세계에 대해 관심의 정도가 달라진다. 따라서 담화의 즐거움과 언어의 예술성은 넓은 세계에 대한 끝없는 관심, 그리고 그 관심을 불러일으키기 위하여 새롭게 표현하고자 하는 의도성에서 나온다고 할 수 있다. 그리고 그것은 노상 새로운 언어적 정보성를 담게 된다.

Otto Jespersen(1925, p.97)에서는 "이상적인 인간 언어란 단순하고 가장 용이한 방법으로 완전하게, 그리고 가장 쉽게 받아들일 수 있는 형태로 표현할 수 있어야 한다"고 말하고 있다. 매우 공감이 가는 말이다. 그것을 그라이스 식으로 표현하면 격률을 그대로 지키기만 하면 된다는 것과 같은 의미이다. 그러나 인간은 보다 완전한 지식에 대한 욕망, 즉 기존의 어휘나 관례적, 상투적 표현의 밖에 존재하는 것에 대한 끊임없는 동경을 본능적으로 가지고 있다. 따라서 인간에게 상상력이 살아 있는 한 새로운 언어의 자질을 탐색하고 개발하려는 노력은 상존하게 마련이다.

이제까지 논의한 바와 같이, 인간의 언어 표현의 두 가지 모순되는 태도를 발견하게 된다. 하나는 격률을 지키면서 예스페르센의 견해처럼 안정되고 정돈된 방식의 표현을 견지하려는 태도와 또 하나는 상식적이고 안정된 틀을 깨고 상상력이 이끄는 대로 보다 새롭고 비예측적인 표현을 추구하는 태도가 그것이다.

필자는 여기서 전자를 '안정적 표현', 후자를 '창의적 표현'이라고 명명하고자 한다.

그 중에 이 글이 논의하려는 바는 후자에 관해서이다. 안정적 표현은 쉽고 안정되며 의사 전달에 문제가 없다. 아니, 생산자의 의도를 최대한으로 전달할 수 있는 모범적 표현이다. 그러나 언어적 정보성이 없다. 언어의 풍부한 함축성과 생동적 긴장감이 죽어 있는 표현이다. 창의적 표현은 통속적 관점을 벗어나서 새로 탄생되는 신선하고도 개성적 관점이라고 할 수 있다. 필립 윌라이트(Philip Ellis Wheelwright, 1962)에서는 언어사용자인 인간은 살아 있는 존재로서 풍성하게 삶을 영위할수록 그의 사고와 표현들은 생동감을 나타낼 수 있는 언어를 필요로 한다고 주장한다. 변화무쌍한 사고의 과정을 그대로 나타낼 수 있는 완벽한 표현, 밀도 있고 함축적이며 새로운 생명력이 넘치는 표현을 인간은 지향하고 추구한다. 그것을 즐기고 만족해한다. 이러한 창의적 표현은 그대로 언어의 예술성의 본질이 되며 나아가 인류의 사고와 문화의 폭을 넓히는 원동력이 된다. 따라서 언어학은 이러한 '창의적 표현'의 영역에 관하여, 보다 새로운 인식을 갖고 적극적으로 연구해야 할 것이다.

그런데 창의적 표현의 가장 대표적인 문학장르는 뭐니뭐니해도 단연 시(詩)라고 할 수 있다. 앞에서 언급한 바와 같이 이 글은 특히 의도성이 텍스트의 근본적 요인으로 작용하며, 모든 텍스트의 가치와 창조성은 의도성 실현을 위한 정보성의 생산과정에 달려있다는 것을 밝히고자 하는 것이다. 그것이 언어의 창조적, 예술적 원리에 어떻게 작용하는가를 살펴보고자 한다. 그리고 그 원리가 극대화 된 언어형식인 '시(詩)'를 통하여, 언어의 효용성 제고를 위한 언어 사용의 양상과 한계가 어떠한가를 살펴보고자 한다.

3. 시의 언어와 그 효용성

3.1. 시어의 기능

3.1.1. 박남수[13]의 「새」[14]

먼저 이 시의 전문을 살펴보자.

1.
㉠하늘에 깔아 논
㉡바람의 여울터에서나
㉢속삭이듯 서걱이는
㉣나무의 그늘에서나, ㉤새는
㉥노래한다. ㉦그것이 노래인 줄도 모르면서
㉧새는 그것이 사랑인 줄도 모르면서
㉨두 놈이 부리를
서로의 죽지에 파묻고
다스한 체온을 나누어 가진다.

2.
㉩새는 울어

---

13) 박남수(朴南秀, 1918-1994), 시집에 『초롱불』(1940), 『갈매기 소묘』(1957), 『새의 암장』(1969) 등이 있다.
14) 『신태양』(1959. 3)에 수록.

뜻을 만들지도 않고
㉠지어서 교태로
사랑을 가식(假飾)하지 않는다.

3.
㉤ - 포수는 ㉥한 덩이 납으로
㉧그 순수를 ㉮겨냥하지만

㉯매양 쏘는 것은
㉰피에 젖은 한 마리 상(傷)한 새에 지나지 않는다.

① 분석 및 해설

이 시는 1. 2. 3.으로 번호를 매겨 나누어져 있으나 그냥 1,2,3 연으로
간주해도 괜찮을 것이다. 아무튼, 먼저 1. 2. 3.의 순서대로 결속성과 의미
내용을 탐구하고 전체적인 내용의 개념과 개념들의 관계를 살피도록 하
겠다.

<개념들의 관계>

1. A: 배경, B : 행위자1(대상), C : 행위, D : 행위자2(주체)

   A : ㉠—㉢ (㉠의 구체화)

       ㉢—㉣ (㉡의 구체화)

   B : ㉤ : 행위자:(agent)이며 대상(object)

   C : ㉤의 행위

       ㉥—㉦(㉥의 의미도 모르고)

       ㉧—㉨(㉧의 의미를 모르고)

2. ㉤㉥㉧의 방식-㉩㉠

3. D→㉮→㉧(=㉤←㉥,㉧)
        ↓

㉯→㉰

　＜그림＞에서 보듯이 A는 배경이다. ㉠—㉡ 하늘은 새가 날아다니는 터전이요, ㉢—㉣ 숲은 새가 날거나 앉아서 쉬고 잠을 자고 사랑하며 살아가는 곳이다. 곧 ㉠—㉡, ㉢—㉣은 새가 터전으로 삼고 살아가는 배경 전체, 곧 자연을 대유(代喩)하고 있다. 그러므로 배경은 자연 그 자체이다. '자연(自然)'은 신(神)이 창조한 세계로 인간이 인식하기 전부터 존재하고 있었으며 인간의 인위가 전혀 침범하지 못한, 스스로의 목적에 따라 스스로 운행하는 신성(神聖)한 영역이다. 그것이 이 시의 배경이다.

　B는 행위자로서 자연에 의해 생명을 부여받고 자연의 조화에 따라 살아가는 자연의 일부로서 역시 신성하고 순수한 존재로서 ㉤'새'이다.

　C는 새의 삶의 작용 또는 삶의 행위를 나타내는 것이다. ㉥노래하고,㉦ 사랑하는 것 외에도 먹이를 물어오고 집을 짓고 알을 까고 부화시켜 키우는 등 여러 가지 삶의 행위들이 있겠지만 그것들을 모두 포함한 환유적 표현이다. 그런데 중요한 것은 ㉧,㉨이다. 새는 노래하는 것인 줄을 모르면서 노래를 부르며 사랑하는 것인 줄도 모르면서 사랑을 한다는 것이다.

　대부분의 문학 작품에는 동기(motive)가 있다. 그것은 하나의 감동이며 새로움이다. 시인은 아무도 볼 수 없는 평범한 사실에서 그것을 보는 능력을 가진다. 시인은 그것을 발견할 때 전율을 느끼고 그것을 발견함으로써 표현하고 싶은 열정으로 휩싸이게 된다. 이 시에서 시인이 정말로 이야기하고 싶은 것은, 새가 자신이 노래를 하는 것인지도 사랑을 하는 것인지도 인식하지 못한다는 것이다. 새가 노래하고 사랑하는 데는 목적도 의도도 없다. 그러기 때문에 자신이 하는 행동을 남에게 과시할 필요도 이유도 없으며, 그것을 통하여 보답이나 칭찬 등 어떤 대가도 의식하지 않는다. 그냥 필요할 때 열심히 노래하고 열심히 사랑하는 것이다. 속습(俗習)에 물든 인간사회는 그러하지 못하다. 언제나 이유와 목적과 부수적인 이득이 따른다. 계산과 명분이 따른다. 그러한 것들을 인위적인 것이라고 할 때, 새의 행동은 인위와는 완전 대립되는 것이다. 행동이라 는 말 자체가 어울리지 않을 만큼 너무나도 자연 그대로의 삶의 작용을 해나가는 것이다. 너무나도 당연한 자연의 모습, 너무나도 평범한, 말 그대로 생명의 작용을 통해서 시인은 인위적 속습의 그물을 뚫고 자연과 순수, 그 본원(本源)의 모습을 재발견하는 기쁨을 이야기하고 있다. 그러 나 이러한 기쁨을 받아들이기에 독자들이 너무도 인위(人爲)에만 익숙한 나머지 공감을 못할까봐 걱정이 된다. 그래서 설명을 하지 않을 수 없다. 그것이 2의 ㉃,㉅이다.

㉃,㉅은 ㉂,㉀와 완전한 등가성을 지니고 있다. ㉂,㉀의 환언이며 설 명이다. '새는 울어 뜻을 만들지 않는다'는 것은 '노래인 줄 모르면서 노래한다'는 말이요, 새의 노래는 순수 그 자체인 동시에 신이 창조한 신성함과 자연스러움 그대로 지니고 있다는 뜻이다. '지어서 교태로 사랑 을 가식하지 않는다'는 것도 같은 뜻이다. 다시 말하지만 너무도 당연하 고 평범한 이야기이다. 그런데 뒤집어 생각해보면, 인간은 뜻을 만들고 교태로, 교언영색(巧言令色)으로 사랑과 진실을 가식한다는 뜻이기도 하 다. 아니 인간의 노래와 사랑과 언행과…… 인간의 모든 삶은 이미 인위 적이요 꾸밈이요 과장된 표현이요 다른 목적을 품고 있기까지 하다. 한 마디로 순수성 잃고 있다. 그런데 정작 인간은 자신이 그렇다는 사실조차 모르고 있다. 그것을 화자는 감정에 치우치지 않고 차근차근 조리 있게 말하고 있다. 그것이 3이다.

3에서 행위자인 ㉣포수는 ㉮겨냥하고, ㉯쏜다. 겨냥의 대상은 ㉭=(㉱ ←㉧,㉨)이지만 행위의 도구는 ㉲한 덩이 납이다. 그리하여 ㉯얻는 것은 ㉠=(ㅁ←ㅂ,ㅈ)이 아니라, ㉣(ㅁ의 시체)일 뿐이다.

이 부분에서 좀더 설명을 추가하면 다음과 같다. 포수는 새를 겨냥한다. 그런데 새는 그냥 새가 아니라 살아 있는 새다. 새가 살아있다는 것은 자연 속에서, 가식과 목적이 없이, 신이 만든 영역 속에서 신이 만든 그대로 자연스럽게 살아가는 것을 의미한다. 그것을 화자는 '순수'라고 표현하고 있다. 그렇다. 포수가 한 덩이의 납으로 겨냥하는 것은 살아 있는 새이다. 그러나 그 납덩이에 맞아서 떨어져 포수의 손에 들어온 것은 이미 살아 있는 새가 아니다. 다만 살아 있을 때와 모습만 같은 죽은 새를 얻을 수 있을 뿐이다. 그것은 것은 순수가 아니다. 순수의 그림자요 순수의 껍질일 뿐이다. 그러므로 납(인위)으로는 생명(순수)을 구할 수가 없다. 그것으로 구할 수 있는 것은 순수의 모사품 뿐이다.

② 시어 "순수"의 기능

이제 ㉤"순수"라는 시어의 의미 작용에 관하여 살펴볼 차례다.

앞에서도 말했지만 여기서 "순수"는 새를 가리킨다. 그냥 새가 아니라 살아있는 새다. 살아 있는 새는 노래하고 사랑한다. 그러나 그것이 노래하고 사랑하는 것인 줄 모르고 한다. 그렇게 먹이를 먹고 알을 깐다. 새끼를 키우며 마음껏 날기도 한다. 이를테면 삶을 살아가는 것이다. 그 새에게는 그 이상 아무 것도 없다. 새의 행위 곧 삶에는 어떤 이득이나 따로 마련 된 계산된 목표가 있을 수 없다. 그냥 행위이고 삶일 뿐이다 그것이 "순수"이다. 순순한 삶의 모습은 그 자체만으로 아름답다. 그리하여 그것을 가지려고 한다. 겨냥한다는 것은 두 가지 의미로 해석 될 수 있다. 표면적 의미는 새를 쏘아서 잡으려는 것이요 내면적 의미는 그것을 목표로 그것에 도달하려는 것을 의미한다. 어느 쪽이든 상관없다. 그 새의 삶, 곧 "순수"에 도달하기 위해서는 어떤 목적을 갖거나 그것을 소유하려는 생각을 하지 말아야 한다. 그런 생각을 하는 것이 이미 욕심이요 인위이기 때문이다. 욕심, 곧 인위는 자연 그대로의 모습도 아니요 순수도 아니다. 그러므로 그렇게 해서는 영원히 순수에 도달할 수가 없고 그런 아름다운 새의 모습을 소유할 수가 없는 것이다. 이제 우리는 이 시가 제시하고 있는 두 가지 대립되는 개념을 다음과 같이 상정할 수가 있다.

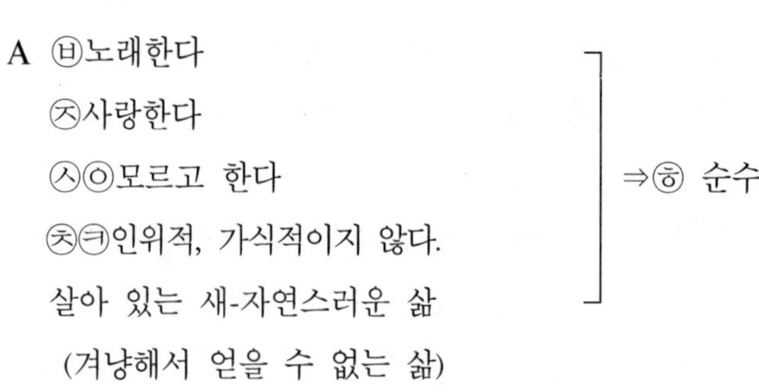

위에서 보는 바와 같이 "순수"라는 시어를 사용하지 않았다면 A의 의미내용을 뭉뚱그려서 보다 새로운 의미 내용으로 형상화할 수 없었을 것이며, 또한 A와 B의 대립된 개념을 체계화하여 상상할 수 없을 것이다. 물론 추상적으로 막연하게 생각할 수 있을는지는 모른다. 그러나 위의 표에서처럼 구체적으로 떠올릴 수는 없다. 그러므로 "순수"라는 시어는 아주 평범하게 무심히 보아 넘길 수밖에 없는 "노래하고 사랑하고, 삶을 살아가는 가식 없는 살아 있는 새" 곧 (ㅂ,ㅈ,ㅅ,ㅇ,ㅊ,ㅋ)→ㅁ에 새로운 의미를 부여하여 우리가 잊고 살았던 평범하지만 너무나 소중한 것들에 새로운 생기를 불어넣는 기능을 해 준다. 뿐만 아니라, 인위적으로 인공물로서 욕심을 만족시키려는 행위의 의미와 그것이 가져오는 결과가 어떤 것인지, 그리고 **A**와 **B**의 대립을 통해 진실과 허위, 순수와 비순수의 의미를 이미지화하여 인식에 이르게 해 준다. 우리는 이것을 통해서 욕심을 내서는 일이 되지 않는 이유, 억지로 어떤 일을 성취하려는 것이 얼마나 무모한 일인가를 확인하게 된다. 나아가 불교의 고승들의 '달을 가리키는데 왜 손가락을 보느냐?'가르침의 의미를, 성경에 예수가 하나님의 독생자라면서 그 복음을 실현하기 위해서 왜 황제로 오지 않고 말구유에 힘없는 어린아이로 이 땅에 오셨는지에 대한 대답을 찾을 수 있게 해주는 것이다. 이 모든 것을 이 시의 화자는 전연 흥분하지 않고 객관적으로 보여주고 있는데, 그것은 '순수'라는 언어를 사용함으로써 가능하게 된 것이다. 이처럼 순수는 (ㅂ,ㅈ,ㅅ,ㅇ,ㅊ,ㅋ)→ㅁ에 새로운 의미를 부여하고 이들 전체의 개념을 격상한다.

3.1.2. 김광림[15]의 「雲井驛에서」[16]

雲井에 눈 내린다
삼월의 寒驛은
차라리 진흙탕
동행한 작곡가 B씨는

---

15) 김광림(金光林, 1929-   ), 시집에 『학의 추락』(1971), 『언어로 만든 새』(1979), 『말의 사막에서』(1989) 등이 있다.

16) 시집 『멍청한 사내』(문학사상사, 1988)에 수록.

뼤제르브르그의 겨울날
옷차림이다

우리는
막걸리 한 사발로
목을 축이며
시장기를 달래고
눈발 속에서
神의 列車를 기다렸다

上行은 十四時 八分
下行은 十四時 十九分

취기 도는 五十八세의 그와
五十五세의 나는/십일 분 간격으로 엇갈린다

우리는 어차피
세 치의 거리를 두고
헤어질 수밖에 없다.

나는 담배 한 대 피우고 떠날 것이다.

— 金光林, 「雲井驛」에서 全文

① 해설 및 분석

이 시의 내용을 살피면 중심이 되는 단어는 3연의 '엇갈린다'이다. 그
리고 4연에서 '헤어질 수밖에 없다'라는 말로 되풀이되고 있다. 그러므로
제어중심(Controll center)은 <엇갈리다= 헤어질 수밖에 없다>이다. 이
러한 관점을 근거로 이 시의 응집성(coherence), 곧 개념과 개념들의 관계

를 통하여 의미를 분석하면 다음과 같다.

　　＜표면적 의미＞
　　제어 중심: 엇갈린다＝ 헤어질 수밖에 없다(이별)
　　장소: 운정역- ㉠열차를 기다리는 공간 ㉡ 열차를 타고 헤어지는 공간
　　　　　　　　㉢ 작곡가 B씨를 먼저 보내고 담배 한 대 피우는 공간
　　방식: 열차를 타고
　　시간: 십사시 팔분, 십사시 십구분 ; 11분 차이
　　공간적 거리로 환산: 세 치의 거리
　　방향: 상행과 하행

　이러한 개념과 개념들의 관계를 요약하고 보면 이 시의 의미 내용은 일목요연하게 드러난다. 물론 이러한 작업을 하지 않아도 의미 내용을 정확히 알 수 있다. 그만큼 수용하기에 무리가 없는 시이다. 그러나 위에 제시한 응집성의 모습은 어디까지나 표면적 의미내용이다. 시는 많은 의미를 함축적으로 표현하는 것이 특징이라는 것을 모든 독자들이 잘 알고 있기 때문에 당연히 '雲井驛에서의 헤어짐'을 '인생에서 사람과 사람사이의 별리(別離)'로 의미를 확대하려는 경향이 있다. 그것은 당연하며 바람직하기까지 하다. 만약에 위에 난타난 표면적 의미내용을 나타내는 것으로 이 시의 역할이 끝난다면 이 시는 그야말로 무미건조한 시로 전락하고 말 것이기 때문이다. 그러나 그렇다고 무턱대고 의미를 확대 해석하려는 것은 화자의 의도를 왜곡하여 전연 다른 방향으로 몰아갈 소지도 있을 뿐 아니라, 의미 확대의 범주가 매우 모호하고 불분명하여 보다 명확한 이미지를 찾아내지 못할 수도 있는 것이다.

<확대된 내면적 의미>

시의 화자는 독자들에게 이러한 문제를 해결하기 위한 빌미를 이 시에서 제공하고 있다. 그것은 열차를 그냥 열차라고 하지 않고 "神의 列車"라고 의미를 부여한 것이다. 그러지 않아도 '운정역'과 '운정역에서의 헤어짐'의 의미를 확대해석하고 하고자 하는 독자의 자발적 의욕에 보다 구체적인 방향을 제시해주고 있는 표현이기 때문이다.

"列車"를 "神의 列車"로 의미를 격상시킴으로써 당장 다음과 같은 효과를 얻게 만든다.

㉠ 시의 화자가 타려고 하는 열차는 타고 싶으면 타고 타기 싫으면 안타도 되는, 경우에 따라서는 어디가서 놀다가와서 타고 싶은 때 마음대로 타도되는 그런 열차가 아니라, '인간의 의지와는 상관없이 꼭 타야하는, 신의 계획에 따라 마련된, 또는 운명지어진 열차'라는 구체적 개념으로 금방 다가온다. 이렇게 해서 독자는 금방 표면적의미 외에 내면적 의미로 안내되는 빌미가 되는 것이다. 이제 독자는 그것을 바탕으로 이 시의 처음으로 돌아가서 다음과 같은 확대된 이미지를 구축할 것이다.

㉡ '雲井驛', 이 시의 공간적 배경인 雲井驛은 춥고 썰렁하다. 척박하고 황량하기까지 하다. 이러한 공간은 삽시간에 우리가 살고 있는 이 현실세상, 억압과 수탈, 투쟁과 쟁취, 그리고 부정과 부조리로 얼룩진 그야말로 살벌한 이 세상으로 의미가 확대된다.

㉢ 여기에 작곡가 B씨와 화자인 '나'가 등장한다. 작곡가 B씨와 나는 가까운 친구 사이고 둘 다 여행 중에 있다. 둘은 역 주변에서 추위와 시장기를 이겨내기 위하여 정답게 막걸리를 마시며 시간을 보낸다. 물론 B씨는 단순히 B씨일 뿐 아니라, 이 세상을 살아가면서 서로 알고 의지했던 많은 친구, 친지들을 환유하는 것으로 확대된다. 그리고 그들과 함께 막걸리를 마시면서, 또는 소박하게 어려움으로부터 서로 돕고 의지하고

세상살이를 즐기면서 이 세상에서의 기다림을 마감하고, 새로운 인생의 출발(그것은 죽음일 수도 있다)을 기다리고 있을 수도 있다.

㉣ 함께 하던 B씨, 다시 말하면 이 세상에서 서로 사랑하고 의지해온 사람들과 무척이나 정이 들었고 헤어지기가 싫다. 그러나 그것은 마음대로 되는 것이 아니다. 그리하여 '헤어질 수밖에 없'는데, 그것은 서로에게 배당된 神의 列車, 곧 운명의 시간표가 다르기 때문이다. 그 차이도 불과 十四時 八分과 十四時 十九分, 겨우 11분 차이다. 11분 차이를 공간 개념으로 바꾸면 고작 '세 치' 거리밖에 되지 않는다. 너무도 가까운 거리이며 결코 헤어지기 싫은, 엇갈리기에 너무 안타까운 거리이다. 그러나 엄연한 거리이다. 그것은 결코 하나가 될 수 없는 영원한 거리인 것이다. 그리고 방향마저 하나는 상행, 하나는 하행으로 반대 방향이다. 물론 그 사이에 같은 방향으로 가는 열차가 없었을지도 모른다. 그러나 이것만은 분명하다. 겨우 세 치 거리밖에 안 되지만 영원히 하나일 수 없는 거리이며, 영원히 서로가 다시 만날 수 없는 자기만의 길을 가야한다는 것이다.

㉢ 어차피 헤어질 수밖에 없는 것이 인생살이다. 그리하여 인간은 아무리 정이 들고 가까웠던 사람들과도 결국 머지 않아 반드시 헤어지게 되어 있으며 그리고는 자기만의 운명을 지고 자기만의 길을 가야하는 것이다. 우리는 모두 이러한 절대적 인 고독을 느끼게 되는 것이다.

㉤ 결국 이 시는 인간에게 운명적으로 주어지는 어쩔 수 없는 이별을 감내하고 자기만의 길을 홀로 갈 수밖에 없는 고독과 그것에 순응할 수밖에 없는 목숨 가진 자의 순명(順命)을 형상화하고 있는 것이다. 더구나 마지막 연에서 나의 열차를 혼자 기다리며 홀로 담배를 피우는 모습은, 언어의 함축적 의미 사용을 극대화하고 있음을 확인할 수 있는 것이다.

② 시어 "神의 列車"의 효용성

이상에서 1.<표면적 의미 내용>과 2.<확대된 의미내용>을 비교하였다. 그리고 1에서 2를 추론하도록 힌트를 준 언어가 바로 "신(神)의 열차(列車)"였다. 그것은 독자로 하여금 1에서 2를 추론하도록 강요하는 화자의 계산된 의도의 표지이다. 그리고 2로 해석하는 것이 당연하다는 객관적 근거를 제공하는 구실을 한다. 그러면서도 그렇게 하라는 어떤 명령이나 요구도 하지 않고 있다. 단지 '열차(列車)'를 '神의 列車'로 격상하고 있을 뿐인 것이다.

여기서 '神'이란 언어를 발견하는 것과 그것을, 예컨대 운정역이라든가 작곡가 'B씨'라든가 '시간' 등 다른 말과 연결시키지 않고 '列車'와 연결시킴으로써 언어 의미와 기능을 극대화 한 것은 시인의 천재적 직관력의 산물이다. 이처럼 의도되고 계획되고 계산된 시어의 사용은 언어의 의미 기능을 상상할 수 없을만큼 확대할 수 있다. 이 경우는 시적 언어의 사용이 언어의 효용성을 얼마나 확대시킬 수 있는가를 보여주는 아주 드문 예라고 할 수 있다.

3.1.3. 이성선[17]의 「별을 쳐다보며」[18]

　　　　내 너무 별을 쳐다보아
　　　　별들이 더럽혀지지 않았을까

　　　　내 너무 하늘을 쳐다보아

---

17) 이성선(李成善), 강원도 고성 출생, 시집에 『하늘 문을 두드리며』, 『몸은 지상에 묶여도』, 『나의 나무가 너의 나무에게』, 『별까지 가면 된다』 등이 있다.

18) 시집 『몸은 지상에 묶여도』에 수록.

하늘은 더럽혀지지 않았을까

별아, 어찌하랴
이 세상 무엇을 쳐다보리
혼들리며 혼들리며 걸어가던 거리
엉망으로 술에 취해 쓰러지던 골목에서

바라보면 너의 눈물 같은 빛남
가슴 어지러움 황홀히 헹구어 비치는

이 찬란함 마저 가질 수 없다면
나는 무엇으로 가난하랴

李成善, 「별을 쳐다보며」 全文

① 해설과 시어 '가난'의 효용성

이 시의 제어 중심은 물론 '별'이다. 2연의 '하늘'도 별과 대등한 의미를 가지기는 하지만 하늘의 등장은 그 하늘에 '별'이 있음으로써라는 해석이 가능하다. 아니, 바로 별 때문에 등장하고 있다고 단언할 수 있다. 설혹 '별'과 대등한 또 하나의 대상으로 '하늘'이 등장했다 해도 그것은 역시 별처럼 아름답고 깨끗한, 그리하여 이 세상의 비리와 부조리 무질서와 부정 부패, 투쟁과 쟁취, 억압과 수탈 등으로 물들지 않은 대상으로 등장한 것이다. 이 시의 내용은 시종 별과 이 세상의 대조로 이루어진다. 즉 이것을 나열하면 다음과 같다.

ⓐ 별, 하늘: 깨끗한 것 = 아름다운 것
ⓑ 이 세상(人間事): 더러운 것 = 취할 수밖에 없게 만드는 것

이 시의 의미 내용은 ⓐ와 ⓑ의 대조 형식으로 이루어져 있음을 알 수 있다. 더구나 3연과 4연에 걸쳐서 나타나 있는, 너무나 더럽고 치사해서 취할 수밖에 없는 이 세상에서 '눈물같이 빛나는 별을 쳐다보면', '가슴의 어지러움증을 황홀히 헹구어 비추'어 준다고 고백하고 있다.

이 시에서 특히 언어 배열의 비예측적 기발함은 6연 2행에 나타나는 '가난'이란 시어에서 발견된다. 통상 '나는 무엇으로 살아가랴.'라는 말이 쓰이고 있는데, 그것은 가장 믿고 의지했던 사람이나 소중한 무엇인가를 잃었을 때 관용적으로 흔히 쓰는 말이다. 이런 경우 무엇으로 다음에 반드시 '살아가랴'가 연결되기 때문에 당연히 다른 언어가 나타나리라고 예상하지 못한다. 이처럼 예상을 깨는 언어에서 발견되는 놀라움과 참신함 그리고 예술성을 통하여 독자들은 카타르시스를 느끼게 되는 것이다. 여기서 그 역할을 해주는 말이 바로 '가난'이다.

가령 "무엇으로 살아가랴"에서 가장 절실한 것은 물론 살아가는 것이다. 그런데 그 살아가는 데 있어서 가장 중요한 역할을 해온 그것이 사라짐으로 하여 살아갈 방도를 잃어버렸다. 그러므로 살아가는 것이 가장 중요한 현안이지만, 그것을 가능하게 해주는 것이 잃어버린 '그 무엇'인 것이다. 따라서 가장 중요한 삶의 문제를 통하여 잃어버린 '그 무엇'의 중요성을 강조하는 표현법인 것이다. 다시 말하면 그 무엇이 없어짐으로 해서 실제로 살길이 막막하다. 그만큼 '그 무엇'은 중요한 것이다. 여기서 쓰인 '가난' 또한 같은 방식으로 쓰인 것이다.

가령, 세상에서 가장 강한 자는 '털어서 먼지 안 나는 사람'이란 말이 있다. 그것은 세상의 진리를 담은 말로 정직과 진실의 중요성을 강조하는 말일 것이다. 마찬가지로 세상에서 가장 행복한 사람이 무엇이냐 했을 때 여러 가지의 대답 중에서 가장 신빙성이 있는 대답으로 '더 이상 아무것도 바랄 게 없는 사람'이란 말일 것이다. 어떻게 사람이 더 이상 바랄

게 없는 상태가 될 수 있는가? 그것은 두 가지 방법밖에 없다. 하나는 이 세상의 모든 것을 다 갖는 것이다. 그렇게 되면 더 이상 바랄 게 없게 될 것이다. 그러나 뭐든지 다 갖는다는 것은 사실상 불가능하다. 욕심은 결코 만족할 줄 모르는 것이 속성이다. 그러므로 다 갖는다는 것은 상상할 수도 없다. 그러므로 다른 방법을 찾을 수밖에 없다. 그것이 아무 것도 갖고 싶은 생각을 없애는 방법이다. 아무 것도 갖고 싶은 것이 없다면 결국 더 이상 바랄 게 없는 상태가 될 것이다. 그러나 인간이 어떻게 그렇게 될 수 있다는 말인가? 보통의 방법으로는 불가능하다. 그리하여 그렇게 되는 방법에 관하여 각 종교의 경전에는 모두 언급을 하고 있다. 기독교의 성경에서는 '심령이 가난한 자', '매일 같이 자신을 죽인다', 예수가 스스로를 온유하고 '겸손'한 사람이라고 고백하는 것 따위나 불교에서 '무아론'이나 '아트만론'을 주장하는 따위는 모두가 더 이상 아무 것도 바랄 것이 없는 상태를 다른 말로 표현한 것이라고 하겠다.

따라서 이 시의 화자는 결국 '살아가는 것'과 대등하거나 그 이상의 의미를 가지는 것이 바로 '마음이 가난'해지는 것이다. 그런데 이 세상을 살아가는 데 그 어떤 사람이나 그 무엇이 필요하듯이, 이 세상에서 모든 것을 버리고 마음이 가난해지는데는 '너, 별'을 바라보는 것이 반드시 필요하다. 결국 가난해지는 것이 지상의 과제인데, 그것은 '별'을 바라봄으로써 가능해진다는 것, 결국 '별의 소중함을 극대화한 표현인 것이다.

다시 정리하면,

별은 너무나 깨끗하고 아름다워서 속세에 때묻은 내가 쳐다보기만 해도 더럽혀질까 두려울 정도이다. 이 세상에서는 바라볼 것이 아무것도 없다. 이 세상을 바라보면 차라리 취할 수밖에 없다. 취해서 쓰러질 수밖에 없을 정도가 되었을 때도 너, 별만 쳐다보면 더러워진 나의 가슴은 깨끗이 헹구어진다. 그렇게 너, 별은 찬란한 존재이다. 만약에 별을 볼 수 없다면 나는 가난해질 수도 없다. 내가 가난해지기 위해서는 모든 것을 다 버려야 하는데 모든 것을 다 버릴 수 있는 마음은 너, '별'을 쳐다볼 때 느끼는 그 깨끗하고 아름다운 마음이 되지 않고서는 절대로 불가능하기 때문이다. 그만큼 '별'은 깨끗하고 아름다우며, '별'을 바라보는 것으로 이 세상의 모든 것을 버려도 될 만큼 그렇게 아름답고 순결하며 숭고한 존재라는 것이다.

3.2. 효용성의 극대화

시처럼 텍스트 생산자의 의도가 치밀하게 계획되고 관리되는 표현은 없을 것이다. 창의성과 개방성을 향하여 활짝 열어놓은, 시인의 정신적 깊이가 자유롭게 마음껏 펼쳐지고 있는 세계 그것이 바로 시이다. 어떻게 우회하여 그 누구도 할 수 없는 자신만의 진실의 세계를, 그 긴장감의 무늬를 형상화할 수 있을까? 시인은 그것을 향하여 마음을 열고 상상력을 집중한다. 물론 개념과 개념들의 관계, 곧 응집성을 이루기 위한 플랜도 세운다. 그러나 시는 생각으로 씌어지는 것이 아니라 말로 쓰여진다. 결국 그것을 형상화할 수 있는 최선의 어휘배합을 위한 탐구에 집중한다. 따라서 시 텍스트의 생산은 어휘의 배열에서부터 시작된다.

어휘배열의 새로움, 그것을 위해 말을 꼬기도 하고 비틀기도 한다. 그냥 "그리워"가 아니라 "그립다/ 말을 할까/ 하니 그리워"이다. 또 이미지를 만들기 위해서 비유하고 상징한다. 가급적이면 다른 사람들이 상상할 수 없는 먼 곳으로 우회한다. 이른 바 '낯설게 하기', '시치미 떼기', '의도적 오류' 이런 모든 것들이 시인의 치밀하게 계획된 의도에 의해, 상황에 맞게 중간조정(mediation)을 하고 상황을 점검(situation monitoring)하며 황을 관리(situation manigement)한 모습이다.[19]

그러면서도 적절성과 적확성, 구체성, 감각성을 표현의 기준으로 삼고 그 원칙에서 벗어나지 않는다.

이제까지 박남수의 「새」의 시어 "순수", 김광림의 시 「雲井驛에서」의 시어 "神의 列車", 그리고 이성선의 「별을 쳐다보며」에 나타난 시어 "가난"의 기능과 그 효용성에 관하여 살펴보았다. 이들은 하나같이 단 하나의 시어로서 시 전체의 의미를 크게 격상(up grade)시키는 역할을 하고 있음을 알 수 있었다.

시어도 다른 언어와 마찬가지로 배열의 새로움을 통하여 언어적 정보성을 창조함으로써 언어를 예술의 경지로 끌어올리는 것이다. 그런데 이러한 언어의 배열의 새로움은 일반적으로 비예측성, 경이감, 기발함, 독특함을 발산하게 하며, 그러한 배열은 왕왕 은유, 환유, 우의, 상징 등 비유와 함축을 생산하고, 또한 이미지를 창출하기도 한다. 위의 시들에서 "순수"와 "神의 列車" 그리고 "가난"도 배열의 새로움을 통한 그야말로 '창의적 표현'의 초절한 실현이다. 그러나 단지 배열의 새로움에 그치지 않고, 시 전체에 새로운 의미를 부여하고 있다는 점이 다른 창조적 언어와의 차이라고 할 수 있을 것이다. 일반적으로 대화나 연설 텍스트에서 이처럼 어휘의 효용성의 극대화를 이루기는 매우 어려울 것이다. 그러나 이들 시어에서 보듯이 극도로 화자의 의도가 계획되어 그 효용성을 극대화하는 언어사용이 나타남으로써 인간 사고의 깊이와 언어 사용의 가능성을 넓혀주는 하나의 표본이라는 점에서, 이러한 언어 사용법의 용례 개발이 필요할 것이라고 생각된다.

---

19) 이에 관하여는 12 Beaugrande · Dressler 6장, 8장을 참조하라.

4. 결론

이 글은 시에서 쓰이고 있는 시어의 효용성이 어떻게 극대화되고 있는가를 밝히고자 하였다. 그 목적을 이루기 위하여 먼저 텍스트의 구성원리인 일곱 가지 텍스트성 중에서 특히 의도성이 어떻게 텍스트의 근본요인으로 작용하며, 또한 의도성 실현을 위한 정보성의 생산과정에서 어떻게 텍스트의 가치가 구현되는가를 논술하였다. 다음으로 이들 의도성의 제어를 통하여 나타나는 정보성의 발현이 언어 표현과 어떤 관계를 이루고 있으며, 언어의 창조적, 예술적 원리로서 어떻게 작용하는가를 살펴보았다. 그리고 마지막으로 이 원리가 극대화된 언어형식인 '시(詩)'를 통하여, 치밀한 계획과 계산에 의해 배열한 시어의 효용성이 극대화되는 양상을 살피고 이해하며 그것의 작용을 탐구해 보았다.

언어의 창조적 표현은 언어의 배열에 있다. 그리고 그 언어의 배열은 새로움을 추구하는 의도성의 작용 하에서 비예측성, 기발성, 경이성의 추구라는 원리의 적용을 받는다. 그것은 서법이나 화행이론 또는 대화의 원리에서 추구하는 원칙을 뛰어넘어 언어의 평이한 안정성을 깨고 새로움을 창조하는 언어활동인 것이다. 이러한 표현에 대해서 특히 詩의 연구자들은 일찍이 '낯설게 하기', '시치미 떼기' 또는 '의도적 오류'라는 용어를 사용하여 설명한 바가 있으나 역시 언어의 배열 현상을 풀이한 것에 불과하였다.

이 논문에서 살펴본 시어, 박남수의 「새」에 나오는 "순수", 김광림의 「雲井驛에서」에서 나오는 시어 "神의 列車", 그리고 이성선의 「별을 쳐다보며」의 시어 "가난"들은 물론 언어의 배열의 비예측성에서 오는 이미지 창출에 의한 효용성도 볼 만하였지만, 그보다는 새로운 의미를 창출하고 그로 하여 시 전체의 의미, 이미지 그리고 가치를 격상하는 이른바 시어의 효용성이 극대화된 양상을 보이고 있음을 분석하였다.

앞으로 이러한 연구의 범위가 확장되어야 할 것과 시어의 효용성의 극대화 양상에 대한 유형별 체계화 그리고 그것을 창출하는 방법 등에 대한 실험적 연구가 필요하다고 하겠다.

참고문헌

고영근(1995), 『단어·문장·텍스트』, 한국문화사.

_____ (1999), 『텍스트 이론 -언어문학통합론의 이론과 실제』, 아르케.

李商燮(1980), 『언어와 상상』, 문학과지성사.

이석규(2002), 언어의 예술성에 관한 연구, 『동아시아의 사회와 윤리』, 제7회 동아시아 비교 국제학회 발표 요지문, 186-202.

이석규 외(2001), 『텍스트언어학의 이론과 실제』, 박이정.

이정민 외 편(1977), 『언어과학이란 무엇인가』, 문학과 지성사.

Robert A. de Beagrande/ Wolfgang U. Dressler(1981), Introduction to Text Linguistics, London:Longman, 김태옥 이현호 역(1995), 텍스트 언어학의 입문, 한신문화사.

Philipe. Wheelwright(1962), Metaphor and Reality, Bloomington: Indiana University Press, 김태옥 역(1988), 隱喩와 實在, 文學과 知性社.

Teun A. van Dijk(1980), Textwissenschaft Eine inter disziplinare Einfuhurung, Niemeyer, Tubingen, 정시호 옮김(1995), 민음사.

Tzvetan Todorov(1977), Theories Du Symbole, Editions du Seiul, Paris. 이기우 옮김(1995), 상징의 이론.

Wolfgang Hinemann / Diter Viehweger(1991), Textlinguistik, Niemeyer, 백설자 옮김(2001), 텍스트언어학 입문.

남한과 북한의 '표준 발음법'의
통일 방안에 대한 고찰

이주행
(중앙대 교수)

1. 서 론

이 연구의 목적은 남한의 '표준 발음법(1988)'과 북한의 '문화어 발음법(1988)'을 비교·고찰하여 문제점과 개선 방안을 탐구해서 남한과 북한의 통일된 '표준 발음법'을 제시하는 데 있다.

발음은 담화에서 대단히 중요한 구실을 한다. 필자가 2001년 9월에 학술진흥재단의 한국학 파견 교수로 북경에 있는 중앙민족대학에 와서 이 대학의 조선어언문학계 3학년 조선족[1] 학생들과 처음으로 만나 우리의 민족어로 대화를 할 때 그들이 말하는 내용을 완전히 파악하지 못하여

---

[1] 중국의 조선족은 중국의 국적을 가지고 중국에 살고 있는 우리 민족이다. 그런데 그들은 '재중 동포'라고 일컫는 것을 싫어하고 '조선족'이라고 칭하여 주기를 원한다. 그들은 '재중 동포'라고 하면 중국에서 한족으로부터 외국인으로 취급을 받아 불이익을 당한다는 피해 의식을 가지고 있다. 그리하여 이 글에서 '재중 동포'를 '조선족'이라고 지칭하기로 한다.

당황한 적이 있다. 한국어와 중국 조선족 언어간의 어휘가 다른 것이 있어서 그렇기도 하였지만 조선족 학생들이 말의 속도가 빠른 데다가 무엇보다도 발음이 달랐기 때문이다. 조선족 학생들은 평소에 주로 한어(漢語)로 의사 소통을 하므로 무의식 중에 조선족 언어를 한어처럼 발음한다.[2] 우리 나라 사람이 중국 이외의 외국에서 태어나 거주하는 동포들과 대화를 할 적에도 발음의 상이점으로 인하여 이와 비슷한 경험을 하게 된다. 이를 통해 보더라도 발음이 담화를 할 적에 비중을 많이 차지함을 알 수 있다.

우리는 컴퓨터의 눈부신 발달로 말미암아 가까운 시일 내에 컴퓨터 자판으로 글을 써서 통신을 하는 것 대신에 주로 음성 언어로 인터넷을 통해 의사 소통을 하게 될 것이다. 우리는 일상 언어 생활을 하거나 인터넷으로 의사 소통을 효과적으로 하려면 '표준 발음법'에 따라 바르게 발음하여야 할 것이다. 더구나 남북 통일 후 남한과 북한 출신자들이 원활히 의사 소통을 하려면 동일한 발음법에 따라 바르게 발음을 하여야 할 것이다. 그런데 남한과 북한의 표준 발음에 관한 규정인 남한의 '표준 발음법'과 북한의 '문화어 발음법' 사이에는 차이점이 있고 각각 여러 문제를 지니고 있다. 이러한 결과를 초래한 것은 남한과 북한이 전혀 협의하지 않고 각기 발음법을 제정하고, 남한에서는 서울말을 표준 발음의 기준으로 삼고 북한에서는 평양어를 표준 발음의 기준으로 삼았으며, 사회언어학적인 관점에서 언중의 음성 언어를 채록하여 통계 처리를 하지 않고, 음성 분석기를 통해 과학적으로 발음 현상을 정밀하게 검토하지 않은 채 소수의 심사위원들이 그들의 직관에 따라 발음법을 제정하였기 때문이다.

---

2) 우리말의 모음과 중국어의 모음을 대비하여 보면 중국어의 모음은 우리말의 모음이 발음되는 위치보다 앞과 아래에서 발음된다.

남북 통일 후에 남한과 북한 출신자들이 음성 언어로 의사 소통을 원만히 할 수 있도록 하려면 그 이전에 통일된 '표준 발음법'을 제정할 필요가 있다. 그리하여 이 연구에서 남한의 '표준 발음법'과 북한의 '문화어 발음법'[3]을 비교·고찰하여 문제점과 개선 방안을 탐구해서 남한과 북한의 '표준 발음법'의 통일안을 제시하는 일은 의의 있는 일이다.

2. 남한과 북한의 '표준 발음법'의 통일 방안

2.1. 발음법의 체제

남한의 발음법은 모두 7장, 30개 항목으로 이루어져 있다. 남한의 발음법은 제1장 총칙, 제2장 자음과 모음, 제3장 음의 길이, 제4장 받침의 발음, 제5장 음의 동화, 제6장 경음화, 제7장 음의 첨가 등으로 구성되어 있다.

북한의 발음법[4]은 총칙과 10장, 31개 항목으로 이루어져 있다. 북한의 발음법 10장은 '제1장 모음의 발음, 제2장 첫 소리 자음의 발음, 제3장 받침자모와 관련한 발음, 제4장 받침의 이어내기현상과 관련한 발음, 제5장 받침의 끊어내기현상과 관련한 발음, 제6장 된소리현상과 관련한 발음, 제7장 'ㅎ'과 어울린 거센소리되기현상과 관련한 발음, 제8장 닮기현상이 일어날 때의 발음, 제9장 사이소리현상과 관련한 발음, 제10장 약화 또는 빠지기 현상과 관련한 발음' 등으로 이루어져 있다.

---

3) 앞으로 이 글에서는 남한과 북한의 통일된 '표준 발음법'이라는 용어와 혼동을 피하기 위하여 남한의 '표준 발음법'은 '남한의 발음법'이라 일컫고, 북한의 '문화어 발음법'은 '북한의 발음법'이라고 일컫기로 한다.

4) 이 글에서 북한의 발음법의 내용을 인용할 경우에는 원문대로 옮기기로 한다.

남한의 발음법에서는 표준어의 자음과 모음의 수효를 정하여 놓았는데, 북한의 발음법에서는 이에 대한 규정이 없다. 그리고 남한의 발음법에서는 소리의 길이가 초분절 음소(suprasegmental phoneme)이기 때문에 별개의 장으로 설정해서 규정하고 있는데, 북한의 발음법에서는 이것을 모음의 발음에 대한 항목의 하나로 규정하고 있다. 또한 이른바 연음 법칙과 절음 법칙에 따라 발음하는 것에 관한 규정을 남한의 발음법에서는 '제4장 받침의 발음'이라는 장의 하위 항목으로 각각 설정하고 있는데,5) 북한의 발음법에서는 '제4장 받침의 이어내기현상과 관련한 발음', '제5장 받침의 끊어내기현상과 관련한 발음'이라 하여 별개의 장으로 설정하고 있다. 격음화 현상과 관련된 발음에 대하여 남한의 발음법에서는 '제4장 받침의 발음'의 하위 항목으로 규정하고 있는데,6) 북한의 발음법에서는 '제7장 <ㅎ>과 어울린 거센소리되기현상과 관련한 발음'이라 하여 독립된 장으로 설정하여 규정하고 있다. 또한 받침 'ㅎ'의 묵음화 현상을 남한의 발음법에서는 '제4장 받침의 발음'의 하위 항목으로 규정하고 있는데,7) 북한의 발음법에서는 '제10장 약화 또는 빠지기현상과 관련한 발음'의 하위 항목으로 규정하고 있다.8) 남한의 발음법에서는 '제7장 소리의 첨가'라 하여 음운 첨가와 사잇소리 현상을 함께 규정하고 있는데, 북한의 발음법에서는 음운 첨가에 대해서 규정하지 않고 '제9장 사이소리현상과 관련한 발음'이라 하여 사잇소리 현상에 대해서만 규정

---

5) 남한의 발음법에서는 연음 법칙과 관련된 발음 규정을 '제4장 받침의 발음' 제13항과 제14항에서 하고 있으며, 절음 법칙과 관련된 발음 규정을 제15항에서 하고 있다.

6) 남한의 발음법 제12항 1에서 격음화 현상에 따라 발음할 것에 대해 규정하고 있다.

7) 남한의 발음법 제12항 3과 4에서 받침 'ㅎ'의 묵음화에 대해 규정하고 있다.

8) 북한의 발음법 제29항과 제31항에서 받침 'ㅎ'의 묵음화 현상에 대해 규정하고 있다.

하고 있다. 북한의 발음법이 남한의 발음법보다 음운 현상을 합리적으로 규정하고 있다고 할 수 있다. 왜냐 하면 음운 첨가와 사잇소리 현상은 별개의 음운 현상이기 때문이다.

두 발음법의 체제를 비교하여 보면 북한의 발음법이 남한의 발음법보다 장의 수효가 더 많음을 알 수 있다. 남한의 발음법은 음운 현상보다 음운에 비중을 더 두고 있는데, 북한의 발음법은 음운보다 음운 현상에 더 비중을 두어 발음법을 규정하고 있다. 그런데 일반인이 발음법을 활용하여 표준 발음을 익히는 데 어느 것이 더 효율성이 있는지에 대해서는 단정하기 어려우므로 앞으로 실험 연구를 통해 검증할 필요가 있다.

2.2. 표준 발음 제정 기준

남한의 발음법이 북한의 발음법보다 표준 발음의 제정 기준을 좀더 명료하고 구체적으로 규정하고 있다.

남한의 발음법에서는 제1장 총칙에서 "표준 발음법은 표준어의 실제 발음을 따르되, 국어의 전통성과 합리성을 고려하여 정함을 원칙으로 한다."라고 하여 제정 기준으로 현실성·전통성·합리성 등 세 가지를 들고 있다. 남한의 발음법에서는 표준 발음 제정 기준 가운데 현실성보다 전통성과 합리성을 더욱 중시한다. 예를 들면 오늘날 남한 사람들 중에서 상당수가 음장을 분명히 인지하고 정확히 발음하는 이가 극히 드문 실정이지만 전통성을 고려하여 음장에 대한 발음법을 규정하여 놓은 것이다. 그리고 어두 경음화 현상에 따라 '고추'를 [꼬추], '자장면'을 [짜장면], '자르다'를 [짜르다], '닭다'를 [딱따], '조금'을 [쪼금] 등으로 발음하는 이들이 많지만 전통성을 고려하여 [고추], [자장면], [자르다], [닥따], [조금] 등을 표준 발음으로 정한다는 것이다. 또한 '끊기다'를 [끈기다]로 발음하는 이들이 많지만 합리성을 중시하여 [끈키다]를 표준 발음으로 정한다는 것이다.

북한의 발음법에서는 총칙에서 "조선말발음법은 혁명의 수도 평양을 중심지로 하고 평양말을 토대로 하여 이룩된 문화어의 발음에 기준한다."라고 하여 평양어를 근간으로 하여 이룩된 문화어의 발음을 표준으로 삼는다고 규정하고 있다. 남한에서는 서울말이 근간을 이루고 있는 표준어의 발음을 기준으로 삼고 있는데, 북한에서는 평양어 중심의 문화어 발음을 기준으로 삼고 있다. 1966년 이후 북한에서는 말다듬기의 일환으로 기존의 어려운 한자어를 고유어로 대체하기가 불가능한 것은 사용하지 못하게 하는 바람에 어휘가 빈곤해지자 평양어 이외에 평안도·함경도·황해도·양강도·자강도·강원도 등의 방언을 문화어로 삼은 것이 많다. 북한에서도 1966년 어문 규정을 수정하기 전까지는 서울말을 표준어로 삼았으므로 비표준어인 방언을 포함하고 있는 문화어의 발음을 표준 발음의 기준으로 삼아 표준 발음을 규정한 것은 문제가 있다.

앞으로 남한과 북한의 통일된 '표준 발음법'을 제정할 경우에는 서울말이 표준어의 근간을 이루고 있는 남한의 표준 발음을 기준으로 삼는 것을 원칙으로 하여야 한다. 다만 일부 세칙에서는 남한과 북한의 발음을 복수로 허용할 필요가 있다. 이에 대해서는 뒤에 상술할 것이다.

2.3. 모음의 발음

남한과 북한의 발음법의 모음 발음에 대한 규정 중에는 상이한 것과 동일한 것이 있다.

남한의 발음법에서는 단모음 'ㅚ'와 'ㅟ'의 발음에 대해서 "단모음으로 발음하는 것을 원칙으로 하되 이중모음으로 발음할 수 있다.(제4항)"라고 규정하고 있는데, 북한의 발음법에서는 "어떤 자리에서나 홀모음으로 발음한다.(제3항)"라고 규정하고 있다. 오늘날 서북 방언9)에서도 'ㅟ'는 'ㅜ+ㅣ'로 발음되고 'ㅚ'는 'ㅙ'로 발음된다. 그리고 동북 방언10)에는 단모음 'ㅚ'와 'ㅟ'가 존재하지 않는다. 이 지역 방언에서는 단모음 'ㅚ'가 'ㅔ'로 실현되고, 'ㅟ'는 'ㅜ+ㅣ'나 'ㅜ'나 'ㅣ'로 실현된다. 남한 사람들 중에서도 단모음 'ㅚ'를 이중모음 'ㅞ[we]'로, 단모음 'ㅟ'를 이중모음 [wi]로 발음하는 이가 많으므로 앞으로 남한과 북한의 통일된 '표준 발음법'을 제정할 적에는 단모음 'ㅟ'와 'ㅚ'를 이중모음으로 발음하는 것을 허용하는 것이 바람직하다.

이중모음 'ㅖ'의 발음을 남한에서는 이중모음으로 발음하는 것을 원칙으로 삼고, "'예, 례' 이외의 'ㅖ'는 [ㅔ]로도 발음한다.(제5항 다만 2)"라 하여 '예, 례'외 이외의 'ㅖ'는 단모음 [ㅔ]로 발음하는 것을 허용하고 있다.11) 그런데 북한에서는 "≪ㄱ, ㄹ, ㅎ≫ 뒤에 있는 ≪ㅖ≫는 각각 ≪ㅔ≫로 발음한다.(제4항)"라고 규정하고 있다. 이중모음 'ㅖ'를 남한에서는 이중모음으로 발음하는 것을 원칙으로 하고 예외를 허용하고 있는데, 북한에서는 'ㅖ'가 'ㄱ, ㄹ, ㅎ' 뒤에 올 경우에는 반드시 단모음 'ㅔ'로 발음하도록 규정하고 있다. 또한 남한에서는 '예, 례'의 'ㅖ'는 언제나 이중모음으로 발음하도록 규정하고

---

9) 서북 방언은 평안남북도와 자강도를 중심으로 한 한반도의 서북부에서 쓰이는 방언이다(김영황, 1982 : 131).

10) 동북 방언은 함경남북도와 양강도를 중심으로 한 한반도 동북부에서 쓰이는 방언이다(김영황, 1982 : 142).

11) 남한의 발음법 제5항 다만 2.에 제시된 보기는 다음과 같다.

계시다[계 : 시다/게 : 시다], 시계[시계/시게], 메별[메별/매별], 혜택[혜 : 택/헤 : 택]

있는데, 북한에서는 이것도 'ㅖ'로 발음하도록 규정하고 있다. 남한 사람들 중에는 '예'를 [ㅔ]로 발음하는 이들이 많으나 자음 뒤에 오는 'ㅖ'는 상당수가 [ㅔ]로 발음하므로 '예' 이외에 자음 뒤에 오는 'ㅖ'는 [ㅔ]로 발음하지 않고 모두 [ㅔ]로 발음하는 것을 표준으로 삼아야 한다.

이중모음 'ㅢ'의 발음에 대한 규정은 남한과 북한이 거의 비슷하다. 남한에서는 'ㅢ'를 "이중모음으로 발음함을 원칙으로 하되(제5항), 자음을 첫소리로 가지고 있는 음절의 'ㅢ'는 [ㅣ]로 발음하고, 단어의 첫음절 이외의 '의'는 [ㅣ](제5항 다만 3) 조사 '의'는 [ㅔ]로 발음함도 허용한다.(제5항 다만 4)"라고 규정하고 있다.[12]. 북한에서는 "≪ㅢ≫는 겹모음으로 발음하는 것을 원칙으로 하되, 된소리자음과 결합될 때와 단어의 가운데나 끝에 있는 ≪ㅢ≫는 [ㅣ]와 비슷하게 발음함을 허용하고, 속격토로 쓰인 경우 일부 [ㅔ]와 비슷하게 발음함을 허용한다.(제2항)"라고 규정하고 있다.[13] 남한과 북한의 발음법에서 똑같이 관형격 조사 '의'를 [에]로 발음함을 허용하고 있다. 이렇게 관형격 조사 '의'를 [ㅔ]로 발음하도록 허용하면 일부 화자가 관형격 조사 '의'를 [ㅔ]로 발음하게 되어 듣는 이가 처소격 조사 '에'로 오인할 가능성이 있다.

(1) 촌뜨기인 내가 바로 도시의 처녀와 결혼하게 된 거야.

---

12) 남한 발음법 제5항 다만 3과 다만 4에 제시되어 있는 보기는 다음과 같다.
닝큼[닝큼], 무늬[무니], 유희[유히] ; 주의[주의/주이], 협의[혀븨/혀비], 우리의[우리의/우리에]

13) 북한 발음법 제2항 【붙임】1과 2에 제시되어 있는 보기는 다음과 같다.
띄우다[띠우다], 결의문[겨리문], 의의[의이]; 혁명의 북소리[혁명에 북소리], 우리의 집은 당의 품[우리에 지븐 당에 품]

이상의 예문 (1)의 '도시의'를 [도시에]로 발음하면 도시의 처녀가 아니라 시골이 아닌 도시에서 결혼하게 된 것으로 오해할 수도 있다. 따라서 관형격 조사 '의'는 반드시 [의]로 발음하도록 규정하여야 한다.

2.4. 음장

남한과 북한의 발음법에서는 음장(音長)에 대해서 규정을 하고 있다. 남한에서는 '제3장 음의 길이'라 하여 독립된 장을 설정하여 음장에 대해서 규정하고 있는데, 북한에서는 '제1장 모음의 발음'의 하위 항목으로 규정하고 있다. 남한에서는 "모음의 장단을 구별하여 발음하되, 단어의 첫 음절에서만 긴소리가 나타나는 것을 원칙으로 한다. 다만 합성어의 경우에는 둘째 음절 이하에서도 분명한 긴소리를 인정한다.(제6항)"라고 규정하고 있는데, 북한에서는 "모음들이 일정한 자리에서 각각 짧고 높은 소리와 길고 낮은 소리의 차이가 있는 것은 있는 대로 발음한다.(제1항)"라고 규정하고 있다. 음장은 초분절음소이므로 남한과 같이 독립된 장으로 설정하는 것이 더 합리적이다. 그리고 합성어 외에 서구어 계통 외래어의 단일어나 파생어 중에는 '레코드(record)[레코 : 드], 리서치(research)[리서 : 치], 리코딩(recording)[리코 : 딩], 스포츠(sports)[스포 : 츠], 스푼(spoon)[스푼 :], 스피드(speed)[스피 : 드], 스위퍼(sweeper)[스위 : 퍼],14) 스쿠프(scoop)[스쿠 : 프],15) 스타트[스타 : 트], 스파링(sparring)[스파 : 링],16) 스팀(steam)[스팀 :], 콘크리트(concrete)[콘크

---

14) 스위퍼는 축구에서 골키퍼의 바로 앞에 위치한 최후의 수비 선수나 볼링에서 핀을 옆으로 쓸어 내듯이 넘어뜨리는 볼을 뜻하는 말임.
15) 스쿠프는 가루·모래·덩어리 등을 담아 올리거나 섞는 데 쓰는 숟가락처럼 생긴 삽이나 신문·잡지의 기자가 남을 앞질러서 특종 기사를 찾아내는 일을 뜻하는 말임.
16) 스파링은 권투에서 실전과 같은 형식으로 하는 연습 경기를 뜻하는 말임.

리 : 트]’ 등과 같이 둘째 음절 이하에서도 장음이 실현되는 것들이 있다. 따라서 음절의 자리를 제한하지 말고 “장음과 단음을 정확히 구별하여 발음한다.”라고 규정하거나, 외래어의 발음법에 대해서 별도로 제정하는 것이 더욱 타당하고 합리적이다. 또한 가급적 예외 규정을 두지 않아야 일반인이 규정을 쉽게 숙지하여 활용할 수 있기 때문이다.

2.5. 받침의 발음

남한과 북한의 ‘받침의 발음’에 대한 규정 중에는 상이한 것이 있거나 문제가 있는 것이 있다.

‘넓다’와 ‘넓지’를 남한의 발음법에서는 각각 [널따] 와 [널찌] 로,[17] 북한의 발음법에서는 [넙따][18]와 [넙찌][19]로 발음하도록 규정하고 있다. 앞으로 [널따] 와 [넙따] 중 하나를 ‘넓다’의 표준 발음으로 정하려면 ‘넓다’가 예로부터 어떻게 발음되어 왔는지를 통시적으로 고찰하고 한반도 지역 방언에서 실현되는 현상을 공시적으로 살펴보며, 사회언어학적인 관점에서 남한과 북한 사람들의 발음을 녹취하여 통계를 낸 결과를 고려해서 결정하여야 한다.

남한의 발음법에서는 ‘넋이’를 [넉씨] 로, ‘값을’을 [갑쓸] 로 발음하도록 규정하고 있는데,[20] 북한의 발음법에서는 ‘넋을’을 [넉슬] 로, ‘없음’

---

17) 남한의 발음법 제10항 참고

18) 서북 방언에서는 ‘넓다’가 [널 : 따]로 실현된다(김영황, 1982 : 135).

19) 북한의 발음법 제9항 3) 참고.

20) 남한의 발음법 제14항에서는 “겹받침이 모음으로 시작된 조사나 어미, 접미사와 결합되는 경우에는 뒤의 것만을 뒤 음절 첫소리로 옮겨 발음한다.(이 경우 ‘ㅅ’은 된소리로 발음함.)”라고 규정하고 다음의 보기를 들고 있다.

을 [업슴]으로 발음하도록 규정하고 있다.[21] 국어에서 폐쇄음 'ㄱ, ㄷ, ㅂ' 등의 뒤에 오는 'ㄱ, ㄷ, ㅂ, ㅅ' 등은 된소리로 발음된다. 따라서 '넔을'은 [넉쓸]로 '없음'은 [업씀]으로 발음하도록 규정하는 것이 타당하다.

받침을 이른바 중화(中和) 현상에 따라 발음하는 것을 남한의 발음법에서는 "받침 뒤에 모음 'ㅏ, ㅓ, ㅗ, ㅜ, ㅟ' 들로 시작되는 실질형태소가 연결되는 경우에는, 대표음으로 바꾸어서 뒤 음절 첫소리로 옮겨 발음한다. 다만 '맛있다, 멋있다'는 [마싣따], [머싣따]로도 발음할 수 있다. [붙임] 겹받침의 경우에는, 그 중 하나만을 옮겨 발음한다.(제15항)"라고 규정하고 있는데, 북한의 발음법에서는 "홑모음 ≪아, 어, 오, 우, 이, 애, 외≫로 시작한 고유어말뿌리의 앞에 있는 받침 ≪ㄳ, ㄺ, ㅋ, ㄲ≫은 [ㄱ]으로, ≪ㅅ, ㅈ, ㅊ, ㅌ≫은 [ㄷ]으로, ≪ㅄ, ㅍ≫은 [ㅂ]으로 각각 끊어서 발음한다.(제12항)"라고 규정하고 있다. 남한에서는 받침 뒤에 오는 모음 중에서 '이, 애, 외'를 제외한 반면에 북한에서는 이들 모음을 포함시키고 '위'를 제외하고 있다. 받침 뒤에 이러한 모음들로 시작하는 실질형태소가 올 경우에도 중화 현상이 나타나므로 이들 모음을 모두 포함시켜 규정하여야 한다. 한편 '안팎일'을 남한에서는 [안팡닐]로 발음하는데 북한에서는 [안파길]로 발음하도록 규정하고 있다.[22] 또한 남한에서는 '맛있다, 멋있다'를 [마딛따], [머딛따]로 발음하는 것을 원칙

<보기> 넋이[넉씨] 값을[갑쓸], 곬이[골씨], 없어[업 : 써]

21) 북한의 발음법 제11항에서는 "모음앞에 있는 둘받침은 왼쪽받침을 받침소리로 내고 오른쪽받침은 뒤의 모음에 이어서 발음한다."라고 규정하고 다음과 같은 보기를 들고 있다. <보기> 넋을[넉슬], 돐을[돌슬], 없음[업슴]

22) 남한의 발음법에서는 '안팎일'에 대한 보기가 없는데, 북한의 발음법에서는 제12항에 그 보기를 들고 있다.

으로 하고, [마싣따], [머싣따]를 허용하고 있는데 북한에서는 [마딛따] 와 [머싣따]를 표준 발음으로 인정하지 않고 [마싣따], [머싣따] 만을 표준 발음으로 인정하고 있다.[23] 이와 같이 남한과 북한의 발음법에서 표준 발음을 달리 규정한 것은 둘 다 표준 발음으로 허용하거나 남한과 북한 사람들의 현실 발음을 통계 처리하여 더욱 많은 사람이 발음하는 것을 표준 발음으로 규정하는 것이 합리적이다.

[마딛따], [머딛따], [마싣따], [머싣따] 등을 음성분석기로 실험을 하여 보면 [마디따], [머디따], [마시따], [머시따] 등으로 실현된다. 따라서 앞으로 표준발음을 제정할 때에는 [마딛따], [머딛따], [마싣따], [머싣따] 등을 [마디따], [머디따], [마시따], [머시따] 등으로 발음하 도록 규정하여야 한다.

2.6. 두음 법칙

남한의 발음법에는 두음 법칙에 관한 규정이 없는데,[24] 북한의 발음법 에는 "『ㄹ』은 모든 모음 앞에서 'ㄹ'로 발음하는 것을 원칙으로 한다.(제5 항)"와 "≪ㄴ≫은 모든 모음 앞에서 'ㄴ'으로 발음하는 것을 원칙으로 한다.(제6항)"라고 규정함으로써 '리론'을 [리론]으로, '녀사'를 [녀사] 로 발음하도록 하고 있다. 서북 방언에서는 단어의 두음 'ㄴ'이 'ㅑ, ㅕ, ㅛ, ㅠ, ㅣ, ㅖ' 앞에서는 닐굽(일곱), 녀름(여름) 등과 같이 그대로 발음되

---

23) 북한의 발음법 제12항 참고.

24) 두음 법칙과 관련된 규정이 남한의 발음법에 별도로 없는 대신에 '한글 맞춤법' 제 5절 제10항, 제11항, 제12항 등 3개 항에 걸쳐 두음 법칙에 따라 표기하는 것에 관 한 규정이 있다.

고, 한자어에서 '랴, 려, 료, 류, 리, 례'로 된 것은 단어의 첫머리에서 '냐, 녀, 뇨, 뉴, 니, 녜'로 발음한다. i, y에 선행한 어두의 'ㄴ'이 탈락하는 현상은 18세기 후반부터 나타나기 시작한 현상이다(이기문, 2001 : 208~209). 그리고 두음 법칙에 따라 발음하는 것이 두음 법칙에 따라 발음하지 않는 것보다 발음이 더욱 용이하다. 그런데 남한과 북한 사람들은 서구어 계통의 외래어인 '뉴스(news), 니코틴(nicotine), 리듬(rhythm), 리바놀(Rivanol)' 등의 두음 'ㄴ'과 'ㄹ'은 그대로 발음한다. 따라서 고유어와 한자어 중에서 관용화된 일부 단어[25]와 서구어 계통의 외래어를 제외한 어휘는 두음 법칙에 따라 발음하도록 규정하여야 한다. 현실적으로 고유어와 한자어는 서구어 계통의 외래어와 달리 발음되므로 외래어에 대한 발음 규정을 별도로 할 필요가 있다.

2.7. 음운 동화와 경음화

'ㄴ'의 음운 동화에 대해서 남한의 발음법에서는 "'ㄴ'은 'ㄹ'의 앞이나 뒤에서 [ㄹ]로 발음한다.(제20항)"라고 규정하고, 북한의 발음법에서는 "받침 'ㄹ' 뒤에 'ㄴ'이 왔거나 받침 'ㄴ' 뒤에 'ㄹ'이 올 적에는 그 'ㄴ'을 [ㄹ]로 발음하는 것을 원칙으로 한다. 그러나 일부 굳어진 단어인 경우에는 적은 대로 발음함으로써 닮기 현상을 인정하지 않는다.(제23항)"라고 대동소이하게 규정하고 있다. '선릉(宣陵)'을 남한과 북한의 발음법에 따라 발음하면 [설릉]이라고 발음하여야 하는데, 서울 사람의 상당수가 [선능]이라고 발음한다. 언중의 현실음을 중시하여 [선능]을

---

25) "그럴 리(理)가 없어요."에 쓰인 의존명사 '리'는 그대로 [리]로 발음하도록 규정하여야 한다.

표준 발음으로 규정하여야 한다. 한자어 '先烈'을 남한에서는 '선열'로 표기하고 [서녈]이라고 발음하는데, 북한에서는 '선렬'로 표기하고 철자대로 발음한다. 이것도 남한과 북한 언중의 발음의 실태를 조사하여 더 많이 발음하는 것을 표준음으로 정하여야 한다.

한자어의 경음화 현상에 관한 발음의 경우 남한의 발음법에서는 "'ㄹ' 받침 뒤에 연결되는 'ㄷ, ㅅ, ㅈ'은 된소리로 발음한다. 다만 같은 한자가 겹쳐진 단어의 경우에는 된소리로 발음하지 않는다.(제26항)"라고 하여 'ㄹ' 받침 뒤에 오는 평음 'ㄷ, ㅅ, ㅈ'을 경음으로 발음하는 것에 한하여 규정하고 있는데, 북한에서는 이외에 "일부 한자말안에서 울림자음이나 모음으로 끝난 소리마디뒤에 오는 순한소리를 되도록 순한소리로 내며 일부 된소리로 발음하는 것을 국한하여 허용한다.(제16항)"라고 규정하고 있다. 남한의 발음법에서는 유성 자음 'ㄴ, ㄹ, ㅁ, ㅇ' 중 'ㄹ' 뒤에 오는 평음의 경음화 현상에 따른 발음에 대해서만 규정하고 있으며, 유성 자음 'ㄴ, ㅁ, ㅇ'과 모음 뒤에 오는 평음의 경음화 현상에 대해서는 규정하고 있지 않다. 그래서 사람들 중에는 '안각(眼角), 암법(暗法), 창고(倉庫), 교과서(敎科書), 내과(內科), 효과(效果) 등을 어떻게 발음하여야 바르게 발음하는지 몰라서 당황하는 이가 많다. 앞으로 통일된 '표준 발음법'에 한자어 내에서 유성 자음 'ㄴ, ㅁ, ㅇ'과 모음 뒤에 오는 평음의 경음화 현상에 대한 규정을 반드시 포함시킬 필요가 있다.

2.8. 음운 첨가와 사잇소리 현상

음운 첨가와 사잇소리 현상은 별개의 음운 현상인데 남한의 발음법에서는 '제7장 음의 첨가'에서 이 두 음운 현상을 함께 규정하고 있는데,

북한의 발음법에는 음운 첨가에 관한 규정은 없고 사잇소리 현상에 관한 규정만 있다. 'ㅎ'의 탈락 현상을 북한의 발음법에서는 '제10장 약화 또는 빠지기현상과 관련한 발음'이라 하여 별개의 장을 설정해서 규정하고 있는데, 남한의 발음법에서는 '제4장 받침의 발음'의 하위 항목에서 규정하고 있다. 앞으로 남북한 '표준 발음법'을 제정할 적에는 음운 첨가와 사잇소리 현상을 따로 규정할 뿐만 아니라 음운 탈락에 관한 발음 규정을 별개의 장으로 설정해서 규정하여야 한다.

남한과 북한의 발음법에서 'ㄱ, ㄷ, ㅂ, ㅅ, ㅈ'으로 시작하는 단어 앞에 사이시옷이 올 때 사이시옷을 [ㄷ]으로 발음하는 것을 허용한 것은 문제가 있다.26) 합성어에서 뒤에 오는 어근의 첫소리가 경음으로 발음되는 것은 사이시옷과 뒤에 오는 어근의 첫소리가 결합하여 실현되는 현상이기 때문에 '냇가', '바닷가', '콧등' 등이 [낻 : 까], [바닫까], [콛뜽] 등으로 발음되는 것을 허용하여서는 안 되고 [내 : 까], [바다까], [코뜽]으로 발음하도록 규정하여야 한다.

2.9. 외래어 · 악센트 · 억양

남한과 북한의 발음법에서는 외래어의 표준 발음에 대해서 별도로 규정하고 있지 않다. 맞춤법에서 '외래어 표기법'을 따로 제정하고 있듯이 앞으로 통일된 '표준 발음법'을 제정할 때에는 외래어의 표준 발음에 대해서도 별도로 규정할 필요가 있다. 외래어는 원음대로 발음하는 경향이 농후하다. 한국어에 없는 음운으로 발음되는 외래어는 그것과 유사한 한국어의 음운으로 발음하도록 규정하고, 관용화한 외래어의 발음은 관

---

26) 남한의 발음법 제30항과 북한의 발음법 제28항 참고.

용화를 인정하여 발음하도록 규정할 필요가 있다.

남한어와 북한어에도 영어나 일본어와 같이 악센트가 존재한다. 그런데 남한과 북한의 발음법에는 표준 악센트에 대한 규정이 없다. 앞으로 남한어와 북한어를 이상적으로 구사하는 사람들의 발음을 채록해서 표준 악센트를 정해서 통일된 '표준 발음법'에는 악센트에 대한 규정을 포함시켜야 한다.

억양은 의미 표현에서 매우 중요한 구실을 한다. 그런데 남한과 북한의 발음법에는 표준 억양에 대한 규정이 없다. 한국어의 억양은 지역 방언 간에 차이가 있다. 한반도에서는 오랫동안 서울말이 표준어의 근간을 이루어 왔으므로 서울말의 억양을 표준 억양으로 규정할 필요가 있다.[27]

2.10. 용어

남한과 북한의 발음법에 쓰인 용어 중에는 상이한 것이 있다. 그것의 보기를 들어 보면 다음의 [표 1]과 같다.

---

27) 한국을 다녀온 중국 조선족 교수들 중에서 상당수가 필자에게 서울말의 억양이 좋더라고 말하였다. 이들은 북한어와 비슷한 언어를 구사하는 사람들이기 때문에 앞으로 서울말의 억양을 표준 억양으로 삼아도 무리가 없음을 시사한다고 볼 수 있다.

[표 1] 남한과 북한의 발음법에 쓰인 용어[28)]

남한	북한	비고
표준어	문화어	
단모음(單母音)	홑모음	
이중 모음	겹모음	
(유성 자음)	울림자음	
예사소리	순한소리	
대표음	×	
음절	소리마디	
겹받침	둘받침	
쌍받침	×	받침으로 쓰이는 'ㄲ, ㅆ' 등을 뜻한다.
홑받침	×	
연음	이어내기로 발음	
경음화 현상	된소리현상	
(절음 법칙)	끊어내기현상	
(격음화 현상)	거센소리되기현상	
동화	닮기	
음의 동화 현상	닮기현상	
(음운 탈락 현상)	빠지기 현상	
어간	말줄기	
(어근)	말뿌리	
조사나 어미	토	
접두사	앞붙이	
접미사	뒤붙이	
×	상토	상토는 사동 접미사와 피동 접미사를 뜻함.
형태소	형태부	
실질 형태소	×	
관형격	속격	
(관형격 조사)	속격토	
합성어	합친말	

일반인은 어문 규정에 쓰인 용어를 알지 못하여 어문 규정을 활용하지 못하는 경우가 많다. 남한과 북한의 통일된 '표준 발음법'과 그 외에 맞춤법·표준어·외래어 표기법 등 여러 어문 규정을 제정할 적에는 사전에

---

28) (   ) 속에 표기되어 있는 용어는 해당 발음법에 쓰이지 않은 것임.

용어를 통일하여야 한다. 남한과 북한의 용어 중 하나를 선정하기가 어려운 것은 남한과 북한의 용어를 모두 사용하면 될 것이다.

3. 결론

지금까지 이 연구에서는 남한의 발음법과 북한의 발음법을 비교하여 문제점과 개선 방안을 고찰하고, 남한과 북한의 통일된 '표준 발음법'의 제정 방안에 대해서 모색하였다.

우리는 발음을 정확히 하여야 메시지를 바르게 표현하고 전달할 수 있다. 통일 후에 남한과 북한 사람들이 의사 소통을 효과적으로 하기 위하여 갖추어야 할 요건 가운데 하나가 동일한 발음법에 따라 발음을 하는 것이다. 그런데 남한의 발음법과 북한의 발음법은 상이점이 있을 뿐만 아니라 문제점을 지니고 있다. 그리고 외래어의 표준 발음·표준 악센트·표준 억양 등과 같이 추가하여야 할 것들도 있다. 남한과 북한의 당국자는 정치적인 이데올로기를 염두에 두지 말고 의사 소통의 관점에서 하루빨리 남한과 북한의 통일된 발음법을 제정하여 남한과 북한 사람들이 그것에 따라 정확히 발음할 수 있도록 널리 계도하고, 초·중·고교 각급 학교에서 교육하게 하여야 한다.

앞으로 사회언어학적인 관점에서 남한과 북한 사람들의 발음 실태를 조사해서 통계 처리한 자료를 가지고 현실성·전통성·합리성 등을 고려하여 남한과 북한의 통일된 '표준 발음법'을 제정하여야 한다. 그리고 표준 발음은 표준어를 이상적으로 구사하는 사람의 대화를 음성 분석기로 분석하여 규정하여야 한다.

참고문헌

국립국어연구소(1988), 한글 맞춤법 해설.

국립국어연구소(1988), 표준어 규정 해설.

권인한(1993), '표준 발음법'과 '문화어발음법' 규정, 새국어생활 3-1, 국립국어
　　　　연구원.

김영황(1982), 조선어방언학, 김일성종합대학출판사.

이기문(2001), 국어사개설, 태학사.

이석주·이주행(2000), 국어학개론(개정판), 대한교과서주식회사.

이응백·이주행(1997), 말을 어떻게 할 것인가(개정판), 현대문학사.

이주행·이규항·김상준(1999), 표준 한국어 발음 사전, 지구문화사.

이주행(2000), 방송 화법(개정판), 역락출판사.

이주행(2001), 한국어 문법의 이해(개정판), 월인출판사.

이주행(2002), 서울 방언에 대한 연구, 국어교육 106호, 한국국어교육연구회.

전수태(1993), 남북한의 맞춤법·발음 비교, 북한 연구 13, 대륙연구소.

전영우(1992), 표준 한국어 발음 사전, 집문당.

조선민주주의인민공화국 국어사정위원회(1988), 조선말규범집, 사회과학출판사.

이른 시기의 '한글 마춤법 통일안' 개정의 실체

임홍빈

(서울대 교수)

1. 목 적

본고는 1933년 "한글 마춤법 통일안"이 제정된 후 몇 차례 개정을 거치는 동안 그 내용이 어떻게 바뀌었는가와 관련하여 그 변화의 정확한 실체를 밝히는 것을 목적으로 한다. "

"한글 마춤법 통일안"이 제정 이후 수차례에 걸쳐 개정 또는 수정(修整)의 과정을 거쳐왔음은 우리에게 너무나도 잘 알려진 사실이다. 그 변화의 내용에 대해서도 한글 맞춤법에 대한 소개나 해설이 이루어질 때마다 거의 빠짐없이 언급되어 왔다. 이제 그 개정 내용의 실체를 밝히려 한다는 것이 새삼스럽다. 그러나 이제까지 개정의 실제 내용이 정확하게 검토된 일은 거의 없는 것으로 여겨진다. 한글 맞춤법에 관한 소개서나

---

* 본고는 일본 동북대학 동북아시아연구센터가 주최한 공동연구 모임에서 발표한 '한국어 어문 규범의 이상과 현실'이라는 제목의 글에서 일부를 분리하여 따로 작성한 것이다. 내용의 큰 줄기에는 변화가 없으나 세부 내용이나 형식에는 차이가 있다.

해설서, 혹은 이론서 등에서 "한글 마춤법 통일안"의 개정 내용을 소개하는 자리에는 어김없이 거의 똑같은 문구가 등장한다. 개정안 서문에 소개되어 있는 내용이다.

정말로 이상한 것은, 서문에 소개된 내용과 개정의 실제 내용 사이에는 상당한 차이, 때로는 실로 엄청난 차이라고밖에는 말할 수 없는 차이가 있다는 사실이 그 동안은 잘 지적되지 않은 사실이다. 본고는 각 개정본의 실제를 검토하여 표방된 변화와 실제의 변화 사이에 개재하는 차이를 밝히고자 한다.

2. 학문적 견고성과 원안 불비에 대한 양보

조선어학회(1933)의 서문에 의하면, "한글 마춤법 통일안"의 개정은 당연한 것이고 예비된 것이라고 해도 과언이 아니다. "한글 마춤법 통일안" 서문에서 이와 관련되는 구절을 여기에 다음과 같이 가져오기로 한다.[1]

(1) 가. 本會는 한글 마춤법 통일안을 制定하야 이에 一般 社會에
發表한다.

나. 가장 嚴正한 態度와 가장 愼重한 處理로써 끝까지 最善의
努力을 다하야 이제 이 統一案을 만들어 우리 民衆의 앞에
내어 놓기를 躊躇하지 아니하는 바이다.

다. 이것이 다만 오늘날까지 混亂하게 써 오던 우리 글을 한번
整理하는 첫 試驗으로 아나니, 여기에는 또한 不備한 점이

---

1) 아래의 인용은 특별한 경우 외에는 모두 원문대로 가져온 것이다. 특별히 원문을
바꾼 것은 해당 부분 뒤에 표시를 하였다.

> <u>아주 없으리라고 스스로 斷定하기 어려울</u> 것이다. (밑줄 및
> 띄어쓰기 필자)
> 라. 더구나 時代의 進步로 여러 가지 學術이 날로 달라감을 따
> 라 이 한글에 있어서도 그 影響이 없지 아니할 것이다.

(1가)에서는 나라를 잃은 민족의 한계와 제약을 느낄 수 있다. "一般
社會에 發表한다"는 구절이 그러한 느낌을 강하게 준다. 그 자리는 "국민
앞에 내놓는다." "국가와 민족의 문자 생활에 큰 지침이 되기를 바란다."
와 같은 구절이 어울리는 자리이기 때문이다. (1나)에서는 "한글 마춤법
통일안" 제정 당사자들의 제정에 임했던 태도와 결의를 볼 수 있다. 제정
에 참여하였던 이들의 태도는 '가장 嚴正한 態度와 가장 愼重한 處理로
써 끝까지 最善의 努力을 다한 것'으로 스스로 규정하고 있다. 그러나
그것이 단 하나의 글자도 고칠 수 없다고 하는 것과 같은 완고성의 표징
이 되는 것은 아니다. (1다)가 그러한 의미를 배제한다. (1다)는 가장 겸손
한 의미에서 "한글 마춤법 통일안" 제정의 의의를 스스로 천명한 것이라
할 수 있고, 동시에 상당한 양보를 포함하는 것이라고 할 수 있다. (1다)의
밑줄 친 부분은 (1나)에 대한 직접적인 양보이다. "한글 마춤법 통일안"이
최선의 노력을 다한 것이지만, 갖추지 못한 것이 있을 수 있음을 인정하
고 있다. "한글 마춤법 통일안"은 부동의 원칙이 아니다. 불완전한 것이
있을 수 있다. 그러니 언제든 고칠 수 있다. (1라)는 학문적인 자신감의
표현이라고 할 수 있다. 학술상의 변화가 있으면, 수정의 여지가 생길
수 있다고 천명하는 것은, 당시의 학문적인 수준이 어떤 의미에서건 최고
수준에 있었음을 함축하는 것이다.[2] 이는 이희승(1959)의 서문에서 다음

---

2) 이것은 과장인가? (1라)의 문맥에서 우리는 과장을 찾아볼 수 없다. (1라)에 있는 것
   은 오히려 겸손이다. 우리는 통일안의 문맥을 통하여 제정 당시의 학자들이 자동적

과 같이 표현되고 있다.

> (2) 이희승(1959:19-20)에서의 "한글 마춤법 통일안"에 대한 언급
>   우리의 과거 반 세기 동안 말과 글에 관한 학술적(學術的) 노력
>   의 총결산(總決算)이요, 동시에 광휘(光輝) 있는 고심의 결정체
>   (結晶體)인 것을 단언(斷言)하기에 주저(躊躇)하지 않는 바다.
>   (원문대로)

  (2)에서 "총결산"이라는 표현은 받침 문제 등을 비롯한 여러 가지 쟁점 사항들이 어느 하나로 귀결되었다는 의미를 가질 것이다. 그리고 그것은 결과적으로 정확 무비한 표현이 되었다. "한글 마춤법 통일안"이 다른 논의를 점차 잠재우는 효과를 발휘하게 되었기 때문이다. 그러나 이는 기본적인 원리에 한정된 것이다. 기본적인 원리에 관한 한, "결정체"와 같은 단단한 속성을 가지는 것이지만, 세부적인 사항은 반드시 그런 것이 아니다. 이런 의미에서 본다면, (1라)는 학문적인 성과에 초점을 맞춘 것이라기보다는, 변화의 여지에 초점을 맞춘 것이라고도 할 수 있다.
  "한글 마춤법 통일안"이 개정되는 과정을 다음과 같이 보이기로 한다.

> (3) 가. 1937년 : "한글 마춤법 통일안: 고친판 5판 (1937년 5월
>   10일)"
>   나. 1940년 : "개정한 한글 맞춤법 통일안 : 새판 10판 (1940년
>   10월 20일)"
>   다. 1946년 : "개정한 한글 맞춤법 통일안" 1948년 수정판 서문
>   "다시 일부 개정에 대하여" 및 역대한국어문법대계 제3부

교체와 비자동적 교체를 알고 있었고, 규칙 활용과 불규칙 활용에 대한 거의 완전한 인식을 가지고 있었음을 확인할 수 있다.

제9책 중 "한글 맞춤법 통일안 일부 개정" 참조.
라. 1948년 : "개정한 한글 맞춤법 통일안 : 한글판"
마. 1958년 : "개정한 한글 맞춤법 통일안 : 용어 수정판"
바. 1988년 : "한글 맞춤법", 문교부 고시 제88-1 호(1988년 1월
   19일).

여기서 우리가 특별히 관심의 대상으로 삼으려고 하는 것은 (3가)와 (3나)의 개정이다. 실제의 변화가 표방된 변화와 상당한 괴리를 보이기 때문이다.

3. 원안 내용에 실제로 가해진 수정

(3가)는 1933년에 제정된 맞춤법이 처음으로 개정되는 것이기 때문에 매우 중요한 의미를 가진다. 1937년에는 왜 "한글 마춤법 통일안"을 개정할 필요가 생겼는가? 1936년 10월 28일(한글 기념일)에 표준말이 사정되어 發布되었기 때문이다. 이 표준말을 통일안에 반영하기 위하여 "한글 마춤법 통일안"을 개정할 필요성이 제기된 것이다. 후대의 맞춤법 해설서나 이론서들은 그에 따라 통일안 용어를 수정한 것이라고 언급하는 것이 예사였다. 그것은 (3가)의 서문에 그렇게 쓰여져 있었기 때문이다. (3가)의 서문 중 관련 언급을 다음과 같이 보이기로 한다.

(4) (3가)의 서문 "改版에 대하여"의 내용.
   가. "표준말 사정"의 결과에 따라 "한글 마춤법 통일안"의 用語
      를 修整하기로 하였다(원문대로).
   나. "本案 制定 當時의 暫定的으로 議定하였던 附錄 標準語
      第7 第8 兩項의 표준말 語彙 全部를 이번에 本案에서 完全

히 削去하"였다. [참고] 제7, 제8항에는 "삭이다, 시기다/시
키다, 박이다, 박히다, 가까스루" 등과 같은 말이 실려 있었
다.

다. "本案 各項의 用語와 語例들을 모두 査定된 표준말로써
<u>適當히 修補 整理</u>하여, 이 統一案의 本來의 精神과 文意를
理解하기에 適切하도록 도모하는 同時에, 本案의 實際 應
用에 더욱 便宜하도록 힘썼다."(밑줄 필자)

그 동안 1937년의 수정에 대해서는 특별히 주목한 논의를 찾아보기
어렵다. 당연히 (3가)의 서문에서 언급한 것과 같은 (4가-다)와 같은 개정
이 행해졌다고 믿어 온 것이다.[3] (4가, 나)에만 의존한다면, 1937년에
맞춤법 개정자들은 거의 아무 것도 한 것이 없는 것처럼 보인다. 그들은
"한글 마춤법 통일안"에 그냥 1936년에 사정한 표준말을 반영하였을 뿐
인 것처럼 말하고 있다. (4다)도 단순히 표준말을 반영하였다는 의미로
받아들일 가능성이 있다. 그러나 분명히 1937년에는 상당한 변개가 있었
다. 어떤 이유에서인지 이 변개는 숨겨져 있었고, 크게 들추어내어지지
않았다.

이 변화에 대한 한두 가지 언급을 여기에 가져와 보기로 한다.

(5) 1937년의 개정에 대한 언급
가. 조선어학회(1940) 서문의 관련 부분 :
그동안, 이제로부터 3年前에 표준말 査定에 따른 用語 및
語例의 修整이 있었을뿐으로, <u>原案 內容의 變改는 아직</u>

---

3) 이희승(1959)에서도 1940년 개정판의 서문이 그대로 옮겨져 있다. 이희승·안병희
(1989)에도 이렇게 되어 있고, 이광호 외(1995)에도 이렇게 되어 있다. 한글학회
(1971)에도 이렇게 되어 있다. 민현식(1999)도 같다. 이하 개정 사항에 대한 소개는
거의 차이를 가지지 않는다.

<u>한번도 없이</u> 版을 거듭하기 무릇 아홉 번(原版으로 네번, 修整版으로 다섯번)을 지내어 오늘에 이르렀다. (밑줄 필자, 띄어쓰기 원문대로)

나. 이희승(1959:10)에서의 언급 :

통일안 각 조항에 쓴 말을 모두 사정한 표준말로 고쳐서, 1937년 5월에 수정판(修正版)을 내었습니다. 그러나 이번에는 <u>문구 수정에 그치고, 통일안 내용에는 아무 변경이 없었습니다.</u> (밑줄 필자)

다. 한글학회(1971:190)에서의 언급 :

ㄱ. 이 맞춤법 통일안은 애초에 표준말 사정이 이루어지기 이전에 제정되었던 것이기 때문에 1936년 한글날에 표준말이 사정되어 발표됨에 따라, 그 통일안 말미에 붙였던 부록 1의 8 항목으로 규정되었던 '표준말'의 일부를 부득이 개정하지 않을 수 없게 되었다. 특히 그 중 7항은 움직씨의 하임꼴과 입음꼴에 대한 규정이었으므로, 표준말 사정에서 하임(사동)과 입음(피동)의 도움줄기(보조어간)가 규정됨으로써 불필요한 조항이 되었다. 그리고 8항은 일상 언어 생활에서 흔히 두 가지 이상으로 쓰이는 말을 160여 개를 가려내어 잠정적으로 그 표준말을 규정하였던 것인데, 이 항목 자체는 사실상 불필요하게 되었던 것이다.

ㄴ. 그리하여, 통일안 제정 당시에 잠정적으로 의정하였던 '부록 1 표준말'의 7항과 8항의 표준말 보기를 완전히 삭제하고, <u>본안 각항의 용어와 보기들을 모두 사정된 표준말로 적당히 수보 정리하여 통일안 본래의 정신과 글 뜻을 이해하기 쉽도록 꾀했을 뿐만 아니라, 통일안을 실제 응용하는 데에도 더욱 편리하도록 하여,</u> 1937년 3월 1일에 발표하였다.

(5가)는 (3나)에 보인 1940년판 "개정한 한글 마춤법 통일안"의 서문에서 (3가)의 수정 내용을 설명한 것이다. (5가)에서는 (4)의 내용이 더 한층 강화된다. 1937년에 가한 수정을 포함하여 그 이전에는 "원안 내용의 변개는 아직 한번도 없"었다는 것이다. (5나)에서 기술되고 있는 것도 (5가)의 문맥이다. 통일안 내용에는 아무 변경이 없었다는 것이다. (5다)에서도 (4나, 다)의 내용이 되풀이되고 있음을 볼 수 있다. 이러한 기술에만 의존한다면, 1937년의 개정은 1933년 "한글 마춤법 통일안"의 용어와 보기들만을 표준어로 바꾼 것이어야 한다.

그러나 이는 절대로 사실이 아니다. 1937년의 수정은 절대로 표준어를 반영한 정도의 개정이라 할 수 없다. 단순히 표준말을 반영하는 것 이상의 큰 변화가 1937년 수정에서는 행해졌다. (4다)의 "適當히"라는 말이 함축하는 것도 그 이상의 개정이다. 실제로 1937년의 수정은 작은 지면에서는 일일이 열거할 수도 없을 만큼 많은 것이다. 주목되는 몇 가지 예만을 보기로 한다.

(6) (3가)의 변화 및 수정 내용
    가. 1933년 "한글 마춤법 통일안"의 규정 조항 기술 방식이 종서에서 횡서로 바뀜.[4]
    나. 각론 1항의 부기 중 "적기로 한다"가 "적는다"로 바뀜. "한글 마춤법 통일안" 전체를 통하여 앞의 것과 같은 모든 기술 방식이 후자와 같이 바뀜.
    다. 각론 1항 부기 중 자모순
        1933년 : ㅐ ㅔ ㅚ ㅟ ㅒ ㅖ ㅘ ㅓ ㅙ ㅖ ㅢ

---

[4] 1934년 '한글' 제10호에 실린 "한글 마춤법 통일안"은 횡서로 되어 있다. 따라서 (3가)가 "한글 마춤법 통일안" 횡서 조판의 첫 예는 아니다. 횡서에는 단순히 조판의 문제만이 따르는 것은 아니다. 이에는 문장 부호의 문제가 더 있다.

　　1937년 : ㅐ ㅒ ㅖ ㅖ ㅘ ㅙ ㅚ ㅓ ㅖ ㅟ ㅢ

라. 각론 3항 조항 중 쌍반점(:) 및 "이따금, 으뜸, 기쁘다, 부썩, 해쓱하다, 소쩍새, 어찌" 등의 예 추가, 그리고 "거꾸루, 여쭙다" 등 형태 교체.

마. 第4절 제목: ㄷ 바침 소리 ⇒ ㄷ 받침 소리

바. 第6항 : (1) 副詞的 接頭語 ⇒ 接頭辭

사. 第7항 : 다 제 原形을 바꾸지 아니한다 ⇒ 다 제 原形을 밝히어 적는다.

아. 第3절 제목 : 規則 用言 ⇒ 動詞의 被動形과 使役形

자. 第9항 : 다음과 같은 動詞는 그 語幹 아래에 다른 소리가 붙어서 그 뜻을 바꿀 적에 소리가 變하거나 아니하거나를 묻지 아니하고 다 그 原形을 밝히어 적는다. (甲을 취하고 乙을 버린다) [예, 13개] ⇒ 動詞의 語幹 아래에 다른 소리가 붙어서 被動이나 使役으로 될적에는, 소리가 變하거나 아니하거나를 묻지 아니라고, 다 그 原形을 밝히어 적는다. 예: (甲을 취하고 乙을 버린다) [예, 22개]

차. 第10항 : 다음과 같은 變格 用言을 認定하고 ⇒ 다음과 같은 用言은 各各 그 特有한 받침을 좇아서

카. 第10항 (一) 附記 : 우 ⇒ 위

타. 第10항 (六) 附記 : "하야"를 인정한 것 ⇒ 삭제.

파. 第5절 제목 : 바침 ⇒ 받침

하. 第12항 예 : (1), (2), (3)을 분류.

갸. 第13항 예 : (1), (2)를 분류.

냐. 第14항 예 : (1), (2)를 분류.

댜. 第16항 예 : (一), (二)를 다시 (1)과 (2)로 분류하고 '附記'도 다시 (1)과 (2)로 분류함

랴. 第16항의 예 : "옆댕이('옆'의 非標準語), 잎사귀('잎'의 非標準語)"와 같은 주석 풀이 등장.

먀. 附錄 二 文章 符號 : 온점(.)과 반점(,)이 부가되었다.

(6)과 같은 수정의 분량은 결코 적은 것이 아니다. (6)에는 빠지고 더해진 각항의 예를 극히 부분적으로만 보였다. 만약 그 양을 모두 합친다면, 1937년의 수정은 엄청난 양에 달하는 것이다. 그것을 그냥 "문구 수정" 정도에 그치는 것이라고 말하는 것은 문제의 수정을 정확하게 기술하는 것이 아니다. "원안 내용의 변개"가 하나도 없었다는 진술도 문제의 본질을 호도하는 것이 아닐 수 없다. 실로 (6)에는 중대한 변개에서부터 사소한 것까지 다양한 예들이 포함되어 있는 것이다.

(6)에서 중대한 것과 사소한 것 또는 문체론적인 것을 나누어 보면 다음과 같다.

(7) 가. 중대한 것 : (6가), (6다), (6마), (6아), (6자), (6파), (6댜),
    (6먀)
  나. 사소한 것 : (6나), (6라), (6바), (6사), (6차), (6카), (6타),
    (6하), (6갸), (6냐), (6랴).

(7가)의 중대한 것에 (6가)가 포함되어 있다. "한글 마춤법 통일안" 원문을 종서에서 횡서로 바꾼 것이 무엇이 그렇게 중대한가 물을 수 있다. 그러나 이는 절대로 사소한 것이 아니다. 횡서에서는 종서에 쓰이지 않던 부호가 도입될 수밖에 없기 때문이다. 문장 부호에 대한 변개가 동반되지 않을 수 없다. 실제로 1937년판에는 (6랴)에 보인 바와 같이, 이전에는 없던 온점과 반점이 도입되었다. 그것은 표준말을 반영한 것인가? 그렇지 않다. "문구 수정"인가? 그렇지 않다. 1933년의 "원안 내용의 변개"는 아무 것도 없는 것인가? 이 또한 절대로 그렇지 않다.

(6다)는 이중 모음의 순서를 바꾼 것이다. 1933년에는 유사 초출-재출 모음자 순서로 되어 있었으나,[5] 1937년에는 훈몽자회식 순서로 바뀌었

다.6) 이러한 순서의 바뀜은 표준말을 반영하기 위한 것인가? 그렇지 않다. 사소한 것인가? 그렇지 않다. 사전을 편찬하려는 사람이 있었다면, 단어의 배열에서 이처럼 중요한 사실도 없을 것이다.

(6라)에서와 같이 "이따금, 으뜸, 기쁘다, 부썩, 해쓱하다, 소쩍새, 어찌" 등의 예를 추가한 것은 넓게 보아 '용어와 보기들을 모두 사정된 표준말로 적당히 수보 정리하여 통일안 본래의 정신과 글 뜻을 이해하기 쉽도록 꾀하고, 통일안을 실제 응용하는 데에도 더욱 편리하도록' 한 것이라 할 만하다. 그러나 이들이 정확하게 표준말을 반영하기 위하여 교체된 것인가에는 의문의 여지가 있다. '잇다금'을 '이따금'으로 적는 것은 표준말의 문제가 아니라 철자의 문제이기 때문이다. '거꾸루'를 '거꾸로'로 대치한 것은 표준말을 반영한 것이라 할 수 있다. 그러나 '여쭙다'를 '여쭈다'로 바꾼 것을 표준말을 반영한 것이라고는 하기 어렵다. '여쭙다'와 '여쭈다'는 쌍형어라고 할 만한 것이기 때문이다.7) 이러한 변개도 단순히 표준말을 반영한 것이라고 하기 어렵고, 단순한 "문구 수정"이라고 하기

---

5) 필자는 이와 같은 순서가 어떠한 원리와 방법에 의거한 것인지 알지 못한다. 김민수(1973:696-707)에 소개된 모든 한글의 모든 자모순 어느 것과도 일치하는 것이 없다. 이 순서에는 훈민정음의 초출-재출자 순서가 반영된 듯도 하나, 훈민정음의 'ㅗㅏㅜㅓㅛㅑㅠㅕ'의 순서와는 다르다. 훈민정음식에 훈몽자회식이 혼합된 것으로 보인다. 이를 1933년식 자모순이라 부를 수 있을 것이다.

6) 1937년의 'ㅐㅒㅔㅖㅘㅙㅚㅝㅞㅟㅢ'의 순서는 현행 맞춤법의 순서와 일치하는 것으로, 훈몽자회의 기본모음자순을 기본으로 하고 그 모음자에 다른 획이 더해지는 순서를 택한 것이다. 그렇더라도 'ㅘㅙㅚ' 순서의 논리가 투명한 것은 아니다. 글자의 순서가 정해지면서 동시에 그 논리가 적용되고 있다. 김민수(1973:696-707)에 소개된 자모순 가운데 이 순서와 대체로 합치한다고 할 수 있는 것은 조선총독부(1920)의 '朝鮮語辭典'이다. 기본모음자와 그 속에 포함된 이중모음을 제외하고 아래아자 및 그 합자를 제외하면 순서가 같아진다. 이상한 일치이다. 이 순서를 1937년식 자모순이라고 부를 수 있을 것이다.

7) 한글학회(1992:2923)에는 '여쭈다'가 '여쭙다'의 준말로 되어 있다.

도 어렵다. 이에서 1933년의 "원안 내용의 변개"는 없다고 볼 수 있는가? 절대로 그렇지 않다.

(6마)와 (6타)는 그 성격이 같다. 1933년에는 '바침'으로 썼던 것을 1937년에 '받침'으로 바꾼 것이다. 1933년에도 '받치다'는 18항의 예에 나타난다. 동사의 어간에 '치'가 붙어서 된 말은 그 어간의 원형을 밝히어 적는다는 조항의 첫 예가 '받치다(支)'이다. 1933년에는 분명 이 말과 "바침"의 관계가 잘 인식되지 못하고 있었다고밖에는 말할 수 없다. "바침"이란 말이 너무나 익숙하여 그 연원을 상고하기에 이르지 못하였다고도 할 수 있다. "바침"은 1930년 '언문철자법'에서 종성을 가리키던 말이었다. 1921년 '보통학교용 언문철자법 대요'에서 이 말은 '밧침'으로 쓰였다. 1933년과 1937년 사이의 어느 시점에서 누군가 이 말이 잘못된 것임을 깨닫고, 1937년 개정 때 이를 수정한 것이다. '바침'이라는 것이 조판상의 오자였다든가 하는 것과 같은 다른 해석의 가능성은 없다. 그렇다면, '바침'과 달리 '받침'은 표준말이라고 할 수 있는가? 그럴 수 없다. '바침'과 '받침'은 같은 말이며, 표기만이 다른 것이다.

(6아)는 1933년 제3절의 제목이 "規則 用言"과 같이 되어 있었던 것이다. 이것이 1937년에 "動詞의 被動形과 使役形"과 같이 바뀌었다.[8] 이것이 표준어 사정의 결과를 맞춤법에 반영한 것인가? 그렇지 않다. 그것과는 다른 것이다. 한글학회(1971)에 의하면, 1933년의 '부록 1표준어'의 7항을 삭제한 것은 "표준말 사정에서 하임(사동)과 입음(피동)의 도움줄기(보조어간)가 규정됨으로써 불필요한 조항이 되었기" 때문이라고 설명

---

8) 국어 문법에 "피동형"이나 "사역형"과 같은 것은 없다. 피동 접미사와 사동 접미사는 파생 접미사이기 때문에 굴절의 영역에 속하는 것이 아니므로, 이를 "피동형"이나 "사역형"과 같은 이름으로 불러서는 안 된다. 그런데, 피동이나 사동의 접미사 '-이-,-히-,-기-,-리-' 등을 보조 어간으로 본 것은 최현배이다.

하고 있다.9) 그러나 그것이 제3절의 제목을 (6아)와 같이 바꿀 수 있는 근거가 되는 것은 아니다. (6아)에 따라 온 것이 (6자)와 같은 변화이다. 예의 수도 대폭 확대되었다.

실제로 1933년의 "규칙 용언" 절은 상당한 결함을 가지고 있었던 것이라고 해야 한다. 제9항 하나만이 이에 속하는 것이었고, 거기에는 피동사와 사동사의 예 13개의 예가 있을 뿐이었다. 논리적으로 "규칙 용언"에 대한 규정 뒤에 "변격 용언"에 대한 규정을 두는 것이 그 순서에서 매우 타당한 것이라고 할 수 있다. 그러나 "규칙 용언"은 그 실체가 정확하게 파악되거나 기술되지 못한 상태였으므로, 단지 주어진 예에 합당한 제목만을 붙인 것이다. 맞춤법 규정 전체가 논리적인 불균형 상태를 보이게 되었다고도 할 수 있다. 또 이러한 변개 전체가 표준말을 반영한다는 취지에 들어맞는 것도 아니었다.

(7)에서 우리는 (6냐)를 특별히 중대한 것에 포함시켰다. 이 이유는 그로 하여 표기법 자체가 바뀌고 있기 때문이다. 관련 항목을 여기에 가져와 보기로 한다.

> (8) 1933년판의 제16항
>　　가. 규정 : 名詞나 語幹의 아래에 닿소리로 첫 소리를 삼는 音節
>　　　　이 붙어서 他詞로 변하거나 본 뜻만이 변할 적에는 그 名詞
>　　　　나 語幹의 原形을 바꾸지 아니한다.
>　　나. 예: 낚시, 옆댕이, 잎사귀, 옮기다, 굵직하다, 넓적하다, 얽둑
>　　　　얽둑하다, 얽죽얽죽하다.
>　　다. 附記 : 左記의 말은 그 語源的 原形을 밝히어 적지 아니한다.
>　　　　예 : 악죽악죽하다, 각작각작하다, 멀숙하다, 널직하다, 말숙
>　　　　하다

---

9) 위의 (5다)를 참조하기 바란다.

(9) 1937년판의 제16항

가. 규정 : 명사나 어간의 아래에 닿소리로 첫 소리를 삼는 음절
이 붙어서 타사로 변하거나 본 뜻만이 변할 적에는 그 명사
나 어간의 원형을 바꾸지 아니한다.

나. 예 (一) 名詞 아래에 닿소리가 올 적[10]

ㄱ. 他詞로 變한 것 : 꽃답다, 값지다, 빛나다, 흩지다

ㄴ. 뜻만이 變한 것 : 끝장(終局), 부엌데기(炊婦), 빛깔(色
彩), 놋갓장이(鍮工), 옆댕이("옆"의 非標準語), 잎사
귀("잎"의 非標準語)

다. 예 (二) 語幹 아래에 닿소리가 올 적[11]

ㄱ. 他詞로 變한 것 : 낚시(釣針), 늙정이(老物), 뜯게질(解
縫), 덮개(覆物)

ㄴ. 뜻만이 變한 것 : 갉작갉작하다(搔), 굵다랗다(顆大),
긁적긁적하다(搔), 깊숙하다(幽), 넓적하다(頗廣), 높다
랗다(甚高), 늙수그레하다(老), 뜯적뜯적하다(頗摘),
앍죽앍죽하다(痘痕), 얽죽얽죽하다(痘痕), 엎드리다
(伏), 엎지르다(覆), 읊조리다(吟)

라. 附記 : 下記의 말은 그 語源的 原形을 밝히어 적지 아니한다.

ㄱ. (1) 덧받침의 끝소리가 따로 아니 나는 것[12] : 골막하다
(未滿), 널다랗다(甚廣), 널직하다(頗廣), 떨떨하다(頗
澁), 말끔하다(淸潔), 말쑥하다(淸楚), 말짱하다(全淸),
실쭉하다(頗厭), 실큼하다(厭忌), 할짝할짝하다(頻저),
얄팍하다(稍薄), 골병(朽病), 골탕(朽敗), 실증(厭症),
올무(罥)

ㄴ. (2) 語源이 分明하지 아니한 것[13] : 납작하다(平廣),

---

10) 원문은 "올 적"을 붙여 썼으나, 여기서는 현행 표기법을 좇아 띄어 쓴다.

11) 위의 주석을 참조하기 바람.

12) 원문은 "나는 것"을 붙여 썼으나, 여기서는 현행 표기법을 좇아 띄어 쓴다.

13) 원문은 "아니한 것"을 붙여 썼으나, 여기서는 현행 표기법을 좇아 띄어 쓴다.

따짝따짝하다(頻摘), 멀끔하다(淸潔), 멀쑥하다(淸楚),
멀쩡하다(全淸)

여기서 주의 깊게 보아야 할 것은 (8다)의 표기가 (9)에서는 그대로 유지되지 못하고 있는 것이다. (8다)의 "악죽악죽하다"는 (9다ㄴ)에서 "왉죽왉죽하다(痘痕)"와 같이 바뀌었다. (8다)의 "각작각작하다"도 (9다ㄴ)에서 "갊작갊작하다(搔)"와 같이 바뀌었으며, (8다)의 "멀숙하다"는 (9라ㄴ)에서 "멀쑥하다(淸楚)"로 바뀌었다. 반면, (8다)의 "널직하다"는 (9라ㄱ)에 그냥 "널직하다(頗廣)"으로 남았고, (8다)의 "말숙하다"도 그냥 그대로 (9라ㄱ)에 "말숙하다(淸楚)"로 남았다.

표기가 바뀐 것은 표준말을 반영한 것인가? 그렇지 않다. 그들은 똑같은 말이다. 단지 표기만을 바꾼 것이다. 이들 표기의 변화는 "문구 수정"에 그치는 것인가? 그렇지 않다. 상당히 큰 변개를 시도한 것이다.

우리는 위에서 1937년에 그 서문에서 밝힌 바와는 달리 상당한 변개가 있었음을 보았다. 그것은 단순히 1936년에 정해진 표준말을 반영하는 수준을 넘는 것이었다. 왜 이런 일이 일어났을까? 왜 이렇게 표리부동한 일이 생기게 되었을까? 가능한 추측의 하나는 1933년의 "한글 마춤법 통일안"에 약점이 있다는 것을 만천하에 공표하는 것은 곧 통일안의 권위를 실추시키는 일로 생각했을 가능성이 있다.[14] 혹시 이를 빌미로 해서 통일안의 수용이나 확산을 막거나 방해하는 세력이 있다고 생각했을지도 모른다. 그러나 1933년의 "한글 마춤법 통일안"은 위에서 살펴본 바와 같이 이미 수정을 예비하고 있었기 때문에 약점이나 결함을 고치는 것이

---

14) 박승빈(1936)의 비판과 같은 것이 이러한 자세에 영향을 미치는 요소였을지 모른다. 박승빈(1936)의 비판은 상당히 예리한 것이었고, 가능하면 빨리 그 약점을 수정하고 싶어했을 것이다. 그러나 "마춤법"의 철자가 바뀐 것은 1940년이다.

그렇게 수치스러운 일이었다고는 생각되지 않는다.

4. "마춤법"에서 '맞춤법'으로

1933년의 "한글 마춤법 통일안"은 1940년 6월 15일의 수정을 거쳐, 비로소 "한글 맞춤법 통일안"이 된다. 개정의 이유의 일부는 위의 (5가)에서 본 바 있다. 서문에 나타난 문맥을 보면, 그동안 맞춤법을 별로 바꾸지 않았다는 것, 맞춤법의 완벽을 기하기 위하여 끊임없이 유념해 왔다는 것, 실용상의 다년간의 체험에 비추어 원안의 일부를 개정하기로 했다는 것이다. 서문에 언급된 개정의 내용을 다음과 같이 보이기로 한다.

> (10) 1940년 개정에 대한, 조선어학회(1940)의 서문에서의 언급
> 가. 제19항의 "후"를 "추"로 고친다. 統一案의 名稱 中 "마춤
>   법"을 "맞춤법"으로 쓴다.15)
> 나. 제29항의 문구를 수정한다.
> 다. 제30항의 "사이 ㅅ"을 쓸 것의 세 가지 점.
> 라. 附錄 符號의 增補 修整.

여기서도 우리는 이러한 서문의 언급이 내용과 합치될 것으로 믿는다. 서문에 (10)과 같이 선언한 만큼, (10)에 언급한 사항 외에는 다른 수정이 없어야 한다. 그러나 유감스럽게도 이는 그렇지 않다. 1937년의 통일안과 1940년의 통일안을 비교하면 (10)에 언급된 것 외에도 상당한 양의 수정이 있었음을 알 수 있다. 문구 수정이나 자구 수정이나 차례 바꿈도 엄청나다. 서문에는 (10나)와 같이 "문구" 수정에 관한 언급도 있기 때문에,

---

15) 이는 박승빈(1936)의 비판을 받아들인 것으로 여겨진다.

다른 곳에는 문구 수정조차 없는 것과 같은 느낌을 받는다. 그러나 이는 전혀 그렇지 않다. 문구 수정은 수도 없이 행하여진다.[16) 너무나 많아서 그 수를 일일이 열거하기 어려울 정도이다. 다음에 몇 가지 예를 보이기로 한다.

(11) 1940년의 수정에서 (10) 외의 것 중 대표적인 것

    가. 제3항의 규정을 "아무 뜻이 없는 두 음절 사이에서 나는 된소리"를 "아무 뜻이 없이 나는 된소리"로 바꾼 것.

    나. 제3항의 예에서 "부끄럽다(恥), 새끼(雛), 토끼(兎), 아빠(父)"를 삭제한 것.

    다. 제4항에서 규정을 "재래에 한 단어 안의 아무 뜻이 없는 설측음 "ㄹ"를 "ㄹㄴ"으로 적던 것을 "ㄹㄹ"로 적는다." 를 "한 단어 안의 두 홀소리 사이에서 아무 뜻이 없이 나는 설측음 "ㄹ"은 "ㄹㄹ"로 적는다."로 바꾼 것.

    라. 제4항의 예 중 "개잘량(狗皮席)"을 뺀 것.

    마. 제5항 [附記 二]에 "ㄴ" 외에도[17) "ㄹ"을 추가하고 예에 "개잘량(狗皮席), 달력(月曆), 팔룡(八龍), 일류(一流), 멀리(遠)" 등을 추가한 것.

    바. 제6항 중 "아무 까닭이 없이 'ㄷ' 받침으로 나는 말은"을 "아무 까닭이 없이 'ㄷ' 받침 소리로 나는 말은"과 같이 고친 것.

---

16) 이희승(1959:10)에도 위의 (10)과 같은 내용만이 소개되어 있다. (10라)는 소개되어 있지도 않다. 이희승 선생 자신은 1940년 개정에 참여한 인물인데, 왜 자세한 개정 내용을 소개하지 않은 것인지 이해하기 어렵다. 단순히 기초 위원이었기 때문이었을까? 그렇다면, 기초 위원(이극로, 이희승, 정인승) 3인이 기초한 것과 1940년 안 제정 위원 전원에게 제안된 것 혹은 회원 전원의 채납 승인을 거친 것 사이에 차이가 있었다는 것이 된다. 그러나 이는 확인되지 않는다.

17) 여기에 먼저 있었던 예는 "가더나(去), 저녁(夕), 누구뇨(誰), 숭늉(飯鼎水), 바구니(桎器)" 등과 같은 예이다. 이 예들의 성격은 다시 제28항과 관련된다.

사. 제12항 (3)의 예를, "걸음(步), 묶음(束), 믿음(信仰), 졸음
(睡), 품갚음(報勞), 얼음(氷), 엮음(編), 울음(啼), 웃음(笑),
잊음(忘)"에서 "걸음(步), 묶음(束), 믿음(信仰), 얼음(氷), 엮
음(編), 울음(啼), 웃음(笑), 잊음(忘), 졸음(睡), 품갚음(報
勞)"과 같이 순서로 바꾼 것.

아. 제16항의 예 중, "널다랗다, 널직하다"를 "널따랗다, 널찍하
다"로 바꾸고, "실증(厭症)"을 뺀 것.18)

자. 제28항의 (一)의 (2)의 단 항에서 "아자비"의 예가 빠진 것

차. 제28항의 (二)의 (3) 항이 통째로 사라진 것.19)

카. 제33항 중 "'ㆍ'字 音은 죄다 'ㅏ'로 적는다."를 "'ㆍ'로
달린 字音은 모두 'ㅏ'로 적는다."로 바꾼 것. 34항도 비슷
함.

타. 제37항 중 "例外"를 "'ㅣ'음으로 굳어진 것"으로 바꾼 것.

파. 제38항의 "모음"을 "홀소리"로 바꾼 것.

하. 제48항의 예 중, "제출(提出), 팔월(八月), 양신(良辰),20) 육
일(六日)"의 차례를 "양신(良辰), 육일(六日), 제출(提出), 팔
월(八月)"과 같이 바꾼 것.

(11가), (11다), (11바), (11카)는 문구 수정의 예이다. (11나)에서 "부끄
럽다, 새끼, 토끼"를 뺀 것은 보기 중 'ㄲ'을 가진 단어의 예가 많은 것을
조정한 것으로 보인다. "아빠"를 삭제한 것은 그것이 아마도 당시 유행어
이기 때문일 것으로 추측된다. (11라)는 예를 조정한 것이다. 같은 예가

---

18) 이는 현행 맞춤법에서 "싫증"으로 적힌다. 제16항 附記에서는 "올무(羂)"에 한자가
없다. 脫字일 것이다.

19) 이 항은 닿소리와 홀소리 "여, 여, 요, 유, 이" 사이 (이 경우에는 그 홀소리의 첫소
리로, 구개음화한 "ㄴ" 소리가 덧난다.) 예, 갓양(冠緣), 물약(水藥) 등 외에도 23 예
가 있다.

20) 좋은 날이라는 뜻이다.

(11마)에도 나타난다. (11마)는 음성적 'ㄴ'의 구개음화 외에도 음성적 'ㄹ'의 구개음화를 인정한 것이다. 이것을 인정하든 안 하든, 우리말에서는 'ㄴ, ㄹ'의 구개음화가 있기 때문에 별로 중요한 규정이 아니라고 할지 모른다. 그러나 이것은 문제의 초점을 현상에 둘 때의 이야기이다. 맞춤법상의 규정이라는 점에 있어서는 있는 것과 없는 것의 차이이다. 이것을 아무렇지도 않게 넘어갈 수는 없는 일이다.

1940년의 한글 맞춤법 통일안에는 (11사)와 같이 예의 차례를 바꾼 것이 여럿 있다. (11사)는 차례잡기를 단어의 첫소리로 한 것이다. 1937년본에는 'ㅇ'으로 시작되는 말이 끝에 있었는데, 1940년본에는 'ㅇ'이 'ㅈ' 앞에 오는 순서로 바뀌었다. 이는 1940년을 고비로 하여 그 이전과 이후에 한글 자모의 차례에 관하여 문면에 드러나지 않은 갈등이 있었음을 말해 준다. 1937년본에는 최현배(1940/1982)의 한글자모 차례잡기가 반영되어 있었으나,[21] 1940년본에서 그것이 부분적으로 현재와 같은 순서로 바뀌고 있다.[22] (11하)도 성격이 같다.

(11아)의 "널다랗다, 널직하다"를 "널따랗다, 널찍하다"로 바꾸고, "실증(厭症)"을 뺀 것은 상당한 변화라고 할 수 있는 것이다. "널따랗다, 널찍하다"는 "말끔하다, 말쑥하다"와 표기를 통일시킨 것이며, '실증'을 뺀 것은 이 예를 원형을 밝히어 적는 예에 포함시킨 것이다. (11자)는 '아자비'는 굳이 어원을 문제삼을 만한 대상이 되지 못한다고 판단한 것으로

---

21) 최현배(1959) 이전에 그의 자모순에 대한 대강의 생각이 나타나 있는 곳은 최현배(1940/1982:685)이다. 그는 이 원칙을 "닿소리 먼저, 홀소리 나중"의 원칙으로 보고 있다.

22) 1940년본의 차례잡기는 어떤 하나의 원칙으로 통일된 것이 아니다. 단어의 두음 기준이 일반적인 것이기는 하지만, 문제되는 현상의 소리를 기준으로 한 것도 있다. 여기에 최현배식 차례도 그대로 남은 것이 있고, 현재와 같이 바뀐 것도 있다.

여겨진다. 규정상의 등재 여부만이 문제될 뿐, '아자비'가 조항의 예에서 빠진다고 크게 달라질 것은 없다. 그렇다고 하더라도, 규정을 중시할 때 이러한 수정이라도 명확히 밝혔어야 한다.

(11차)는 "닿소리와 홀소리 '야, 여, 요, 유, 이' 사이"라는 조건 기술과 예 25개가 모두 사라진 것을 말한다. '부엌일'이 [부엉닐]과 같이 발음되는 것을 인정한 규정이었으나, 모두 삭제하였다. 이는 제5항의 [부기 二]를 염두에 둔 것으로 생각된다. 그러나 '누구뇨'의 '뇨'의 발음이 구개음화가 되는 것과 '물약'과 같은 예에 'ㄴ'이 삽입되는 것과는 현상 자체가 다른 것이다. 따라서 만약 이 규정의 삭제가 제5항을 염두에 둔 것이라면, 그것은 옳은 것이 아니다. "부록 1 표준어"에서도 '물약'과 같은 예를 찾을 수 없다. 그렇게 중요한 규정도 아니니까 없애도 그만이니까 없앴다고 할 수는 없다. (11카)는 문구 수정의 예이며, (11타)는 예 앞에 규정과 대응되는 제목을 제시한 것이며, (11파)는 이전에 고치지 못한 것을 고친 것이다.

왜 이런 일이 일어났을까? (10)과 같이 고친다면 (10) 외의 다른 것을 마음대로 고쳐서는 안 된다. 그러나 실제로 바뀐 것은 (10) 외에도 (11)와 같은 것이 있고, 문구 수정은 이 밖에도 더 있다. 한 가지 가능한 추측은 "한글 맞춤법 통일안"이 공적인 정서법이 아니었기 때문이라는 것이다. 이 맞춤법이 실제적인 효력이나 강제력을 갖춘 것이었다면, 이렇게 마음대로는 바꾸지 못하였을 것이다.

5. 결 론

잘 아는 바와 같이, 한국어의 어문 규범은 1933年 조선어학회의 "한글 마춤법 통일안"에 의하여 마련된 것이다. 이 안은 당시의 언어학적인 지식이 총망라된 아주 높은 수준의 맞춤법인 것이 사실이지만, 불행하게도 그것은 사회 전체에 대하여 공적인 효력을 가지지 못하는 일개 학회의 안에 지나지 않는 것이었다.

이 안은 1933년 이후 몇 번에 걸쳐 개정에 개정을 거듭한다. 표준말이 사정된 것이 그 하나의 사정이었고, 맞춤법의 완벽을 기한다는 것이 다른 하나의 사정이었다. 뒤에는 사이시옷의 표기가 바뀐 것이 개정의 동기가 되고, 또 한글판을 낸다는 것이 또 하나의 동기가 되고, 용어를 고유어화한다는 것이 또 하나의 동기가 된다. 여기서 우리가 특별히 검토의 대상으로 삼은 것은 1937년의 개정판과 1940년의 개정판이다.

1937년의 개정판과 1940년의 개정판에는 서문에서 밝히고 있는 개정 사항과 실제로 바뀐 내용 사이에 상당한 괴리가 있는 것이다. 1937년 개정은 1936년에 행해진 표준어 사정을 맞춤법에 반영한다는 것이었으나, 실제로 행해진 개정은 이보다 훨씬 광범위한 것이다. 한 가지 예를 들면, 기본모음자에 들지 않는 이중 모음자의 순서도 이 때 바뀌었는데, 그것은 표준말과는 아무런 관련도 없는 것이었다. '바침'이 '받침'으로 바뀐 것도 이 때이다. 문장 부호에서 온점과 반점이 추가된 것도 이 때인데, 이러한 일들이 별다른 언급 없이 맞춤법 본문에 바뀌어 나타나고 있다. 이 밖에도 여러 가지 변개 사항이 있다. 이러한 표방되지 않은 변개는 1940년도의 개정에서도 나타난다. 보기의 예들을 바꾸어 배열한 것이 여러 군데 있다.

왜 이런 일이 일어났을까? 왜 이렇게 표리부동한 일이 생기게 되었을까? 가능한 추측의 하나는 1933년의 "한글 마춤법 통일안"에 약점이 있다는 것을 만천하에 공표하는 것은 곧 통일안의 권위를 실추시키는 일로 생각했을 가능성이 있다. 혹시 이를 빌미로 해서 통일안의 수용이나 확산을 막거나 방해하는 세력이 있다고 생각했을지도 모른다. 그러나 1933년의 "한글 마춤법 통일안"은 위에서 살펴본 바와 같이 이미 수정을 예비하고 있었기 때문에 약점이나 결함을 고치는 것이 그렇게 수치스러운 일은 아니었다고 생각된다.

이 문제는 "한글 마춤법 통일안"이 국가의 맞춤법이 아니었다는 시대적인 상황과도 관련되는 것으로 여겨진다. 국가의 맞춤법이었다면, 표방된 개정의 내용과 실제의 개정 내용이 차이를 가지는 것과 같은 일은 생기지 않았을 것이다.

참고문헌

김민수(1973), 국어 정책론, 고려대학교 출판부.

민현식(1999), 국어 정서법 연구, 태학사.

박승빈(1936), "조선어학회 사정 '한글 마춤법 통일안'에 대한 비판," 정음 16
　　　호. 역대한국문법대계 제3부 제9책 참조.

이광호 · 한재영 · 장소원(1998), 국어 정서법, 한국방송통신대학교출판부.

이익섭(1992), 국어 표기법 연구, 서울대학교 출판부.

이희승(1959), 새로 고친 판 한글 맞춤법 통일안 강의, 신구문화사

이희승 · 안병희(1989), 한글 맞춤법 강의, 신구문화사.

임홍빈(1997), "맞춤법 규정의 논리성과 명료성," 임홍빈 외 편(1997) 및 임홍빈
　　　(1998) 소수.

임홍빈(1998), 국어문법의 심층 3: 어휘 범주의 통사와 의미, 태학사.

임홍빈 · 이현복 · 김하수 · 박형익 편(1997), 한글 맞춤법 : 무엇이 문제인가,
　　　태학사.

조선어학회(1933), "한글 마춤법 통일안," 김민수(1973) 및 역대한국문법대계
　　　제3부 제9책 참조.

조선어학회(1936), 사정한 표준말 모음.

조선어학회(1937), 개정한 한글 마춤법 통일안: 고친 판 5판. 역대한국문법대계
　　　제3부 제9책 참조.

조선어학회(1940), 개정한 한글 맞춤법 통일안. 새판. 역대한국문법대계 제3부
　　　제9책 참조.

조선어학회(1946), "한글 맞춤법 통일안 일부 개정," 역대한국문법대계 제3부
　　　제9책 참조.

한글학회(1948), 개정한 한글 맞춤법 통일안: 한글 판. 역대한국문법대계 제3부
　　　제9책 참조.

한글학회(1958), 개정한 한글 마춤법 통일안: 용어 수정판: 역대한국문법대계

제3부 제9책 참조.

조선총독부(1930), "諺文綴字法," 김민수(1973: 717-727) 참조.

최현배(1937/1959), 우리말본, 정음사.

최현배(1940/1982), 고친 한글갈, 정음문화사.

한글학회(1971), 한글학회 50년사.

한글학회(1980), 한글 맞춤법.

한글학회(1989), 한글 맞춤법 통일안(1933~1980, 처음판 및 고침판 모음).

한글학회(1992), 우리말 큰사전, 어문각.

문학 교육의 공동체 형성적 성격

정병헌
(숙명여대 교수)

1. 문학교육의 내포(內包)와 외연(外延)

인류가 이 지구상에 존재하면서부터 문학은 있었다. 자신의 생각을 타인에게 전달하고, 또 타인의 생각을 전달받는 소통의 과정은 그 자체가 문학의 과정이기 때문이다. 자신의 생각을 남에게 전달하면서 그들은 보다 효과적으로 타인을 자신의 생각에 끌어들이기 위한 방법을 강구하였다. 한 개인이나 집단을 대상으로 이루어지는 방법적 성찰이 축적되면서 그 나름대로의 기술적 진보를 이루기도 하였다. 그러한 진보의 성과는 대체로 어느 한 계층이나 집단이 독점하였고, 이것은 다른 집단을 효과적으로 지배하는 데 이용되기도 하였다.

사람들이 집단을 이루면서 그 집단은 다른 집단과 끊임없는 쟁투를 벌였고, 그 경쟁에서 살아남기 위한 다각도의 모색을 하였다. 그리고 거기에서 축적된 기술은 종족의 존속을 위하여 당대인이나 후대인에게 전승되었고, 이를 효과적으로 전승시키기 위한 방법을 강구하기도 하였다.

그런데 그 축적된 내용의 전승은 언어적 장치에 의해서 가능했고, 이때 문학적인 수사와 상징체계의 수립이 요구되었다. 또한 이를 전승하는 전 과정은 선험적 지식을 전달하는 체계라는 점에서 중요한 교육적 공정(工程)이라고 할 수 있다. 이러한 이유에서 문학교육은 인류의 발생과 필연적으로 맞물려 존재하였던 것이다.

전승되는 교육의 내용은 본질적으로 자신들의 삶과 관련되는 것으로 이루어졌다. 보다 효과적이고 유익한 삶의 모습을 가르치는 것은 옛날이나 지금이나 변할 수 없는 중요한 교육 내용이다. 시대나 장소, 또는 집단의 성격에 따라 각각 다른 모습으로 변용되었을 뿐, 그 중요성은 한 번도 망각된 일이 없었던 것이다. 이 삶과 관련되는 교육의 내용 중 가장 중요한 것은 생산성의 증대를 위한 것이었다. 종족의 번식을 위한 효과적인 방식이나, 먹이를 더 많이 취득하는 방법 등은 일차적으로 전수되어야 할 중요한 교육 내용이기 때문이다. 이러한 생산성의 확충을 위한 교육은 특히 농경사회로 이행되면서 더욱 강조되었다. 더 많은 농산물의 획득을 위해 보다 풍부한 경험과 농작물에 대한 지속적인 관심이 요구되었기 때문이다.

또한 자신들을 다른 집단과 구별하고, 그 변별성이야말로 자신들의 존속할 수 있는 근원임을 설명하기 위하여 고대인들은 자신들의 정체성(正體性)을 설명하는 신화(神話)를 만들고 이를 계승하였다. 자신들의 신이 다른 집단의 신보다 우월하다고 믿게 될 때, 그들은 끊임없는 항쟁을 할 수 있었고, 또 다른 집단에 대한 정복 전쟁을 벌일 수 있었다. 이것이 후대에는 종교적 의식으로 확대되었는데, 이러한 의식의 전승에 관한 내용은 집단의 규모가 커지면서 더욱 중요한 의미를 띠게 되었다. 의식 자체는 물론이고, 그 의식의 내용들은 집단의 동질성을 확인하는 중요한 요소가 되었기 때문이다.

2. 공동체의 형성과 문학교육

‘인간은 사회적 동물’이라는 말에서 알 수 있듯이 인간은 자신과 타인의 관계 속에서 그 의미가 규정된다. 이 관계 속에서 자신이 속한 집단과 다른 집단의 차별성이 드러나는데, 그 차별성의 상당한 부분은 의도적인 교육의 결과로서 이루어진다. 한 집단은 차별성을 그 집단의 생존의 전략으로 이해하기 때문에, 그 집단의 구성원에게 체계화된 이념을 주입시키는 것이다. 한 집단의 이념이 다른 집단으로 확산되는 것은 일반적으로 집단의 병합(倂合)을 통하여 이루어지는데, 이는 대상이 되는 집단의 이념이 소멸되는 것을 의미한다. 이 확산(擴散)과 소멸(消滅)의 경쟁에서 살아남기 위한 투쟁이 전쟁으로 나타났고, 이 전쟁에서의 승리를 위해서도 한 집단의 이념은 보다 공고(鞏固)하게 확립될 필요가 있었다.

한 집단을 이루는 공동체의 단위에는 가족과 민족, 그리고 종교가 있다. 민족은 국가적 개념으로 확대되기도 하였는데, 어떤 공동체를 더 우선하였는가는 각 역사의 상황마다 다르게 나타난다. 가부장적 사회를 지향했던 우리의 전통사회에서는 국가적 개념보다 가족 의식이 보다 공고하게 확립되었고, 서구의 중세는 다른 어떤 공동체보다 종교적 이념을 중시하였다. 여러 민족이 함께 모여 국가를 결성한 미국과 같은 경우는 국가로서의 통합적 사고를 보다 중시하고 있다.

각각의 공동체는 그 공동체를 지탱하고 유지하는 이념적 틀을 형성하고, 이를 소속 구성원들에게 교육시키는 체제를 가지고 있다. 이는 제도적으로 이루어지기도 하고, 또는 생활 속에서 자연스럽게 이루어지기도 한다. 그 방식은 다를지라도 어떤 경우든 그것이 다른 집단과의 차별성에 근거하여 이루어진다는 점은 동일하다. 다른 집단과 대항하고 압도(壓倒)할 수 있는 사회 구조를 확립하여 전승하고, 이를 구현할 수 있는 행동

방식을 설정하는 것은 고금(古今)을 막론하고 어디에서나 이루어졌던 교육 내용이었다.

이 교육을 통하여 한 집단의 사고나 행동 방식이 일정한 방향을 갖게 되고, 이는 그 집단의 효율적 운영을 위한 중요한 자산(資産)이 되었다. 이러한 교육은 여러 방식으로 이루어지는데, 가장 중요한 방식으로 인식되는 것이 문학을 통한 교육이었다. 문학은 언어로 이루어졌고, 가치의 전달은 언어를 통하여 효과적으로 전달될 수 있다는 점에서 이는 필연적인 결과라고 할 수 있다.

이러한 이유에서 공동체의 이념을 구현하는 문학이 창작되고, 이념 확산의 경과와 미래가 현재적 시점으로 정착되었다. 여기에서 과거의 사실은 과거로 한정되는 역사적 사건에 머물지 않는다. 그것은 과거에도 존재했고, 현재에도 그 생명력을 지니면서, 미래에 반드시 이루어지는 실체로서의 의미를 획득하고 있기 때문이다. 각 민족의 신화나 종교적 포교담(布敎譚)이 현재적 의미로 우리 앞에 놓여 있는 것은 이러한 이유 때문이다.

3. 공동체의식의 확립과 문학의 효용

3.1. 가족공동체의식과 문학교육

<청개구리이야기>는 그 성격상 가족 공동체 의식과 관련지어 설명할 수 있는 이야기이다. 청개구리가 비만 오면 개울가에 있는 어머니의 무덤이 떠내려 갈까보아 개골개골 운다는 내용은 어느 하나 흥미나 효용과 관련되지 않는다. 이 이야기는 다만 부모에게 효도해야 한다는 교훈적

요소 때문에 지금까지도 계속 전승되고 있는 것이다. 이 이야기 속에는 기본적으로 수평적 관계에 놓이는 친구간의 문제나 형제간의 갈등이 전혀 배제되어 있다. 더구나 아버지와의 갈등도 배제되어 있어, 이 이야기가 부자의 갈등으로 전이(轉移)되는 것을 철저하게 막고 있다. 그런 점에서 이는 어머니를 중심으로 하는 문화로의 이행이라는 인식의 변화를 보여주는 이야기라고 할 수 있다. 이처럼 가족 문화의 변동 속에서 취해야 할 새로운 패턴의 관습이 이야기문학의 전승을 통하여 이루어졌다.

각 가족공동체가 자신을 포함하는 전체와 상보적 관계를 유지하고, 다른 집단을 이끌어가고자 하는 사명감을 지니게 될 때, 그 의식의 확산은 공동체의 활성화와 생산성에 크게 기여한다. 이러한 이유에서 각급 학교에서는 가문(家門)의 신화나 역사상 큰 발자취를 남긴 인물을 찾아, 그 정신을 계승하게 하는 정신 교육을 강조하는데, 이는 또 다른 의미에서 가족공동체의식의 확립을 도모한 것이라고 할 수 있다. 이 가족공동체의식의 강조가 가족 해체(解體)라는 사회 전환기의 의식에서 비롯된다는 점에서 이는 <청개구리이야기>의 전승과 동일한 정신적 기반을 가지고 있다.

3.2. 신화공동체의 정체성 확립

가족관계보다 더 큰 규모의 인식은 씨족개념, 또는 국가개념에서 찾을 수 있을 것이다. 가족과 마찬가지로 이 상위(上位)의 공동체의식 또한 대부분 문학을 통하여 길러졌다. 물론 이것은 음악이나 동작 등 언어 외적인 것과 결합되기도 하였지만, 본질적으로 그 의미의 직접적 전달은 언어를 통해 이루어지는 문학이 차지할 수밖에 없었다.

고대국가에 있어 신화가 의례화(儀禮化)되고, 전승하는 집단과 논리가 갖추어지면 종교로의 변모가 이루어진다. 이 신화를 중심으로 그 신화를 향유하는 집단과 그 집단을 제외한 다른 집단이 구별될 수 있었다. 그리고 그 변별성이야말로 자신들의 존속할 수 있는 근원(根源)임을 설명하기 위하여, 고대인들은 자신들의 정체성(正體性)과 관련되는 신화를 신봉하고 계승하였던 것이다. 자신들의 신이 다른 집단의 신보다 우월하다고 믿게 될 때, 그들은 끊임없는 항쟁을 할 수 있었고, 또 다른 집단에 대한 정복 전쟁을 벌일 수 있었다. 이것이 후대에는 종교적 의식으로 확대되었는데, 이러한 의식의 전승에 관한 내용은 집단의 규모가 커지면서 더욱 중요한 의미를 띄게 되었다. 의식 자체는 물론이고, 그 의식의 내용들은 집단의 동질성을 확인하는 중요한 요소가 되었기 때문이다.[1]

신화는 이렇게 집단의 동질성을 확인시켜주는 역할을 담당했다. 따라서 신화의 교육은 훌륭한 전사(戰士)의 양성에 앞서 반드시 이루어져야 하는 선결 과제(先決課題)였고, 따라서 대단히 엄숙한 가운데서 진행되었다. 신화를 배타적으로 소유하고, 이를 후세에 전승하는 역할이 특정한 계층인 신관(神官)으로 한정되었던 것도 이러한 이유에서이다. 이 신관은 또한 신의 뜻을 받들어 인간을 통치하는 제정일치(祭政一致)의 군왕(君王)으로 군림하기도 하였다.[2]

이러한 신화는 반드시 이야기라는 단일한 방식으로만 전승된 것이 아

---

1) 공동체의 결속을 위해 신화가 만들어진다는 점에서는 허구와 상당한 유사점이 있다. 허구와 신화에 관한 전반적인 논의는 윌리엄 라이터(이경식 역), 신화와 문학, 전망사, pp.124-141 참조.
2) 신라의 2대 왕인 남해거서간(南解居西干)은 '차차웅(次次雄)'이라고도 하였는데, 김대문(金大問)은 이것이 '무당'을 뜻하는 방언이라고 하였다. 삼국사기 신라 본기 남해차차웅조.

니라, 행위와 음악을 수반하는 다양한 방식으로 이루어졌다. 문학이 음악이나 행위와의 결합을 통하여 보다 효과적으로 수행될 수 있었던 것이다. 그리고 이러한 모든 문화는 동질적 집단의 확인을 위하여 끊임없이 교육되었고, 이를 통하여 사고하는 방식이나 그 사고를 표현하는 방식에 있어 동질적인 형태를 갖게 되었던 것이다. 한 집단은 이렇게 신화에 의하여 동일체로 인식되었고, 이것은 당대나 후대에 전승, 확산되도록 교육되었던 것이다.

3.3. 국가의식의 확립과 문학교육

정신적 동일 집단을 유지하는 데 신화가 기여한 것과 마찬가지로, 국가의 지향을 확산시키는 데도 이야기는 대단히 유용하게 사용되었다. 삼국사기에 기록된 <바보온달이야기>3)와 <호동왕자이야기>4)는 국가의식의 확립에 문학이 어떻게 사용되었는가를 잘 보여주고 있다.

<바보온달이야기>는 외면적으로는 한 빈한(貧寒)한 남성이 고귀한 신분의 공주와 결혼하고 자신의 성취를 도모하는 모습으로 이루어져 있다. 그러나 이는 국민을 국가 이데올로기에 끌어들이려는 고도의 상징이라고 할 수 있다. 일차적으로 온달이 바보라는 것은 삼국사기의 기록 어디에서도 확인할 수 없다. 따라서 우리가 인식하는 '생각이 흐리멍덩함'과 같은 개념과는 다른 의미로 '어리석음[愚]'이 사용되었다는 것을 알 수 있다. 온달은 공주를 만나기까지만 바보일 뿐, 그 이후에는 전혀 바보가 아니다. 온달은 공주와 만나면서 자신의 어머니만 봉양하던 개인

---

3) 삼국사기 열전 제 5 온달
4) 삼국사기 고구려 본기 제 2 대무신왕 15년

적 생활에서 벗어나 병서(兵書)를 연구하고, 말타기 등의 무술을 연마하는 생활로 바뀌었다. 무술의 연마는 필연적으로 국가의 위난에 대처하기 위한 것이다. 즉 개인적 생활에서 공적 생활로의 변신이 이루어졌던 것이다. 그렇다면 이 이야기는 국가의 안위는 생각하지 않고 자신의 개인적 생활에 충실한 인간을 바보로 인식시키는 역할을 한 것으로 볼 수 있다. 이러한 이야기를 통하여 고구려는 남성이라면 모름지기 국가를 위하여 목숨을 바칠 수 있어야 한다고 가르쳤던 것이다. 문자를 상용(常用)하지 않는 대부분의 국민들에게는 이러한 이야기로서 국가에의 헌신(獻身)을 가르칠 수밖에 없었고, 대부분의 국민들은 이러한 이야기를 통하여 국가에의 헌신이라는 통치 이념을 습득하였던 것이다.

<바보온달이야기>에서 우리는 또 하나의 의미를 찾을 수 있다. 문맥상으로 볼 때, 온달의 신분이 서민인 것은 분명하다. 그런데도 온달이 공주와 결혼하는 데는 이 신분의 차이가 전혀 문제되지 않고 있다. 이것이 당대의 실상을 반영한 것은 아닐지라도, 고구려의 서민들에게 국가에의 헌신은 신분상의 열세(劣勢)를 만회(挽回)할 수 있는 절호의 기회라는 의식을 심어주기에는 충분하였을 것이다. 자신의 희생을 통하여 자식, 나아가 후손이 천형(天刑)과도 같은 신분의 굴레에서 벗어난다고 할 때, 어느 누가 이 경쟁의 대열에서 낙오(落伍)할 수 있을 것인가. 이러한 의식의 무장을 위하여 <바보온달이야기>는 대단히 기능적으로 작용하고 있다.

<호동왕자이야기>는 대단히 비극적인 결말을 이루고 있다. 그러나 <바보온달이야기>와 마찬가지로 이 이야기 또한 대단히 국가적이고 집단적인 이념에 봉사하는 구조로 이루어져 있음을 확인할 수 있다. <호동왕자이야기>에서도 개인적 생활의 중요한 징표인 '사랑'은 어디에서고 확인할 수 없다. 호동왕자는 공주에게 낙랑(樂浪)의 자명고(自鳴鼓)를 찢으면 아내로 맞이하고, 그렇지 않으면 아내로 맞이할 수 없다고 분명히 통고하

고 있는 것이다. 그리고 공주가 북을 찢었다고 하자, 호동은 서슴없이 부왕(父王)에게 권하여 낙랑을 습격하였다. 여기에서 스스로 울리는 자명고가 상징하는 의미는 자명(自明)하다. 자명고가 울리면 낙랑의 백성들은 전쟁 준비를 갖추었고, 따라서 고구려의 침략을 저지할 수 있었다. 그러나 북이 울리지 않자, 백성들은 전쟁 준비를 하지 않았다. 여기에서 북이 찢겨 소리가 나지 않게 된 것은 그러므로 의도적으로 전쟁 준비를 하지 못하게 하는 장치를 의미한다. 따라서 국론의 분열과 같은 심리전(心理戰)과 같은 모습이 이 내면에 숨어 있는 실상이라고 할 수 있다. 한 집단과 집단의 생존을 위한 쟁투이기 때문에 이러한 이야기의 구성 속에 개인적인 사랑이 간여할 틈이라고는 전혀 없다. 이 이야기가 전달하는 메시지 또한 <바보온달이야기>처럼 국가를 위하여 개인의 헌신을 촉구하고 있음은 명백한 것이다.

이는 스파르타의 국민생활과 교육이 개인을 전적으로 국가의 일원(一員)으로서 봉사하도록 하는 것이 궁극적 목적이었으며, 국가의 성원은 오직 국가 존속에 헌신함으로써 존재할 수 있었다는 점과 상통한다. 그들의 교육이 읽기, 쓰기에 대해서는 최소한도의 학습 수준에서 끝내고, 보다 주력(主力)은 복종과 인내 등의 수양과, 전투의 준비인 교련(敎鍊)에 기울인 것도 이러한 이유에서이다. 이러한 심리적 일체감의 형성은 전체의 이익 앞에서 개인의 희생을 당연한 것으로 받아들이는 온달이나 호동의 의식과 맥을 같이 하는 것이다.

3.4. 종교적 이념의 확산과 문학의 효용

문화란 끊임없는 상호 영향 속에서 이루어진다. 고유한 문화는 외래적

인 것의 수용을 통하여 보다 경쟁력을 확보하고, 보편적인 문화로의 발돋
움을 할 수 있게 되는 것이다. 물론 외래문화에 압도되어 자신의 것을
송두리째 잃어버리고 마는 현상도 일어나게 된다. 무속적(巫俗的) 기반
위에 놓여 있던 우리의 문화는 불교를 수용하면서 보다 보편적인 문화
형태로 변모하였는데, 이러한 종교적 습합 과정은 이야기나 노래를 통하
여 구체적으로 전승되었다. 그 이야기와 노래는 새로 형성되는 문화의
핵심을 담고 있는 것이어서, 교육적 목적에 소용되는 것이었다. 불교가
전래되는 과정을 설명하고 있는 이야기나 노래는 바로 문학의 효용을
종교적 인간의 확장에 활용한 예라고 할 수 있다. 신라의 불교 공인(公認)
이 이차돈(異次頓)의 순교로 이루어졌다는 사실을 통하여 우리는 문학이
문화의 전파와 수용에 관여하는 실상을 확인할 수 있다.[5]

왕녀(王女)의 병이 낫고, 이차돈의 목을 베자 하얀 피가 솟구쳤다는
기록들은 불교의 전래를 위하여 효과적으로 기능하고 있다. 왕녀의 병을
낫게 하는 것은 종교의 발생과 긴밀하게 연관되는 전통적인 수사이다.
생명의 영속은 인간의 원천적 소망이기 때문에, 종교가 질병의 퇴치에
관심을 기울이는 것은 종교의 전파를 위한 당연한 발로라고 할 수 있다.
그리고 외래의 문화인 불교를 통하여 병이 나았다는 것은 기존의 문화에
대한 회의(懷疑)와 새로운 문화의 수용 의지를 밝힌 것으로 볼 수 있다.
나아가 하얀 피가 솟구치는 것은 위력을 동반한 기적을 통하여 문화의
전파를 달성하고자 하는 발상에서 이루어진 것이라고 할 수 있다.

이와 같은 포교담의 교육을 통하여 종교적 공동체의 형성을 도모하였
기 때문에, 그 포교담에 대한 믿음은 다른 공동체와의 차별성을 부여하는

---

5) 삼국사기 신라본기 법흥왕조에는 신라의 불교 전래와 관련된 흥미로운 기록이 실
려 있다. 눌지왕 대에 묵호자는 왕녀의 병을 고친 덕분으로 왕의 신임을 받을 수
있었다. 또한 이차돈의 목을 베니 젖과 같은 하얀 피가 솟구쳤다고 한다.

중요한 징표로서의 의미를 갖는다. 기독교의 포교 과정에서 나타나는 수많은 이적담(異蹟譚)도 바로 이러한 공동체 형성을 위한 자료로서의 의미를 가지고 있다. 이러한 이유에서 종교와 관련된 설화의 형성은 과거와 마찬가지로 현재에도 끊임없이 창작, 전승되고 있다. 새로운 종교의 발생 과정은 물론이고, 사원(寺院)이나 성지(聖地)의 신비화를 위하여 이적담은 중요한 위치를 확보하고 있는 것이다.6)

4. 결론

인간은 필연적으로 타인과 관계를 맺으면서 삶을 영위한다. 이러한 관계의 집합이 가족이나 사회, 국가, 종교로 나타난다. 이렇게 형성된 공동체는 그 공동체로서의 정체성을 확립하고, 확립된 이념을 그 구성원에게 주입한다. 이러한 공동체 형성의 중요한 수단으로 문학교육이 활용될 수 있다는 인식은 보편적으로 나타나는 인식이다.

공동체의 정체성을 확립하는 방법은 행위나 제도 등 여러 가지가 있지만, 가치를 직접적으로 전달하는 언어의 전승에서 보다 분명하게 이루어진다. 이 언어의 효율을 극대화한 것이 문학이기 때문에, 이러한 인식은 필요에 따라 더욱 확산될 수도 있다.

한 집단은 자신들의 정체성을 생존과 관련지어 이해하기 때문에 그 공동체적 이념은 대체로 일방적 통로로 나타나기가 쉽다. 그 결과 인간의 개인성이 집단의 의지 속에 함몰되어 이념의 노예로 전락하는 경우도

---

6) 종교 집단과 정치 세력의 결탁은 서로의 이익과 관련되어 이루어졌다. 아놀드 하우저(백낙청·반성완 역), 문학과 예술의 사회사(근세편 상), 창작과비평사, 1980, p.40.

나타날 수 있다. 문학교육이 이러한 역기능을 극복하고 보다 이상적인 사회를 건설하는 방편으로 정립되기를 요구받는 이유가 여기에 있다.

〈임화정연〉의 여미주 성격에 대한 고찰

조광국
(아주대 교수)

1. 문제 제기

본고의 목표는 〈임화정연〉의 등장인물인 여미주의 성격에 대해 분석하고 그 성격의 시대적 의미를 밝히는 데 있다.[1] 〈임화정연〉에 대해서는 그 동안 작품구성이나 구조의 측면을 중심으로 논의가 이루어져왔지, 등장인물의 성격에 대한 본격적인 논의는 거의 없었다.[2]

---

[1] 1923-1925년 조선도서주식회사에서 간행한 6권6책 총97회 회장체의 활자본이 남아 있다. 이 책은 아세아문화사에서 상,하 2권으로 영인되었다.(동국대학교 한국학연구소, 〈임화정연〉 上·下, 아세아문화사, 1976.) 257책의 필사본이 있었다고 하며(이수봉, 『가문소설연구』, 형설출판사, 1978, p.12), 139권 139책의 필사본이 서울대 도서관에 있었다고 한다(김기동, 『한국고전소설연구』, 교학연구사, 1987, p.723).

[2] 정규복, 「〈林花鄭延〉 논고」, 『대동문화연구』 3, 성균관대학교 대동문화연구소, 1966.
양혜란, 「임화정연연구」, 이화여자대학교 석사논문, 1979.
이현국, 「임화정연연구」, 경북대학교 석사논문, 1983.
박경신, 「임화정연의 전반부 중심인물고」, 『진단학보』64, 1987.
박경신, 「임화정연」, 『완암김진세선생회갑기념논문집』, 집문당, 1990.

이 작품은 200자 원고지 약 6,000매에 달하는 대장편 분량이다. 이 작품이 활자본으로 간행되는 과정에서 축약된 점을 고려한다면 본래의 분량은 더 컸을 것이다.3) 이처럼 대장편의 분량인데도 등장인물의 성격에 대해 상세한 분석이 이루어지지 않은 것은 의아할 정도이다. 물론 전혀 성격 논의가 이루지지 않은 것은 아니나, 하위항목에서 간략하게 금오 여익이 '중간인물'로 논의되거나,4) '가월'이 幕後人物로, 혹은 능동적 보조인물 중 '재치있는 侍婢'로 논의된 정도였다.5)

여미주와 관련해서 그녀가 주인공이 아니고, 그런 탓에 여미주의 작품적 비중이 작다고 여겨져서, 여미주의 성격에 대한 논의는 더더욱 기대할 수 없었던 것이 아닌가 한다. 실제 선행 논문에서 주목받은 인물들은 주로 정연양·연경 남매나 임규 등에 한정되어 있었다.

그러나 작자의 의도면에서나 작품의 비중면에서 여미주의 성격은 소홀히 넘길 수 없는, 작품의 가치를 높여주고 의미를 풍부하게 해주는 요소로 자리잡고 있다. <임화정연>은 新興 連帶家門群의 출현을 형상화하고 있는 작품이다.6) 다양한 가문연대 중 정씨 가문과 여씨 가문의 連帶가 비중 있게 다루어지고 있는데, 그 중 여씨 가문의 일원인 여미주는 문제적인 인물로 형상화되고 있다.

송성욱, 「<임화정연>연작 연구」, 『고전문학연구』 10, 한국고전문학회, 1995.

신동익, 「임화정연 연구」, 『연거제신동익박사정년기념논총』, 경인문화사, 1995.

3) 이상택, 『한국고전소설의 탐구』, 중앙출판, 1983, p.2.

4) 정규복, 앞의 논문, p.90.

5) 양혜란, 앞의 논문, pp.73-81.

한길연, 「대하소설의 능동적 보조인물 연구-<임화정연>, <화정선행록>, <현씨양웅쌍린기> 연작을 중심으로」, 서울대학교 대학원, 국문학연구회, 1997, pp.9-19.

6) 조광국, 「<임화정연>에 나타난 家門連帶의 양상과 의미」, 『고전문학연구』 22, 한국고전문학회, 2002.12.

여미주는 처음에 부정적인 인물로 그려지다가 가문 구성원에 의해 수용되는 인물로 그려진다. 성격 변화를 보여주는 입체적 인물로서의 여미주는 그에 상응하는 작품적 의미를 지니고 있을 뿐 아니라 19세기 조선사회의 의식의 변화를 구현하고 있는 '살아 있는' 인물로서 의미를 지니고 있다. 이를 밝히기 위해 필자는 다음 두 가지 사항을 중심으로 논의해 나갈 것이다.

첫째, 여미주의 인물 형상의 양상에 대해 살펴보고자 한다. 여기서는 서사적 전개과정과 여미주의 언행과 생각 등이 검토의 대상이 된다. 이어서 여미주의 언행에 대한 주변 인물들과 서술자의 진술이 미묘하게 제시되고 있는데, 부정적으로 받아들이는 자가 있는가 하면, 그녀를 옹호하여 보살피는 자도 있으며, 처음에는 부정적으로 받아들였다가 나중에 포용하는 자들도 있다. 이러한 여러 경우에 대해 살펴보고 이러한 반응이 여미주 성격 창출과 어떤 관련이 있는 것인가에 대해 논의하고자 한다.

둘째, 여미주의 성격 창출에는 愛慾을 추구하는 자를 부정적으로 보는, 흑백논리의 시각에서 벗어난 시각이 투영되어 있는 것으로 보인다. 그렇다고 해 여성서 여미주의 욕망이 전적으로 수용되는 것은 아니다. 여미주의 애욕이의 수절이라는 사회적 규범에 융해되면서 수용되는 모습을 보인다. 이는 19세기 사회구성원 일부의 의식 변화를 수용한 것이며, 이에 겸하여 고착화된 양반의식에 대립하여 표출된 새로운 의식이라는 것으로도 볼 수 있다.

2. 여미주의 성격 창출

여미주의 성격을 살펴보기에 앞서 그녀의 행적을 순차적으로 정리하면 다음과 같다.

① 미혼의 사족녀 처지에서 이름 모르는 정연경을 흠모하여 편지를
   보내고 밤중에 껴안는다.
② 부친이 초대한 정·연·화 3생을 보고 이들 남성을 향한 연정을
   품는다.
③ 부친이 연생에게 기녀 어중선을 하사하는 것을 보고 그녀를 부러워
   한다.
④ 정연경이 언니 여희주와 혼인하였는데, 희주로 변장하여 연경과
   육체적인 관계를 맺는다.
⑤ 부친 여익이 죽이려 하는데 제1 강부인의 도움으로 가출한다.
⑥ 악소년의 모해를 받고 수월암에 은거한다.
⑦ 진씨 부인 집에서 쌍둥이를 낳고 자식의 출생 비밀을 숨기고 지낸다.
⑧ 진부인이 이 사연을 알고 미주를 돕는다.
⑨ 여미주는 송씨녀로 속이고 정문에 들고 쌍둥이를 정현의 품안에서
   놀게 한다.
⑩ 정현의 첩 오씨가 여미주의 사실을 알고 이를 비밀에 붙여둔다.
⑪ 사건의 전모가 밝혀지고 여미주가 석고대죄, 개과를 통하여 정연경
   의 처가 된다.

여미주의 행적은 간음한 사실이 밝혀지는 대목을 기준으로 ①②③④,
⑤⑥⑦, ⑧⑨⑩⑪ 등 세 대목으로 대별된다. 첫째 부분은 미주의 악행과
가출, 둘째 부분은 미주에 대한 조력자 출현, 셋째 부분은 미주의 정문
안착에 해당한다.

첫째 대목에서 대체로 미주의 성격이 부정적으로 그려진다. 둘째 과정
을 지나면서 미주의 성격에 대한 부정적인 이미지는 약화되고 마지막

부분에 이르러서는 부정적인 성격을 대체할 만한 긍정적인 성격이 부각되기에 이른다.

먼저 여미주의 성격이 부정적으로 그려지는 것을 정리하면 다음과 같다. 여미주의 죄상은 미혼녀가 남성에 대해 戀情을 품고 행동으로 옮긴 것, 이복 언니의 남편과 육체적 관계를 맺어 불륜을 저지르고 자매간 倫紀를 범한 것, 부모와 시가를 속인 것, 성명을 바꾸어 他門에 의지한 것 등 여러 가지이다. 여미주는 악인으로 형상화되고 있는 것이다.

먼저 여미주는 愛情·愛慾을 성취하고자 하는 여성이다. 그녀는 남성에 대한 연정을 품고 그 정욕을 주체하지 못한다. 좋아하는 남성이 누구인지도 모른 채 첫눈에 반하고 연정을 품게 되며, 그러한 욕망을 성취하기 위해 앞뒤를 가리지 않았다.

> 미쥬ㅣ눈물을 흘여 왈 군자 슉녀ㅣ의 짝 일음이 오매 사복하야 일생을 의택할지라 내 그 쇼년을 보매 정신이 산란하야 병이 깁게 되엿스니 아마도 상사병이 될지라[7]

> 향운아 정랑은 나와 젼생 업원이라 져의 얼골이 나의 일심에 깁히 박혓스니 필연 오래지 아니하야 내 셩질 병사할지라 만일 져와 금셰에 인연을 닐우지 못하면 구원에 넉시라도 원한을 먹음을 것이오 생각컨대 금야에 희쥬 정랑을 더부러 동침화락이 흡연하리라 그 동지나 보고져 하노니 네 나로 더부러 죽셔루에 가셔 규시하야 나의 한을 풀게 하라[8]

위의 두 인용문은 남성에 대한 애정·애욕 편향적인 여미주의 모습을

---

7) 『임화정연』 下, p.130.
8) 『임화정연』 下, p.208.

담고 있다. 미주는 정연경에 사랑을 고백하는 편지를 전하기도 하고 한밤 중에 길목에서 정연경을 기다렸다가 껴안기도 한다.

이러한 여미주에 대해 서술자는 "나히 어리나 음난하기 한이 업는지라 장상 소년을 잇지 못하니라"고 서술하고 있다. 淫慾에 가득찬 여성으로 그려지고 있는 것이다. 여미주는 첫눈에 반한 남성으로 인하여 정신이 산란해져 상사병이 들 정도였고, 그 남성이 정연경이며 그가 이복 언니 여희주의 남편이라는 것을 알게 된 후에 자신의 욕망을 포기하기는커녕 오히려 술 취해 정신을 차리지 못하는 정연경과 동침하기에 이른다.

> 조곰도 슈치함이 업셔 생의 호탕한 풍경을 여지업시 행하되 미쥬 ㅣ 조금도 경동슈괴한 빗이 업시 도리혀 음밀한 정태와 가증한 모양이 로류장화에 송구영신하는 천창의 교태 ㅣ 잇스니 생이 홍치 릉흡하든 의사 ㅣ 사라지고 분연차탄하며 자차 일성에 몸을 도라누으며[9]

이처럼 동침할 때 여미주의 모습은 음탕한 娼女로 그려질 정도이다. 미주는 마침내 임신하게 되고 부친 여익에 의해 죽음에 처하게 되나, 제1 강부인의 도움으로 목숨을 연명하여 도망치기에 이른다.

또 미주는 철저히 **私的 價値**를 지향하는 여성이다. 그녀는 자신의 욕망을 성취하기 위해서는 거짓말과 속임수를 서슴지 않는다. 미주는 정연경을 껴안다가 연경에 의해 밀쳐내지고 그로 인해 얼굴에 상처를 입는데, 제1 강부인와 희주에게 철방망이로 맞아서 상처를 입게 되었다고 자신의 잘못을 숨기고 타인에게 뒤집어 씌운다. 이에 제3 소부인이 발악하여 강부인과 희주 모녀가 다치게 된다.

정연경이 언니 희주의 배필로 결정되나 희주에게서 정연경을 빼앗기

---

9) 『임화정연』 下, p.221.

위해 모의한다. 그러한 과정에서 정연경은 희주를 미주로 오인하고 희주를 오해하여 이들의 혼사가 지연되기에 이른다. 또한 여미주는 이러한 희주의 인물됨을 선망하기는커녕 그러한 성격을 이용하여 연경을 한 남편으로 섬기자고 청할 정도이다. 미주는 자신이 희주 대신에 잠자리에 들어가 정연경과 동침한 후에 옥차와 월환을 빠뜨리고 나왔는데, 나중에 그것이 빌미가 되어 궁지에 몰리자, 시비 운향을 내세워 정연경이 자신을 겁간하고 옥차와 월한을 빼앗아갔다고 꾸며댄다.

이렇듯 여미주는 천성적으로 자기 중심적인 인물로서 사회적 도덕이나 윤리에 대해서는 심각하게 고민하지 않는 인물로 형상화되어 있다. 그녀는 개인의 욕망을 초월하여 존재하고 있는 사회적 규범, 윤리도덕에 따라 행동하지 않고 오로지 자신의 욕망을 성취하기 위해 몸부림치는 여성이다. 자신의 욕망을 성취하기만 한다면 언니의 행복, 부친의 위신, 情人의 출세 등이 희생되어도 문제될 것이 없었던 것이다.

그녀는 순간의 애욕 성취 뒤에 찾아오는 사회적 핍박과 고난을 헤아려 보는 여유나 지혜도 없었으며, 그로 인해 자신의 애욕을 채운 뒤에는 자신의 보금자리에서 추방되는 등 냉혹한 현실에 부닥치게 된다. 그녀는 임신한 뒤에 정처 없이 출가하여 전전긍긍하기에 이른다. 우리 고전소설의 권선징악, 사필귀정의 구도에 따라 여미주는 징치되고 있는 것이다.

다음으로 여미주는 **感情**을 절제하지 못하며 감정에 따라 행동하는 여성이다. 여미주는 이성에 따라 자신의 언행을 절제하고 조절하는 여성이 아니라 자신의 감정이 이는 대로 움직이는 여성이다. 이러한 여미주의 성격은 여희주의 성격과 대비된다. 여미주의 이복 언니 희주는 어떤 상황에서도 감정을 표출하지 않으며 이성에 따라 행동하는 인물이다. 미주가 처녀의 몸으로 정연경을 유혹한 사실을 알게 되지만, 집안 일이 복잡하게 꼬일 것을 염려하여 미주의 악행을 누설치 말라는 모친의 분부를 순종하고 미주의 好色 사실을 누설치 못하도록 시비들을 단속한다. 그리고 이복 동생 미주가 정연경에게 행한 것을 두고 희주는 자신이 행한 것으로 여겨 스스로 부끄러워한다.

이렇듯 여미주는 애정·애욕을 추구하는 여성, 철저히 사적 가치를 추구하는 인물, 자신의 감정을 절제하지 못하는 여성이다. 이러한 여성은 사회적 도덕률에 따라 定罪받을 인물이었던 바, 부친인 여익이 딸 미주를 죽이려 한 것은 그 단적인 사례라 할 수 있다. 요컨대 여미주는 부정적인 여성으로서 가문과 사회에서 추방되어야 할 인물로 그려지고 있는 것이다. 여미주는 마침내 집안에 머무를 수 없어서 가출하기에 이른다.

그런데 가문에서 추방당할 수밖에 없었던 여미주가 정연경을 위해 수절하고 정연경의 혈통을 낳았다는 이유로 받아들여지게 된다. 여기에 이 여미주 성격 창출의 문제성, 나아가 작품의 심각성이 가로 놓여 있다. 이제 여미주 성격 창출과 관련하여 주변 인물들과 서술자의 태도에 대해 세심하게 살펴볼 필요가 있다.

여미주 문제를 놓고 부친 정현과 정연경이 견해차를 보인다.

> ① 추밀이 야야의 하문하심을 듯고 비로소 로긔를 진정한 후 궤복 쥬왈 해아의 팔자ㅣ괴이하와 대간대음에게 속아 일생의 루덕을 어듬은 동해슈를 기우릴지라도 다 씻지 못하올지라 그럼으로 즁심에 맷친 한이 려공의 쳐사ㅣ불명하야 음녀를 일코 죽이지 못함을 한하던 바 믓〃 내 흉인에게 속아 내 ᄯᅩ한 류례로 마저 당에 안거케 하고 부모ㅣ사랑하사 식부로 대졉하야 저의 소원을 일우게 함이 통한 무디오며 … 이갓흔 음녀를 일각이나 멈을러 두오릿가 쾌히 죽여 셜분코져 하나이다[10]

---

10) 『임화정연』 下, pp.478-479.

② 려씨의 행실이 비록 불미타 할지라도 아자를 차져옴은 응당
더러운 계집의 일이 아니니 만일 타문에 갓다가 아자를 차져왓스면
용납할 수 업스려니와 그럿치 아이한 이상에는 막중한 인명을 경이
히 죽이지 못할 것이오 겸하야 골육을 상찬치 못할 것이라[11]

①은 정연경의 발언이다. 정연경은 여미주를 '흉인', '음녀'라고 부르
기를 서슴지 않고 그녀를 죽여 분을 풀고자 한다. 욕망 성취를 위해 수단
과 방법을 가리지 않는 여미주에 대한 부정적 인식이 단적으로 표출된
것이다. ②는 정현의 발언이다. 정현은 문제의 초점을 여미주의 애정
욕망에 두지 않고 여미주가 절개를 지키고 혈육을 기른 것에 두고, 후자
에 대해 긍정적으로 인식하기에 이른다.

정현이나 정연경은 절차를 무시하고 시가와 친정을 모두 속인 것에
대해서는 공히 부정적으로 인식한다. 그러나 이들은 여성의 애욕 자체를
부정적인 것으로 보는 데에 머무르느냐, 아니면 그 후 절개를 지킨 것으
로 시선을 옮겨 이를 긍정적으로 수용하느냐를 두고, 인식의 차이를 보인
다. 후자의 시각을 취한 가부장 정현의 주장이 관철되어,[12] 여미주가 받
아들여지게 된다.

이러한 것은 서술자의 태도와 동궤를 이룬다. 서술자는 처음에는 정연
경과 같은 서술의식을 보여주지만,[13] 나중에는 정현과 같은 생각을 드러

---

11) 『임화정연』 下, p.479.

12) 려씨의 실행이 비록 불미타 할지라도 아자를 차져 옴은 응당 더러운 계집의 일이
아니니 만일 타문에 갓다가 아자를 차져왓스면 용랍할 수 업스려니와 그럿치 아이
한 이상에는 막중한 인명을 경이히 죽이지 못할 것이오 겸하야 골육을 상찬치 못할
것이라 하노라(下, p.479)

13) 미쥬ㅣ 만일 결단성 잇는 여자일진대 맛당히 죽어 모를 것이로대 원래 임약하야 결
단성이 업고 살기만 탐하는 무식한 음녀어늘 엇지 죽을 뜻이 잇스리오 다만 망극함
을 익이지 못하야 호곡할 쑨이러니(下, p.479)

내면서 여미주를 온정적으로 수용하기에 이른다. 그 과정에서 정현의
부인 진씨가 정현의 의견에 동조하고 첩 오씨 역시 정현의 생각에 동조하
는 모습을 보인다. 정현의 처남으로서 긍정적 인물로 형상화되던 진효렴
은 미주를 받아들인 정현의 처사를 옳은 것으로 판단하고, 다음과 같이
이야기한다.

> 상셔는 반향이나 말이 업다가 무릅을 치며 왈 려씨는 진실로 고금
> 에 희한한 지모지녀로다 져ㅣ 종시 슈절하다가 졍씨를 차져 인륜을
> 어즈러히지 아니코 소생을 애즁하야 아비를 차져 골육을 완젼케
> 하얏스니 그 행사가 비록 암사한 듯하나 그리지 아니코는 졍문에
> 인연을 엇지 못할 것이오 쪼는 례를 갓초아 오기는 만무한 일이라
> 그런데 정형은 인후한 장자라 금번 쳐치하심이 지극히 맛당하고
> 네 쪼한 려씨로 더부러 텬연이 업지 아니하야 죠각이 묘하게 돌아왓
> 다 하더라14)

미주는 진효렴에 의해 "고금에 희한한 지모지녀"로 再評價되기에 이른
다. 이러한 재평가는 미주를 끈질기게 부정적으로 파악하였던 정연경에
게도 수용되어, 마침내 정연경이 미주를 정실로 들이는 것으로 이어진다.
여미주의 성격과 대비되는 여성으로 이복 언니 여희주가 제시되는데,
여희주는 가부장의 의사에 순종하고 婦德과 賢淑을 겸비한 여성이다.
이러한 여성은 처음부터 善한 인물로 제시된다. 반면에 애정 욕망을 성취
하기 위하여 수단과 방법을 가리지 않는 여미주는 악한 여성으로 제시되
었던 것이다. 이러한 善惡 대조는 기존의 윤리도덕과 부합하는 것으로
쉽게 받아들여질 수 있었던 것이고 그에 따라 권선징악적인 결론을 내면
그만이었다.

---

14) 『임화정연』 下, p.493.

그런데 여미주가 온갖 고초를 겪으면서도 한 남성을 향한 절개를 지키는 것이 긍정적으로 수용됨으로써 종래의 권선징악 구도가 깨진다는 데서 문제가 발생한다. 여미주의 성격 창출에 있어서 黑白의 二分法을 뛰어넘는 인식이 형상화되고 있는 것이다.

3. 여미주 애욕의 시대적 함의

등장인물 가운데 惡人이 징치를 당하는 한편, 악인이 善人으로 변하기도 하는데 이러한 양상은 17세기 이후 우리 소설사에서 하나의 맥을 이루고 있다.[15] 단적으로 <창선감의록>의 엄숭이 그렇고, <임화정연>만 하더라도 여미주 이외에 진상문이 그렇다. 여성의 경우에도 惡人에서 善人으로 성격이 변하는 경우가 있는데, 어느 특정 여성이 투기를 부리며 온갖 악행을 저지르다가 나중에 현모양처가 되는 것은 우리 고전소설에서 흔히 찾아볼 수 있는 문학적 형상의 관습적 측면이다. 이들 남녀의 경우에는 대개 특정 악행이 제시되다가 그 악행에 대한 철저한 회개가 이루어지면서 善人이 되는 과정을 밟는다.

그런데 <임화정연>에서 여미주의 경우는 특정 악행이 소멸되지 않는 양상을 보인다는 점에서 주목을 끈다. 여성의 애욕이 부정적으로 인식되지만 여성의 애욕에 대하여 완전한 부정이 뒤따르지 않는다는 것이 주목을 끄는 것이다. 이와 관련하여 여미주 성격 창출에서 주목할 것은, 처음

---

15) 이와는 다른 모습을 보이는 소설도 있다. 17세기 말 김만중은 <사씨남정기>에서 엄숭의 축출로 결말지었다. 이러한 점은 조성기의 <창선감의록>에서 엄숭의 회개 및 정치적 수용과는 다른 인물 형상화 기법이라 할 것이다. 작가의식과 관련한 이에 대한 논의는 조광국, 「17세기 후반 김만중의 현실인식에 관한 고찰」, 『고전문학연구』 20, 한국고전문학회, 2001.12, pp.217-223 참조.

에는 "기존의 사회 규범과 상치하는 것"(여성의 애욕추구 및 행위)과 "기존의 사회 규범에 부합하는 것"(한 남성을 향한 수절 행위)이 상존할 수 없는 것처럼 제시되지만 점차 후자의 것이 내세워지면서 전자의 것이 용해되고 수용된다는 점이다. 여미주의 애욕추구 행위는 처음에 거부될 것, 부정적인 것으로 제시되지만, 그 애욕이 한 남성에 대한 순정에서 비롯되고 이어서 그 남성에 대한 節行과 맞물리게 되면서, 종국에는 수용되기에 이른다.

여타의 고전소설 구도대로라면, 여미주의 애욕추구 행위가 악행으로 제시되다가 그것에 대한 근본적인 否定과 그것에 대한 철저한 반성 및 悔改가 이루어지고, 애욕추구를 중단하는 인물로 거듭나야 할 것이다. 그러나 <임화정연>에서의 여미주의 인물형상은 그렇지 않다. 여미주의 애정추구 욕망이 주변 인물들에 의해 근본적으로 부정되지도 않고, 이에 따라 당사자의 철저한 悔改의 과정을 거치지도 않는다. 애정추구 욕망이 남긴 여운은 소멸되지 않은 채, 한 남성을 향한 守節이라는 다른 차원의 기존 도덕률을 구현하는 인물로 형상화되면서 여미주는 정씨 가문에 수용되기에 이르는 것이다. 그와 병행하여 여미주의 애정성취의 욕망과 행위에 덧씌워졌던 부정적인 시각은 한 꺼풀 벗겨지게 된다.

한편 여성의 애욕에 관한 측면에서 여미주의 애욕을 살펴볼 필요가 있다. 여성이 애욕 지향적인 성향을 띨 경우 이러저러한 악행을 저지르다가 마침내 파멸하고 마는, 부정적인 악인으로 형상화되는 것이 우리 고전소설의 일반적 현상이다. <사씨남정기>의 교녀는 그러한 惡女의 전형을 선보이고 있다.[16) 교녀는 처음에 한 남성을 향한 순수한 애정을 보이

---

16) ㉠ 교녀는 남편 유연수가 집을 비운 사이에 동청과 간통한다. ㉡ 글씨체를 흉내내어 사씨가 외간 남자와 通情하는 것처럼 모의한다. ㉢ 옥지환을 훔쳐내어 냉진에게 주고 사씨를 그의 情人인 것처럼 꾸민다. ㉣ 교녀와 동청이 서로 짜고 유연수를 죽

지만 나중에는 그 순수성을 잃어버리고 富, 性, 勸力을 획득하기 위해 정조를 팽개치고 다른 남성들과 通情하는 인물로 전락한다. 여미주의 경우 처음에 애정추구 욕망을 보인 것이 부정적으로 제시된다는 점에서 음탕한 교녀와 비슷하나, 여미주의 사랑의 대상이 처음부터 끝까지 한 남성에 고정된다는 점에서 교녀와는 다르다. 이처럼 미주라는 인물은 새로운 성격 창출이라는 점에서 주목을 끄는 것이다.

여기서 여미주의 애정추구 욕망이 사회적으로 수용되는 측면을 서사적 진행과정과 관련하여 좀더 상세히 살펴보기로 한다. 여미주의 애정추구 욕망은 처음에 여미주 개인적 성격에서 비롯된 것으로 사회적 도덕률에 의해 제지당하였다. 그래서 음탕한 욕정을 지닌 여자로 그려졌고 남성에 의해 거부될 수밖에 없었다. 그러나 돌파구가 전혀 없는 것은 아니었다. 여성의 守節과 같이 다른 사회적 도덕률을 지키는 것으로 연결되면, 여미주의 애정추구 욕망은 수용될 수도 있게 된 것이다. 비록 여미주의 애정·애욕이 사회적으로 수용되긴 했어도 결코 용이하지는 않았다. 여미주는 출가한 이래 미주와 유모의 가출, 악소년의 모해, 수월암 은거, 異域에서의 쌍둥이 출생 등으로 이어지는 기나긴 고통을 겪어야 했다. 미주의 고통스러운 여정은 그녀의 애정·애욕이 사회적으로 인정받기까지 통과해야 했던 험난한 관문이라는 의미를 띠기도 한다.

한편 <임화정연>에서는 이러한 여성의 애욕 문제는 진상문의 제2, 제3 부인인 이소저와 유소저로 확대되어 있다. 먼저 이소저의 행각을 정리하면 다음과 같다.

이고자 한다. ㉤ 동청이 위기에 몰리자 교녀는 그를 버리고 냉진에게 붙는다. ㉥ 냉진이 도적과 사귀다가 잡혀죽자, 교녀는 청루 창기가 된다.(이에 대해서는 위의 논문, pp.210-212, pp.215-216 참조)

① 이소저가 진상문의 풍채를 탐내어 부모를 졸라 상문의 제2 부인이
   된다.
② 진상문이 귀양간 뒤에 이소저는 죽었다고 소문내고 선비 장생에게
   개가한다.
③ 개부 장생의 추한 용모를 한탄하며 장생을 휘어잡는다.
④ 해배된 진상문과 재결합하기 위해, 야반도주한 뒤 죽었다고 소문내
   었다고 거짓말한다.
⑤ 진문에서 의심하자 도망하여 유리걸식하다가 改夫 장생에게 잡혀
   죽는다.

이소저는 남성의 풍채를 흠모하는 여성으로 그런 남성에 대한 애욕으
로 가득 찬 여성이었다. 이러한 욕망을 성취하나 남편 진상문이 귀양가게
되는 곤경에 처하자 다른 남성에게 改嫁하고 만다. 세세한 점에서는 다르
지만, <사씨남정기>의 교녀와 유사한 모습을 보여준다. 이러한 이소저
의 결말은 우리 고전소설의 처리 방식대로 권선징악의 경로를 밟는다.
   다음으로 유소저의 형상에 대해 살펴보면 다음과 같다.

① 유시중이 뇌물과 벼슬을 탐내어 진상문과 연소저와의 혼사를 주선
   한다.
② 유시중 일가(부인 원씨 및 딸 유취랑)가 연소저를 취하기 위해 모의
   한다.
③ 진상문의 풍채에 미혹된 유취랑은 연소저에게 설득 당하여 진상문
   의 제3 부인이 된다.
④ 진상문의 악행이 발각되고 귀양가게 되자 진상문과 동행하여 고난
   을 당한다.

⑤ 진상문이 회개하여 벼슬길에 다시 오르게 되면서 유취랑 역시 긍정
   적으로 수용된다.

유소저 역시 愛慾에 눈먼 여성이었다는 점은 다룬 이소저의 경우와
다르지 않다. 그러나 남편이 귀양가게 되었을 때 취한 행동은 각기 달랐
다. 이소저는 정절을 깨뜨리고 음녀로 몰렸다가 징치되는 것으로 결말이
났음에 반해, 유취랑은 진상문을 버리리 않고 끝까지 지조를 지켜냄으로
써 긍정적으로 수용되기에 이른다.

이처럼 여성의 애욕 문제는 탄탄한 구성을 지니면서 비중 있게 다루어
지고 있다. 이소저는 교녀와 같은 모습을 담아내고 있으며, 유취랑은 여
미주와 같은 모습을 담아내고 있다. 여미주의 애욕 문제는 유취랑의 애욕
문제와 겹치면서 작품의 비중 인물로 부각되는 바, 그녀는 긍정적인 가문
이자 중심가문의 하나인 정씨 가문에 수용되기에 이르는 것이다.

여미주, 유소저, 그리고 이소저 3인에게 있어서 여성의 애정 욕망이
공통적으로 나타나는데, 여미주와 유소저의 애욕은 성취되는 반면 이소
저의 애욕은 좌절되는 것으로 형상화된다. 전자의 경우는 제도와 전통의
중요성을 나름대로 인정하는 것과 관련을 맺으며 후자의 경우는 그렇지
않은 것과 관련을 맺는다. 요컨대 여미주의 애욕은 분명 개인적 욕망의
성향을 강하게 띠는 것이지만 그러한 욕망이 성취됨에 있어서 한 남성에
대한 수절, 자식인 쌍둥이에 대한 보호와 양육, 媤家에 대한 도의 등의
전통적인 가치가 저버려지지 않았던 것이다.

여기에 여미주 성격 창출의 시대적 함의가 있다. 여미주의 애욕과 같은
개인적 욕망은 기존제도와 전통의 힘에 기대었을 때 성취될 수 있다는
한계를 지니고 있지만, 여미주의 애욕 성취는 인간의 마음과 정신이 구질
서의 제도와 전통적 구속으로부터 일정 부분 자유로워지고 있음을 보여

주는 것이다.

한편 여미주가 上層 士族의 여성인 바, 여미주의 애정·애욕은 상층 士族女의 애정·애욕에 대한 인식을 일정하게 형상화하고 있다고 볼 수 있다. 여씨 가문의 가부장 여익은 금오 벼슬에 있으며, 여동생은 후궁 여귀비이다. 여씨 가문의 구성원들은 고위직을 차지하고 있으며 황실과도 通婚關係에 놓여 있다. 이에 걸맞게 여익은 3처 10희를 거느렸는데, 제1 부인 강씨에게 4자 중옥과 딸 희주를 두었고, 제2 부인 황씨에게 3자 계옥을 두었으며, 제3 부인 소씨에게 장자 성옥, 2자 정옥, 그리고 문제의 딸 미주를 두었다. 희주·미주 자매가 정연경과 결연함으로써 여씨 가문은 정씨 가문과 가문연대를 이루고 사회와 국가의 질서를 지탱하는 새로운 權門勢家群으로 발돋움하게 된다.17) 여미주와 같은 애욕을 지녔던 유소저의 경우, 부친 유일은 호부시랑이었으며, 그의 가문은 권문세가는 아니지만 宦路型家門이었다.

權門勢家인 여씨 가문의 구성원(여미주), 혹은 宦路型家門인 유씨 가문의 구성원(유취랑)이, 그것도 미혼의 여성이 한 남성에게 첫눈에 반하고 애욕을 감추지 못한 채 몸을 던지는 행위는, 거의 절대적이었던 가부장의 의견에 따라 혼인이 성사되는 상황에서 매우 돌발적이고 파격적인 것임에 틀림없다. 여미주로 대변되는 여성의 애욕추구 행위는 현실적으로는 거의 불가능한데 다만 흥미를 끌기 위해 창출된 허구적 요소에 불과한 것이라고 간단하게 처리할 수 있겠지만, 한편으로 그 흥미의 이면에는 애욕추구가 욕망의 차원에서 독자 여성층에게 퍼져 있었음을 부인할 수는 없다. 요컨대 권문세가의 규중심처에서 남성을 향한 여성의 애정추구 욕망이 자리잡고 있었는데, 그러한 욕망이 <임화정연>에 포착되었던

---

17) 조광국, 「<임화정연>에 나타난 家門連帶의 양상과 의미」, 『고전문학연구』 22, 한국
  고전문학회, 2002.12.

것이며, 그 중에서도 여미주의 성격을 통해서 형상화되었던 것이다.

여미주의 신분이 상층 사족녀인 바, 미주의 애욕은 하층 기녀의 애욕과 구별되는 시대적 함의를 지닌다. 여미주의 애정·애욕은 하층 기녀 신분인 춘향(<춘향전>)과 옥단춘(<옥단춘전>)의 애정·애욕과는 시대적 함의가 다른 것이다.

중세 양반 중심의 사회체제는 양반의 여성관계를 통해서도 드러난다. 양반의 여성 관계는 兩大別되는데, 하나는 정실 관계이고 다른 하나는 기녀 관계이다.[18] 양반은 순수한 혈통과 자신들의 신분을 지속적으로 확보하기 위하여 정실 관계를 사회 제도로 얽어맸는데, 그러한 양반의식이 士族女에게 드리워진 것이 정절의식이라 할 수 있다. 윤리적으로 정조를 지켜야 하는 것이 정실의 의무였다. 사대부 집안의 부녀자가 失節하였을 때에는 엄벌에 처해졌다.[19] 이러한 문학적 형상화의 예가 바로 <사씨남정기>의 교녀, <소현성록>의 교영, <난학몽>의 위녀 등이다. 한편으로 양반은 성욕을 성취하기 위하여 기녀제도를 존속시켰는데, 법적으로는 기녀가 양반의 수청 요구에 응하지 않아도 되었지만 현실적으로 기녀가 질병 등의 특별한 사유 없이 사대부의 수청 요구를 거절하였을 때에는 처벌당하였다. 양반들은 기녀 계층을 수절 윤리로부터 자유롭게 해둠으로써 자신들의 성욕을 충족시키는 데 제한이 없도록 하였다. 요컨대 정실에게 투영된 양반의식이 정조의식이었고 기녀에게 투영된 양반의식이 풍류의식이었다.

---

18) 첩실 관계도 있지만, 양반의 여성 관계를 크게 정실 관계와 기녀 관계로 나누어도 양반의식의 한 단면을 해명하는 데에는 별 무리가 없다.

19) 세종 9년에 평강 현감 최중기의 아내이며 檢漢城 유귀수의 딸인 유감동 사건(『세종실록』 권37, 9년 8월 계유·갑신., 9월 신축·갑인). 성종 11년에 어을우동 사건(<성종실록> 권121, 11년 9월 기묘., 『성종실록』 권122, 11년 10월 갑자). 연산군 때 사족의 딸이자 종친의 아내였던 옥금 사건(『연산군일기』 권38, 6년 12월 갑오).

조선중기까지는 양반의식이 士族女에게는 정조의식으로 전가되고, 기녀에게는 애정희구의식으로 전가되었다고 할 수 있다. 즉 "사족녀-정조"와 "기녀-애정·애욕"으로 적절하게 나뉘어 유지되던 것이 조선후기에 이르러서 변화의 조짐을 보이게 된 것이다. 말하자면 사족녀에게는 애정·애욕의 성향이 첨가되고, 기녀에게는 정조의 성향이 첨가되기에 이른 것이다. 조선 초·중기에 걸쳐 정실과 기녀에게 적절히 안배되던 양반의식, 특히 기녀에게 투영되었던 양반의 풍류의식이 조선후기에 이르러 기녀가 '정조'를 주장함으로써 안정적으로 지탱되지 못하고 혼란을 일으키게 된다. 이러한 시대적 양상을 형상화하고 있는 인물이 바로 춘향과 옥단춘이다. 이러한 기녀의 정조의식은 양반의 풍류의식에 저항하는 의식이라는 시대적 의미를 지닌다.

한편으로 사족녀의 애정과 애욕을 긍정적으로 인식하려는 경향이 일어났는데, 그러한 경향을 대변하는 인물이 여미주이다. 조선 중기에 이르기까지는 사족녀의 애정·애욕이 긍정적으로 그려지지 않았음에 반해 조선후기에 이르러 여미주에 의해 어느 정도 사족녀의 애정·애욕이 표출되기에 이르렀고 그러한 사족녀의 의식이 포착되어 문학적으로 형상화될 수 있었던 것이다. 즉 여미주와 같은 권문세가의 여성이 첫눈에 반한 남성을 향해 애욕을 성취하고 그를 위해 절개를 지키고자 한 것은 춘향과는 다르지만 춘향에 비견할 만한 또 하나의 시대적 의미를 지닌다. 조선후기에 이르러 여미주에 이르러 표출·형상화된 사족녀의 애정희구의식은, 사족녀는 양반의 순수혈통을 보존하기 위한 수단적 존재에 불과하다는 양반의식에 대립하는 시대적 의미를 띤다.

요컨대 조선후기에는 기녀의 정조의식이 양반의식에 대립하는 측면이 있었으며, 한편으로 士族女의 애정·애욕 추구가 정조의식과 대립하는 측면이 있었다. 이러한 두 방면에서의 대립은 궁극적으로 양반의식이 더 이상 여성들에게 주입될 수 없음을 의미하는 것이기도 하다. 그 한 축을 보여주는 것이 여미주의 애정·애욕의 희구 및 성취인 것이다.

19세기에 이르면 남성을 향한 애정·애욕을 평·천민 여성이나 상층 권문세가의 여성이 공히 지니고 있었을 것인데, 이러한 것은 단지 개인의 차원에 한정되지 않고 사회적·시대적 의식의 한 흐름을 탔던 것으로 보인다. 여미주 성격 창출은 비록 의식의 차원에서이지만 여성의 애정추구 욕망이 개인 차원을 벗어나 사회적으로 수용될 수 있음을 보여주는 것이다.

4. 마무리

지금까지 여미주의 성격에 대해 논의하였다. 여미주의 성격은 여성 개인의 애정추구 욕망과 행동을 근간으로 창출되었으며, 그 개인적 차원의 욕망이 처음에는 사회적 도덕률에 의해 제재를 받다가 점차 부정적인 서술시각이 제거되고 그와 동시에 사회적으로 수용되어가는 것에 대해 알아보았다. 여미주 성격이 허구세계에서 창출된 것이지만 그것은 당대의 여성의 애정추구 욕망이 소설로 이입된 것이라는 점을 고려할 때, 19세기 여성의 愛慾은 사회적으로 수용되어갈 만한 단초를 보였다고 할 수 있다. 그 애욕이 평·천민 계층에 한정된 것이 아니라 상층 사대부, 권문세가의 규중심처의 여성으로까지 확대되고 있었던 것이다.

이러한 여미주의 애욕이 일정 부분 사회적으로 수용되어 가는 것을 볼 때, 이를 통하여 "개인적 욕망의 사회적 수용"이라는 틀을 추출할 수 있다. 어느 하나의 특정 욕망이 처음에는 사회적 도덕률에 의해 배척되는 경우를 상정해 보자. 그러한 욕망이 처음부터 끝까지 기존의 도덕률과 부딪히면서 나아갈 때는 거센 저항을 받고 새로운 사회의식으로 성장하기가 어려울 것이나, 한편으로 기존의 다른 도덕률과 결합될 때에는 보다 용이하게 새로운 사회의식으로 수용될 수 있는 가능성이 있다. 작품세계에서 여미주의 애욕이 수절과 맞물리면서 사회적으로 수용되는 과정이 그러한 양상을 보여준다.

한편 처음에는 사회적으로 수용되지 않았던 개인의 욕망이 점차 사회적으로 수용되어갈 때 기존의 사회적 도덕률은 역시 그 자체로서 고정불변의 것이 아니라 약간씩 변화하여 갈 수밖에 없을 것이다. 그와 병행하여 사회적 도덕률과 병행하였던 기존의 사회제도 및 사회구조도 약간씩 변화해 갈 것이다. 비록 그러한 변화의 조짐이 선명하고도 직접적이지는 않지만 여미주의 성격을 수용하고 있는 작품세계에서 그러한 변화를 감지할 수 있다.

이러한 작품세계에서 포착된 변화의 조짐은 이 작품을 배태한 조선후기 사회에서 나타나는 변화의 조짐과 관련이 있을 것이다. 요컨대 여미주를 통해 드러났던 바, 권문세가 여성의 애욕에 대한 긍정적 형상화는, 조선후기 가문 중심의 사회가 그 내부에서부터 변화를 맞고 있음을 보여준다. 20세기로 들어오면서 우리 사회가 가문 중심의 사회에서 벗어나게 된 것은 단지 외부세계의 충격에 의해서 이루어진 측면도 있지만, 다른 한편으로 19세기부터 일었던 우리 사회의 내부적 변화, 의식상의 변화에서 비롯된 측면도 부인할 수 없다. 사족녀는 더 이상 양반남성의 순수혈통을 보존하기 위한 수단으로서가 아니라 애정을 표출할 수 있는 능동적인 존재로 인식되어야 하는 것이 표출되기에 이르렀다. 여기에 <임화정연>의 시대적 의미, 특히 여미주 성격 창출의 시대적 의미가 있다.

한편 다음과 같은 점들에 대해 懷疑해 볼 수 있다. 개인의 욕망이란 것은 결국 사회적으로 인정되는 것이고 그에 따라 사회는 변화할 수밖에 없다는 것인가. 또 개인의 욕망이 사회적으로 표출되기에 이르면 어느 선까지 허용되어야 하는가. 어떤 욕망의 경우에는 끝까지 사회적 제재를 받아야 할 것이겠다. 이런 어려운 문제들이 있다. 그래도 우리가 얻을 수 있는 것은, 어느 특정의 시기에 부정적으로 인식되던 개인의 욕망이 훗날에는 사회적으로 수용되는 경우가 흔하다는 것이다. 이러한 것은 문학에 내재되어 있는 주제 중의 하나이기도 하고, 이를 연구하는 것이 인문학 연구 중의 한 분야임을 새삼 깨닫게 된다. 어느 일정한 시점에서 지나친 제약과 구속의 속성을 보이면서 인간을 부자유스럽게 하는 측면이 강하다면, 이러한 것에 대한 해결책이 마련되어야 하는 것이 아닐까. 19세기 말 <임화정연>의 작품세계에서 창출된 여미주의 성격을 대할 때 더욱 그렇다.

참고문헌

동국대학교 한국학연구소, 『임화정연』上·下, 아세아문화사, 1976.

김기동, 『한국고전소설연구』, 교학연구사, 1987.

박경신, 「임화정연의 전반부 중심인물고」, 『진단학보』64, 1987.

_____, 「임화정연」, 『완암김진세선생회갑기념논문집』, 집문당, 1990.

송성욱, 「<임화정연>연작 연구」, 『고전문학연구』10, 한국고전문학회, 1995.

신동익, 「임화정연 연구」, 『연거제신동익박사정년기념논총』, 경인문화사, 1995.

양혜란, 「임화정연연구」, 이화여자대학교 석사논문, 1979.

이상택, 『한국고전소설의 탐구』, 중앙출판, 1983.

이수봉, 『가문소설연구』, 형설출판사, 1978.

이현국, 「임화정연연구」, 경북대학교 석사논문, 1983.

정규복, 「<林花鄭延> 논고」, 『대동문화연구』3, 성균관대학교 대동문화연구소, 1966.

조광국, 「17세기 후반 김만중의 현실인식에 관한 고찰」, 『고전문학연구』20, 한국고전문학회, 2001.12.

_____, 「<임화정연>에 나타난 家門連帶의 양상과 의미」, 『고전문학연구』22, 한국고전문학회, 2002.12.

한길연, 「대하소설의 능적 보조인물 연구-<임화정연>, <화정선행록>, <현씨양웅쌍린기> 연작을 중심으로」, 서울대학교 대학원 국문학연구회, 1997.

우리말 어원과 자원

최창렬
(전북대 명예교수)

1. 벼리

우리말의 어원을 탐구하여 밝혀내는 일은 매우 보람있는 일이다. 우리말의 어원을 밝혀 나가다가 보면 그 어원적인 어근이 되는 한자의 자원과 우리말 조어가 그 발상부터 신묘하게 일치하는 경우를 종종 만나게 된다. 독일어의 'Herbest'와 영어의 'harvest'도 원래 같은 어원에서 분화된 말인 것처럼, 우리말 '가을'이라는 말이 '가을걷이 할 철'이라는 뜻의 조어다. 또 '추수'라는 말에 쓰이는 가을 추 '秋'자도 가을걷이한다는 뜻의 상형문자 '䄰'가 그 원자요, 여기에 양손을 움직여 거두어들인다는 자원적인 뜻을 가진 거둘 수 '扐>收'자가 더해진 말이 곧 '추수'라는 것을 알 수 있다. 이처럼 '가을'과 '가을걷이'가 그 어원적인 의미가 꼭 같이 일치한다. 한자어에서 가을을 의미하는 '추'(秋)와 가을걷이를 뜻하는 '추수'(秋)도 그 자원적인 의미가 일치한다. 그리고 우리말 가을의 어원과 한자의 가을 추(秋)의 자원도 그 발상이 일치한다. 이러한 안목으로 우리말의 어원을 밝혀 가보면 '보름'이라는 말도 '달이 밝다'는 뜻에서 왔다. 그리고 소망이라는 뜻의 '바람'이라는 말은 그 달 밝음을 바라다 본다는 뜻으로 '붉음＞ᄇ롬＞바람'이라는 말에서 나왔다. 한자의 보름 망 '望'자가 달 밝음을 바라다보는 눈으로 그려진 상형문자인데, 이것을 '바랄 망'자라고도 한다는 것은, 우리말의 '보름'과 '바람'의 조어 과정과 신묘하게 일치한다. 이와 같이 우리말의 어원적 의미를 밝혀가는 과정에서 그 어원적 어근이 되는 한자의 자원까지도 규명하는 일은 우리말의 근원적인 의미를 밝혀내는 데 매우 유익한 작업이 될 것이다. 이 글은 이 벅차고 보람된 일을 차근차근 해내고자 시작된다.

2. 말의 뿌리를 캐는 보람

이 글은 우리말의 어원을 밝히고, 그 어원의 어근이 되는 한자의 자형은 그 자원까지도 밝히려는 데 그 목적이 있다.

말의 뿌리인 어원을 캐는 보람을 무엇에 비하랴. 땀 흘려 헤매며 온갖 고생 끝에 여러 뿌리가 탐스럽게 한 데 모여 자란 떨기의 산삼을 캐어들고 심마니가 외치는 '심봤다'의 감격에다가 비하랴. 신묘하게도 우리말의 어원과 한자의 자원이 그 발상부터 일치하는 경우를 만나면 눈물이 날 지경에 이른다. 그리고 우리말의 어원적 어근이 되는 자원을 규명하고 보면 우리말을 만들어 쓰게 된 선인들의 놀라운 지혜에 감탄하지 않을 수 없다. 우리는 문어 '文魚'라는 이름이 왜 생겼을까 하고 의심해 본 적이 있는가? 고기가 글을 읊조리는 것도 아닌데 글월 문'文'자에 고기 어'魚'자를 더하여 문어라 이름한 것은 무슨 연유일까?

무심코 써 오던 우리말도 그 어근이 되는 자원을 밝혀서 어원을 풀이해 놓고 보면 그 말이 그렇게도 아름다워 보이고 또 우리말을 공부하는 재미를 다시금 맛보게 된다. 이러한 안목에서 이제부터 우리말 어원 규명을 위한 자원 추시의 작업에 들어가 보기로 한다.

3. 말의 근원을 찾아서

우리는 예로부터 농사일을 귀중한 생업으로 여겨 소중히 여기고 하늘에 풍년들기를 기원하며 풍년의 꿈을 안고 이름 봄부터 늦은 가을까지 고생을 마다하지 않고 땀 흘려 일해 왔다. 그런데 '농사'란 과연 무엇을 뜻하는 말로 이름한 것이며 '풍년'이란 과연 무엇을 뜻하는 말인가? 또 '가을'은 어찌하여 가을이라 이름한 것일까? 이러한 의문을 안고 일단 이 물음의 답을 찾아 나서 보기로 하자.

(가) 가을은 가을걷이를 하는 철

우리말 '가을'의 옛말은 'ᄀᆞᅀᆞᆯ'이었다. 이 'ᄀᆞᅀᆞᆯ'은 'ᄀᆞᆽ-ᄋᆞᆯ'의 연철이다. 여기에서 어근인 'ᄀᆞᆽ'은 오늘날 가장자리라는 말의 어근 '갓'의 옛 어형이다. 이 'ᄀᆞᆽ'의 동사는 'ᄀᆞᆽ다'다. 이 'ᄀᆞᆽ다'는 'ᄀᆞᆽ' 곧 가장자리를 만든다는 뜻의 말이다. 달리 말하면 'ᄀᆞᆽ다'는 '끊다, 자르다'의 뜻의 말이다. 따라서 'ᄀᆞᆽ-ᄋᆞᆯ'>'ᄀᆞᅀᆞᆯ'은 '끊을, 자를, 벨'의 뜻의 말이다. 따라서 '가을'의 옛말 'ᄀᆞᅀᆞᆯ'은 익은 벼를 잘라서 베어 들일 때 곧 추수할 철이라는 뜻의 말로 익어진 것이다. 독일어에서 가을을 'Herbest'라고 한다. 영어에서 가을걷이 곧 추수를 'harvest'라고 한다. 이 두 단어는 원래 같은 뿌리에서 분화된 말이다. 다시 말하면 '추수'하는 계절이 곧 가을(Herbest)이라는 것을 이들 조어 발상에서 알 수 있다. 우리말 '가을'도 추수를 하는 때를 나타내는 말로 익어진 것이라는 점에서 저들과 그 조어 발상이 일치하고 있음을 우리는 알 수 있다. 남부 방언에서 '가을'을 'ᄀᆞ술'에서 바뀐 '가실'이라고 하고 추수한다는 말을 '가실'한다고 말한다. 이 남부방언이 우리말 'ᄀᆞ술'이 '가을'로도 되고 '추수'로도 되고 있다는 것을 잘 보여 주고 있다. 이처럼 우리말 '가을'은 '가을걷이' 곧 '추수'하는 철이라는 뜻의 말로 익어진 것이다. 그러면 추수란 무엇인가. 한자로 가을 추'秋'자의 갑골 문자 자형은 '𣌾'로 그려져 있다. '𣌾'는 벼 화 '禾'자의 원형이다. 여기에 가운데 동그라미 표시는 다발로 묶는다는 상형이다. 나무를 베어 다발로 묶으면 '𣌾+○→𣌾>束'과 같이 묶을 속'束'자가 되듯이, 벼를 베어 다발로 묶으면 가을 추'𣌾+○→𣌾'자가 되어 '秋'자의 원자가 되었던 것이다. 우리말의 다발(束)이라는 말을 '뭇'이라고도 하고 그 뜻의 한자도 뭇 속'束'이라 이름하였다. 따라서 한 다발 두 다발이라고 셀 것을 한 뭇 두 뭇이라고 세는 것이다. 그리고 이 '뭇'이 동사로 쓰일 때는 '뭇다>묶다>묶다'로 바뀌어 묶는다는 말을 낳은 것이다. 이렇게 보면 우리말 조어 발상과 한자의 자원적 자형 구성의 발상이 일치하고 있음을 발견하게 된다.

그렇다면 어찌하여 가을 추'秋'자가 옛 자형과 달라지게 되었을까? 벼를 '뭇'으로 '묶는' 모양을 상형했던 가을 추'𣌾'자가 벼가 누렇게 익었다(火)는 뜻의 형성문자 '𤎩>秋'자로 바뀌어 쓰이게 된 것이다. 벼가 누렇게 익은 들판이 보기가 더 좋고 가을 정취를 만끽할 수 있었기 때문이리라 생각된다. 그러면, 추수 '秋收'라는 말의 '수'는 그 어원적인 의미가 무엇인가? 이것도 한글로만 가지고서는 답을 찾기에 미흡하다. 한자 거둘 수'收'자의 자원 규명과 그 의미 풀이가 이루어져야 해답이 나온다. 글문(契文:甲骨文字)에서의 자형을 보면 거둘 수'𠬝'로 나타난다. 이 자형은 왼 좌'ナ'와 오른쪽 우 '又'자를 합한 자형으로서 양손을 그린 모양이다. 따라서 '秋收'는 벼를 양손으로 베어 뭇으로 묶어 거두어들인다는 뜻의 말을 이루는 것임을 알 수 있다.

(나) 가을걷이에 바쁜 일손

여기서 왼손을 상형한 왼 좌‘𠂇’자는 오른손‘𠂇’을 도와서 일한다고 하여 도울 좌‘左>佐’라고도 한다. 왼손이 도우면 또 ‘又’ 오른손도 왼손을 도와야 하기 때문에 도울 우‘佑’자를 만들어 분화시킨 것이다. 더 나아가 애국가의 “하느님이 보우‘保祐’하사 우리 나라 만세”에서처럼 천지신명이 돕는다는 뜻일 때는 ‘祐’자형의 도울 우자를 분화시켜 썼던 것이다. 오른쪽 손으로 술을 권하기 때문에 권할 우‘右’라고도 하다가 권할 유‘侑’자를 또 분화시켰던 것이다. 이렇게 보면 추수한다는 말에 쓰이는 거둘 수‘收’자의 원자인 ‘𠂇𢏚’의 한쪽 왼좌 ‘𠂇’형은 ‘左, 佐’자의 원자이며, 그 다른 한쪽인 오른쪽 우 ‘𢏚’자형은 ‘又, 右, 佑, 祐, 侑’자의 원자였던 것이다. 농사해서 가을걷이를 할 때는 양손이 함께 도와서 거두어들일 뿐만 아니라 이웃끼리도 품앗이하여 공동 작업으로 힘든 일일망정 흥겹고 신나게 그리고 신속하게 해내었던 것이다. 여기에서 공동 ‘共同’이라는 말에 쓰이는 ‘同’자는 ‘𠔼’에서 온 것으로 입에서 나오는 말을 모은다는 뜻의 자형이다. 함께 공‘共’자의 자원 풀이는 고문의 ‘𠙻’자형이 네 개의 손 곧 여러 사람의 손으로 보면 이해하기 쉽다. 그런데 글문에서의 함께 공 ‘𠬞’자는 금문에서 ‘𢪡’으로 바뀌었는데 두 손으로 함께 떠받들고 있는 모양을 상형한 자형이다. 거둘 수 ‘𠂇𢏚’자도 아주 닮았는데 위로 쳐 받들고 있다기 보다는 양손이 마주보고 있다는 느낌만 다른 자형이다. 거둘 수 ‘𠂇𢏚’자가 한 사람이 거두어들이는 양손을 상형한 것이라면 고문의 자형에서 보는 함께 공'共'자는 다른 사람의 손과 손이 함께 한가지 일을 받들어 한다는 뜻의 차이를 두는 자형이리라 생각된다. 이처럼 농사일은 품앗이로 서로 돕는다. 그런데 가을걷이가 한창일 때 바쁜 일을 쉽게 하기 위해 돈'貝'을 주고 품팔이로 일을 맡아서(任) 하도록 하면 그 삯을 품팔이 임'賃'자로 나타나게 된다. 이처럼 해산물인 조개(貝)는 패물이나 돈(財貨)이 되어 농사일에도 요긴하게 쓰이게 된 것이다. 조개'貝'가 쌓이면 재물(財)이요, 조개 곧 패물'貝物'이 거듭나면 재화'財貨' 곧 돈이 되는 것이다. 이 돈은 가을걷이의 바쁜 일손의 한 몫을 품을 사서 톡톡히 해내는 것이다.

(다) 가을걷이 관련 자원의 변화

글 문	금 문	전 문	해 서	이 름
			禾	벼 화
			木	나무 목
			束	묶을 속
			秋	가을 추
			火	불 화
			左	왼 좌
			佐	도울 좌
			右	오른쪽 우
			又	또 우
			佑	도울 우
			祐	도울 우
			侑	권할 유
			收	거둘 수
		(古)	共	함께 공
			同	한가지 동

글 문	금 문	전 문	해 서	이 름
			詞	
			貝	조개 패
			賃	품팔이 임
			任	맡을 임
			才	재주 재
			財	재물 재
			化	될 화
			貨	재화 화
			物	만물 물

※ 다른 지면의 글에서 설명이 된 자형은 글의 흐름을 지키고자 풀이하는 말을 아낀다.

4. 풍년의 꿈을 안고 짓는 농사

해마다 풍년의 꿈을 안고 짓는 농사이지만 가뭄이 들 수도 있고 장마가 닥칠 수도 있다. 시절이 좋고 나쁜 것은 하늘이 하는 일이어서 사람들은 새해를 맞이하면서 풍요다산의 여신인 달님께 풍년 기원제를 올리게 마련이고 천신만고 끝에 풍요로운 수확을 얻으면 풍년감사제를 빠짐없이 지내며 살아왔다. 이것이 정초와 추석에 민족대이동을 하는 연례행사로 이어져 오늘날까지 그 아름다운 풍습이 남아 있는 것이다. 이처럼 원시 농경사회로부터 오늘에 이르기까지 일해오면서 가꾸어 온 아름다운 전통 풍습에 얽힌 우리의 말도 다양하게 발달해 왔다. 이처럼 다양하게 발달해 온 어원과 그 어원의 어근이 되는 자원에 대해 이제부터 하나하나 추구해 나가보기로 하자.

(라) 풍년 기원제

하늘에 풍년 기원제를 드리는 새해 첫 번 망월을 보는 날은 정월대보름날이다. '보름'이라는 우리말은 '붉옴＞ㅂ롬＞보름'의 변화를 거쳐 발달하였다. 가운데 'ㅂ롬'은 소원을 '바람'이라는 말의 바랄 망'望'으로 발달하였다. 달 밝음의 '붉옴'에서 발달한 'ㅂ롬'이 '보름'이라는 말도 되고 '바람'이라는 말도 되었다. 한자로서도 보름도 '望'이고 바람도 '望'이다. 묘한 일치다. 우리말 어원과 한자 자원이 묘하게 일치점을 이룬 보기다. 글문에서 바랄 망'望'자를 보라. 하늘로 향하여 크게 뜬 눈동자가 사람의 몸 전체를 압도하고 있는 상형문자다. 이것이 뒤에는 달을 바라다 본다고 하여 달 월'月'자를 붙여서 '望'자로 변한 것이다. 그 원형은 둥근 달이 새해의 풍년드는 복을, 보름달이 가득찬 것처럼, 가득가득 퍼부어 주기를 간절히 기원하는 마음이 그 큰 눈동자에 가득 차 있음을 보여주는 자형이다. 그 달 밝음을 바라보는 보름 중에서 정월보름은 한해의 풍년을 풍요 다산의 여신인 달님에게 비는 기원제를 올리는 보름이라 하여 가장 큰 보름이라는 뜻으로 큰 대'大'자를 접두사로 붙여서 '대보름'이라 이름하게 된 것이다.

그런데 풍년(豊年)이라는 말에 쓰이는 '豊'자는 과연 그 근원적인 의미가 무엇인지 매우 궁금하다. 이제 이 자형의 자원적 의미에 대해 살펴보기로 하자. 먼저 풍년 풍'豊'자의 옛날 자형을 정밀하게 분석해보고 그 자원적 의미를 읽어내야 한다. 의미부 콩 두'豆'자에 소리부 '丰丰'자형이 합친 형성문자 자형이다. 소리부는 가득하다(滿)는 뜻을 지닌다. 따라서 풍년 풍'豊'자는 콩 열매가 가득찼다는 것을 나타낸다. 고문의 자형 '豊'이 왕성히 자란 콩의 알이 꽉꽉 차 있는 모양을 잘 상형하고 있다. 이처럼 풍

‘𥠵’자 자체가 농사와 관련된 자형이다.

다음은 풍년이라는 말에 쓰이는 해 년‘年’자의 자원을 추적해 보기로 하자. 옛 자형으로 거슬러 올라가 보면 이 자형도 농사와 관련된 자형임을 알 수 있다. 글문이나 금문의 해 년‘秊>秊’자형을 보면 벼 화‘禾’자의 의미부에 사람 인‘人’자의 소리부가 합친 형성문자 자형임을 알 수 있다. 이 때 소리부는 임신하다, 팽창하다의 뜻을 가진다. 벼가 한 번 익어 알이 꽉 차면 1년이고 두 번 익으면 2년이 된다. 따라서 벼가 익는 횟수가 해가 지나가는 횟수로 원시농경사회로부터 헤아려 왔던 것이다.

(마) 풍년 감사제

이번에는 농사 농‘農’자의 자원을 밝힐 차례다. 글문의 농사 농‘農’자는 수풀 삼‘森’자에 별 진‘辰’자를 합친 회의 문자로 볼 수 있다. 여기서 별 진‘辰’자는 조개가 입(蜃唇)을 벌리고 조갯살을 내놓고 움직여 노는 모양을 그려, 움직여 활동하는 모양을 나타낸다. 따라서 은대(殷代)에 썼다는 글문의 ‘農’자형은 수풀에 나아가 활동한다는 뜻의 자형이고, 주대(周代)에 썼다는 금문의 ‘農’자형은 논밭에 나아가 활동한다는 뜻의 자형이다. 전국(戰國) 시대에 썼다는 주문‘籒文’의 자형 ‘農’을 보면 수풀 속에 논밭을 일구어 놓고 머리를 써서(囟>腦) 정성을 쏟아 거기서 활동하여 일한다는 뜻으로 풀이된다. 이때 별 진‘辰’의 뜻을 겸한다면 샛별을 보며 이른 새벽에 들에 나갔다가 날이 저물어 하늘의 초저녁별을 바라보며 집에 돌아온다는 뜻을 덧붙일 수 있어서 다음과 같은 옛시조 생각이 난다.

샛별 지자 종달이 떳다. 호미 메고 사립나니
긴 수풀 찬 이슬에 베잠방이 다 젖것다.
아이야 시절이 좋을 손 옷이 젖다 관계하랴.

　농사‘農事’에서의 일 사‘事’자의 자원적 의미를 알아보자. 글문에서 보면 ‘𤔲’는 깃대를 들고 있는 모양인데, 여기에 가운데 입 구‘口’자를 덧붙여 놓은 회의 형성문자다. 여기서 입은 말하여 알린다는 뜻으로 볼 수 있다. 금문에서는 더욱 분명히 ‘𤔲’자형으로 기폭이 휘날리는 깃대를 손에 들고 있는 모양을 그리고 있다. 여기에 입 구‘口’자는 불러 외쳐 알린다는 뜻으로 풀이된다. 따라서 일 사‘事’자는 기를 들어서 외쳐 널리 알리는 일을 한다는 뜻으로 풀이된다. 이렇게 자원 풀이를 하다가 보니까 농사는 천하의 근본(農者天下之大本也)이라고 알리는 깃발을 나부끼며, 농악을 울리며 힘드는 두레일을 우쭐대며 즐거이 하는 농촌의 풍경을 보는 듯하다. 하늘 천‘天’은 사람의 머리 위를 가리키고, 아래 하‘下’는 아래쪽을 가리킨다. 근본이라는 말에 쓰이는 근본 본‘本’자는 나무뿌리를 상형한 글자다. 금문의 자형 ‘𣎳’이 나무뿌리라는 것을 잘 보여주고 있다. 나무뿌리라는 뜻은 근본이라는 말에 쓰이는 뿌리 근‘根’자가 더 잘 나타낸다. 나무 목‘木’에, 그쳐서 머물러 서있다는 뜻의 소리부 ‘艮’이 합해진 형성문자 자형인 뿌리 근‘根’자는 나무의 발이 되어 나무를 멎어 서 있게 하는 것 곧 뿌리를 뜻한다.

　정월대보름이 풍년기원제를 올리는 날이라면 팔월 한가위는 농사지은 햇곡식으로 음식을 만들어 하늘에 풍년 감사제를 올리는 날이다. 한가위라는 말은 ‘한-궁-이>한가비>한가위’로 바뀐 말이다. 여기서 ‘한’은 ‘大, 多, 正’의 뜻을 지닌 말인데 여기서는 ‘正’의 뜻이며, ‘궁’은 ‘궁·온·디>가본디>가온대>가운데’로 바뀐 ‘半, 中央’의 뜻이며, ‘이’는 ‘눌(日)>

우리말 어원과 자원 527

올>익’로 바뀐 날이라는 뜻이다. 따라서 ‘한-곱-익>한가위’라는 말은 가을 석달(孟秋, 仲秋, 季秋)인 삼추(三秋) 가운데 중추인 팔월의 한(正)가운데(中央)날(日)인 보름날이라는 뜻의 말이다. ‘嘉俳’니 ‘嘉優節’이니 하는 것은 모두 우리말의 ‘한가위’의 한자 음사에 불과하다.

(바) 풍년농사 관련 자형의 변화

글 문	금 문	전 문	해 서	이 름
			望	보름 망 바랄 망
			月	달 월
			大	큰 대
		 (古)	豊 豐	풍년 풍
			年	해 년
			農	농사 농
			事	일 사
			本	근본 본
			根	뿌리 근
			天	하늘 천
			下	아래 하

5. 자원과 어원의 일치

농사철의 봄, 여름의 들녘은 푸른 산과 함께 푸른 풀빛 일색이다. 그래서 예로부터 녹음방초승화시(綠陰芳草勝花時)라 하여 이 푸른 빛 일색의 자연의 세계를 화려한 꽃시절의 풍경보다 더 낫다고 하는 것이리라 여겨진다. 이때에 쓰이는 우리말에서의 '푸르다'라는 말은 '풀'에 그 어원적 뿌리를 두고 있다. '풀-다>프르다>푸르다'의 조어 경위를 보면 '풀'(草)의 옛말 '플'이 '푸르다'의 어원적인 어근이라는 것을 쉽게 읽어낼 수 있다. '포기'도 그 어원이 풀과 관련이 있다. '포기'의 옛말이 '펄기'였다는 것을 알면 이 말의 조어 경위가 '플-기>펄기>퍼기>포기'로 발달해 온 과정을 쉽게 찾아 정리할 수 있다. 더욱 재미있는 것은 잎이 피고 꽃이 핀다고 할 때 쓰는 '피다'의 조어형성과정이 '플-다>프-다>피다>퓌다>피다'로 발달해 온 것을 보면 '피다'가 '플'에서 파생되어 나온 말임을 어렵지 않게 찾아 읽어내어 알 수 있다. 풋고추나 풋열매라는 말에 쓰이는 '풋'이라는 말도 풀빛이 나는 고추나 풀빛이 나는 덜 익은 열매라는 뜻으로 쓰이고 있다는 것을 알 수 있다. 이처럼 '풀'(草)은 푸르다, 포기, 피다, 풋 등의 여러 말의 어원적인 뿌리가 되고 있음을 본다.

(사) 발상의 일치

이처럼 한자에서의 푸를 청'靑'자도 풀과 관련이 있는 자형이다. 청어 '靑魚'는 곧 등푸른 물고기라는 이름이다. 푸를 청자를 의미부 붉을 단 '丹'자에 소리부 날 생'生'자가 합해진 형성문자다. 붉을 단'丹'자는 광물질의 하나인 단사'丹砂'로서 붉은 빛이 나는 모래 같다고 해서 붙여진 이름이다. 그런데 푸른 단사도 있다. 그 단사가 풀과 같은 푸른빛이 나는 것이라 하여 풀이 땅위에 자라나는 모양을 그린 날 생'生'자를 덧붙여 '生+丹>靑>靑'과 같이 푸를 청'靑'자를 이루어 낸 것이다. 여기에서 '靑'자의 빛깔은 풀과 관련이 있지만 그 빛깔을 지닌 물체는 광물질이다.

녹'祿'이라는 자형을 쓰면 신(神)이 내려서 떨어뜨려 주는 먹을 것이라는 뜻을 나타낸다. 그런데 이 자형과는 구별되는 푸를 록'綠'자를 써서 풀빛이 나는 비단이라 하여 초록'草綠'이라 썼던 것이다. 푸를 록'綠'자는 '錄'자에서 온 자형으로 광물질과 관련이 있다. 쇠붙이인 동'銅'에서 스며 흘러나오는 물방울이 녹청색이다. 소리부 록'彔'은 괸 술을 자루에 넣고 짜는 모양의 '彔'자형에서 바뀐 것이다. 이 녹청색 물을 들인 비단을 '綠'으로 적었던 것이다.

바다물고기 가운데 넙치라는 이름이 있다. 넙치는 몸통이 다른 물고기에 비해 아주 넓게 생겼다. 그래서 넓은 물고기라는 뜻으로 '넓-치>넙치'라는 조어가 이루어진 것이다. 이 넙치를 한자어로 광어'廣魚'라고 한다. 글자 그대로 몸이 넓게 생긴 물고기라는 뜻으로 조어가 된 이름이란 점에서 우리말 '넙치'와 그 조어발상이 일치하고 있는 좋은 보기의 하나다.

넓을 광'廣'자는 의미부의 집 엄'广'자형에 소리부의 누를 황'黃'자형을 더한 형성문자다. 이 황자 자형은 불화살(火矢)의 상형자다. 이 소리부는 환하게 휘장을 활짝 열어 제낀다는 뜻을 지닌다. 따라서 넓을 광'廣'자는 네 벽이 없이 큰 덮개 같은 지붕만 있는 넓은 공간을 뜻한다. 이처럼 물고기의 몸이 넓게 생겼다고 해서 광어'廣魚'라고 하고 또 우리말로도 넙치라고 이름하고 있다.

그런데 문어라는 말은 어찌하여 글월 문'文'자를 쓴 문어'文魚'라고 하고 있는 것일까? 결코 글쓰는 물고기는 아니다. 문어는 먹물통을 지니고 다닌다고 해서 문방사우와 관련지어 문어라 했을 것이라고도 한다. 그런데 문어는 마치 그물과 같은 얼룩 무늬가 온 몸에 둘러있다. 그래서 무늬가 있는 물고기라고 하여 무늬 문'文'자를 써서 문어'文魚'라고 이름한 것이다. 글월 문'文'자는 원래부터 무늬문자였다. 웃옷에 무늬가 그려져 있는 모양을 상형한 자형이기 때문이다.

갈치라는 이름을 일부 방언에서는 칼치라고도 하는 것처럼 물고기의 몸매가 온통 은빛으로 번쩍이며 큰 칼날 같이 넓고 길게 생겼다고 해서 생긴 이름이다. 칼의 옛말이 '갈'이었는데 그 당시에 이름한 것이 표준어로 정착된 것이다. 칼치는 나중에 '갈'이 '칼'로 바뀐 다음에 생긴 이름으로 지금은 방언으로 쓰이고 있는 것이다. 이 갈치는 한자말로도 칼과 같은 고기라는 뜻을 그대로 옮겨서 칼 도'刀'자를 어근으로 하여 도어'刀魚'라고 이름하고 있는 것도 흥미로운 명명의 하나이다. 그럼에도 불구하고 일상어에서는 역시 순우리말 '갈치'로 통용되고 있는 것이다.

(아) 귀화되어서 쉬워진 말

참조기를 말리면 굴비라고 하고 조기로 젓을 담으면 황석어젓이라고 한다. 방언에서는 '황세기젓'이라고 한다. 조기의 몸통이 엷은 회색을 띤 황금빛이라 하여 빛이 누런 황색'黃色'빛깔의 돌 모양의 물고기라는 이름 황석어'黃石魚'가 생긴 것으로 보인다. 이 때 쓰이는 돌 석'石'자는 바위 언덕 밑'厂'에 떨어져 있는 돌덩이'○'모양을 가리키는 형성문자다.

홍어는 가오리 연 모양으로 마름모꼴의 넓은 몸매를 가진 물고기다. 큰물에서 노는 몸이 넓게 생긴 물고기라 하여 넓을 홍'洪'자를 어근으로 하여 홍어라는 이름이 붙었으리라. 넓을 홍'洪'자의 소리부 '共'은 고문의 자형에서 '共'과 같이 네 개의 손 모양이 함께 있는 모양으로 쓰여져 '한꺼번에 많이'라는 뜻을 지닌다. 따라서 의미부 물 수'水'자와 함께 하면 형성문자를 이루어 물이 불어서 넘쳐흐르는 모양을 나타내며 따라서 '큰물 홍'이라고도 하고, 더나아가 의미가 확대됨에 따라 '넓을 홍'이라고도 하게 된 것이다. 아무튼 '홍어'는 그 뜻을 떠나서 우리의 귀와 입에 잘 익어서 쓰기에 편한 말이 되었다.

감이 익어서 무르면 무른 감이나 붉은 감이라는 우리말이 있음 직한데 예외 없이 누구나 '홍시'라는 이름으로 통칭하고 있다. 그만큼 귀화된 말이 귀에 익고 입에도 익어서 쉬워진 것으로 보인다. 이때의 어원적인 어근은 붉을 홍'紅'자와 감 시'柿'자다. 붉을 홍'紅'자는 베를 짠다는 뜻으로 '베짤 홍'이라고 이름하였다. 그러다가 붉은 베를 홍포'紅布'라 이르다가 붉다는 뜻으로 전이되어서 쓰이는 가차(假借)로 보인다. 아무튼 '홍시'로, 또는 말이 중복은 되지만 '감홍시'로 말해야 그 단맛을 상상하며 입에 침이 돌지, 붉은 감이나 무른 감이라고 하면 실물을 머리에 쉽게 떠올리지도 못하게 마련이다. 그만큼 '홍시'라는 귀화어는 우리에게 익어져서 알아듣기 쉬운 말이 되어버린 것이다. 이때 쓰이는 감나무 시'柿'자는 의미부 나무 목'木'에 싹이 처음 돋아난다는 뜻을 지닌 소리부 '朮'가 합한 자형이다. 감나무의 새싹이 이제야 처음 돋아난다는 뜻의 자형이다. 다른 초목의 잎이 대부분 다 핀 다음에 감나무 잎이 늦게 돋아난다는 데서 생긴 자형으로 보인다. 홍시라는 한자 귀화어가 우리의 입맛에 익어져서 쉽지만, 꼬챙이에 꽂아서 감을 말린 '곶감'은 홍시와는 대조적으로 역시 순우리말이 더 우리 입맛에 맞고, 마른 감이라는 뜻의 건시 '乾柿'는 일상에서 쓰기에는 그 어감이 그다지 매끄럽지 않다. '乾'은 굽다(曲)의 뜻을 가진 의미부 '乙'에 소리부 '倝'자가 합해진 자형이다. 소리부 '倝'은 해가 높이 떠서 비친다는 뜻과 단단해지다의 뜻을 지닌다. 따라서 마를 건'乾'자는 햇볕에 말라서 굽어지고 단단해졌다는 뜻을 나타낸다.

(자) 어원이 되는 자원의 변화

글 문	금 문	전 문	해 서	이 름
			生	날 생
			靑	푸를 청
			丹	붉을 단
			綠	초록빛 록
			淥	맑을 록
			錄	기록할 록
			祿	복 록
			廣	넓을 광
			文	무늬 문
			魚	물고기 어
			黃	누를 황
			刀	칼 도
			石	돌 석
			洪	큰물 홍
			紅	베짤 홍
			枾 柿 柹	감나무 시
			乾	마를 건 하늘 건

6. 새로운 깨달음

이제까지 우리말의 어원과 그 어원의 뿌리가 되는 어근의 자원을 추적
하여 살펴보았는데 여기에서 새로이 깨달은 점을 요목화하여 정리하면

다음과 같다.

① 가을걷이하는 철은 바쁘다. '가을은 부지깽이도 덤빈다'는 말이 있
듯이 누구나 나서서 일을 해야할 만큼 바쁜 철이다. 가을철이 그리
도 바쁜 것은 거두어들일 것이 많기 때문이다. '가을 중 싸대듯한
다'는 말이 있다. 또 '가을 중 시주바가지 같다'는 말도 있다. 가을
이면 무엇이나 풍성풍성하여 동냥하는 중도 시주가 잘 걷힌다는
말이다. 우리말에서 '가을'이라는 말 그 자체가 가을걷이를 한다는
뜻으로 'ᄀᆞᆽ-올>ᄀᆞ술>가올>가을' 조어 구조로 이루어진 말이다.
'ᄀᆞᆽ다'가 '끊다' '자르다'의 뜻이므로 베어 잘라서 거두어 들일 철
이라는 뜻을 '가을'이 지니고 있음을 '가실'(秋) '가실(秋收)하다'라
는 방언이 역력히 보여주고 있다는 것을 확인하였다.

② 벼 화'ᶫ'자는 벼가 익어 고개를 숙인 모양의 상형이다. '벼는 익을
수록 고개를 숙인다.'는 속담도 있거니와 이 벼 화'禾'자의 원자의
모양이 이 속담이 이루어지는 근거를 잘 보여주고 있다. 이 벼
'ᶫ'를 베어 한 뭇 두 뭇'束'으로 묶어 거두어들인다는 뜻으로 가을
추'ᶫ>秋'자가 이루어졌다. 그러다가 벼(禾)가 익는다(火)는 뜻으로
오늘날의 가을 추(秋)자로 바뀐 것이다. 이 사실이 우리말 '가을'의
어원과 일치한다. 벼를 베어 거두어들여 가을걷이를 한 철이라는
뜻에서 서로 신기하리만큼 완전히 일치하고 있음을 비로소 깨닫게
되었다.

③ 가을걷이를 하는 철은 거두어들일 것이 지천으로 많아서 일손이
모자랄 만큼 바쁘다. 그래서 가을철에는 '죽은 송장도 꿈지적거린
다.'는 말도 나오고, '가을 일은 미련한 놈이 잘한다.'는 말도 나오

게 된 것이다. 가을 일이 이처럼 일손을 필요로 한다. 추수한다는
말에 쓰이는 거둘 수‘𠂇𠂇＞收’자가 바로 좌(𠂇)우(乄)의 양손을 그려
서 가을걷이의 바쁜 일손을 자형화하고 있다는 것을 알게 되었다.

④ 가을걷이의 일이 너무 많기 때문에 이웃과 더불어 함께 나눠서 두
레일로 공동작업을 하지 않을 수 없다. ‘공동’이라는 말에 쓰이는
함께 공‘𦥑＞𦥔＞共’자도 두 손으로 맞붙들어 올리는 모양으로 그려
져 있어 거둘 수‘𠂇𠂇’자의 원자와 아주 비슷하다. 거둘 수‘𠂇𠂇’자가
양손을 써서 일하는 것이라면 함께 공‘𦥑’자는 이웃과 더불어 여러
사람의 손이 함께 힘을 모아 한다는 것을 고문의 자형 ‘𦥔’에서
여러 사람의 손이 한데 엉긴 모양으로 그리고 있는 데서 확실히
알 수 있게 되었다.

⑤ 우리말의 ‘함께’라는 말의 어원적 조어구조를 분석해 보면 ‘한
(一)＋쯰(時)＋의(에)’로 읽어 낼 수 있다. 이렇게 보면 ‘함께’란 말은
‘때를 같이 하여’란 뜻이요, 동시‘同時’에 또는 일시‘一時’에로 읽
어지는 말이다. 고문(古文)의 자형 함께 공‘𦥔’자에서 여러 사람의
일손이 일시에 같이 작업하는 모양과 그 뜻이 일치하고 있음을 깨
닫는다.

⑥ ‘공동’이라는 말에서나 ‘동시’라는 말에서 쓰이는 한가지 동‘𠙹＞
同’자의 자원적 의미가 입에서 나오는 말을 한데 모아 맞추어 같이
한다는 뜻을 지니고 있다. 그리하여 말씀 언‘言’ 변을 하나 더 하여
그 원뜻을 더욱 분명히 하는 자형으로 한가지 동‘詷’자를 하나 더
만들어 쓰고 있다는 것을 알 수 있게 되었다.

⑦ 우리말의 ‘보름’이라는 말은 그 어원이 달 밝음을 나타내는 ‘붉-음
＞ᄇᆞ름＞보름’의 조어 구조로 이룩된 말이다. 이 때 중간의 ‘ᄇᆞ름’은

'바람'으로도 바뀌어 '소망'이라는 뜻으로 쓰인다. 글문(契文)에서의 보름 망'𓀃'자는 사람'人'이 눈을 크게 뜨고 하늘을 바라보고 서 있는 모양을 상형한 자형이다. 이것이 금문(金文)에서 달을 그려 넣어 '𓀄'자형으로 그려져서 사람이 밝은 달을 바라보고 서 있는 모양으로 그려져 있다는 것을 읽어낼 수 있다. 이 보름 망'望'자를 '바랄 망'이라고도 이름하고 있다. 우리말에서 '볽옴'이 '바람'으로도 되고 '보름'으로도 된 말의 발달과 아주 신묘하리만큼 일치하고 있다는 것을 깨닫게 되었다.

⑧ 정월 대보름날 이처럼 눈을 크게 뜨고 만월의 달 밝음을 바라보는 뜻은 올해도 한해 풍년을 이루게 해달라고 풍요다산의 여신인 달님에게 간절히 비는 풍년 기원제를 드리는 정성이 담겨있기 때문이라는 것을 비로소 깨닫게 되었다.

⑨ 우리말 한가위는 풍년감사제의 날을 가리키는 말로서, '한(正)-곱(中央, 半)-익(日)>한ㄱ뵈>한가위'로 그 어원적 조어구조를 밝혀 읽어낼 수 있는 말이다. 가배'嘉俳'니 가우'嘉優'니 하는 옛 이름들은 순 우리말 '한ㄱ뵈'의 '곱익'를 한자로 소리만 따서 옮겨 적은 음사(音寫)에 불과하다는 것을 확인하였다. 종전의 일부 연구자들이 '한(大)곱(半)-익(접사)'의 오분석을 이제야 바르게 명확히 규명하였다. 왜냐하면 '한'은 크다, 많다의 뜻만 있는 것이 아니라 '한복판, 한가운데'에서처럼 '정확히'라는 뜻의 '正'을 가리키고 있다. 또 '사올(三日), 나올(四日)'이며, '닐(七)+익(日)>이레', '여덟(八)+익(日)>여드레'의 어원 분석에서 보듯 '놀(日)>올(日)>익(日)'의 바뀜을 분명히 읽어낼 수 있다. 따라서 '한가위'라는 말은, 가을 석달(三秋) 칠월 팔월 구월 가운데 중추인 음력 '팔월의 정중앙일' 곧 중추의 보름날을 가리키는 말임을

확실히 읽어낼 수 있게 되었다.

⑩ 풍년이라는 말은 콩알이 꽉차게 영글어 익는다는 뜻의 자형 풍
풍‘豐(🝙)’과 벼가 한 해에 한 번 알차게 익어서 고개를 숙이는 것을
사람이 손꼽아 기다린다는 뜻의 자형 해 년‘年(🝙)’이 아울러져 이룩
된 한자 귀화어라는 사실을 확실히 알게 되었다.

⑪ 농사는 정성으로 한다. 수풀에 밭을 일구어 이른 새벽부터 날이
저물도록 머리(🝙>腦)를 써서 마치 조개가 조개 입을 활짝 벌려
열고 꼼지락거리며 움직여 활동하듯 부지런히 일한다는 뜻의 ‘🝙>
🝙>🝙>農’자 자형의 자원적 의미를 캐내어 읽으면서 다음 시조의
값진 의미를 새삼 깨닫게 되었다.

　　　샛별 지자 종달이 떴다. 호미 메고 사립 나니
　　　긴 수풀 찬이슬에 베잠방이 다 젖것다.
　　　아이야, 시절이 좋을 손 옷이 젖다 관계하랴.

⑫ ‘농사’라는 말에 쓰이는 일 사‘🝙>事’자의 자원을 캐내어 읽으면
서 농사가 천하의 근본(農者天下之大本)이라고 쓴 깃발을 나부끼
며 농악을 울리면서 고되고 힘든 일을 흥겹고도 즐겁게 품앗이로
두레일로 이웃이 모여 여럿이 함께 같이 하는 모습을 훤히 읽어
낼 수 있게 되었다. 일 사‘事’자의 글문이나 금문의 자형이 깃발을
나부끼며 말로 알린다는 뜻을 나타내고 있기 때문이다.

⑬ 우리말의 ‘푸르다’라는 말의 어근이 ‘풀’(草)이다. ‘플-기>프-기>
퍼기>포기’의 변화로 풀포기를 뜻하는 말이 생겨났다. ‘플-다>프
다>픠다>퓌다>피다’의 변화로 잎이 피고 꽃이 핀다는 뜻의 말이

또한 생겨났다. '풋고추, 풋사랑'이라는 말에 쓰이는 '풋'도 '풀'에서 파생된 말로 풀빛이 나는, '덜 익은'이라는 뜻을 지닌다. 이처럼 푸를 청'靑'자도 풀빛(生)이 나는 단사(丹砂)라는 뜻으로 이루어진 자형이라는 것을 알게 되었다.

⑭ '청어'(靑魚)라고 하는 등이 푸른 물고기라는 뜻의 물고기 이름이 나오게 된 연유를 알게 되었다. 문어'文魚'라는 이름이 글과는 상관이 없고, 문방사우의 하나로 일러오는 먹물통을 지니고 다니는 물고기라는 뜻과 관련이 있다고도 하나, 온몸에 그물 같은 무늬가 있는 물고기라는 뜻으로 이루어진 이름임을 알게 되었다.

⑮ '넙치'라는 이름은 온 몸이 널찍하게 생긴 물고기라고 해서 이름지어진 순 우리말인데 이것을 한자어로 바꾸어 넓을 광'廣'자를 써서 광어'廣魚'란 이름이 나중에 생겨나게 된 것임을 알게 되었다. 아울러 휘장을 활짝 열어제끼듯이 네 벽이 전혀 없이 큰 덮개같은 지붕만 덜렁 있는 넓은 공간이 곧 '廣'의 자원적인 뜻임을 알게 되었다.

⑯ 우리 옛말에서 칼을 '갈'이라고 하였다. '갈치'라는 이름은 은빛 나는 물고기의 몸이 칼날같이 넓고 길어서 물 속에서 번쩍이며 움직일 때 마치 칼날이 번쩍이는 것 같다고 하여 이름지어진 것이다. 이것을 나중에 우리말 그대로 한자로 옮겨서 칼도(刀)자를 어근으로 삼아 도어'刀魚'라고도 한다는 것을 알게 되었다.

⑰ 일부 방언에서 '황세기젓'이라는 말을 쓰는데 이것은 곧 '황석어젓'이며 조기젓의 별칭이라는 것을 알게 되었다. 조기를 말리면 굴비라 하고 참조기는 누른빛을 띤다고 하여 한자어로 말하여 황석어'黃石魚'라고 한다는 데 착안하면서 조기젓을 황석어젓이라고 하는 까닭을 알게 되었다. 아울러 황석어젓이라는 긴 이름보다는

'조기젓'이라는 우리말이 얼마나 쓰기 쉽고 알기 쉬운가를 또한 알게 되었다.

⑱ '홍어'는 큰 연 모양으로 넓은 몸을 가진 물고기다. 넓은 몸을 가진 물고기라는 이름에 '넙치(廣魚)'가 따로 있어서인지, 이와 구분하고자 하여 넓을 홍'洪'자를 써서 '홍어(洪魚)'라는 이름이 생겨난 것으로 보인다. 그래서 순 우리말 이름 가오리를 앞질러서 홍어라는 이름은 발음도 부드러워서 일찍부터 귀화어로 익어져서 아주 우리말처럼 익어져 쓰이게 된 것이라는 것을 알게 되었다.

⑲ '홍시(紅柿)'라는 귀화어의 이름은 그 발음이 부드러워서인지 무른 감이나 붉은 감이라는 말보다는 훨씬 더 우리의 귀에 익어져 실감도 나고 쓰기에도 편하게 된 말이고, 꼬챙이에 꽂아서 말린 감이라는 뜻으로 이루어진 '곶감'이라는 순 우리말 이름은 '건시(乾柿)'라는 한자어와는 견줄 수 없을 만큼 정답고 감칠 맛나는 어감을 준다는 것을 확실히 알게 되었다.

海天 金相大 敎授 약력 및 논저 목록

약력

1937.12.20.	서울특별시 용산구 원효로 4가에서 태어남
1950.5.	서울 용산구 금양국민학교 졸업
1953.3.	용산중학교 졸업
1956.2.	용산고등학교 졸업
1960.3.	서울대학교 사범대학 국어교육과 졸업
1969.2.	건국대학교 대학원에서 문학석사 학위 받음
1985.2.	한국정신문화연구원 부속대학원에서 문학박사 학위 받음
1960.4. - 1961.3.	창덕여자고등학교 교사
1961.4. - 1963.12.	군 복무
1964.4. - 1968.12.	성동여자중학교 교사
1969.1. - 1974.2.	용산고등학교 교사
1974.3. - 1978.2.	아주대학교 전임강사
1978.3. - 1982.3.	아주대학교 조교수
1982.4. - 1987.3.	아주대학교 부교수
1987.4. - 2003.2.	아주대학교 교수
2003.3. -	아주대학교 명예교수

1982.9. - 1983.8.　　미국 위싱턴대학교 객원교수

1974.4. - 1976.2.　　아주대학교 학보사 주간

1987.9. - 1991.9.　　아주대학교 중앙도서관장

1991.10. - 1993.2.　아주대학교 인문대학장

1993.3. - 1995.2.　　아주대학교 교무처장

1999.5. - 2000.9.　　아주대학교 교수협의회 의장

1996.4. - 1999.5.　　중한인문과학연구회(현 한중인문학회) 회장

1993.7.　　　　　　　교육부장관 표창 받음

2003.2.22.　　　　　황조근정 훈장 받음

논저 목록

1. 저서

1982.　　언어학통론(공역), 범한서적

1985.　　중세국어 구결문의 국어학적 연구, 한신문화사

1986.　　현대 국어문법, 관동출판사

1987.　　중학교 한문 1·2·3, 관동출판사

1993.　　구결문의 연구, 한신문화사

1996.　　도덕경 강의, 국학자료원

1997.　　동양고전 강의(공저), 국학자료원

2001.　　국어문법의 대안적 접근, 국학자료원

2002.　　우리 시대의 한문 무엇을 어떻게 배울 것인가(공저), 관동출판사

2. 논문

1969.　　조사의 문법적 고찰, 문호 5, 건대 국어국문학회

1973.　　文의 성분과 격에 대한 고찰, 국어국문학 62~63, 국어국문학회

1975.　　국어 시제 표시의 특징, 국어교육 26, 한국국어교육연구회

1976. 한국어의 통사적 특징에 입각한 核文章 試攷, 아주공대논문집 창간호

1977. 한국어 話法素 연구, 국어교육 31, 한국국어교육연구회

1978. 孝의 현대적 의미 정립, 사회과교육 11, 한국사회과교육회

1979. 誤文章考 (1), 국어교육 35, 한국국어교육연구회

1980. 誤文章考 (2), 국어교육 37, 한국국어교육연구회

1981. 중세어 공동격 구성의 연구, 국어학 10, 국어학회

1983. 중세국어 주어적 속격 구조의 연구, 아주대 논문집 6, 아주대학교

1985. 중세국어 구결문의 국어학적 연구, 박사학위 논문, 한국정신문화연구원

1987. 대학생어에 대하여, 학생생활연구 2, 아주대 학생생활연구소

1987. 중세국어 口訣文의 국어학적 연구(2), 성곡논총 18, 성곡학술문화재단

1987. 대학신문의 표기 표현의 실태 분석, 국어교육 59 · 60, 한국국어교육
       연구회

1987. 구결문 설정에 대하여, 국어학 16, 국어학회

1988. 형용사의 의미 특성, 선청어문 16 · 17, 서울대 사대 국어교육과

1989. 언해문과 구결문의 대조적 특성 고찰, 국어교육 67 · 68, 한국국어교육
       연구회

1991. 교양국어 교육의 현황에 대한 검토(공동 집필), 아주대 논문집 13, 아주
       대학교

1991. '있다'의 의미에 대하여, 인문논총 2, 아주대 인문과학연구소

1992. 구결문의 통사적 특성, 국어학 연구 백년사, 일조각

1992. 국어의 後置的 특성에 대하여, 인문논총 3, 아주대 인문과학연구소

1993. 복합조사에 대하여, 인문논총 4, 아주대 인문과학연구소

1994. 대명사의 형태적 특성, 아주어문연구 1, 아주대 어문연구소

1995. 문장 성분론과 관련한 몇 문제에 대하여, 이인섭 교수 화갑기념 논문집

1995. 한자어의 구조적 특성, 국어교육 87 · 88, 한국국어교육연구회

1995. 동양적 패러다임에 의한 국어 문장의 이해, 아주어문연구 2, 아주대
       어문연구소

1995. 국어의 문법 범주에 대하여, 인문논총 6, 아주대 인문과학연구소

1997.   국어 용언의 代役記號的 쓰임에 대하여, 국어교육 94, 한국국어교육연구회

1997.   동양 언어관의 특성, 국어교육 95, 한국국어교육연구회

1998.   두 언어의 충돌과 융합, 중한인문과학연구 2, 중한인문과학연구회

1998.   언어의 진실성에 대하여, 국어교육 연구 5, 국어교육연구회

1998.   주체존대의 변화 양상에 대하여, 중한인문과학 연구 3, 중한인문과학연구회

1999.   국어 대우법의 변화 양상에 대하여, 국어교육 99, 한국국어교육연구회

2000.   국어 보조서술 형식에 대하여, 국어교육 102, 한국 국어교육연구회

2001.   국어 문법의 첨가어적 접근, 최창렬 교수 정년퇴임 논문집

2001.   '이다'와 '아니다'에 대한 대안적 접근, 국어국문학 129, 국어국문학회

2003.   국어의 자립형식과 의존형식에 대하여, 이광정 교수 화갑기념 논총

2003.   經文의 이해, 이석규 교수 화갑기념 논총

2003.   經文 이해의 새로운 시도, 김상대 교수 정년퇴임 기념 논총

편집후기 ────────────────────────────────────

본서를 처음 구상할 때는 이론과 실제 그리고 학제간을 아울러 언어의 진실성 문제를 폭넓게 조명해 보려 하였습니다. 출간을 목전에 두고 살펴보니 다소간 의도와 어긋난 점이 없지 않은 듯하지만 좀더 깊은 맥락에서 결과와 의도는 분리되어 있지 않음을 믿으며, 이만한 정도의 체제로 이런 주제의 논총을 처음으로 세상에 내놓게 된 것을 조심스럽게 심축하면서 독자 제현의 질정을 기다리고자 합니다. 참고로 당초의 취지를 아래 제시합니다.

오늘날 대중의 표현 의욕 증폭과 미디어의 획기적 발달로 언어생활은 매우 활성화되어 가고 있으나, 이에 편승한 언어 유희, 언어 폭력 속에서 그 품위나 진실성은 크게 손상되고 있습니다. 말이 말하는 사람의 내면과 그 사회의 수준을 나타낸다고 볼 때, 우리 모두 오늘의 언어 현실을 통하여 삶의 위기를 통감합니다. 우리는 이런 문제의식에서 출발하여 지식보다 지혜로 언어의 역기능에 대하여 반성하고, 나아가 언어 사용 혹은 언어 기능의 심층적 이해를 도모하고자 합니다.

그간의 경험을 바탕으로 하면서 그러나 잠시 관점을 바꾸어 언어 혹은 언어 기술과 관련한 형식적인 지식(knowledge of language)보

다 삶과 직결된 언어 문제를 바로 이해하는 일(knowing of language)
에 대하여 함께 생각해 보는 기회를 갖고자 합니다. 학문적 경계를
넘어 폭넓게 인문학의 핵심인 文・史・哲을 위시하여 신화, 우화,
격언, 매스미디어 언어, 광고문 등 두루 언어와 관련된 다양한 분야
에 걸쳐 그 내용에서 언어 표현의 진실성 문제가 진지하게 탐구되기
를 기대합니다. 혹여 당혹스럽게 생각하실지도 모르나, 우리의 바른
삶과 내실 있는 교육, 정신이 살아 숨 쉬는 학문을 위해 누군가는
그리고 언젠가는 해야 할 일로 생각하시고 이번 기회를 그 계기로
삼아 주시기 간청합니다.(원고 청탁서 중 일부)

체제는 비교적 본 취지에 충실한 것을 I부로 묶고, 그 이외의 것을 II부
로 묶는 형식을 취하였습니다. 편수로는 II부가 많으나, 분량으로는 오히
려 I부가 능가하며, II부에 수록된 것을 통해 어느 면에서는 다양성이
깃든 가운데 보다 높은 차원에서 조화를 이룰 것을 기대합니다.

바쁜 중에 귀한 옥고를 보내주신 필자 여러분에게 충심으로 감사드리
고, 교정 및 기타 여러 가지 궂은 일에 헌신적으로 수고해준 배공주, 장호
종 선생의 노고를 치하합니다. 그리고 본서의 간행을 선뜻 맡아 짧은
기일에 책을 아름답게 꾸며준 국학자료원 정찬용 사장과 편집부 여러분
의 호의에 사의를 표합니다.

2003년 4월

송 현 호

언어와 진실

인쇄일 초판 1쇄 2003년 03월 25일
              2쇄 2018년 09월 20일
발행일 초판 1쇄 2003년 04월 01일
              2쇄 2018년 09월 23일

지은이 김상대 교수 정년퇴임 기념 논총 간행위원회
발행인 정 찬 용
발행처 국학자료원
등록일 1987.12.21, 제17-270호

서울시 강동구 성내동 447-11 현영빌딩 2층
Tel : 442-4623~4 Fax : 442-4625
www. kookhak.co.kr
E- mail : kookhak2001@hanmail.net
ISBN 978-89-541-0051-9 (93700)
가 격 29,000원